"十二五"国家重点图书出版规划项目

俄罗斯汉学文库

主　编：
李明滨　孙玉华

编委会（以姓氏笔画为序）：

于　萍　宁　琦　任雪梅　刘　宏
安　然　孙玉华　李　凡　李明滨
李　哲　张　冰　查晓燕　彭文钊

俄罗斯汉学文库
БИБЛИОТЕКА РУССКОГО КИТАЕВЕДЕНИЯ

汉学传统与东亚文明关系论
——季塔连科汉学论集

〔俄罗斯〕米·列·季塔连科 著
李明滨 刘宏 编选

图书在版编目(CIP)数据

汉学传统与东亚文明关系论：季塔连科汉学论集/(俄罗斯) M. Л. 季塔连科著；李明滨，刘宏编选. —北京：北京大学出版社，2018.9
（俄罗斯汉学文库）
ISBN 978-7-301-28743-9

Ⅰ. ①汉… Ⅱ. ① M… ②李… ③刘… Ⅲ. ①汉学—俄罗斯—文集 Ⅳ. ① K207.8-53

中国版本图书馆 CIP 数据核字 (2017) 第 219627 号

本著作为大连外国语大学"一带一路"人文交流机制协同创新中心科研成果，得到大连外国语大学科研出版基金资助

书　　名	汉学传统与东亚文明关系论——季塔连科汉学论集 HANXUE CHUANTONG YU DONGYA WENMING GUANXI LUN
著作责任者	〔俄罗斯〕M. Л. 季塔连科　著　李明滨　刘　宏　编选
责任编辑	刘　虹
标准书号	ISBN 978-7-301-28743-9
出版发行	北京大学出版社
地　　址	北京市海淀区成府路 205 号　100871
网　　址	http://www.pup.cn　新浪微博：@北京大学出版社
电子信箱	554992144@qq.com
电　　话	邮购部 62752015　发行部 62750672　编辑部 62759634
印刷者	三河市北燕印装有限公司
经销者	新华书店
	650 毫米 × 980 毫米　16 开本　27.5 印张　405 千字 2018 年 9 月第 1 版　2018 年 9 月第 1 次印刷
定　　价	65.00 元

未经许可，不得以任何方式复制或抄袭本书之部分或全部内容。
版权所有，侵权必究
举报电话：010-62752024　电子信箱：fd@pup.pku.edu.cn
图书如有印装质量问题，请与出版部联系，电话：010-62756370

米·列·季塔连科（Михаил Леонтьевич Титаренко），哲学博士，俄罗斯科学院院士，俄罗斯联邦功勋科学家、俄罗斯科学院远东研究所所长、俄中友协主席。季塔连科院士出生于1934年，1957年毕业于莫斯科大学哲学系，此后曾在北京大学和复旦大学哲学系进修，曾师从冯友兰先生。季塔连科院士是研究中国哲学史、中国政治和现实问题、俄罗斯与亚太地区各国及俄中关系问题的专家，有论著二百余部（篇），如《中国：文明与改革》《中国的现代化与改革》《中国社会政治与政治文化的传统》《亚太和远东地区的和平、安全与合作问题》《俄罗斯和东亚：国际与文明间的关系问题》《俄罗斯面向亚洲》等。季塔连科院士不仅在学术研究上广有建树，而且十分重视加强中俄之间的文化交流，并在实践中成效卓著，影响广泛。

总　序
俄罗斯汉学成就与汉学文库的编纂

李明滨

一、18—19世纪汉学的酝酿形成

俄罗斯汉学在18世纪初萌芽（从1715年东正教使团来京常驻起），初期发展缓慢，大体经过一百年左右才日臻成熟。从19世纪上半叶到20世纪初在俄国汉学史上先后出现三位划时代的人物：比丘林、瓦西里耶夫和阿列克谢耶夫。前两位分别代表19世纪上半叶和19世纪下半叶两个时期。后一位代表20世纪上半叶，开启苏联汉学时期，并促进下半叶的进一步发展。

比丘林以编辞书、译古籍和办学培养人才的工作而成为俄罗斯汉学奠基人，于1828年当选俄国科学院通讯院士。瓦西里耶夫以儒、释、道三方面的研究成绩，和写出世界第一部中国文学史书（《中国文学史纲要》，1880年）而成为俄国汉学领域首位科学院院士（1886年）。

此段学科史料我国国内稀缺，有许多译作和论著仅存于俄国档案馆而未及公开出版。幸有苏联汉学家 П. Е. 斯卡奇科夫著成《俄国汉学史纲要（迄于1917年）》一书，经过后学 В. С. 米亚斯尼科夫订定，于1977年出版。它以丰富翔实的史料和严谨科学的论述而成为其后继者的指导，也成为缺乏原始资料的中国学者了解和研究的依据。目前,该书已有中译本出版,书名为《俄国汉学史》①,令我国学界方便。

二、20世纪上半叶汉学全面发展

(一) 出现代表人物阿列克谢耶夫

曾被郭沫若先生尊称为"阿翰林"和"苏联首屈一指的汉学家"的瓦·阿列克谢耶夫(1881—1951),于1929年当选为苏联科学院院士。同年,他接到北京图书馆的前身北平图书馆副馆长袁同礼(馆长为蔡元培)签署的公函,正式特聘为北京图书馆"通讯员"(这是给外籍学者英、德、法、俄、美、日各一名的荣誉职衔,阿氏为该馆同期聘任的六位外籍学者之一)。这表明,阿氏的成就同时得到俄中两国的承认。如今北京国家图书馆还珍藏有阿氏的成名作——1916年出版的专著《中国论诗人的长诗·司空图〈诗品〉》,已属中国国内唯一的该书俄文原著初版本。

1. 中西比较诗学研究的先驱

阿氏潜心研究唐诗十年,尤其是古代诗学。他完成的巨著(大开本790页)《中国论诗人的长诗·司空图〈诗品〉》(1916),不但用花品、茶品、鱼品、书品、画品来对照,藉以阐明《诗品》的成就和价值,还确定了它在中国文学上的地位,而且从诗学的高度来与欧洲的诗论作对比,包括古罗马诗人贺拉斯、法国诗人布瓦洛等等,从而确认"司空图的长诗在世界文学上应当占有一个极其荣耀的地位",进而反对"东方就是东方,西方就是西方",二者无可对比的观点,开了中西比较诗学的先河。

2. 拥有古典文学、文化和文学研究多方面成果

阿氏编选和翻译古典诗歌,并写成注释与论析,译介《聊斋志异》,搜集和研究民间年画,就中国古典文学、现代文学以及俄文译作写了一系列文章,在生前和身后陆续发表。先后成文集的有:《聊斋志异》(译作,1937)、《中国文学》(1978)、《中国民间年画——民间绘画中所反映的旧中国的精神生活》(1966)和《东方学》(1982),几部文集反映了他在汉学各个领域的拓展:语文学、民族学、史学、诗学、民间文学、美文学以及翻译理论

---

① 中译本《俄国汉学史》,柳若梅译,北京:东方出版社,2013年。

和实践。

3. 毕生从事汉学教学

阿列克谢耶夫一生从事教育工作。1908年起即在中东铁路学院工作,1910—1951年在彼得堡—列宁格勒大学任教达40年,先后在地理学院和俄国艺术史学院(1919—1924)、东西方语言和文学比较学院(1924—1927)、列宁格勒东方学院(1928—1938)、列宁格勒历史语言研究所(后更名为列宁格勒文史哲研究所,1930—1938)、莫斯科东方学院(1937—1941)任教。其间,1933—1951年还担任亚洲博物馆(后为苏联科学院东方学研究所)中国部主任。除在中东铁路学院教授俄语外,在其他各院所均从事汉学教学。在40多年的教学生涯中,他提出和推行一系列全新的汉语教学法,造就了一大批汉学家。

4. 造就俄国汉学学派

阿列克谢耶夫对俄国汉学的特殊贡献,在于对汉学学科提出了系统的理论,孜孜不倦地建设汉学学科和认真严格地培养汉学人才,形成了"阿列克谢耶夫学派"。

在阿列克谢耶夫身后,齐赫文斯基院士(1918—2018)成了这个学派的主导人物,据他的界定,该学派的主要成员有:研究哲学的休茨基、阿·彼得罗夫,研究文学的鲍·瓦西里耶夫(王希礼)、什图金、费德林、艾德林、费什曼、齐别罗维奇、克立夫佐夫、瓦·彼得罗夫、孟列夫、谢列布里亚科夫,研究语言的龙果夫、鄂山荫、施普林钦、雅洪托夫,研究汉字的鲁多夫,中、日兼研的聂历山、康拉德、孟泽勒,研究图书资料的费卢格、布纳科夫,研究艺术的卡津、拉祖莫夫斯基,研究经济的施泰因,研究历史文化的杜曼、齐赫文斯基、维尔古斯、李福清。①

这份名单实际上还应该包括推动20世纪下半叶汉学走向繁荣的一批骨干,他们已不是阿列克谢耶夫的嫡传,而是再传弟子了。例如,曾是齐赫文斯基的学生,目前任职科学院东方学研究所的史学家米亚斯尼科夫院士(1934—   ),和远东所所长的季塔连科院士(1934—2016)。

---

① 齐赫文斯基:《瓦西里·米哈依洛维奇·阿列克谢耶夫》,"序:科研和教学活动简介",莫斯科:科学出版社,1991;中译文见李明滨:《俄国汉学史提纲》,载阎纯德主编《汉学研究》第四集,北京:中华书局,2000年,第63页。

（二）汉学多方面的开拓

在苏俄立国的初期，有两代学者参与新汉学的创建工作。老一代的汉学家以瓦·米·阿列克谢耶夫、谢·费·鄂登堡（1863—1934）、尼·瓦·屈纳（1877—1955）以及曾任海参崴东方学院第二任院长的德·马·波兹涅耶夫（1865—1942）为代表。

新一代的汉学家彼时也异军突起，在创建苏联新汉学中显示了异常的活力。早期有以着重研究中国人民的革命斗争，宣传中国民族民主解放运动的意义著称的康·安·哈尔恩斯基（1884—1943）、阿·伊文（笔名①，1885—1942）、弗·维连斯基—西比里雅科夫和阿·叶·霍多罗夫（1886—1949）等。像霍多罗夫就以在中国工作的亲身经历，加深了对中国的研究，在20年代发表一系列论述世界无产阶级革命时代的中国解放斗争的文章，如《世界帝国主义与中国》（1922）、《同世界帝国主义斗争的中国与摩洛哥》（1925）、《中国革命的初期阶段》（1927）、《中国的民族资本与外国资本》（1927）。同样，伊文则写出《中国解放斗争的第一阶段》（1926）、《红缨枪（中国农民运动）》（1927）、《1927—1930年中国游击队活动概况》（1930）、《苏维埃中国》（1931）等著作。

新一代的汉学家不但以马克思主义的观点阐述中国革命，而且有不少人亲身经历了中国的革命斗争：或参加我国的北伐战争，担任来华的苏联军事顾问团的翻译，或担任孙中山领导的国民政府的顾问，或在苏俄政府派来驻华的外交机构工作，或当共产国际驻中国的代表。他们在协助孙中山执行联俄联共扶助农工三大政策、改组国民党以及北伐战争中都发挥了重要作用。像当年闻名中国的巴·亚·米夫（1901—1939）曾于1927年到达广州、上海、武汉等地，并列席中共第五次全国代表大会，1928年在莫斯科参加中共第六次代表大会的筹备工作。米夫虽然曾在1930年到达上海支持过王明错误路线，但在长期担任（莫斯科）中国劳动者共产主义大学副、正校长（1926—1929）、中国学研究所所长（1929年起）、共产国际东方部书记处副书记（1928—1935）的工作中对于宣传和支持中国革命斗争、培训中国革命人才无疑起过很好的作用，他本人也以研究中国新民主主义革命史而闻名于世，先后发表过著作五十余种。

---

① 原名为阿历克谢·阿历克谢耶维奇·伊万诺夫，主要研究中国近代史，曾于1917—1927年在北京大学任教，有著作一百余种。

这些从事过与中国革命直接相关工作的人物，后来在汉学研究中都比较有成就。像担任过共产国际执委会远东部主任的格·纳·沃伊京斯基(1893—1953)，曾在革命时期被派到驻中国的外交机构(1926—1928)接着又担任共产国际东方部书记处副主任(1929—1934)的柳·伊·马季亚尔(旧译马扎尔或马加尔,1891—1940)，都成了研究中国革命运动和封建社会问题的学者。

在这个时期，中国古典文学和书籍的翻译工作也大有进展。曾于后来完成《诗经》全本俄译工作的阿·阿·什图金(1904—1964)就是在这时开始崭露头角的。其他著名文学翻译家还有尤·康·休茨基(1897—1941)和王希礼等。同时，还出现了一批语文学家，如研究甲骨文的尤·弗·布纳科夫(1908—1942)，研究西夏文的尼·亚·涅夫斯基(涅历山，1892—1945)和卢多夫。早已闻名我国的汉学家龙果夫(亚·亚·德拉古诺夫，1900—1955)则开辟了研究现代汉语语法的新领域，并同亚·格·施普林钦(1907—1974)等苏联汉学家一起探索汉字拉丁化的问题。在他们之前已有叶·德·波利瓦诺夫(1891—1938)进行了汉语语音语法研究的实践。符·谢·科洛科洛夫(1896—1979)编成了新的《汉俄辞典》(1927,1935)。而康·康·弗卢格(1893—1942)甚至已从事中国图书版本学的研究，写出中国印刷史。彼·叶·斯卡奇科夫(1892—1964)别出心裁，花了大量劳动编成《中国书目》(1932)一书，把1730年至1930年俄国和苏联所搜集到的有关中国的书籍、论文及资料(已发表的)尽数编列出来，为研究汉学史提供了线索。当然，有多方面成效的还是阿列克谢耶夫，他对汉字、汉语语音和词汇，中国的文学、美学、民间文学和戏剧等都有进一步的研究，其成果是苏联汉学新发展的标志。

据不完全统计，在1917年到1949年短短的三十多年里，苏联出版的汉学成果就有约一百部书，大大超过19世纪俄国的汉学成果。① 在下个阶段，情况还要好得多。

概括苏联汉学成果，可分为以下三类。

其一，对当代中国的国情研究占有日益显著的地位。研究新中国经济问题的有曾任莫斯科国际关系学院副院长，1957—1958年来北京国际关系学院任教的维·亚·马斯连尼科夫(1894—1968)，他发表《中国政治

---

① 据彼·斯卡奇科夫《中国书目》1960年版统计。

经济概况》(1946)、《中华人民共和国的社会主义改造》(1956)、《中华人民共和国的经济制度》(1958)等著作100多种。还有多次来华,1945—1948年长时间在中国东北工作,曾任苏联驻华商务代表的米·约·斯拉德科夫斯基(1906—1985),他发表《中国对外经济关系发展概论》(1953)、《苏中经济关系概述》(1957)、《苏中经济合作》(1959)等著述60余种。还有1951—1954年曾在苏联驻华使馆工作过的叶·亚·科诺瓦洛夫(1928—)则侧重研究中国现代经济,主要的文著有《中国的农业合作化问题》(1956)、《中华人民共和国人口问题的社会经济方面》(1970)、《现代中国的社会经济问题》(1974)。

以研究中国社会政治问题知名的有维·格·格利布拉斯(1930—)和利·沙·屈沙强(1932—)。前者着重注意中国的国民收入、劳动和工资等问题,著有《中华人民共和国的社会政治结构(50—60年代)》(1980)等。后者曾任《真理报》驻华记者(1962—1965),著有《中华人民共和国的思想运动(1949—1966)》(1970)等。而曾任苏联外交部副部长的贾丕才(又译米·斯·卡皮察,1921—1995)则侧重对外政策,著有《苏中关系》等书。此外,还有奥·鲍利索夫的著作。

有一批学者继续研讨中国革命和中国共产党的历史,如米·符·尤里耶夫(1918—1990)、弗·伊·格卢宁(1924—)、列·彼·杰柳辛(1923—)、叶·符·卡瓦廖夫和尼·帕·维诺格拉多夫(1923—1967)。他们有的曾任苏联报刊的驻华记者,有的来华进修过,都分别写出数量可观的历史著作。有的学者则在帝国主义侵华史的问题上下功夫,如根·瓦·阿斯塔菲耶夫(1908—1991)和鲍·格·萨波斯尼科夫(1907—1986)。

其二,史学领域的成绩更为突出。中国悠久的历史、丰富的史料以及纷繁复杂的历史现象、亟待解决的学术问题吸引了大批苏联汉学家的兴趣,他们在这个方面下的功夫最多。在史学领域的汉学家,研究的范围相当广泛,既有通史,也有断代史(古代、中古、近现代),还有类别史(社会史、思想史、文化史,甚至史学史)。如阿·瓦·梅利克谢托夫(1930—2006)和格·德·苏哈尔丘克(1927—)主要研究中国近代史和现代史。米·瓦·克留科夫(1932—)、卢·费·伊茨(1928—1990)、拉·伊·杜曼(1907—1979)、列·谢·佩列洛莫夫(1928—)、列·谢·瓦西里耶夫(1930—)重点研究中国古代史,包括中国文明、种族和民族的起源,民族社会和阶级社会的产生与发展等。研究中世纪史的尼·伊·康拉德(1891—1970)、埃·巴·斯图仁娜(1931—1974)、格·雅·斯莫林(1930—)和拉·瓦·西蒙诺夫斯卡娅(1902—1972)也做出很大的成绩。特别突出的是康拉德院士,其涉猎范围已不限于史学,而是扩大到语文学以及东方学的其他领域,主要论文汇集成《康拉德选集·历史》(1974)和《康拉德选集·中国学》(1977),一向为苏联的汉学家们所推崇。而出生于哈尔滨的西蒙诺夫斯卡娅则对中国的农民起义有着深刻的研究,她的《中国伟大的农民战争(1628—1645)》(1958)和《17世纪中国农民的反封建斗争》(1966)颇有影响。此外还有研究中国古代外交史的维·莫·施泰因(1890—1964)、研究西夏史的叶·伊·克恰诺夫(1932—)和研究女真族历史的米·瓦·沃罗比约夫(1922—1995)。

在近现代史方面也有几个著名的学者,如格·瓦·叶非莫夫(1906—1980)发表过《中国近现代史纲要》(出过不止一版)等著作100余种。还有瓦·巴·伊柳舍奇金(1915—1996)和罗·米·布罗茨基(1907—1992)等。出生于中国浙江省农民家庭的郭绍棠(阿·加·克雷莫夫,1905—1988)成就突出,他多次会见瞿秋白,有生动的回忆资料。齐赫文(谢·列·齐赫文斯基)院士尤为著名。他1935年就读于列宁格勒大学,1941年毕业于莫斯科东方学院,曾于1939—1940、1946—1949、1949—1950年数次来华,先后担任驻乌鲁木齐副领事、驻北京总领事和驻华使馆参赞,著有《孙中山——苏联人民的朋友》(1966)、《19世纪末中国的维新运动》(1953)等作品约200种。齐赫文于1964年起任东方学研究所所长,1968年当选科学院通讯院士,后为院士,苏中友协副主席。

尼·策·蒙库耶夫(1922—1985)在翻译中国历史文献、考证和发现历史资料上有突出的贡献。他翻译的《蒙鞑备录》(1975)、《13世纪蒙古历史的若干重要的中国文献资料》(1962),以及《耶律楚材墓志铭》(1965)都为苏联汉学界所重视。

此外,研究中国哲学史的有出生于浙江宁波的杨兴顺(1904—1989)和尼·格·谢宁(1936—)。研究中国社会思想史的有郭绍棠(克雷莫夫)等。从事史料学工作的有阿·阿·别辽兹内(1915—)、弗·尼·尼基福罗夫(1920—1990)和彼·叶·斯卡奇科夫(1892—1964)。

其三,语文学是汉学家最集中的领域之一,成果显著。从龙果夫开始就注意对汉语的研究,他发表《方块字文献和古代官话》(1930)、《汉语词类》(1937)、《古藏语音系特点》(1939)、《现代汉语语法研究·词类》(1952)、《现代汉语口语语法体系》(1962)等约50种。汉学界还进一步以汉语材料为依据论述普通语言学问题。瓦·米·宋采夫(1928—2000)、尼·尼·科罗特科夫(1908—1993)、尤·弗·罗日杰斯特文斯基(1926—1999)、谢·叶·雅洪托夫(1926—)对汉语结构问题很有研究。雅洪托夫研究汉语史的成果得到我国汉语学家的好评①。米·库·鲁缅采夫(1922—)，弗·伊·戈列洛夫(1911—1994)、尼·瓦·索恩采娃(1926—)、塔·芭·扎多延科(1924—)、安·费·科托娃(1927—)、纳·伊·佳普金娜(1928—)、叶·伊·舒托娃(1927—)、西·苞·杨基苇尔(1925—)等对汉语语音学、词法学和句法学很有研究。米·维·索罗诺夫(1929—)、伊·季·佐格拉芙(1931—)和伊·谢·古列维奇等则探讨中世纪的汉语结构，包括西夏语的研究等。索弗罗诺夫和佐格拉芙就分别写出分析《水浒》和《京本通俗小说》的语言现象的论著。1962年毕业于北京大学的刘克甫(米·瓦·克留科夫,1932—)则在殷文的研究上取得进展，有许多论析殷代铭文和殷代文明的文著(1960、1962、1964、1967、1970、1973、1974等)。尤·弗·诺夫戈罗茨基(1928—1977)和索科洛夫在汉语方言研究上颇为突出。亚·格·施普林钦在汉语的社会语言学，雅洪托夫在古汉语语法，阿·阿·兹沃诺夫和弗·伊·热列宾在汉字的机器翻译问题上大有进展。同时在工具书方面，鄂山荫(伊·米·奥山宁,1900—1982)主编的《华俄辞典》从1952年问世以来，曾一版再版，颇具权威性。鲍·斯·伊萨延科(1914—1965)的《汉俄发音词典(试编)》(1957)也很有影响。总之，苏联语言学家在中国语法、语音学、音韵学、社会语言学、语言地理学，包括古代和现代汉语等方面的研究都有成就。此外，他们在汉学的某些特殊的领域如敦煌变文方面也有研究，出现了知名的敦煌学专家孟列夫(又译缅希科夫)和1960年毕业于北大中文系、现已知名的佛教经典"宝卷"的专家吉·谢·斯图洛娃(1934—1993)。后者翻译的《普明宝卷》已于1979年出版。

在文学领域工作的汉学家为数更多，须要辟专文加以介绍。岂止文学，即使艺术也有不少人涉猎。如专门研究历史的埃·巴·斯图任娜也

---

① 雅洪托夫：《汉语史论集》，唐作藩、胡双宝选编，北京：北京大学出版社，1986，第1—7页。

兼及中国的民族艺术。而曾于60年代来北大进修,从宗白华先生治中国书画史,后来一直从事中国古典艺术研究的哲学博士叶·符·查瓦茨卡娅(1930—2002)已写出《米芾》《齐白石》等论著8部,其主要论著《中国古代绘画美学问题》也已出了中译本①。

(三) 为20世纪后半世纪培养了一代文学名家

在这个时期中费德林(1912—2002)、艾德林(1909—1985)、索罗金(1927—)、波兹涅耶娃(1908—1974)发表了文学史著作,康拉德(1891—1970)在比较研究,费什曼(1919—1986)、谢曼诺夫(1933—2010)、沃斯克列辛斯基(1926—)在古典小说,艾德林、谢列布里亚科夫(1928—2013)在古典诗歌,李福清(1932—2012)、斯别施涅夫(1931—2011)在民间文学和俗文学,李谢维奇(1932—2000)、戈雷金娜(1935—2009)在古代文艺思想和文论,孟列夫(1926—2005)、索罗金(1927—2014)在古典戏剧,切尔卡斯基(1925—1998)、彼得罗夫(1929—1986)、施奈德(1921—1981)、苏霍鲁科夫(1929—)、热洛霍夫采夫(1933—)、谢曼诺夫在现代文学,盖达(1926—)、谢罗娃(1933—)在戏剧领域都有研究成果。帕纳秀克(1924—1990)、罗加乔夫(1900—1981)、科洛科洛夫(1896—1979)、什图金(1904—1964)等则在翻译文学名著方面有突出成绩。在这三十多年里,俄国有大批的中国古典文学和现代文学译作出版。

三、20世纪下半叶汉学趋向繁荣

50年代以来苏联汉学大发展,20世纪后期研究机构数量剧增,以科学院系统的三大研究所——莫斯科的远东研究所(ИДВ РАН)、东方学研究所(СИВ РАН)和圣彼得堡的东方文献研究所(СПб ИВР РАН),以及莫斯大学亚非学院(ИСАА МГУ)、圣彼得堡大学东方系(ВФ СПб ГУ)"五强"为主,新增乌拉尔、新西伯利亚和海参崴的远东大学(ДВГУ)等高校,也已各自建成汉学中心。

其中以海参崴远东大学东方学院汉学系为中心,聚合海参崴工大东

---

① 查瓦茨卡娅:《中国古代绘画美学问题》,陈训明译,长沙:湖南美术出版社,1987。

方学院、经济大学东方学院、哈巴罗夫斯克（伯力）师大东方系、布拉戈维申斯克（海兰泡）师院东语系，以及科学院远东分院东方历史民族学研究所的相关人员，形成了远东的一大汉学重镇。

汉学队伍改变了20世纪前期仅有一位院士阿翰林为整个汉学界领袖的局面，阿氏的门生、后辈已有四人当选为院士，分别成为汉学各分支学科的奠基人，即文、史、哲学科的领军人物。史学为齐赫文和米亚斯尼科夫，哲学为季塔连科，文学为李福清。

还有几位通讯院士和大批具有博士、副博士以上高级学衔的汉学家。其数量据统计，至2008年已有612人，比90年代初的505人，增加了一百多位。至于中级学衔以下和大批刚毕业的汉学专业学生，那是更大的一个数字了。

其中，50年代以后出生的一批汉学家开始崭露头角，如著有《中国古典哲学方法论》的科勃泽夫，《孔子传》的作者马良文，《高僧传》的译者叶尔马科夫，研究佛教文化的托尔琴诺夫，《中国文化史》的作者克拉芙佐娃，写成专著《王维创作中的禅佛思想》的达革丹诺夫，研究冯友兰《中国哲学史》的罗曼诺夫，东方文献所所长波波娃，以及莫斯科大学的卡尔波夫、刘华夏，圣彼得堡大学的罗季奥诺夫，远东大学的列别捷娃副教授、赤塔的科罗文娜副教授，以及汉学书籍出版家阿里莫夫等，均已在80、90年代成名。他们给俄国汉学带来了新成果，新气象。

80年初，中苏恢复了停止20年的交往之后，引起汉学家们重新勃发的热情，他们经历了50年代高昂的交流热潮，60—70年代的相对沉寂之后，竭力要找回逝去的20年代时光。这一时期顺着50年代的潮流，以更大的热情推进，竟致80—90年代兴起了"中国传统文化热"，直到21世纪初。

（一）产生文史哲研究四杰

哲学家季塔连科(1934—2016)

汉学家们尤其重视考察传统文化思想在当代中国的运用。他们在80年代跟踪探索中国的改革开放的成就、困难和问题，着眼于中国经验能否为俄国的改革提供借鉴。

季塔连科的成就特别引人瞩目，他自从1985年接掌远东所，便主动开展国际文化交流活动，几乎每年都应邀来华参加学术会议或讲学。他是北大教授冯友兰先生唯一的外国弟子,非常重视两国之间的情谊,充当了中俄文化交流的桥梁,知名度高,广受中国学界欢迎。

季塔连科1957年在莫斯科大学毕业,随即来华进修,于1957—1959年和1959—1961年先后在北京大学和复旦大学学习。他在北大期间受业于冯友兰教授,不但学哲学史,而且有跟随冯师深入农村经历与农民同吃同住同劳动的生活实践,对中国社会与农民有了更为深切的了解。他在清华大学纪念冯友兰100周年诞辰会议的报告中提到,那段经历使他终生难忘、永久受益,从此更深刻了解冯友兰的哲学思想。他早期以论文《古代中国的墨家及其学说》获副博士学位,又于1979年晋升博士。该文于1985年以《古代中国哲学家墨子及其学派与学说》出书后,曾被译成日文在东京出版。此后,他主编《中国哲学史》(1989)、《中国哲学百科辞典》,均有较大的影响。

近年来,季氏在中国政治和现实问题上陆续推出几部著作:《中国:文明与改革》《中国的现代化与改革》(1999)和《中国社会政治与政治文化的传统》(1994,与佩列洛莫夫合著)。同时,他在研究俄国与亚太国家包括中国的关系上,则有下列著作:《亚太和远东地区的和平、安全与合作问题》(1989)、《俄罗斯和东亚:国际与文明之间的关系问题》(1994)、《俄罗斯面向亚洲》(1998)、《俄罗斯:通过合作求安全·东亚的向量》(2003)以及主编论文集《中国在现代化和改革的征途上(1949—1999)》。他主编的六卷本大型《中国精神文化大典》自2006年起至2010年陆续出版。

季塔连科正是由于在学术研究上广泛涉及哲学、现实政治和俄中及亚太国家关系,广有建树,同时在对外交流的实践上成效卓著,影响广泛,颇孚众望,而于1997年当选俄国科学院通讯院士,2003年晋升为院士,并被推选担任俄中友协主席等多项重要职务。

史学家齐赫文斯基(1918—2018)

谢尔盖·列昂尼德维奇·齐赫文斯基,中文名齐赫文,史学博士(1953)、教授(1959)、通讯院士(1968)和院士(1981)。曾任苏联科学院中国学研究所所长,现为俄罗斯科学院主席团顾问,长期在外交部任职,领特命全权大使衔(1966年起)。

他主要研究中国近、现代史并以此成名。当他在40—50年代先后以副博士论文《孙中山的民族主义原则及其对外政策》(1945)和博士论文

《19世纪末中国的维新运动》(1953)走进学术界时,立刻在苏联史学界显得卓尔不群,也引起中国的史学同行之注意,尤其在两文修订成专著出版之后(《19世纪末中国维新运动与康有为》〈1959〉①和《孙中山的外交政策观点与实践》〈1964〉)。

它们与后来发表的专著《周恩来与中国的独立和统一》②构成齐赫文中国近现代史研究成果的"三部曲"。同时,他还围绕着康有为、孙中山、周恩来这三位重要历史人物编辑出版了一系列历史资料和人物传记资料,包括专著,极为珍贵。如《孙中山选集》《1898—1949年中国的统一与独立之路(据周恩来生平资料)》(1996)。

齐赫文对中国社会有亲身的体验,有亲自参与或见证重大事变的经历,见证了新中国诞生这样的历史大事。在参加开国大典之后,他立即将周恩来总理兼外长的公函快速传递莫斯科,促成了苏联政府在次日,即10月2日发表声明公开承认并与中华人民共和国建交。他随即被任命为大使馆临时代办,成为首任驻新中国的使节。他的名字已经和两国关系史联系在一起了,这是他外交生涯中最为荣耀的经历。更为详细的,还有齐赫文本人描述他在中国的经历和友谊的两本著作:《我的一生与中国(20世纪30—90年代)》(1992)③和《回到天安门》(2002)④。

我国《人民日报》(海外版)2001年9月7日头版以"世界著名汉学家聚会在北京研讨汉学"为题的报导特别指出:"从马可·波罗、利玛窦、雷慕沙、费正清、李约瑟,到齐赫文斯基等,这一连串名字,连接成'西学东渐'和'东学西渐'的桥梁",给予齐赫文院士极高的评价。

史学家米亚斯尼科夫(1931—)

米亚斯尼科夫主要研究中国近代史和中俄关系史,1955年毕业于外交部莫斯科国际关系学院,1964年曾来人民大学进修,1964和1978年先后获副博士和博士学位,1990年即当选为科学院通讯院士,1997年晋升

---

① Движение за реформы в Китае в конце XIX века и Кан Ю-вэй. М. 1959. 419с.
《19世纪末中国维新运动与康有为》,莫斯科,1959年,第419页。
② 见中译本,北京:中央文献出版社,2000年,第604页。
③ Китай в моей жизни (30—90 годы). М. 1992. 159с.
《我的一生与中国》(1930—1990年代),莫斯科,1992年,第159页。
④ Возвращение к Воротам Небесного Спокойствия. М. 2002. 387с.
《回到天安门》,莫斯科,2002年,共387页。

院士。他长期在远东所任职,曾任副所长,至2003年调东方学研究所,为科学院顾问。现为俄国汉学家协会主席。

米氏长期致力于历史档案的挖掘与整理,主持编辑组连续出版了以《17—20世纪俄中关系(文献与资料)》为题的文集,计已出有17世纪两卷,18世纪两卷,19世纪两卷,20世纪五卷(其中有些卷册系与齐赫文院士或立多夫斯基联合主编的),还有关于两国人员来往、边界问题等类文件汇编。此项工作为进行研究提供很好的基础。

同时,米氏发表了研究清代两国关系的力作《17世纪的清帝国和俄国》(1980)。此外,他还整理完成了斯卡奇科夫编著的《俄国汉学史纲要》(所叙史事迄于1917年),实现了俄国汉学同人的夙愿。

文学家李福清(1932—2012)

2008年5月29日晋升院士的李福清,早在2003年12月22日便接受了我国政府教育部授予的"中国语言文化友谊奖"。这是我国授予国外最为杰出的汉语教育工作者和汉语语言文化研究者的专门奖项。李福清是俄罗斯第一位获此殊荣的人。

李福清从民间文学开始,逐步扩展研究领域至俗文学、古典文学,进而中国传统文化。他发表过一系列文著,其中主要的著作《万里长城的传说与中国民间文学的体裁问题》《中国的讲史演义与民间文学传统——论三国故事的口头和书面异体》《从神话到章回小说》,也已全译或部分译成中文。还有直接出版的中文著作《中国神话故事论集》《李福清论中国古典小说》《关公传说与三国演义》。

在专著以外,当然还有数量巨大的文章。近期出版的中文本《古典小说与传说(李福清汉学论集)》(中华书局,2003年)则是从他的文章和著作选编出来的篇目并经作者亲自审定,可说是他的著作代表。

李福清主要的贡献可以概括为四个方面:

其一,研究涉及中国文学的各个领域,从古典文学到现当代文学,乃至整个中国文学的研究,都广有建树。

其二,中国民间文学和俗文学,始终是他研究的一个重点,为不断探索和阐明的对象,其成就尤显突出。

其三,对台湾原住民文化的研究,把它同大陆各族文化作比较分析。

其四,中国民间艺术研究。其所编《苏联藏中国民间年画珍品集》①汇集了从 5000 多幅旧年画中挑选出来的 200 幅在我国已失传的珍品,最能说明他在年画研究上的功力。

(二) 两次翻译文学热潮(50 年代和 80 年代)

1. 50 年代译介中国文学的洪流

在这十年里出版了什图金的《诗经》首次全译本(1957)。还有郭沫若、费德林主编的四卷本《中国诗歌集》(1957—1958),所选诗歌上起古代下迄 20 世纪 50 年代。第一卷收入《诗经》的"风""雅""颂"(选)、《楚辞》、曹操、曹丕、曹植五言诗,陶渊明诗和汉乐府。第二卷为唐诗,有李白、杜甫、白居易、元稹、王维、孟浩然、韩愈等名诗人之作品。第三卷包括宋、明、清三个朝代,有苏东坡、欧阳修、柳永、陆游、李清照、辛弃疾直至近代林则徐、黄遵宪的名诗。第四卷为 1949—1957 年的新诗,入选的有郭沫若、萧三、田间、臧克家等众多诗人的诗作。这部由两国学者合作编选的集子,第一次向苏联读者展示了中国诗歌全貌,其选择之精和全,迄今仍为中国国外所仅见,也是后来苏联汉学家编辑中国诗选和选择单个重要诗人作研究对象或出单行本的依据。它的出版是苏联汉学界乃至文学界在 50 年代的一大盛事。其他的诗集还有一些著名诗人的单行本,如艾德林译的《白居易诗集》(1958),奇托维奇译的《杜甫诗集》(1955)、《李白抒情诗集》(1956)和《王维诗集》(1959),阿列克谢耶夫等译的《屈原诗集》(1954)等。同时,中国几部重要的古典小说也都有了俄译本:帕纳秀克译的《三国演义》(1954)和《红楼梦》(1958),罗加乔夫译的《水浒传》(1955)以及他同科洛科洛夫合译的《西游记》(1959),沃斯克列辛斯基(华克生)译的《儒林外史》(1959),还有费什曼等译的《镜花缘》(1959)。有些甚至在西方都不大译介的清末章回小说也出了俄译本,如谢曼诺夫译的《老残游记》(1958)和《孽海花》(1960)等。至于现代作家的作品,不但一些著名的大作家如鲁迅、郭沫若、巴金、茅盾、老舍、叶圣陶、丁玲等的作品都有了俄译本,如四卷本的《鲁迅选集》(1954—1955)、两卷本的《老舍选集》(1957)、一卷本的《郭沫若选集》(1955)、三卷本的《茅盾选集》(1956)以及丁玲的《太阳照在桑干河上》(1949)等,而且一些在西方还很少介绍的作

---

① 李福清、王树村、刘玉山编选:《苏联藏中国民间年画珍品集》,北京:人民美术出版社,1990 年。

家如马烽、李准、周立波、杨朔、艾芜、陈登科、秦兆阳、冯德英等在苏联也都得到译介。像苏联如此规模宏大、时间集中的中国文学译介工作,在世界汉学史上怕是少有的。诚如一位汉学家所说,"这证明苏联学者和全体人民对中国命运的深刻关注以及他们同中国人民扩大文化交流的强烈愿望"①。

　　反过来,中国这块友好的土地也给汉学家们以慷慨的滋养。如果说当年费德林有机会来华被视为"特别幸运"的话,那么如今这种幸运已降临一代汉学家身上。今日活跃在苏联汉学界的中年以上的学者,大部分人都时间或长或短地在中国生活过。他们在资料和指导上都深深得益。即以我们所知的到过北大进修的人为例,先不说师从的导师都是一流的,如契尔卡斯基接受王瑶、施奈德接受曹靖华、查瓦茨卡娅接受宗白华的指导,单说资料就有取之不竭的源泉,例如李福清至今还很怀念1965年在北大进修时每天到北大图书馆查资料、每周一两次进城逛书店和到天桥听说书的日子。况且,提供资料方便的何止北大。李福清说过他开始研究孟姜女的故事。那是50年代中期,他缺乏资料,就给中国各省的文联写信,请代为搜集。不多久,几乎每个省都给他寄去了有关孟姜女的资料:民歌、传说、地方戏、宝卷直至古迹的照片。当1958年郑振铎访苏时,看到李拥有这么多资料(包括有刻本、抄本),很是吃惊,说即使他以文化部副部长的名义向各省文联要,他们也不一定寄。因为李是苏联的学者,他们就很热心。时隔三十多年,李福清还由衷地说:"中国朋友的关心和帮助,使我非常感动,永生难忘。"

　　苏联汉学家也拿出了相应的成果,特别是一批研究性的论著。综合性的文学史书有费德林的《中国当代文学概观》(1953)、《中国文学·中国文学史纲要》(1956)、艾德林的《论今日中国文学》(1955)。作家专论有波兹涅耶娃的《鲁迅》(1957)和《鲁迅的生平与创作(1881—1936)》(1959),索罗金的《鲁迅世界观的形成·早期的政论作品和〈呐喊〉》(1958),谢列布里亚科夫的《杜甫评传》(1958),费什曼的《李白的生平和创作》(1958),彼得罗夫的《艾青评传》(1954)。

2. 60—70年代扩大翻译的范围

　　进入60年代中期以后,由于中苏关系变冷淡,两国的文化交流大受

---

① 沃斯克列辛斯基:《苏联对中国文学的翻译和研究》,《远东问题》,1981年第4期,第174页。

影响,其主要表现之一是汉学人才的培养上数量锐减,缺乏年轻的后备力量。

不过,由于有一代中年以上的汉学家的努力,从60年代初到80年代初,中国文学的翻译和研究工作仍有了长足的进展。

在翻译方面,这二十多年中逐步扩展到各种体裁的作品,可以说是在50年代的基础上做了"填平补齐"的工作。古典诗词仍然是翻译的重点。陆续出版的大诗人作品有:《白居易抒情诗集》(1965)和《白居易诗集》(1978),《陶渊明抒情诗集》(1964)和《陶渊明诗集》(1975,以上均艾德林译),曹植《七哀诗集》(1973,切尔卡斯基译),《陆游诗集》(1960)和《苏东坡诗词集》(1975,均戈鲁别夫译),李清照《漱玉词》(1974)和《辛弃疾诗词集》(1961,均巴斯马诺夫译)。也有多人合集的诗选,如《中国古典诗歌集》(1975,艾德林译)和《梅花开(中国历代词选)》(1979,巴斯马诺夫译)。在"世界文学丛书"中的《古代东方诗歌小说集》(1973)和《印中朝越日古典诗歌集》(1977)这两卷里收入的中国诗人最多,计有曹植、阮籍、嵇康、汤显祖、陈子昂等78人。同时,一些不常被人注意的近代诗人之作也有人翻译,如苏曼殊的《断鸿零雁记》(1971,谢曼诺夫译)。由此可见翻译工作涉及范围之广。值得注意的是有一些诗人参加了翻译,使译诗增色不少。例如50年代有著名女诗人阿赫马托娃译屈原的《离骚》(1956),如今有诗人吉托维奇译《杜甫抒情诗集》(1967),巴德尔金译谢灵运、鲍照的诗等。

在翻译小说方面,既有(古文小说)旧小说和笔记,如六朝小说干宝的《搜神记》(1977,吉什科夫译),《紫玉》(中国1—6世纪小说集)》(1980,李福清等译),《唐代传奇》(1960,费什曼、吉什科夫译)和《浪子与术士》(又名《枕中记》,1970,紫科洛娃译);沈复的《浮生六记》(1979)、瞿佑的《剪灯新话》(1979,均戈雷金娜译)和纪昀的《阅微草堂笔记》(1974,费什曼译);也有通俗小说(白话小说),如钱采的《说岳全传》(1963)和石玉昆的《三侠五义》(1974,均帕纳秀克译),《今古奇观》(1962,维尔古斯、齐别罗维奇译)、《十五贯(中国中世纪短篇小说集)》(1962,左格拉芙译)和《碾玉观音》(1972,罗加乔夫译),罗贯中、冯梦龙的《平妖传》(1983,帕纳秀克译)。此外,《金瓶梅》(马努辛译)已在1977年出了经删节的俄译本。有趣的是在苏联也同在我国一样,为了在少年儿童中推广文学名著,在70—80年代出版了《水浒传》(1978)、《西游记》(1982)和《三国演义》(1984)的节译本或缩写本(在50年代已有全译本的基础上缩改)。

同时,还有不少散文作品翻译出版,如《山海经》(1977,杨希娜译),司马迁《史记》(1972、1975,维亚特金、塔斯金译)、《韩愈柳宗元文选》(1979,索科洛娃译),陆游《入蜀记》(1968,谢列布里亚科夫译)等。有一部《中国古代诗歌与散文集》译本(1979),除收入诗经、楚辞、古诗十九首、汉乐府的选译外,还有司马迁、伶玄、贾谊、赵晔等人的散文作品。

在翻译戏曲和民间文学创作方面,重要的有王实甫的《西厢记》(1960,孟列夫译);《元曲》(1966,彼得罗夫编,由斯别斯涅夫、马里诺夫斯卡娅、谢列布里亚科夫、孟列夫、费什曼等人翻译)共计收入关汉卿的《窦娥冤》《望江亭》和《单刀会》,白朴的《墙头马上》和《梧桐雨》,康进之的《李逵负荆》,马致远的《汉宫秋》,李好古的《张生煮海》,郑光祖的《倩女离魂》,张国宾的《合汗衫》,石君宝的《秋胡戏妻》等。在"世界文学丛书"的《东方古典戏剧》卷(1976,索罗金、雅罗斯拉夫采夫、戈鲁别夫等译)中则收入关汉卿的《窦娥冤》,洪昇的《长生殿》(片断),孔尚任的《桃花扇》(片断),汤显祖的《牡丹亭》(片断),郑廷玉的《忍字记》,作者不详的《劝狗杀夫》。民间文学方面有李福清辑译的《中国民间故事》(1972)和《东干民间故事与传说》(1977)。而袁珂《中国古代神话》的译本(1965,鲁波—列斯尼琴科、普济斯基译)和李福清为《世界各民族的神话》(1980)编写的200余则中国神话则使苏联读者有可能了解中国神话的全貌。

还有一种通俗文学的形式,即变文,吸引了汉学家的注意。孟列夫就列宁格勒珍藏的敦煌文献资料,作细心的整理和研究,从60年代起陆续出版其整理译注的"变文"成果:《维摩诘经变文·十吉祥变文(敦煌写本)》(1963,译注),《影印敦煌赞文附宣讲》(1963,整理、作序),《双恩记变文(敦煌写本)》(1972,译注),《妙法莲花经变文》(1984,译注)。此外,还有"宝卷"的译本,继《普明宝卷》(两卷本,1979,斯图洛娃译)之后,又出了《百喻经》(1985,古列维奇译)。

现当代文学作品的翻译要比古典文学少得多,但在某些方面也有突出的进展。由于切尔卡斯基持续不断的劳作,他编译出版的几本诗集恰好组成了一个介绍近70年中国诗歌的完整系列:《雨巷(20—30年代中国抒情诗)》(1969)、《五更天(30—40年代中国抒情诗)》(1975)、《40位诗人(20—40年代的中国抒情诗)》(1978)和《蜀道难(50—80年代的中国诗歌)》(1987)。入选的诗人有100多人,规模相当可观。新译的小说也不少,有茅盾的《幻灭》(1972,伊万科译),老舍的《猫城记》(1969)和《赵子曰》(1979,均谢曼诺夫译),张天翼的《鬼土日记》(1972,切尔卡斯基译),赵树理的《李有才板话》和《小二黑结婚》(1974,罗果夫、克里夫佐夫译),钱钟书的《围城》(1980,索罗金译),以及几本短篇小说集(分别选入鲁迅、茅盾、巴金、叶圣陶、丁玲、王鲁彦、王统照、谢冰心、吴组缃、许地山、老舍等人的小说)。此外,还有《瞿秋白选集》(1975,施奈德译)和邓拓的《燕山夜话》(1974,热洛霍夫采夫译)。

70多年来苏联翻译的中国文学作品已为数不少,目前已将俄译本系列化,于20世纪80年代出版了规模宏大的40卷本"中国文学丛书"。

3. 60—70年代出现一批研究成果

60、70年代的研究已扩大范围,并有向纵深发展之势。阿历克谢耶夫和康拉德的论文集可算是研究中外文学关系包括比较研究的得意之作。前者有《中国文学·论文选》(1978)和《中国民间绘画》(1966),后者有《西方和东方》(1966)及《康拉德论文选·中国学》(1977)。

文学史书有:索罗金和艾德林合著的《中国文学》(史略,1962)和波兹涅耶娃主编的大学教材《东方文学史》(四卷五本,1971—1977),其中有中国文学史部分占700多页。《世界文学史》(九卷本,苏联科学院世界文学研究所编)也有大量篇幅写中国文学史。

一批从20世纪50年代崭露头角的汉学家,在60—70年代纷纷发表专著。属于论述各类体裁的有李福清的《万里长城的传说与中国民间文学的体裁问题》(1961)、《中国的讲史演义与民间文学传统》(1970)和《从神话到章回小说》(1979),热洛霍夫采夫的《话本——中国中世纪的市民小说》(1969),费什曼的《中国长篇讽刺小说(启蒙时期)》(1966),谢曼诺夫的《中国章回小说的演变》(1970),谢列布里亚科夫的《中国10—11世纪的诗词》(1979),索罗金的《中国13—14世纪的古典戏曲》(1979),戈雷金娜的《中国中世纪的短篇小说:题材渊源及其演化》(1980)和《中国中世纪前的散文》(1983)。

属于文学理论和美学问题的有戈雷金娜的《中国的美文学理论》(1971)和李谢维奇的《中国古代与中古之交的文学思想》(1979)。还有论述文学和美学思想的几部论著虽系编译,但其序言及译注也值得一提,如:《中国古代的无神论者、唯物论者、辩证法家——杨朱、列子、庄子》(1967,波兹涅耶娃编译注),《晚期道家论自然、社会和艺术》(1979,波梅兰采娃编注)、《圣贤文选·中国古代散文》(1987,李谢维奇编注)。

如若谈到综合性的研究论著,当然首先应当提到费德林的三部著作:《中国文学研究问题》(1974)、《中国古典文学名著》(1978)和《中国文学遗产与现时代》(1981)。此外,还有施奈德的《俄国古典作品在中国》(1979)以及几部集体撰写的论文集,重要的如《中国古典文学论文集》(1969)、《中国和朝鲜的文学体裁与风格》(1969)、《中国文学与文化》(1972,纪念阿列克谢耶夫九十周年诞辰文集)、《苏联对中国文学的研究》(1973,庆祝费德林七十寿辰文集)等。散见于各汉学刊物、其他报刊和文集中的论文则不计其数,无法一一列举。

研究单个作家的专著数量相当可观。古典文学方面重要的有:艾德林的《陶渊明及其诗歌》(1969),切尔卡斯基的《曹植的诗》(1963),谢列布里亚科夫的《陆游传论》(1973),马里亚温的《阮籍》(1978),别任(列·叶·巴迪尔金)的《谢灵运》(1980),费什曼的《中国17—18世纪的3位小说作家:蒲松龄、纪昀、袁枚》(1980)。

现代文学方面有施奈德的《瞿秋白的创作道路(1899—1935)》(1964),索罗金的《茅盾的创作道路》(1962),谢曼诺夫的《鲁迅和他的前驱》(1967),安季波夫斯基的《老舍的早期创作:主题、人物、形象》(1967),马特科夫的《殷夫——中国革命的歌手》(1962),阿直马穆多娃的《郁达夫和"创造社"》(1971),苏霍鲁科夫的《闻一多的生平与创作》(1968),齐宾娜的《1937—1945年抗日战争时期郭沫若的剧作》(1961),鲍洛金娜的《老舍在战争年代(1937—1949)的创作》(1983),尼古利斯卡娅的《巴金创作概论》(1976)等。

4. 80年代的中国当代文学热

从70年代末起苏联各报刊就陆续译载反映我国改革开放的作品,80年代逐渐形成热潮。

一是翻译作品数量越来越多。仅以汇编的成书为例,已出版中国的中短篇小说集有7部,收入小说近60篇,诗集1部,收入22位诗人的30余首诗(这些小说和诗在收入选集以前有不少已在报刊发表过)。其中1982、1983、1984年各出版1部,1985、1986年各出版2部,1987年是小说和诗集各1部。还有中、长篇小说3部。

小说集有:热洛霍夫采夫、索罗金编选短篇小说集《人妖之间》(1982年版),收入王蒙的《夜的眼》、刘心武的《班主任》和《我爱每一片绿叶》、王亚平的《神圣的使命》、李陀的《愿你听到这支歌》、韩少功的《月兰》、韶华的《舌头》和《上书》、刘宾雁的《人妖之间》、李准的《芒果》等①10篇。

热洛霍夫采夫编选中篇小说集《一个人和他的影子》(1983年出版)，收入刘宾雁的《一个人和他的影子》、刘心武的《如意》、王蒙的《蝴蝶》、陈淼的《稀有作家庄重别传》等4篇。

索罗金编选的《当代中国小说·王蒙、谌容、冯骥才》(1984年出版)，收入王蒙的《春之声》和《海的梦》、谌容的《人到中年》、冯骥才的《高女人和她的矮丈夫》等5篇。

索罗金编选的短篇小说集《纪念》(1985年出版)，收入王蒙的《春之声》、李准的《芒果》、冯骥才的《高女人和她的矮丈夫》、高晓声的《陈奂生上城》、蒋子龙的《一个工厂秘书的日记》、刘绍棠的《蛾眉》等②6篇。

李福清编选中短篇小说集《人到中年》(1985年出版)，收入冯骥才的《啊!》、王蒙的《杂色》、张一弓的《犯人李铜钟的故事》、鲁彦周的《天云山传奇》、谌容的《人到中年》、刘心武的《立体交叉桥》、蒋子龙的《乔厂长上任记》等7篇。

李福清编选《冯骥才中短篇小说集》(1986年出版)，收入《啊!》《铺花的歧路》《感谢生活》《神鞭》《高女人和她的矮丈夫》《三十七度正常》《意大利小提琴》《匈牙利脚踏车》《在两个问号之间》《在早春的日子里》《老夫老妻》等11篇。

热洛霍夫采夫编选短篇小说集《相会在兰州》(1987年出版)，收入韩少功的《西望茅草地》、秦兆阳的《觉醒》、张弦的《被爱情遗忘的角落》、周克芹的《勿忘草》、张贤亮的《苦泉》、温小钰的《我的小太阳》、张抗抗的《夏天》、冯骥才的《酒的魔力》、陆文夫的《临街的窗》、刘心武的《相会在兰州》等13篇。

同时，还有中、长篇小说的单行本如古华的《芙蓉镇》等多部作品，以及发表在杂志上的小说如张抗抗的《北极光》(《外国文学》1985年第6期)和谌容的《太子村的秘密》(《莫斯科》1987年第8期)等。

诗歌有切尔卡斯基编选的《蜀道难》诗选(1987年出版)，其中在"70年代末至80年代初的诗"一编中选入艾青、公刘、浪波、李发模、骆耕野、刘祖慈、吕剑、寥寥、苏叔阳、吴力军、方冰、方殷、方敬、傅天琳、韩瀚、胡

---

① 尚有王蒙的《组织部来了个年轻人》、陈翔鹤的《陶渊明唱挽歌》等非新时期的创作2篇。
② 尚有钱锺书的《纪念》等非新时期的创作6篇。

笳、黄永玉、赵恺、朱健等22位诗人近年写的30首诗。

二是加强作品的评介工作。所有选集和单行本都有前言或后记,同时报刊还发表书评,有的书评文章还不止一篇,像长篇小说《芙蓉镇》俄译本1986年出版1年多之后,已经有4篇书评。这些评介文字几乎都一致肯定我国新时期文学的成就,索罗金认为"当代中国文学中的现实主义和人道主义传统到70年代末开始恢复"①。李福清肯定"自1979年当代中国文学开始了一个新的阶段"②。他们还进一步概括出当代文学的特点,热洛霍夫采夫指出:"当代中国文学生活的中心,是所谓的'暴露文学'流派……它的批判力量大大超过以前的同类作品。"③李福清则指出了另一个特点,说"乔厂长"的成功,证明"蒋子龙准确地抓住了时代的要求:现在中国正需要这种熟悉业务而不是空喊口号、精力充沛、行动果断的人来领导经济工作和工业"。④ 索罗金指出了再一个特点,说张抗抗的《北极光》"是一位艺术家的诚实和激动的叙述……描写了新人和新的思想感情"⑤。此外,书评几乎都一致肯定我国当代文学反映当前的改革和朝着艺术形式及艺术风格多样化发展这两大特色。

汉学家们对当代倾注了极大的精力,把工作重点移到当代也是一股潮流。即便以前不是重点研究当代的人,也开始注重当代。莫斯科大学教授谢曼诺夫对我说,他的主要工作就是继续培养青年汉学家和翻译中国当代的小说,他认为"这是当前最主要的事(由于这类小说非常多)",因而几年来他一本接一本地翻译出版。除了《芙蓉镇》(1986)、谌容的中篇小说《太子村的秘密》(1987)、路遥的长篇小说《人生》(1988),还有1989年出版的他所译张洁的长篇小说《沉重的翅膀》及其另外一部中篇小说。谢曼诺夫还译有蒋子龙的中篇小说《赤橙黄绿青蓝紫》和谌容的中篇小说《结婚进行曲》。同时,汉学家沃斯克列辛斯基也译有王蒙的长篇小说《活动变人形》。

不过,此番热潮已于上世纪末衰减,新译寥寥,乃经济条件严峻使然。至新千年始,有热洛霍采夫译的蔡骏两部长篇《病毒》(2002)和《诅咒》

---

① 《纪念》小说集的"前言"。
② 《中国当代文学中的传统成分》,《文艺报》,1986年11月29日。
③ 小说集《人妖之间》"前言",莫斯科,1982年。
④ 《论当代中国中篇小说及其作者》,中译文见《文学自由谈》,1986年。
⑤ 《北极光》"前言",见苏联《外国文学》,1985年第6期。

(2002),均出版于 2006 年。阿格耶夫译姜戎的《狼图腾》(2008),叶戈罗夫译苏童《我的帝王生涯》(2008)。此外,库德里亚切娃从英译本转译卫慧的《上海宝贝》和《我的禅》,均出版于 2006 年。日丹诺娃也从英译本转译棉棉的《糖》(2005)。长篇小说之外,短篇小说集则以扎哈罗娃和谢曼诺夫合编并翻译的《孔雀开屏》(1995 年,收入陆文夫等 13 人各 1 篇小说)为著名。其他尚有短篇集或诗集若干种,属于罕见之列。

四、俄罗斯汉学文库编纂规划

为了全面系统又具体鲜明地呈现俄罗斯汉学成就,我们拟编纂"俄罗斯汉学文库"中译本,计 30 种左右,内含三类。

1. 汉学家论文选集

以人为卷,选入俄罗斯科学院院士、通讯院士和大学教授 16 人,其中:

院士、通讯院士 7 人:В. М. 阿列克谢耶夫(《〈二十四诗品〉研究》)、В. П. 瓦西里耶夫(《儒释道与古典文学》)、В. С. 米亚斯尼科夫(《俄中关系的文化因素》)、Б. Л. 李福清(《神话与民间文学》)、М. Л. 季塔连科(《汉学传统与东亚文明关系论》)、С. Л. 齐赫文斯基(《见证中国近代史变迁》)、Н. Т. 费德林(《〈诗经〉与古代文学史》)。

资深汉学家,莫斯科大学和圣彼得堡大学等校教授 10 人:А. А. 龙果夫(《现代汉语语法研究》)、И. С. 李谢维奇(《中国古典文论》)、Л. С. 佩列洛莫夫(《孔子与儒学古今》)、Л. Д. 波兹涅耶娃(《苏联时代的中国文学研究》)、В. И. 谢曼诺夫(《鲁迅与章回小说》)、Е. А. 谢列布里亚科夫(《中国古典诗词论》)、Ю. Л. 克罗尔(《司马迁〈史记〉》)、В. Ф. 索罗金(《元曲与传统戏剧》)、谭傲霜(《汉语隐性语法》)、С. Е. 雅洪托夫(《汉语史论集》)、

2. 作品研究论集

介绍古典和现代名著作品在俄国的翻译、研究与传播,内容包括作品俄译版本和译者介绍、译本评析、俄国论者观点摘编。以作品为中心,按每部名著一卷,计 11 卷。有:《论语》在俄罗斯的传播、《孟子》在俄罗斯的传播、《道德经》在俄罗斯的传播、《孙子兵法》在俄罗斯的传播、《庄子》在俄罗斯的传播、《易经》在俄罗斯的传播、《西游记》在俄罗斯的传播、《水浒

传》在俄罗斯的传播、《三国演义》在俄罗斯的传播、《红楼梦》在俄罗斯的传播、《金瓶梅》在俄罗斯的传播。

3. 资料工具书

设若干专题。有:《国图藏俄罗斯汉学著作目录》《东正教驻京使团遗存文献书目》《俄国对西域的探险考察及所获文物的收藏整理》《汉文古籍流传俄国分类书目》《俄罗斯汉学家词典》等。

"文库"已筹划有年,早在1999年9月编者就会同出版社编辑进行了一次"俄国之旅",到朔方去搜寻文宝,同相关汉学家商讨编选的书目。此后,又与国内同行学者反复商议,确定选题,始成规模。

以俄罗斯一国之汉学编立文库,属国内首成,意义重大。唯文库内容既丰,预计费用亦巨,须待筹足资金保障出版,力求稳妥,故迟迟未予启动。

如今,承时任大连外国语大学校长孙玉华教授慨然答应,由该校资助先期出版《国图藏俄罗斯汉学著作目录》,以带动后续。鉴于文库之学术价值,有长远意义,孙教授并允诺将文库出版事宜作为该校国际汉学推广基地的一项工作纳入计划,继续筹措经费,支持出版。

故此,文库将尽快编定付梓,以飨读者,从"十二五"规划期间开始,将随经费到位程度,分期分批出版。

李明滨

北京大学外文楼110

2016年11月7日修订

目 录

前　言/1

上篇:俄罗斯的欧亚主义/1

复杂多变的世界中地缘战略的挑战/3

俄罗斯在欧亚主义框架下的自我认同问题/47

合作带来安全——东亚视角/71

俄罗斯地缘政治中的欧亚成分/76

新欧亚主义:亚洲视角/120

欧亚主义理论和政策的几个实践方面/142

下篇:俄中文明对话/155

中国:和平与发展方针/157

中国：文明与改革/216

欧美汉学家眼中的亚洲价值观和亚洲危机/262

俄中友好关系是保障东亚安全及实现跨文化对话的重要因素/293

俄中战略合作发展的前景及形式/303

文明对话中的俄罗斯与中国/311

文明对话中的中国哲学和新欧亚主义/333

俄罗斯汉学在发展俄中合作和加深两国相互理解中的作用/337

中国精神文明的特点/345

新欧亚主义和文化的交织/355

中国现代化经验的国际意义/361

融合欧亚文明的思想家冯友兰/370

附录一　一生为中国而战/376

附录二　季塔连科主要学术著作年表/389

编后记/402

前　言

俄罗斯科学院院士,远东研究所所长季塔连科毕生致力于俄国汉学事业,始终把理论研究和实践试验相结合,成果丰硕,成绩辉煌,而成为俄国汉学界的领军人物之一。主要研究方向概括有三:中国哲学史、亚洲太平洋区域不同文明及不同国家之间关系、新欧亚主义。

一、师从冯友兰治学

季塔连科(М. Л. Титаренко)1934 年 4 月 27 日出生于布良斯克州克里莫夫区农民家庭,1957 年莫斯科大学哲学系毕业,随即来华进修,于 1957—1959 年和 1959—1961 年先后在北京大学和复旦大学学习。在北大期间受业于冯友兰教授,不但随堂听课学中国哲学史,而且有跟随冯师深入农村经历与农民同吃同住同劳动的生活实践,1958 年 6 月起在农村呆了 7 个多月,对中国社会与农民有了更为深切的了解。据他后来 1995 年在北京纪念冯友兰 100 周年诞辰会议的发言中提到,那段经历使他终生难忘、永久受益,从此更深刻了解冯友兰的哲学思想。

1958 年前后北大实行"开门办学",文科学生定期下乡体验生活,访贫问苦,做田野调查。当时规定大学生无例外都参加,外国留学生可以自由。但出发那天在永定门火车站集合,要上车去大兴县黄村时,见外国留学生中只有季塔连科一人背着下乡的行李来了。他说,遵冯师教导,不了解中国农民就不懂中国哲学,所以他下定决心,必须下乡亲历,打好基础。他一向学习认真和勤勉,很受冯师赏识,从而得到单独授课答疑的照顾,每周两次如约到燕南园冯师寓所去当面请益,听冯先生讲解中国哲学史典籍古文中的疑难问题。那次下乡,季在哲学系的老师冯友兰、任继愈、冯定、贺麟教授等一批先生也都去了。他在中文系的老师未参加。

他在复旦大学学习也是成绩优秀。1961年全校毕业典礼上,校长陈望道教授高声宣布:"1号毕业证书将颁发给一位外国留学生——苏联公民米沙同志。"季一时欢喜不起来,原来他们搞错了,把名当成了姓,况且那还是他的本名米哈伊尔的昵称。证书当然无效。经过周折,一星期后才高高兴兴地领到写有"季塔连科"的毕业证书。

他早期1965年以论文《古代中国的墨家及其学说》获副博士学位,又于1979年晋升博士。该文于1985年以《古代中国哲学家墨子及其学派与学说》为名出书后,曾被译成日文在东京出版。此后,他主编《中国哲学史》(1989)、《中国哲学百科辞典》,均有较大的影响。

1985年接掌苏联科学院远东研究所以后,便大力开展对华友好联谊和文化交流,在学术研究和日常实践两个方面广有建树,为该所赢得国际声誉。他本人也先后当选为俄罗斯汉学家协会会长(1988—1998)和俄中友协主席(1998年起)。

晚年季氏应聘为北京大学"蔡元培讲座"教授,享有无上的光荣。这是对海外汉学家最权威的承认和肯定。众所周知,莫斯科大学早就设有以创校校长罗蒙诺索夫命名的奖项,以"罗蒙诺索夫讲座""罗蒙诺索夫奖金""罗蒙诺索夫奖章"依次递升。那是对获奖者给予该校最高的荣誉。同样,北京大学也有以历史上开创北大新校风的校长蔡元培命名的讲座"蔡元培讲座",它也是给予应聘者以北大最高的学术地位。这个讲座在北大中国文化书院院长汤一介教授的主持下运作多年,聘请的都是世界一流的学者,顶尖的专家。季塔连科是俄罗斯第一位获此殊荣的人。(按,预先约定的首次演讲因两位名家先后得重病不治而未及进行。)

二、创立俄国汉学分支学科中国哲学

季塔连科作为俄国科学院当代四大汉学院士之一(其他三位为史学家齐赫文斯基和米亚斯尼科夫、文学家李福清),其学术成就的起点和高点都在中国哲学学科上。这显然是深受冯友兰传统的影响。不过,他不是简单地继承和移植,而是有所创新,在俄国开创了一片新天地。

从1960年代后期,季塔连科院士着手向全俄推介中国哲学的工作,并创立研究中国思想的中国哲学学派,1970年他倡议在莫斯科大学哲学系设立"中国哲学与汉语"专业,这在全俄高等教育史上尚属首次。该系兼设汉语课,为中国哲学专业作语言文字上的准备,它不但教授现代汉语,而且教授阅读古代哲学典籍必不可少的古文。

该专业的课程及专题课由季塔连科、费奥克蒂斯托夫和布罗夫负责,他们成为这个学派的第一代。当时季氏尚在苏共中央部门任职,而费氏和布氏则分别在苏联科学院远东所和哲学所工作。因而有大量的教学工作仍需莫斯科大学本校的亚非学院教师们承担,那里有人数众多的汉语言文学专业的教员,例如古文和现代汉语课由尼古里斯卡娅和卡拉别江茨、谭傲霜、刘凤兰、波麦朗采娃等人讲授。其中尼古里斯卡娅兼讲中国现代文学,而波麦朗采娃则兼授古代哲学文献《淮南子》专题课。此外,还有资深汉学家波兹涅耶娃教授讲授《中国文学史》。

这批莫斯科大学中国哲学专业毕业生共有7人:卢基扬诺夫、加富罗娃、加里勃夫、戈罗霍娃、扎伊采夫、科布泽夫和扬古托夫。这7人构成了俄国汉学中国哲学史学派的第二代,起到承上启下的作用。他们多数人迄今为止还与远东所合作或参与《中国精神文化大典》的编撰,而卢氏则是大典的副主编,是季塔连科的主要助手。

远东所这个中国哲学学派的工作在世纪之交也得到了中国方面的认可,在2001年中国举行国际汉学会议上有5人当选国际儒学联合会理事,即季塔连科、费奥克蒂斯托夫、佩列洛莫夫、卢基扬诺夫和罗曼诺夫。其中费奥克蒂斯托夫和卢基扬诺夫还于2004年当选为"国际易经联谊会"理事。

培养中国哲学专业人才的工作第二次成为重点项目的时间是在1993年,已调任远东所所长(1985年)的季塔连科再次倡议,在俄罗斯人文大学哲学系开设中国哲学专业(含兼授汉语),成为远东所和俄国高等学校培养研究中国哲学专家的基地,由时任该校教授的卢基扬诺夫负责,并由远东所的中国思想研究权威专家费奥克蒂斯托夫参与讲授中国哲学课程。

为改进培养人才的工作,1998由季氏拟订方案,卢氏、费氏二人负责指导,编写出《中国哲学史》课程教学大纲,发布供全俄高校哲学系大学本科使用①。1994年公布由卢基扬诺夫根据《俄国文科教育改革》大纲编写

---

① 《中国哲学史课程教学大纲》,莫斯科,俄罗斯科学院远东研究所,1998年,共126页。

的，供汉学专业大学本科和研究生使用的教材：《古代中国哲学的起源——易经、道德经、论语》①。后于2001年和2002年又由卢基扬诺夫和费奥克蒂斯托夫合撰了一编《古代中国哲学》，收进古宾、西多琳娜和菲拉托夫主编的供大学生、研究生和进修教师使用的《哲学》教科书中。季塔连科则主编《中国哲学》辞典(1994)。

这样，由季氏倡议主导，卢、费氏二人具体指导的俄罗斯人文大学哲学系中国哲学专业，从1998—2006年毕业生约20人修完中国哲学课程。其中3人随后完成副博士论文：卡尔卡耶娃（现姓斯塔罗斯金娜，2003年，导师季塔连科）、图加洛娃（2005年，导师费奥克蒂斯托夫和卢基扬诺夫）、阿娜什娜（2005年，导师科布泽夫）。他们成为新一代传人。

至此，在季氏、卢氏和罗曼诺夫三人合写的《道的哲学世界》一文中表示：“值此庆祝远东所50周年之际，我们有充分把握地说，俄国汉学的中国哲学流派业已在俄国科学院远东研究所诞生。②"

三、践行汉学理念，以广国际交流

季氏曾以编选和译释先秦诸子的著作宣传中国古代哲学思想。80年代转向研究中国思想，并且联系现实，古为今用。其重点有二，一是关注"小康社会"思想的发展，主张应借鉴中国改革之路，向当局建言：由强有力的政党领导改革，集中"全俄"意志，避免俄国陷入"乱邦"和"危邦"的境地。他以真知灼见赢得信任，被几任总统聘请为政府访华团的顾问。他同时组织力量翻译出版《邓小平选集》《邓小平传》等类书籍，予以推广。1993年我在莫斯科听他说到，曾以该所名义于80年代末上书中央领导请求学习中国经验，不要盲从西方的论调。

二是把中国思想作为整体来研究，从而扩大精神文化的范围，如《中国精神文化大典》第5卷《科技和军事思想，卫生与教育》所涉即为崭新的课题，几乎全是以往俄国汉学家未曾涉猎的，像中国的科学方法论、天与地的科学、物质变化、生命与人的科学等等，均系当代汉学家首开研究的

---

① 卢基扬诺夫：《古代中国哲学的起源——易经、道德经、论语》，莫斯科，拉吉克斯出版社，1994年，共111页。

② 《人物与思想——纪念俄罗斯科学院远东研究所50周年》专册第142页，，莫斯科，2006年

记录。这样一来,季氏把远东所办得充满活力。由于季氏不懈的倡导,目前该所内已形成了研究中国思想的"现代学派"。

季塔连科在90年代中期以来连续发表5部专著:《俄罗斯与东亚·国际关系和不同文明之间的关系问题》(1994)、《俄罗斯面向亚洲》(1998)、《中国文明与改革》(1999)、《俄罗斯·以合作谋安全·东亚潮流》(2003)、《远东的地缘政治意义·俄罗斯、中国及亚洲各国》(2008)。重点均在阐释中国思想在当代国际关系中的运用。他认为,中国文明在全球化的背景下依然保持自己的特色。中国哲学能够对世界文明作出积极的贡献,有助于克服西方唯理主义和实用主义的偏颇。俄罗斯只要学好中国的经验——既不损害自己文明的"核心"又能容纳异己的文明,便可保持自己民族的一致。

季塔连科的一大贡献是把国际交流实践制度化,从1996年起以远东所为基地,举行两种专题学术会议,一为"中国哲学与现代文明",一为"中国社会与国家"。分别在每年上半年和下半年各举办一次,会期两天。有时候隔年一次,坚持不懈,并汇集论文出版,参会者除俄中两国学者外,还有其他国家的汉学家。这项创举近20年来既推广了中国改革的世界影响,又使远东所赢得巨大的国际声誉。

季氏以汉学研究和实践的新突破而于1997年和2003年接连当选为科学院通讯院士和院士。他总括自己的体会表示:

从世界范围来说,汉学变成了中西文明之间交际的工具,而"俄罗斯汉学的特点在于深具欧亚精神,长于以平等的态度看待中国和中国文明,力图达到各种文化的相互理解、相互丰富与和谐一致"。

季氏在中国早已享有声誉。十余年前,当他在莫斯科中国驻俄使馆的国庆50周年招待会上,献出他在俄国宣传中国改革成就的巨型文集《中国在现代化与改革的道路上奋进》(735页,1999年)时,笔者曾代表在场中方人士致贺词表示钦佩。就在那年10月,他荣获中国颁授"中俄友谊奖章"。

季氏并荣获中方的一系列名誉职衔和称号。如中国社会科学院荣誉委员(1997),黑龙江社科院和山西大学等校名誉教授(2001、2004)、哈尔滨市荣誉公民(2006)。此外,他与东亚各国文化交流也颇多贡献,荣获俄日(1999)、俄韩(1994)、俄越(2000)几个友好文化机构的荣誉称号。

四、编撰新颖的百科全书

几年前开始,中俄两国互办友谊年。2006年在中国举办"俄罗斯年",2007年在俄罗斯举办"中国年";2009年在中国举办"俄语年",2010年在俄罗斯举办"汉语年"。这使得两国的友好来往趋向热络。在此期间的一系列活动中,一直能看到热心于俄中文化交流的俄国汉学家季塔连科的身影。

2010年6月初,俄罗斯科学院季塔连科院士(М. Л. Титаренко)把他主编的《中国精神文化大典》俄文本(Энциклопедия «Духовная культура Китая»)以下简称《大典》赠予我国,为俄罗斯举办的"汉语年"活动献上一份厚礼。至此,季氏实现了他在俄国全面系统推介中国精神文化的夙愿——一套六卷近6千页大开本的煌煌巨制最终完稿问世。六卷书在五年之内连续推出:第一卷《哲学》(728页)2006年,第二卷《神话、宗教》(869页)2007年,第三卷《文学、语言和文字》(835页)2008年,第四卷《历史思想,政治和法制文化》(936页)2009年,第五卷《科学、技术、军事思想、卫生和教育》(1087页)2009年,第六卷《艺术》(1030页)2010年,这不能不算是一项高效率的工程。它也把季塔连科的汉学学术地位推向了巅峰。

这项宏大的工程如按俄文原名直译应为"中国精神文化百科全书",其内容全面精到、撰述深浅适度,查阅方便实用,这些特点也符合俄国汉学有"百科全书"的传统。

编者设定全书目标在于兼顾专业人员和一般读者,即让该书具有专业学术论著和普及性读物双重性质。因而决定把书写分成两个层面。一为通论性的,每卷都设综述或总论,用长文阐释本卷所涉专题,或若干论文对其中所含主要问题,分别作概括又周详的论述。这样,由多篇文章组成"甲篇"。二为供查阅的词典,即细列为一个个词条,辟为"乙篇"。它所含已是几百上千条词目,是一部详细的辞书。此外,每卷还设有附录性质的"丙篇",用以附录各种参考资料、重要文献、译名对照、或出版物及大事年表以及索引,意在为专家和读者作进一步研究提供方便,这种安排也为全书陡增了浓厚的学术性。附带说明,有些卷里所含子题多需要另列出系统,故而增设"丁篇""戊篇"等。

总而言之,面对历史悠久、博大精深的中国精神文化,非如此精心安排和周详撰述,不足以反映全貌。因而可以说这套中国精神文化百科全书做到了"雅俗共赏",令专家学人和普通读者满意。它从内容到形式都新颖,不但欧洲其他国家,而且在中国也未见过,实属世界首创。

《大典》的意义在于,它是俄罗斯几个世纪以来汉学研究成果的结晶和集中体现,在俄罗斯汉学发展史上具有里程碑的意义。

在俄国,所谓汉学,就是以中文原文材料为依据,对中国国情进行研究的各门学科之总和,尤其是人文科学和社会科学学科之总和。那么,从这六卷本看出,它的研究科目已经包揽无余。

《大典》的写法,并非选择有相关内容的中文书籍去翻译,而是由富有成就的汉学家分工执笔,自然能写出自己研究的心得,并且凝聚三百年来几代汉学家对该问题的研究所得和治学经验。包括吸纳中国学者既得的历史经验。

季氏工程的主力无疑在远东所,但他已经调动了全俄汉学的精英,其中既有两个首都传统的汉学"五强"——莫斯科的科学院远东所、东方学所和莫斯科大学亚非学院,圣彼得堡大学东方系和科学院东方文献研究所;也有新起的东部汉学重镇——新西伯利亚、乌兰乌德和海参崴等地的汉学中心。这支数百人强有力的汉学队伍积十余年之努力才完成了巨大的工程。而季氏也如其前辈阿列克谢耶夫院士一样担起领军人的历史重任。《大典》正成为俄国汉学历史进程的丰碑。

五、俄罗斯汉学学派的杰出代表

经过多年的考察、思索和分析,我们认识到俄罗斯这个汉学大国它的汉学具备如下特色。而那些特色在季塔连科身上都有鲜明的体现。

其一,其出发点在于了解和调研中国的国情,因此其发展进程历史悠久且持续不断,早先的目标远在通商和物资交流之上,而含有崇尚古代中华文明,并拟以此作借鉴,为"开明吏治"寻路。后来是双方互有借鉴和促进。

俄罗斯汉学历经两个半世纪,如果加上其前史,即从 17 世纪算起,那么中国文化在俄罗斯传播已经超过四百年。长时间内翻译和研究一直持续不断,期间出现过四次引进中国文化的热潮。头两次是 18 世纪初在俄国社会各阶层刮起的"中国热"和 19 世纪下半叶汉学界的译介中国古代文化典籍。后两次在20世纪50年代和80年代，主要表现形式均为大规模译介文学作品和全面而多渠道的文化交流。

其中，综合性的国情研究成果。前辈汉学领袖阿列克谢耶夫院士曾主编一部大型的《中国》(1940)。远东所的前任所长斯拉德科夫斯基在1975年至1986年主编了《中华人民共和国年鉴》。断断续续出版几本。季塔连科1987年接手起，《年鉴》更形成制度化了。每年出一本，每本均内含"政治、经济、文化"三部分。据笔者在莫斯科所见，从1989年至2005年，逐年一本依次出版，竟无延误。这成了俄人了解中国的案头必备书。

其二，汉学学科研究遵循"百科全书"方式，呈现出研究的范围广、成果多之特点。从历史典籍到民间文化，从考古文物到历代工艺品，从儒、释、道到其他宗教，从宏观上的国家政治体制、历史沿革、朝代更迭、典章制度到微观上细小工艺的考察，直至服饰特点、陶瓷和古钱币的鉴定都有人研究，其中不乏专著。成果中还有关于我国西南地区少数民族的语言文字及文化，甚至有我国台湾岛少数民族文化的论著。

这方面综合型的代表性成果就是季氏主编的中华文明百科全书《中国精神文化大典》。难怪季氏因此也有"百科全书"型的汉学家之雅称。他本人的翻译与著述也极为广泛，总数在300种以上，内容除其重点专业中国哲学史（涉及孔孟、老子、墨子、淮南子和明代的朱熹等等）外，还有文、史、经、艺各方面，尤其有大量政论，包括与亨廷顿、福山等文化理论学者的论驳。

其三，学术方法秉承俄国学院派的理论。学术研究已形成传统、造成风气。这里当然也有季氏极力推进的功劳。他同其前辈领军人物一样，毕生为建设汉学学科而奉献。

汉学人才虽然也有不少是从事实际工作的，但学术界已养成一种风气——似乎不向着学者型的方向发展就不足以成为知名的汉学家。因而凡是想要多少做出点贡献的人，都极为重视资料搜集，力求多而全；坚持长期系统研究和综合分析，务求深而细，很多人师承瓦西里耶夫院士和阿列克谢耶夫院士，直至形成汉学学派，因而在俄国，搞专业研究的人自不必说，即便是非专业研究的人也都努力成为汉学家。今人费德林本职是外交工作，在苏联外交界任职三十多年，曾任苏联驻华使馆参赞、驻日本大使、常驻联合国及安理会代表，官至外交部副部长。本职工作十分繁忙,仍在业余时间从事汉学研究。先师曹靖华教授在谈到抗日战争时期的重庆时,曾赞许地说道:"你看费德林在重庆的生活,公务那么忙,公文包里还随时带着中国文学作品,一有机会遇到中国人,就请教和讨论起来。"费德林就是靠勤奋、恒心和善于利用时间而做出成就的,可以戏称他为"业余的"汉学家。但他却以优异成绩当选为俄国科学院通讯院士。当他80岁时,他写的中国文学论著单行本就有35本。

若论季塔连科,则一向坚持个人学术研究和推进学科事业并重,达到了在两方面都表现杰出。

其四、汉学学科是一种国家行为,其运作和工作进展体现了国家的意志。从早期酝酿含有18世纪三位沙皇的意向和努力,沙俄、苏联以及现代,汉学研究仍是为国家总体需要服务,有些杰出汉学家还担当总统对华国务顾问。季塔连科曾说过,研究"新欧亚主义"也是为了有助于汉学研究作用的扩展。其目的是为了加强新时期的俄中合作。他同中国学界交往时不止一次地表示:西方把苏联解体看作他们意识形态的胜利,并且企图让这个悲剧也在中国重演。是故应该破除欧洲中心论和对俄罗斯地缘政治作用的估计不足,他要让俄罗斯发挥作为欧亚国家的作用展示潜力,而造福东西方,尤其俄中两国。

如今,俄罗斯汉学队伍强大,整个汉学界显得有组织、有规划,研究项目都有分工。还有人经常注意梳理本学科进展的历史、发展的现状,或写出综述、阶段性研究总结,或编撰汉学词典和汉学书目汇编,有不少学者在这个领域成果卓著。

季塔连科终以著作资料翔实、研究深邃、文笔精彩而获俄国科学院"塔尔列"奖(2000年),国家授予"俄罗斯功勋科学家"称号(1995年)。

季塔连科在2015年2月25日作古。时隔两年,至今我仍然感到悲伤。我只有回忆他的非凡人生和辉煌业绩时,才能略感欣慰。我们将永远怀念这位老友,亲爱的米沙。

李明滨
2017.3.15

上 篇

俄罗斯的欧亚主义

复杂多变的世界中地缘战略的挑战[*]

当代地缘战略形势特点——东方取向

(一)

当今世界正在经历着深刻的变化。自20世纪末以来世界正在逐渐形成一种全新的、多元化的国际关系格局。在世界各国复杂的利益博弈和冲突的背景下,寻求应对全球危机和挑战的相应对策成为首要任务,并提到国际事务的议事日程上来。事实证明,在单级体系、霸权主义和强权政治的基础上建立世界秩序的尝试和努力是不可行的。用依靠灵活的多边对话机制建立起来的外交手段取代集团式的外交手段,以此解决世界性问题,寻求世界范围内的协作伙伴关系和共同合作。面对正在形成的多极的国际体系,那些崇尚单极体系的国家不得不重新定位自己的战略规划。全球危机下低效的金融调节系统在挫伤了美国经济的同时,迫使那些超级大国不得不联合起来改革现存

---

[*] 本篇选自:М. Л. 季塔连科,《全球化背景下的俄罗斯和它的亚洲伙伴——战略合作:问题与前景》,莫斯科,2012年。(Титаренко М. Л. Россия и ее азиатские партнеры в глобализирующемся мире. Стратегическое сотрудничество: проблемы и перспективы, М. : Форум, 2012.)

的金融秩序。

最强大、最有影响力的国家——美国,其国际地位的下降已经成为当今世界最显著的特点。显而易见的是,没有任何一个国家,即便是最强大的国家也不能单独解决复杂的国际问题,亦无法将自己的意志强加于世界其他国家之上。最为明显的尝试就是欧盟以及美国的亲密盟友——日本,正在极力摆脱对美国的全面依赖,并在制定战略时尽可能更多考虑自己的利益。几个世纪以来,一直是以欧洲为中心的北约组织独霸世界舞台,但是现在政治中心正在发生转移,亚太地区在形成新的世界秩序的进程中所起的作用无疑会继续加强。

中国在解决世界经济和安全问题中的作用和承担的责任急剧增强。中国无疑已经跻身于世界大国行列,其在亚太地区的影响也在不断提高。在全球经济领域的作用更是明显,中国已经成为推动世界经济发展的主要动力之一。最近一次世界金融危机已经表明,必须改变战后世界金融体系,适应当代发展需求,提高应对全球金融危机的能力。

中国、巴西和印度这些国家的集体影响力正在加强,同时俄罗斯作为世界大国,其威信也在不断提高。在始终坚持战略合作、相互平等和相互协作的基础上,俄罗斯联邦正在新的"俄印中"(俄罗斯—印度—中国)或者"金砖国家"(巴西—俄罗斯—印度—中国—南非)对话框架下,建立新的国际关系。那些正在努力摆脱历史遗留问题的亚、非和拉丁美洲国家的诉求也越来越得到重视。

随着全球化趋势的不断增强,一些区域性组织在协商解决全球性问题时发挥的作用正在凸显。诸如欧盟(欧洲联盟)、APEC(亚太经济合作组织)、东盟(东南亚国家联盟)、上合组织(上海合作组织)和其他一些机构,越来越多地承担各地区的事务。在世界经历着深刻变化的同时,一些新的集体对话机制也应运而生,比如,"二十国集团",俄印中对话机制和金砖国家对话机制。

2010年5月时任中华人民共和国主席胡锦涛赴莫斯科参加纪念伟大卫国战争胜利暨第二次世界大战欧洲战场胜利结束65周年庆祝活动,访问期间与总统梅德韦杰夫以及总理普京进行了重要会谈。会谈特别强调了俄罗斯与中国在"二十国集团"中加强制度化行动的重要意义以及要不断加强俄中多边战略协作。

我们可以看到,美国与中国两个强大经济体的"结盟"是一种全新的、暂时可能不够理性的当代国际关系类型。我们认为,这一独特的后帝国主义时期罕见的现象需要首先从世界经济影响以及中国与其他主要国家双边关系的角度进行深入分析。美国正在极力将这种现象解释为"共同统治世界"。正因如此,使得"中国威胁论"这一议题甚嚣尘上,并导致部分美国人将其矛头指向中国。

上述事实证明,当我们在极力摆脱冷战遗留问题时,世界也一直处于动荡与不安之中,形成一种全新公正的国际秩序依然任重而道远。世界上的许多地区依然存在着冲突。一些强权政治、干涉主义,包括武力干涉别国内政的思想也在破坏世界的和平与稳定。这些肆无忌惮、不知羞耻的行径是对国际法和联合国宪章的严重践踏,他们在一些重大事情上绕过联合国,从而削弱了这个维护世界和平与安全的主要国际组织的地位和作用。发生在格鲁吉亚、乌克兰和吉尔吉斯斯坦等独联体国家和中亚国家的革命,被布什政府引以为豪地称为"颜色革命",成为破坏一些国家稳定的主要工具,也成为外部势力干预地区问题的主要手段。而带给这些发生"革命"的国家和人民的,除了不幸和混乱,别的什么也没有。

以美国为首的西方发达国家竭力维护和巩固自身在世界的传统影响,假借推动民主和人权并与极权主义作斗争,将自己的价值体系强加于世界。美国及其北约盟友的行动路线越来越具有意识形态的侵略色彩,并推行全面的西化和自由主义价值观。其在许多国家和地区强化控制并建立监控中心引起了世界局势的动荡,诸如南斯拉夫解体、中东冲突、伊拉克、阿富汗和巴基斯坦等问题。北约在东欧所采取的一系列行动,如建立军事基地和反导弹系统,使俄罗斯也受到威胁。西方将全球化进程与推动西方化牢牢地捆绑在一起,以自己强大的开放的文化意识形态来侵蚀和摧毁别国独特的文化和观念体系。因此,需要重新评估当今我们对文明的看法。许多政治学家、学者和政治家一致认为:西方价值观独霸的时代正在终结。当今的议题之一就是承认价值和文化体系以及政治体制的多样化。在秉承本国悠久传统的基础上,亚洲和拉丁美洲的国家也正在努力形成自己看待世界的新视角。

虽然当前国际形势错综复杂,许多大国都在强化自己对世界的影响力,但是应该指出,世界主要大国之间发生直接的大规模军事冲突的可能性微乎其微。此外,当今世界还面临着许多新的威胁,诸如恐怖主义、极端主义思潮和一些新的紧张因素,这些热点问题使得这些大国在维护国际安全的大前提下扩大了彼此的共同利益。气候变化、生态危机、粮食和水资源的短缺等诸多问题催生了越来越多的严峻问题,对能源的争夺也愈演愈烈,将近十亿人口挣扎于饥饿和死亡的边缘。俄罗斯和中国正在积极协作寻求解决这些问题的方法。

全球金融危机带来了新的困境,这场危机在很大程度上要归咎于美国。在这场危机中许多国家的经济被卷入了危机的漩涡,这一切表明必须彻底重建战后全球金融体系,提高其应对全球金融危机的能力。

综上所述,我们可以得出结论:当今世界需要建立一个更加公正和公平的秩序体系,使其能够在更大程度上保证国际社会的利益。核心任务就是避免世界大国之间的周期性对抗与冲突(这是一个现实存在的危险,因为一些西方国家的行为表明,不是所有国家都从历史中汲取了教训),并建立高效的协调机制去解决一些新的无法预知的威胁和挑战,诸如恐怖主义、粮食短缺、人口和能源问题以及大规模自然灾害。惨痛的历史经验给我们提出一个问题:世界共同体是否有能力防止在未来出现新的全球霸权主义,在多极化世界中制定可靠的、行之有效的调控关系的准则,避免新的"冷战"和"热战"。当前这种机制和公认的准则还没有制定出来,重蹈覆辙的危险依然存在。

需要指出的是,我们认为,在这种复杂多变的情况下俄罗斯与中国达成共识,在应对和解决国际问题上发挥积极的作用。俄中在解决国际问题方面的立场相近,并发挥着建设性的作用。稳定的国际环境是两国成功实现预期的社会经济改革的必要条件。俄罗斯与中国积极主张建立公平、民主的国际新秩序,支持其他国家为此做出的努力。俄中两国建立了以双边合作为基础的平等的多边战略协作关系,充分考虑合作伙伴的利益并且不针对第三方。

这里所说的不是建立某种反对其他国家的集团。俄中两国领导人多次强调,无论是双边事务还是在上合组织或其他组织框架内,两国的合作均不针对第三方。当然,世界新秩序的建立离不开美国、欧盟、日本、印度、东盟以及发展中国家和国际机构的积极配合。

当今世界局势瞬息万变,俄中确立伙伴关系关键在于两国对重要的国际问题,以及世界局势发展的方向持有相近的观点和立场。俄罗斯与中国坚决反对单极世界格局,积极主张世界多极化,愿意为维护世界和平与稳定承担相应的责任。

俄罗斯总统梅德韦杰夫在俄罗斯联邦会议的咨文中强调:"我国始终为建立更加公平的世界秩序而奋斗。"他还说:"我们以形成现代化的全球调控体系为目标,指定合作与解决争端的原则,在此基础建立平衡、公正的新秩序。"几个世纪以来,俄罗斯始终坚定地在国际舞台上扮演重要的角色,为维护世界安全、促进文明进步作出贡献。俄罗斯总统的发言是对当今世界霸权主义的回应,与胡锦涛所提出的关于建立"和谐世界"的思想吻合。这一思想是中国在处理国际事务中的基本准则。我们认为,更重要的是俄罗斯和中国两个大国针对世界新格局和国际安全的形成表现出全新的立场。

俄罗斯外交政策的特点在于平衡性和多维性。这是由俄罗斯作为欧亚超级大国的地缘政治地位,以及世界主要国家之一和联合国安理会常任理事国的地位决定的。以史为鉴,俄罗斯努力不卷入耗费资金的对抗,包括对国家经济和发展具有毁灭性打击的新型军备竞赛。同时,俄罗斯也必须满足维护国家安全的基本需求。

同中国一样,俄罗斯的外交政策是集中力量为国家的发展服务。外交政策要适应国家全面现代化的需要,创新科学技术和经济发展模式。因此,俄罗斯高度关注全球和地区一体化。

众所周知,俄罗斯过去主张,现今依然主张加强与独联体国家的特殊关系,发展和深化与中国及其他金砖国家的多边战略合作关系,提高与亚非拉国家关系的水平。

从地缘战略变化角度看,俄罗斯、中国以及世界其他大国关系中出现了一些新的因素。

这首先关系到美国,国际安全和稳定的前景很多方面取决于这个世界强国的政策。构建同美国稳定、互利、相互尊重的关系是俄罗斯政策最重要的方向。俄罗斯与美国签订新的削减战略性武器条约是一项重要事件,能够促进整个裁军进程和维护世界稳定。同时,总结历史经验,如果美国反导弹防御体系威胁到俄罗斯战略核潜力以及国家安全,俄罗斯有权撤出该条约。

无论是俄罗斯还是中国都致力发展同华盛顿的正常伙伴对话,并对此充满信心。2009年7月,美国总统访问俄罗斯,之后于11月访问中国,表示在关键问题上愿意与俄罗斯和中国开展建设性的合作,并将为此提供必要的条件。奥巴马执政后华盛顿外交政策向多边转向,更加积极地参与集体解决全球和地区的相关问题。同时,毫无疑问的是,奥巴马政府依然坚持和强化美国的世界主导地位。不排除采取为莫斯科和北京所熟悉的"胡萝卜加大棒"的政策。

华盛顿对北京的政策存在两面性。不久前美国战略家提出在解决地区性和全球性问题中实现美中两国联盟的设想,提出著名的"G2"观点,即"中美国"。美国总统奥巴马在访问中国期间,两国提出开展全球政策领域的合作,强调"分享亚太地区广泛的共同利益"。

然而,中国持续30年综合国力的上升,引起华盛顿、美国国会、美国盟友特别是日本在政治和军事等领域的不安。美国认为中国的发展对美国独占统治地位是一种挑战。多次制造美中近期将发生一场不可避免的世界霸主之争的舆论。同时,美国确信,中国绝不愿意追随美国的方针,绝不会为迎合华盛顿而牺牲自己的政治、经济立场,绝不会因美国和西方的观点而调整国内政策。

显然,这正是导致华盛顿改变策略,继续推行全面遏制中国的方针的原因。奥巴马政府对中国采取了一系列不友好的举措:向中国台湾地区出售一大批总价值在64亿美元的新式美国武器,奥巴马与达赖喇嘛会面,尖锐批评中美经贸和外汇政策(据美国官方统计,2008年美国同中国贸易逆差为2690亿美元,2009年为2268亿美元)。中国对华盛顿也进行了有力的反击。

华盛顿及其欧洲伙伴试图吸引俄罗斯加入西方阵营来遏制中国,实际上是离间我们和中国的关系。这一点在华盛顿和北约制定的新的战略联盟学说中显而易见。包括国务卿希拉里·克林顿在内的美国代表们千方百计地使俄罗斯相信,北约对于我们国家不是威胁,因此,俄罗斯应该认真对待俄罗斯安全的"实际威胁"。参与制定上述学说的"北约智囊团"在2010年访问俄罗斯期间,对以下问题表现出极大的兴趣,即"俄罗斯如何看待中国和中国挑战",为什么新的俄罗斯军事学说中没有"中国"一词,而把主要的军事威胁指向北约。

美国宣布"重返亚洲"政策。2010年1月12日,美国国务卿希拉里·克林顿在火奴鲁鲁的演说中表明了美国新的太平洋战略,其主要思想在于,美国希望重新发挥自己在亚太地区的领导作用,该作用在小布什政权时期开始明显动摇。为了做到这点,应该依靠与日本和美国在亚太地区的其他传统的朋友和盟友联合,不仅依靠美国在地区的强大的海军、空军部署，先进基地力量，而且建立在东亚作战区的反导弹防御体系。同时可以明显地感觉到试图实质性激活华盛顿在亚太地区区域性组织中的作用，包括加入那些目前美国尚未加入的组织（其中上合组织也可能是研究的对象）。

但是很明显，考虑到他们之间近几十年形成的足够强大的经济和政治相互依赖性，无论是美国，还是中国，都不希望在自己的对抗措施中走得太远。中国作为美国主要债权国之一，是美国长期、短期的总价值约为7500亿美元有价证券的持有者。两国贸易规模也相当之大。所以只能采取行动以缓和紧张局面。2010年4月在华盛顿举行的核安全峰会上奥巴马与胡锦涛的会面对此具有重要意义。

至于我们国家，在中国—美国—俄罗斯"三角关系"中，在任何一个发展的事件中制定谨慎的平衡政策会符合俄罗斯的利益，同时缓解紧张局势的任务和"重新启动"与美国关系的实现，当然不会损害俄罗斯和中国的友好关系。

作为欧洲的一部分，俄罗斯深化与欧盟的战略伙伴和对话关系，主张形成现代化的俄罗斯—欧盟关系。近几年由于美国和一系列西欧国家单边行为的影响，在推进北约东进的政策中，产生了危险的、破坏早期签订的保证欧洲大陆安全的协议的行为。在欧洲，特别是俄罗斯的一些邻国，他们加入北约后以及为加入所进行准备过程中，开始了前所未有的军备竞赛。根据斯德哥尔摩战略研究中心统计，东盟国家的军事支出在近十年增长了四倍多。俄罗斯以前不能，现在也肯定不能同意这种局面。众所周知，梅德韦杰夫总统倡议签订欧安条约（欧洲安全条约）。我们的意图很明显：将欧洲安全作为共同基础。并且不是在军事潜力和力量均衡的层面上，而是在国际法层面上，通过将北大西洋公约国家最近20年新承担的全部政治责任变成法律责任，这里核心原则在于安全的不可分割性：任何人都不应该靠牺牲别人的安全来保证自己的安全，这一点体现在俄罗斯—北约1997年签署的，近年来又屡屡被西方违反的主要的文件中。

作为战略政策，俄罗斯将加强自己同欧盟和中国的关系，将这种强大的联合视为当今世界的重要一极。同时北京针对一些西欧国家借口保护人权干预中国内政的企图给予坚决的反击。总体来说欧盟与中国最近在推动彼此迎合对方的积极努力不起作用。很明显，双方追求加强同华盛顿相互关系中自己的立场这一点,在这里起着不小的作用。中国视西欧国家为获得中国所需投资和技术的可靠来源。这些趋势的事例之一是包括法国总统萨科奇在内的一批来自欧洲的贵宾光临 2010 年上海世博会开幕式。萨科奇在与吴邦国会面时指出,"中国,不仅是明天的大国,而且是今天的大国"。

我们两国与日本的关系也具有重大意义。俄罗斯主张在同日本的关系中确立正面的议事日程,努力理顺同东京的相互关系,在面对大量当代的挑战与威胁之际,也把同日本的合作看作加强亚太地区稳定与安全的重要因素。同时密切关注那些能够导致日本军国主义复辟的行为。

东京对俄罗斯的领土要求赔偿是建立俄日关系的严重障碍。莫斯科在这个问题上尽力执行灵活的路线,在可能的地方迎合东京。但是有一个不可逾越的底线,即不能将俄罗斯的安全利益置于威胁之中。同样不能忘记的是,千岛群岛的解决是解决战后问题的一部分,这些问题是攫夺大量领土的日本侵略政策的结果。

近年来中日关系出现了协调合作方向的积极进展。2008 年 5 月时任中华人民共和国主席胡锦涛对日本进行的国事访问具有转折性意义,这是近十年来中国高层领导首次访问日本。访问期间双方签订了一揽子文件,包括中日双方政府发表的以共同战略利益为基础的中日关于全面推进战略互惠关系的联合声明。

作为加强俄罗斯与中国的地缘政治关系的有效手段,"俄印中"关系和"巴俄印中"关系具有重要意义,而其在确定世界的政治方向中的作用日益凸显。这在巴西举行的具有重大国际反响的"巴俄印中"峰会上已得到证明。峰会日程包括世界金融、经济结构、贸易模式、气候及生态等中心议题。

由于总的地缘战略形势发生了变化,在考虑到美国和日本企图拉拢印度,扩大与其合作使之并入所谓的悉尼三角关系(美国、日本、澳大利亚)问题的情况下,保持与巩固我们两国与新德里的伙伴关系具有迫切意义。俄罗斯、印度、中国三方相互协作关系的格局对制定总体战略十分有利。这是指三国强大的综合实力以及对当代世界基本问题的一致立场,俄、印、中框架下的合作,可以成为亚洲和世界安全保障总体机制形成的重要因素。

还有一个重要问题值得认真考虑,即与那些被称作"问题国家"的关系问题。在这里,俄罗斯与中国在很多方面的立场都是一致的。必须促使这些"问题国家"进行国际对话,优先使用政治外交手段解决冲突。而武力解决,通过制裁和对"问题国家"施压的方式,通常会适得其反,会导致大量无辜百姓伤亡和大规模的破坏。轰炸南斯拉夫联盟,对伊拉克的残酷军事打击,对朝鲜民主主义人民共和国和伊朗的威胁都证明了这一点。

(二)

考虑到世界快速发展变化,力求平衡自己在西方和东方政策的俄罗斯,越来越重视亚太地区。我国作为欧亚大国所拥有的地缘战略地位,对提高俄罗斯在全球和区域范围内(包括亚太地区)的作用具有根本性的意义。这里要着重考虑欧洲—大西洋方向和欧洲—太平洋方向,或者说,也就是俄罗斯政策的西方潮流和东方潮流是协同的,是相互联系、互相补充的。这同样也因为我国属于这个世界发展变化最快的地区,对通过与伙伴合作的可能感兴趣,并借此来开发西伯利亚和远东的经济,必须加强区域内的反恐、安保、多元文化保护,及文明间对话等领域的合作。

现今"激进的欧洲主义论者"也开始明白,亚太地区正在成为世界经济发展的新的推动者,成为全球政治的影响因子。亚太地区的战略力量格局正在发生变化,该地区正成为形成多极世界新秩序的重要主体之一。全球的和地区的力量中心的快速增长带来了亚太地区经济一体化的快速发展,促进了对亚太地区国家寻求有效的协作模式。在这些进程中,中国扮演着特殊且越来越重要的角色。

促进亚太地区经济快速发展的重要因素是亚太地区现有的区域性组织(APEC、东盟等),它们在此框架内制定了一整套专门的雄伟规划。亚太地区国家正集中精力首先解决经济任务,且成效显著。亚太地区在世界国内生产总值(不包括北美)的比重占40%,并且还在持续快速增长。积极推进一体化进程的发展,近几年正在形成几乎涵盖所有地区国家的自贸区(自由贸易区)。自由贸易区在中国—东盟、韩国—东盟合作中已经开始发挥作用,美国和日本也表示希望加入。在世界经济格局中亚太地区的重要性在世界金融经济危机下又有了新的提高。很多方面归功于中国,亚太地区承受的危机损失才能相对降低,并且成为解决世界经济危机的主要动力之一。

与此同时，经济领域存在的问题也不少。一方面，全球化促进加强经济相互依存，利益相互渗透，这同时也成为区域稳定的因素；另一方面，亚太地区国家间经济发展水平存在很大差距。区域内联合体的贸易自由化进程对经济状况产生了多方面的影响，为那些封闭的贸易联盟及处于联盟之外的经贸合作体增添了额外障碍。在全球金融经济危机背景下贸易保护主义不断加强。

总之，尽管亚太地区的局势看起来还算稳定，但是地区存在的高度潜在冲突的危险实在令人担忧。这里聚集了几个大国的强大军事力量，存在一些危险的地方性冲突，存在领土争端，进行着事实上无法监控的军备扩充和完善。同时还没有建立起对这一进程切实有效的监控机制。朝鲜半岛局势是危险的时代错误，在朝鲜战争结束半个多世纪以后，今天这里仍然缺少地区和平与稳定的必要保障。

在亚太地区拥有美国强大的军事部署：共计25万人，作战区域约1亿平方英里的强大的美国舰队，人员12.5万人，180艘舰船，包括5艘航空母舰，14艘战略核潜艇中的7艘装有弹道导弹（弹道导弹潜艇），1500架飞机。美国约有8万人分别部署在日本、韩国军事基地及美国第7舰队。在美国的"宙斯盾"的保护下形成广泛的军事联盟网，构成一个不断完善的首先是针对中国、俄罗斯和朝鲜的强大导弹防御战略策略体系，该体系部署于美国西海岸、阿拉斯加、美国附属的岛屿、美国海军舰队、日本、韩国、澳大利亚和中国台湾地区。

毋庸置疑，军事方面的地区安全、稳定及为解决安全和稳定问题制定相应机制应当成为该地区范围内的重要议题。难以苟同的是，在亚太地区建立起来的美国"宙斯盾"保护下的军事基地和双边军事同盟体系似乎是可以保障地区安全的一个因素，是安全与合作的二者折一的真正形式。美国建立的这些军事结构为亚太地区现有的区分路线，相互不信任和怀疑打下了基础，这迫使该地区内不在美国"保护伞"下的国家去寻求加强自身安全的路径。现在是到了去认真研究一下，华盛顿在太平洋构筑的导弹防御战略策略体系究竟是什么的时候了。

我们认为，对亚太地区局势的总体分析可以说明，必须在该地区现有分散部署的基础上逐步构建亚太地区安全与合作的统一空间体系。位于亚洲和太平洋区域的国家正在不断加紧力量的联合，以共同解决诸多迫切问题，最近提出的区域国家联合合作模式（澳大利亚总理陆克文倡议建立亚洲—太平洋共同体,日本首相野田佳彦倡议建构东亚共同体)可以证明。当然,很清楚,实际上实现这些计划并非易事。在亚太地区还要建立一个大规模综合性机构的设想暂时还没有得到广泛支持。地区内多数国家表示,现有机构能做更多的工作。可能发挥上述作用的组织包括:东盟安全区域论坛、东盟"10+3"(东盟10国与中国、日本、韩国)、东亚峰会(东盟"10+6":东盟10国与中国、日本、韩国、澳大利亚、新西兰、印度)。

作为亚太国家的俄罗斯准备为构建亚太地区安全与合作新格局作出自己的贡献,该格局能够符合现有的多极化现实,以集体、平等和透明为基础开端,以国际法为广泛准则。很明显,如果要依靠已形成的不结盟多边组织和论坛(APEC、东盟、东非共同体、俄印中等)来推动事情进程,就应该在地区内发展国际性区域伙伴网。同时我们注意到,在亚太地区制定各种计划、建立某种多边机构时,俄罗斯的利益经常被忽略。俄罗斯常常不被看作该地区的主要玩家之一。同时,俄罗斯在创建欧亚之间战略性联系桥梁过程中可以发挥决定性作用,然而作为现在两个重要地区(很大程度上是与美国)之间的主要联系要通过迂回的途径,即通过印度洋和太平洋来实现。据统计,每年东亚、东南亚及欧洲之间海运的总运费达6000—6500亿美元。如果约10%的货运重新确定方向经由西伯利亚铁路和其他亚洲铁路和公路干线,能给过境双方和订货国家带来巨大利益,可以大大缩减运输成本和期限。这种情况下,决定将俄罗斯纳入"亚欧论坛"意义重大(尽管在我们看来,已经过时),这将为此项工作的开展提供更加广阔的可能。中国以及东盟各国都支持俄罗斯解决加入东亚峰会机制问题。

考虑到区域内各国关注的主要是经济问题和经济一体化问题,俄罗斯首要任务之一就是加强在亚太地区的经济活动的参与,参与制定区域组织范围内的经济规划,吸引俄罗斯商人参与各种亚洲项目。这方面一系列具体措施已明确在联邦《远东及外贝加尔地区2013年前经济社会发展联邦专项规划》目标纲要中。建设国际运输基础设施和覆盖西伯利亚、远东及其邻国的国际东北亚燃料能源体系,对俄罗斯东部地区发展具有特殊意义。中国是俄罗斯在这个地区经济活动的主要伙伴。2012年秋在符拉迪沃斯托克APEC峰会的成功举办将对俄罗斯具有特别重要的意义。最好现在就开始制定和起草相关文件,即"关于地区发展及安保问题的符拉迪沃斯托克宣言"。

上合组织的使命之一就是要巩固俄罗斯与中国在亚洲的话语权,这就要求该组织能够积极推动和实现一些跨亚洲方案,提升其在国际事务中的作用。上合组织能够成为欧亚大陆的中心位置的经济增长的火车头,该地区可能成为世界上不断变化发展与繁荣的区域之一。这里俄罗斯、中国、哈萨克斯坦和蒙古几个国家加强联合具有关键性意义。同时,应该考虑到美国、日本及欧盟国家正在加强向亚洲中心的渗透问题。上合组织必须在提高经济效益上采取有力措施,因为如果长期不能完成已经制定的经济计划,将导致其组织成员即中亚国家对上合组织失去兴趣。同样需要尽可能利用上合组织现有能力参与对阿富汗问题的解决,因为阿富汗联盟力量的失败首先可能损害阿富汗近邻中亚国家的利益,甚至俄罗斯和中国的利益。考虑到伊朗是上合组织的观察员国,也不排除这个组织可以在解决伊朗问题方面发挥有益作用。重要的是要逐步提升上合组织在亚太地区事务中所发挥的作用。众所周知,早在 2004 年塔什干宣言中上合组织成员国首脑曾提出调控亚洲和亚太地区多方联合的交叉关系的设想。签署了上合组织与东盟、亚太经社委员会(联合国亚洲和太平洋经济社会委员会)及联合国相互协作文件,但是这种相互协作并未取得明显成效。

在整个亚太地区的地缘政治和经济领域中,东北亚地区特别值得关注。在诸如美国、中国、俄罗斯、日本等几个大国的利益相互交织的亚太地区,至今缺少确保稳定和安全的综合机制,难道这是正常现象吗?同时存在一堆代表东北亚国家共同利益的问题,即从经济、能源、生态到裁军问题,到信任措施的制定,恐怖主义和许多其他问题。

俄罗斯外交机构认为,当前在处理朝鲜半岛核问题上,六方会谈可以作为一种可行的对话机制。早期在六方会谈框架内俄罗斯提出了一个《保障东北亚和平安全指导原则》的方案。俄罗斯同样加入了东北亚和平与安全机制工作小组的领导中心。近年来东北亚国家三方(中国—日本—韩国)高层活动十分活跃。这"三套马车"的活动可能变成一种覆盖该地区所有国家的机制。

在维持亚太地区稳定的背景下,朝鲜半岛核问题依然十分迫切。俄罗斯和中国认为,朝鲜半岛地区武装冲突的出现,特别是使用大规模杀伤性武器,可能会对我们两个国家的安全构成直接威胁。朝鲜受到背后有着美国支持的韩国的威胁,可能会成为俄罗斯和中国的战略利益的挑战。

考虑到这一点,重点在于是不允许使用武力反对朝鲜,同时迫使平壤放弃开展核武器计划。在当前条件下,考虑到对平壤有施压的可能,那么与中国共同制定稳定朝鲜局势的措施纲要,使朝鲜回到务实发展轨道,协助解决朝鲜核问题,使其明白俄罗斯和中国可以充当朝鲜安全的担保国,这是十分迫切的。

(三)

在世界新的地缘战略局势形成条件下,俄罗斯的主要目标之一是进一步扩大和深化同中国的战略伙伴与协作关系。该方针在俄罗斯领导人的一系列声明中有明确体现,在俄罗斯总统确立的俄罗斯外交政策中该方针也无疑对于我国占优先地位。现在的中俄两国关系业已形成的性质符合两国的根本利益,是两国在现有复杂国际现实中的可靠后方,是两国发展和保障国家安全的重要因素。

按双方领导人的评价,近年来俄罗斯与中国的关系达到整个俄中关系史中最好水平。给这种关系奠定了牢固的法律条约基础的,是 2001 年 7 月 16 日俄罗斯联邦与中华人民共和国签订的睦邻友好合作条约,以及就当前国际局势的现实问题的联合声明,和经济、金融、人文领域的一系列重要协议。根据这些协议双方共同承担起发展友好合作关系的责任,不结盟,不参与集团,互不敌对,不允许利用自己的领土损害另一方的安全。解决了边界问题,这为两国间富有成效的长远关系的发展清理了障碍,是明智之举。双方互相支持彼此领土完整(坚决反对"台独""藏独",互相支持加强同恐怖主义分子和分离主义者的斗争)。

在所有重要方面确立并不断发展了紧密联系,俄罗斯与中国领导人定期会晤。就安全战略问题进行定期磋商。2009 年 6 月俄罗斯总统发表声明:"世界两个最大国家间的协作曾是并将永远是国际地缘战略范畴的一个要素"。中华人民共和国主席称中俄关系是"世界政治和维护世界和平与稳定的两个主要玩家之间积极相互协作的一个真正的重要因素"。

双方经贸关系是两国合作的重要领域。俄罗斯与中国地理位置上的接近,两国经济互补性很强起到了关键性的作用。总体上近几年这个领域的关系稳步发展。双边贸易总额不断增加,2008 年增至 568 亿美元。当然,世界金融危机改变了这一数量。受金融危机影响双边贸易额 2009 年下降了 31.8%,为 388 亿美元。然而,2009 年结果显示,中国居俄罗斯商品总贸易额的第三位(占 8.4%),前两位分别是德国和荷兰(8.5%)。在中国的主要对外贸易伙伴中俄罗斯占第 14 位;俄罗斯占中国的出口份额的 1.5%,进口份额的 2.1%;相应地中国占俄罗斯出口份额中的 5.5%(第四),进口份额的 13.6%(第一)。

然而,与中国其他大的贸易伙伴如美国、西欧国家、日本、东盟国家相比,俄中贸易还相当低迷。同时我们也知道,经济利益可能成为确定一个国家具有某种偏好的决定因素。2008 年经济危机前的指标更能说明这一情况。中国这一年与美国的贸易总额为 3337 亿美元,与欧盟国家为 4256 亿美元,与日本为 2668 亿美元。到 2009 年由于金融危机的影响在各国贸易额总体下跌情况下中国仍然保持了与 2008 年相同的份额。

以上数字说明,俄中贸易规模并没有达到两国发展水平。存在失调问题(俄罗斯供应中国的原材料和中国向俄罗斯不断增加供应的工业产品)。投资领域合作远远不够。同时中国在改革开放期间得到了 8000 亿美元的外国投资,主要来自华侨、美国、日本及西欧国家。俄中两国工业生产和合作关系的发展水平还很低。大量无序贸易和走私对两国关系的总体环境造成不良影响。

同时,近来俄中谈判结果表明,两国经贸领域的联系正在进入新的重要发展阶段,即加强国家间协作,扩大投资合作,共同努力克服危机影响,改革和完善金融体系。2008 年中华人民共和国国务院总理温家宝访俄罗斯期间,将能源合作问题提到中心地位,签订了一系列重要文件:《关于斯科沃罗季诺到俄中边境原油管道建设与运营的原则协议》,该线为东西伯利亚—太平洋管道的支线,《石油领域合作备忘录》。中方给俄罗斯提供大额贷款(250 亿美元,20 年期),目的是加快协议中确定的工作进度。2009 年 6 月俄罗斯总统和中华人民共和国主席批准的"俄中投资合作计划"的实施能够发挥更大的作用。在巴西举行的金砖四国峰会框架下,梅德韦杰夫与胡锦涛会晤并达成了一系列新的重要协议。

双方制定的《俄罗斯远东及东西伯利亚地区与中国东北地区合作规划纲要(2009—2018)》的实施具有特殊地位。其主要内容是协调俄罗斯东部地区同中方的大规模合作,完善、现代化和建设铁路以及其他基础设施项目,包括西伯利亚、贝阿铁路的现代化,中方协助在俄罗斯建设高铁和现代化公路。我们认为,在纲要框架下,需要重新全方位研究在图们江出海口区域(图们江计划)建设专门经济区的具体实施方案,包括把符拉迪沃斯托克、纳霍德卡和东方港几个港口列入该方案中。这将为中国东北工业区、中国内蒙古自治区,甚至蒙古国打开直接出海口。从长远看,根据朝鲜半岛调控策略,可以韩国与朝鲜创建巨大的工业—金融联合企业开辟道路。

协调中国新疆维吾尔自治区与附近的阿尔泰、西伯利亚、蒙古之间的合作有巨大的发展前景。因为拥有所有需要的资源,如果能够形成统一的燃料—能源系统,实现交通和基础设施项目的建成,这个地区就可以成为巨大的工农业中心,将为我们国家的发展提供巨大推动力。

目前主要的事情是将已签署的许多重要战略性文件付诸实施。特别是要采取必要措施,为在该地区发展的投资公司提供长期税率优惠政策,为他们从事经济活动创造特殊条件,激活双边贸易结构,进一步发展边贸合作和地区间合作,完善相互间的结算体系,开展跨行合作,扩大投资合作领域和增加投资合作总量(如机器制造业、航空和汽车工业、渔业、海洋生物产品及木材加工等领域),合作推广科学技术在生产中的使用,吸引中方承包公司承担俄罗斯建设和土地承包的工作。

上述各方面工作中,整顿中国移民问题、签署政府间调整该问题的专项协议十分重要(据官方统计,从中国来俄罗斯的劳动移民共计 21 万人左右;据分析,这一数据应该会更高)。

要求中俄双方付出更大的努力的最重要任务是加强相互理解,加强对各自目的与相互协作的信任。在俄罗斯与中国进行的社会舆论调查表明,大多数被调查者都认为伙伴国家是一个友好的国家,都对对方国家存有好感。

俄罗斯与中国高层领导人间形成的紧密和信任关系对巩固两国关系具有特殊意义。我们看到并高度评价,中国官方层面没有仇俄情绪,而是把俄罗斯当做"拥有伟大历史和人民的伟大强国"。从自身角度看,俄罗斯政府也在努力推行对中国、中国人民及其在自身发展中取得的巨大成绩的尊重态度。

但遗憾的是,近三十年的疏远期,甚至从上世纪 60 年代到 80 年代的敌对,俄罗斯与中国政治圈大部分倾向西方,这些不良影响仍然存在。两国不少居民由于一定的扭曲的民族情结或外来影响还存在一定的成见。个别俄罗斯政治家和新闻人物并不总是能够相对应地接受中国正在逐渐变成新的世界强国的事实。经贸关系中也存在问题和众所周知的摩擦,比如俄罗斯并不十分合理的商品结构,而中方则抱怨在俄罗斯经营程序的琐碎。尽管两国间的边界已划定,但在中国偶尔仍会听到某些"不必要的割让"和"不平等条约"的声音。

转变局势需要做好大量的信息宣传工作。在协调双方人文、文化和科学联系中需要更有效的国家支持。中国"俄罗斯年"和俄罗斯"中国年"的成功举办就在这类联系中起到了很重要的带头作用。我们两国的汉语年和俄语年期间还举办了一系列活动。两国一些友好团体和其他社会组织为双方友好关系发展作出了巨大的贡献。30多个俄罗斯汉学中心和中国在俄罗斯创建的孔子学院正在发挥积极影响。

教育领域具有重要意义。该领域的广泛联系是对双方社会甚至对未来政策方针产生影响的巨大推动力。这是美国和其他西方国家明确认识到的。据统计,目前在美国留学的中国学生达15万人之多,并且美方为此提供了4万个奖学金名额。确立了美国学生在中国学习的人数要达到10万人的目标。同时,在俄罗斯高等院校就读的中国公民有2万人左右,在中国高校约有俄罗斯留学生10500人。2008—2009学年度俄罗斯财政预算资助各种学习形式的中国留学生有500多人。

总之,客观分析表明,俄中伙伴关系的有利因素和广阔前景毫无疑问会大于问题和挑战。而且这些问题根本不具备对抗性。他们能够通过双方建设性的、有针对性的对话方式得到顺利解决。

全球经济危机以及特殊地缘形势背景下的俄中合作

当代俄中关系史中2009年有两个特殊的日子需要指出。在俄罗斯,与伟大的中国人民一道庆祝了中华人民共和国成立60周年暨两国建交60周年。

俄罗斯与中国带着丰硕的成果走向了中俄双方签署的以和平共处为原则的睦邻、友好、战略伙伴与协作条约的20周年纪念日。我们的伙伴关系真正经历了时间和历史的严峻考验。

这种关系符合俄中两国发展的根本利益。在一些俄中合作文件中客观地强调,近十年两国关系"达到了他们整个发展史的最高水平"。例如,据俄联邦外交部领导评价,该部门"没有同任何一个国家,像同中国一样制定出这么翔实的发展计划"。我们的关系进入了发展的新的重要阶段,这是深化俄中双边战略伙伴关系、进行更广泛的投资合作、共同努力克服危机影响、改革和完善金融体系水平的阶段。巩固俄中关系完全符合国内发展的根本利益，与巩固各自国家的国际地位，解决全球共同安全任务相适应。

全球危机背景下的俄罗斯和中国

摆在现今和平社会前的一大挑战就是与全球经济危机影响有关的。降低产品生产和出口产量，压低借贷系统空转，收入下降，劳动力岗位不足，造成经济增速放缓、全球经济衰退的影响多多少少都触及到了俄中两国。因此俄中合作日程中很重要的一部分就是对抗危机问题，找寻共同应对危机挑战的适应方案，努力维护全球经济和政治稳定。

在不同国家施行应对危机的方案中，显然可以分为两个相互联系的方向。一个方向，"对内"，即通过积极动员各国自身资源。另一方向因全球金融体系改革，加强监管和提升金融市场"透明度"，针对共同巩固多方和双方合作的需要产生了越界问题。显然，对于俄罗斯与中国来说，同其他国家一样，要想使危机影响最小化，以及置身后危机时代在世界经济中占有的地位，大部分都将取决于这两方面顺利实现的程度。

然而，众所周知，这两方面的结合并非始终一帆风顺。如果分析第一方面框架内的措施，那么，对很多国家应对危机纲要的分析表明，其共同点是不仅得到了大银行和主要财团的支持，而且还刺激内需，鼓励国内生产者，保护国家市场，并尽可能保障居民生活水平，这些重要方面合乎自然规律。例如，2009年达沃斯论坛上俄罗斯总理普京提出"危机条件下一定程度上施行关税保护主义是不可避免的，遗憾的是，我们就是这样遵守的"。同时在"G20"、金砖四国、欧盟峰会的论坛上，大国领导人的双边谈判中，包括俄中领导人会晤，都不止一次地强调，危机条件下不允许陷入孤立主义，国际合作应是克服危机的重要途径。类似观点同样适用于俄中合作。2009年"G20"伦敦论坛上的俄中峰会期间曾明确提出了该思想。俄罗斯总统梅德韦杰夫与中国国家主席胡锦涛一致指出，在现今复杂多变的世界中，巩固中俄战略伙伴关系具有特殊的现实意义。

俄罗斯也常说："塞翁失马，焉知非福。"从某一意义上讲，如果可以这样理解，当今危机的积极一面是：

- 危机结束了西方和东方上层的安逸与政治上粗心大意的状态,揭示了对西方抱幻想是站不住脚的和危险的;
- 危机证明了在这个世界中"谁是谁"的问题。危机彰显了中国综合实力的突飞猛进,显示了中国在全球影响力的提高,其在世界政治和经济中的地位跃居世界强国水平,而某些经济和文明指标已达到超级大国水平,同样表明了中国改革开放政策富有成效的方面;
- 危机暴露出企图从霸权主义立场,"重拳"解决全球问题的政策的弱点及无力;
- 危机强调了世界各国之间深入的相互联系,集成性以及相互制约性;
- 危机不仅表现出美国作为一个最大强国的强有力的一面,也特别显露了其不足、薄弱的一面,在不改变其政策实质情况下,它不得不尽量降低自己的独裁姿态。危机反映出了美国文明衰弱的态势,按美国著名社会活动家和经济学家林登·拉罗奇的话说,美国正在从一个"生产者"变成"投机商人"。
- 危机暴露出俄罗斯在实现经贸、科技、人文、文化、人口领域的未实现的巨大机遇以及错过的可能性;揭示了俄罗斯部分上层精英希望依靠苏联时期的惯性力量和关系,而不依靠独特的创新与投资就在俄罗斯周围的前苏联空间达到一体化的幻想是站不住脚的。
- 危机反映出在建立东西方之间、西方国家之间和东方国家之间相互理解方面存在严重问题。
- 危机表明,在不断探索可相互接受的对策和磋商过程的同时,国际关系中的"分裂和分离"趋势、独立意识、政策的分离主义、极端民族主义和沙文主义正在抬头。
- 危机强调,上合组织和新的对话机制—金砖四国合作形式、"G20"正在发挥积极作用,但遗憾的是它们的影响还很局限和次要;联合国、安理会的作用不断下降,国际法准则遭到破坏。国际法越来越受到美国和北大西洋公约组织武力政策的专横所挤压;缺少组织力量和统一力量来行之有效地抑制和中立国际关系中的专横主义;很多力量不断壮大的发展中国家坚持自我限制和不理会立场,希望与霸权主义及武力政策各方保持良好关系,因为他们的经济安全直接取决于发达大国的经济状况,尽管发达国家对一些发展中国家的经济依赖性因素(如美国依赖中国)在不断增加。
- 危机证明,世界经济的矛盾化的深入以及对于美元和欧元单极化的依赖性,美元以及与之联系的全球经济系统国际货币基金组织和世界银行虚拟力量的低效性。

在多极世界现实下进行经济结构改革和建立新的金融货币基础成为了迫切的任务。中国、俄罗斯、印度和巴西积极推动逐步改革已衰退的体系的想法，其中包含与美元欧元一道引进其他结算形式，如人民币。

俄罗斯和中国彼此需要，能够有成效、平等互惠互利地合作，以解决各自的发展问题，保障各个领域安全，共同解决相互关系中的很多复杂问题，奉行平行方针，为抑制美国和北大西洋公约组织的侵略霸权主义的企图作出贡献。尽管这种协作潜能尚未完全被开发，但却潜力巨大。

同时不得不十分痛心地承认，疏远和敌对时期（20世纪60年代初至20世纪80年代末）给我们两国人民心中留下了深刻伤痕。那些年代出现的抱怨、成见、怀疑、偏见，对我们两国人民友好信任关系潜在地造成了严重心理抑制影响。俄罗斯和中国相当部分有影响力的知识界与商界精英倾向于同西方单边合作加剧了这一现象。欧美生活方式、消费和文化价值体系占主导地位，对民族传统的挤压成为越来越明显和诱人的模式，尤其是对年轻人来说。文化、教育、卫生和公民其他日常生活领域的商业化为西方消费群体价值导向创造了有利条件与前提。在俄罗斯占主导地位的是美国电影与西方假期，快餐和可口可乐"文化"，性自由和道德自由。无论在俄罗斯，还是在中国，都出现了亲西方的非政府组织机构并有效发挥着作用，成为以教育、科学、文化传播、慈善基金会、广播、电视、因特网为存在形式的一种"软实力"。

我认为，要求俄中双方作出巨大努力解决的最重要问题是加强相互理解，坚信彼此的目标和行动，保障言行一致。对于俄罗斯来说更为迫切的任务是适宜地和善意地理解中国发生的巨大改变，中国综合国力和国际作用的巨大提升，中国正逐渐成为不亚于当年苏联的有影响力的强国。我们应当学会接受中国，不是透过苏联时期扭曲理解的"国际主义"的三棱镜，或是"乌托邦田园式的"、当时北京称其为"社会帝国主义"的标准与原则。要正视中国当今的新身份，它是什么样就是什么样，将它看成是几千年伟大中华文明的承载者。如今中国摈弃了很多亲美幻想，成为2001年7月16日历史性睦邻友好协作条约签订的倡导者，该条约成为我们两国战略伙伴与协作关系的一块国际法基石。最终应当使经贸、科技、科学、人文和其他往来完全适应该条约的精神和文字意义。还需要再一次强调的是，在俄罗斯认识到世界两个大国相互协作的意义，这种协作曾是也一直是"地缘战略范畴的一个真正要素"。

为了加深我们两国政治精英之间的相互理解，应该在俄罗斯从根本上改变对国情学（包括中国学）的沉默和打压政策。我国学者基本著作的出版印数应不是100—300册,而应是像在苏联时期20世纪50年代那样达到成千上万册。应努力使俄语和汉语成为我们两国政治家、知识分子、文化和科学活动家的交际语言。目前俄罗斯正在做一些这方面的努力。2006年、2007年进行的国家年和俄罗斯、中国互办语言年起了重大推动作用。但这只是第一步,跨文化交际和跨文明对话仍然迈着怯懦的步伐。中国还不太了解我们,对俄罗斯的评价还停留在20世纪50年代的理解上。俄罗斯学者和政治家的著作在中国很少被译成中文,不做梗概性介绍,甚至中国学者都不知道,而西方和日本同行的著作,在深度上和对中国友好态度方面不占优势,但却在中国广泛传播与普及。人文和科学方面的往来需要国家支持一些社会性机构进行工作,中国与俄罗斯友好协会在这方面做了巨大努力。但是,这条道路上的障碍是伴随着文化、教育、卫生领域的商业化导致国际人文交流和社会组织的联系也出现的商业化。

另一个问题是必须在我们两国间、政府间及商务界建立有效的激励机制和合作机构。已经签订了上百份协议,公布了很多纲领性、战略性的重要合作项目。但效果暂时不明显。如何落实已签订的各项协议应当成为两国政府各部门的代表进行公务会晤的重要议题,成为两国政府首脑高层会晤汇报的主题之一。

不能允许俄中合作成为错失机会和错过互利合作协议和决策的历史。无论在俄罗斯,还是在中国,稳定与和平的未来,两国的繁荣发展,即使不是决定性地,当然也部分地,首先取决于两国人民的努力,取决于他们繁荣和发展自己国家的热情。然而,拥有有利的周边环境,保持和深化俄中睦邻友好、友谊与合作同样是我们两国顺利发展的重要前提。

俄罗斯人民铭记中国人民在反封建压迫和日本侵略者解放斗争中的英勇精神。俄罗斯民族及我国的其他民族深切同情中国人民,并在战争中对中国人民给予了兄弟般的帮助。我们高度评价,中国人民始终铭记并纪念与之并肩战斗的战争参加者。俄罗斯和中国的共同发展方针是保障共同繁荣,维护世界稳定,保障国家主权、领土完整与安全以及保障亚洲和全世界的安全与稳定。

可以确信,俄罗斯学者,还有我们的中国学者承载着自己的一份公民责任及努力方向,来为完全实现"世代友好,永不为敌"的俄中关系准则创造坚实的牢不可破的前提条件。我们两国面临的任务就是使这个口号在两国最广泛的社会活动领域付诸实施。

合作动机

俄罗斯和中国政界及专家学者对现阶段俄中合作的关键方向与任务存在共识。就是要进一步加强相互信任和相互支持，提高实际合作水平以及在国际和地区事务上全面推进人文合作和战略协作。在这些战略任务框架下俄罗斯分析专家看到了合作应对危机的基本的互利可能性和前景。

我认为在经济方面，俄罗斯与中国近几十年至少到2020—2030年，关键的"发展点"主要有以下内容：

1. 实现俄中能源领域长期合作项口，包括建设斯科沃罗季诺—大庆石油管道，开始实施经由阿尔泰的天然气管道铺设项目，以及合作开发雅库特煤炭资源。

2. 将两国发展计划的原则性协议进行连接与对接，即将俄罗斯社会经济增长及西伯利亚、后贝加尔和远东社会经济振兴与发展计划，中国东北老工业基地和西部地区的振兴与发展计划，转入两国政府间、部门间、区域间的具体协议和方案讨论上来。这需要认真研究分析银行间合作与投资合作领域实际组织工作的新方法与形式。总之，是认真专门讨论这些问题的时候了。

3. 必须重新全面研究在图们江地区建设濒海边疆区经济特区这一诱人项目的具体实施方案。中方应该消除俄方存在的就实施这一项目对符拉迪沃斯托克和纳霍德卡产生经济与生态影响的忧虑。由于考虑到和朝鲜谈判的复杂性，现阶段可以在双边基础上开始这项工作，也就是说，今后可以让朝鲜、韩国、日本，甚至美国陆续参与到谈判中来。

近来，中国吉林省政府领导采取一系列具体措施，提出在这方面很多有益的新设想，就此与俄罗斯滨海边疆区领导进行了讨论。认为，这个问题在有关地区和部门的专家和领导就细节磋商后，值得我们两国政府首脑高度重视。应当就此问题召开双边会议，请学者、双方区域机构专家、有关方政府机构代表参会。

4. 实施现有的具有巨大互利前景的、关于在俄罗斯进行林业和矿产开发领域大型合作加工生产的设想。

5. 搞好俄罗斯东部地区和中方的大规模合作，包括交通运输和其他基础设施项目的完善、现代化和建设，其中包括西伯利亚大铁路、贝阿铁路现代化，加里宁格勒—莫斯科—符拉迪沃斯托克—哈巴罗夫斯克—雅库茨克的现代化的公路建设。

扩大和建设两国边境交通运输通道和界河上的跨境大桥是一个迫切问题。必须克服现有困难，这不仅是经济上的，还有一连串心理预警，地方居民及地方领导人的成见，以及与我们两国间投资合作发展薄弱等问题。

6. 在专家和各部门层面讨论政府间协议《中国劳动力赴俄罗斯的邀请程序与规定》的起草问题。

在国际方面我们的合作进展顺利，富有成效。同时这里有很大的合作潜力，特别是在上合组织框架下，以及其他一些亚洲经济和人文组织框架下。

希望通过讨论的形式探讨中国支持俄罗斯作为欧亚大国地位的问题。由于俄罗斯部分精英存在着强烈的欧洲中心论倾向，俄罗斯在实现已对外宣布的外交政策平等对待欧美方向和亚洲方向的方针上遇到一定的困难。很遗憾，在部分俄罗斯民众对俄罗斯文明的统一性的认知模糊不清，这不能不影响到莫斯科的对内对外政策，这可以从民众对国家对内对外政策偏向东方的意义评价过低上看出来。国际上有时会出现有关俄罗斯的区域和文明认同及归属的争议。一些人认为，俄罗斯因 2/3 领土在亚洲，应将其归为亚洲地区，另一些人认为，俄罗斯按形成传统应属于欧洲。

2009 年 3 月 20 日通过了俄罗斯联邦政府 2009 年应对危机的措施纲要。纲要分七个主要方面，包括：强化社会政策，支持效益好的生产部门，拉动内需，推动创新，减少行政阻碍，完善银行金融体系，制定特别重要的宏观经济政策。尽管这些措施似乎没有直接涉及俄罗斯国际合作问题，显然，这一系列措施的实施无疑可以推动俄罗斯对外经济一体化进程，包括在亚太地区。而中国，无疑是俄罗斯在这里的主要伙伴。对此应当补充说明，危机时期对俄罗斯来说，实施当年通过的远东与外贝加尔经济和社会发展纲要的现代化是十分紧迫的。需要注意的是，纲要的宗旨是使俄罗斯这个最重要的资源区加速适应时代要求的社会经济现代化。以共同发展为原则与中国建立的互利合作，包括加强远东和东北的发展，是最有成效地完成纲要的重要途径之一(如果不出现意外情况)。

俄罗斯欣喜地发现,根据国际组织机构评估,在危机条件下北京制定并实施了一系列全面应对危机的具体方案,其中一部分出现在2009年3月中华人民共和国全国人民代表大会的文件中。这些方案实施过程中计划拨款4万亿元(约5900亿美元)用于大型的社会项目、基础设施和创新项目建设,包括十个重要工业领域的现代化。中国只是出现了国内生产总值增长速度放缓(2008年9%和2007年13%相比),但却成功地避免了经济衰退。2009年根据各方评估,中国国内生产总值增长达到8%,而同时,国际货币基金组织预测,全球国内生产总值总体下降(-0.6%)。许多专家充分认识到,中国将是最先克服危机不利影响,并不断巩固自己在后危机世界中地位的国家之一。因此,中国应对危机的经验吸引了包括俄罗斯在内的国际社会的关注。这方面的经验交流,首先是两国在很多措施方面(加强基础设施建设,确定投资优先发展领域,利用危机时期加速经济现代化)达成共识,这是双方共同兴趣所在。

近几十年的快速发展,中国积累了世界上最大的外汇储备,在危机时期将其用于对国家有利的大型国际项目投资上。这为俄中互利投资合作,包括基础设施项目合作的持续和发展奠定了良好基础。俄罗斯总统梅德韦杰夫与中华人民共和国主席胡锦涛于2009年6月共同制定的"俄中投资合作计划"的实施在这里将能够发挥巨大作用。

前几年里经济的快速增长和略微优势,正如俄罗斯业内人士所认为的,客观上使中国在俄中商业联盟中处于较强势竞争者地位。因此,如果以实际应对危机为合作目标,对俄罗斯来说,不应该在评价当今中国经济政策优先方面体现出过多的机动性。由于两国关系的互补性及两国特有的平等和互相尊重环境,双方保持了发挥各自自然优势,并将其运用到互利项目中。

应对危机合作的形式与方向

在金融危机条件下更加要求双方在信贷金融和银行领域(包括国际方面)加强合作,共同建设一些项目和其他形式的能源、机械制造、科技领域,其中包含纳米技术方面的生产合作。

在货币—金融和银行领域,俄罗斯的利益首先同中国对重大互利项目（特别是基础设施）的投资与否直接相关，这对俄罗斯远东和国家整体上的发展意义前面已经说到了。这样的例子有关于中国贷款 250 亿美元给"俄罗斯石油"和"石油运输"公司的协议，2009 年 6 月在莫斯科签署的银行间关于 7 亿美元贷款的协议。

中俄两国在金融领域进行广泛国际合作的兴趣主要是完善国际金融监控体系，改革现行单极外汇体系，尽可能扩大人民币和卢布的使用范围。这些合作的很多方面都在伦敦 2009 年 4 月梅德韦杰夫与胡锦涛会晤时得到证实。会谈主要内容是"G20"框架下协调立场的必要性，包括国际金融体系改革，拓宽交往渠道，如中俄金融合作分委会、财政部长以"保护两国经济与金融体系稳定"为目的对话等问题。

上述俄中贷款协议的实例再次证明，继续两国多样经营合作十分重要，不仅在能源领域，即东西伯利亚—太平洋石油管道中国段的建设，还有电能、核能、石油、天然气勘探的合作，并在双边能源对话结构框架下推动其他形式的合作。在中国合作探明石油—天然产地，在此建立天然气运输和分配体系，地下存气库，组织销售网络以及其他先进合作形式等项目具有前瞻性意义。

在发展经济联系中和以往一样，完善生产合作十分迫切，改变简单的"买方—卖方"模式，重点放在高附加值产品的生产。如，在西伯利亚和远东地区建立俄中林产品加工与纸浆造纸合资联合企业，大量生产各种建筑、装饰材料、家具等产品。

毫无疑问，运输合作领域十分重要，包括实现跨大陆的货物运输。目前正在讨论合资建设物流公司的大型多方（俄罗斯、中国、德国）合作项目。该项目建成后可以保障东亚—欧洲在俄罗斯和中国段的集装箱陆路运输通道，同海路相比很大程度上缩短了运货时间。

减缓危机现象的可能性还体现在农业合作方面，特别是在俄罗斯以长期土地承包并且主要雇佣中国劳动力方式合作农业综合体。

加速开展高科技以及知识密集型产品的生产与销售领域的合作可能成为应对危机的重要手段。实现在俄罗斯建设经济特区项目（苏维埃湾、布里亚特共和国、哈巴罗夫斯克边疆区、莫斯科、叶拉布加、利佩茨克）前景广阔。这些区域的地理状况还对边境和地区合作有吸引力。该重要方向的意义，特别在 20 世纪 90 年代俄罗斯困难时期得到证明，从有利的发展前景角度来看，它一直在不断增强。其中包括在提到的中国东北和俄罗斯远东发展对接纲领的框架之内。

在传统贸易往来中也存在毋庸置疑的潜能。众所周知,2008年在危机影响下出现俄中商品流通增速降低到18%,而前一年增速达到44%。今天的主要任务是不允许这种局面重演。

总之,要求深入分析现有双边贸易各环节的可能性,消除阻碍因素,包括官僚主义和其他障碍,比如2009年夏天围绕莫斯科一些批发零售市场所发生情况造成的不良感觉。两国领导表达的愿景令人乐观,正如2009年6月17日的共同声明所说,努力"促进相互贸易,要特别依托机械技术和高科技产品",加快促进"积极吸引两国金融与银行机构对贸易项目的贷款"步伐。

对现有应对危机的国际合作实践的分析表明,不仅使一系列新领域(如扩大两国货币流通领域)纳入议事日程,还激活了已有的协作形式、方向和机制。特别重要的是努力实现已达成的协议,当然要考虑到应对危机可能的重点。伦敦俄中会晤时胡锦涛主席强调指出,当今条件下双方"将已达成协议付诸实施",包括"尽快签订中俄政府间石油领域协议,深化科技和军事技术领域的合作"十分重要,这都并非偶然。

多边合作模式

多边合作模式方式对于俄中双方都是公平的,不仅可以用来共同应对危机,在两国更加广泛的政治利益和经济利益上同样适用。此时加强两国的相互支持就成为中俄两国关系体系中重要的一部分,这方面的内容可以在(2008年)5月的两国关于加强外交政策的相互协作与协调的重要国际问题的共同宣言中得到体现。指的是在联合国和G8、G20框架内积极协作,这些机构主要讨论解决世界如何应对危机的问题。这些问题在俄印中以及巴俄印中平台上的意义也并未削减,此合作旨在应对世界环境问题,助力发展成员国之间的关系。其中中印两国领导层积极促进中印关系的发展,尽管有一系列包括在两国中一部分政治家和学者互相缺乏信任的问题,但是整体处于健康和积极的发展轨道。

中俄两国在世界合作很大一部分依然得益于上海合作组织。在2009年叶卡捷琳堡举行的峰会上,中俄两国在这个具有影响的区域组织范围内又做出了新的成绩,签署了一系列重要文件,其中就包含《上海合作组织反恐公约》。峰会取得很重要的一个成果就是承认了采取有效方式"最小化世界金融危机影响"的合理性。一方面,在上合组织成员国内部采取一系列对抗危机的方式,另一方面,在双边合作的基础上解决问题。比如,中国向塔吉克斯坦、吉尔吉斯斯坦、乌兹别克斯坦,俄罗斯向吉尔吉斯斯坦提供了大额的优惠贷款。同时,2003年通过的《上海合作组织成员国面向2020年多边经贸合作计划实施纲要》也是加快实现对抗危机的利器,该纲要的修订版在2008年秋的政府首脑委员会会议上通过。

当然,上述任何一个方案,同俄中在国际合作范围内共同应对危机一样都是未必能自动实现的。因此,这就需要两国相关部门、机构和企业能够在互利共赢广泛合作的基础上努力。俄中合作的增长能够为两国带来红利,特别是在困难时期。对于俄罗斯来说,中国的投资可以推动生产的发展,同样可以解决就业以及在俄罗斯对抗危机项目中的其他问题。对于中国来说,俄罗斯可以促进中国应对危机各项措施的实施,包括需要稳定的和长期的能源保障的工业发展。

共同协作对抗危机的政策也并没有降低俄中在国际舞台上解决其他问题合作的迫切性:保障全球和区域安全,推动建立以"多中心论"为基础的公平世界秩序体系,坚持和平共处、共同繁荣的原则。这里尚有在伊拉克、阿富汗以及朝鲜半岛局势、北约政策相关的尖锐问题和挑战;建立核武器监控体系,维护不扩散核武器条约,联合国改革以及建立封闭的区域经济自由贸易区等问题尚未得到解决。制定各自的外交政策,包括确立相互关系时,俄罗斯和中国当然要考虑世界局势发展的基本趋势。首先,这些趋势不能不受到地球上依然强大的美国的影响。无论是莫斯科还是北京都依然对与华盛顿发展正常的对话伙伴关系非常感兴趣,都希望在此基础上推动奥巴马政府更加积极的合作。2009年7月美国总统对俄罗斯的访问,在华盛顿举行的第一轮美中战略经济对话,会谈期间的参与者都表示要在建设性的关系问题方面进行合作的意愿,并为这些愿望的实现奠定一定的基础。但是只有时间才能证明,当前的看起来令人满意的美国领导层努力推动的"建设性关系"能够多大程度上为实现平等伙伴关系做准备。只有事实才能证明美国总统关于"无论哪个国家都不能迫使任何一个国家接受自己条件"的言论是否有意义,才能证明华盛顿是否能够摒弃之前争夺世界主导地位的需求,放弃一些破坏性的政策,包括将俄罗斯与中国对立的企图,抛弃各种"个人意见",以及其他挑拨中俄与美国、印度、日本、中亚东南亚相互关系政策的评论。

俄中合作既不对抗美国,也不针对任何第三方。它的目的就是维护和平和发展。合作,互信,一往无前,互相理解和考虑相互利益能够帮助尽快走出危机,有助于解决尖锐问题。中国和俄罗斯在这条道路上是天然的盟友。

俄中条约:对变幻世界挑战的回应

(一)

当今世界正在经历深刻变革。美国冷战后意欲建立单极秩序的企图破产。一些所谓的正在崛起的国家在改变已形成的不公正的体系,为富有和强大的国家保障利益的立场不断显著增强。反应世界多样性,不均衡性和多种经济成分的过程在积极发展。

世界经济危机有着系统特征,不仅表明了当前全球经济调控低效,也给世界各国利益带来沉重打击,尖锐地提出了改革当今金融体系的任务。危机也表明,马克思提出的资本主义生产方式的基本规律任何人都没有改变过,也不可能改变。世界经济全球化也尖锐地将这套系统中主要矛盾给暴露出来——生产的全球性与私人对生产要素、手段与资源占有之间的矛盾。

现在,面临对人类自身生存的威胁性挑战不断增强,通过新的途径去改革世界秩序显得日益重要,与此同时也应该考虑所有国家的利益。首先就应该考虑寻找能解决全球威胁以及挑战的合适的方法,它的规模就应当被列入国际事务日程当中。尽管一些西方国家执意不愿意放弃自己享有特权的处境,继续指望处于强势,但是就是在西方也逐渐开始开拓出一条意识到建立更加多极化的世界秩序必要性的道路。新的潮流同样影响了美国,那个滔滔不绝演奏着"大国协奏曲"的国家,在美国总统奥巴马在上台后证实"世界再也不会由一个中心掌控"。

结果是,世界舞台的权利分布确实发生着改变。一些经济快速增长的国家地位不断增强。G20、上海合作组织、金砖五国、俄中印等集体反映新机制的力量在不断蓄积。

地缘战略最重要的进展就是逐渐将世界政治的风向标由独占世界舞

台中央几世纪的欧洲大西洋转向亚太地区,我们认为,这对于建立新的世界秩序的意义是不断增大的。在现今金融危机条件下反映出自身稳定性的亚太地区是全球增长最快、最有前景的地区。正是中国和亚太地区其他一些国家成为摆脱世界经济危机的主力。

需要严肃地重新评价世界局势文明方面的问题。伴有文明冲突威胁的喋喋不休的西方化(已经由西方挑起),正遭到作为独特文化承载者的人民和国家的强大抵抗。世界人民想在文化多样性的情况下保存自身发展的文化源头,正如孔子说的那样,"和而不同"。政治价值标尺也在发生变化,中国取得的成就和经济成效保障了社会稳定,使他不会等同于自由民主模式。很多人都在讨论"北京共识"或者"中国模式"。

在上述过程中,中俄合作发展起到了重要的作用。相似或者是共同的观点将我们联系在一起,那就是当代世界应该是什么样的,对所有的国家,无论是大国还是小国都应该采取建设非对抗性外交原则。俄罗斯和中国的共同之处是密切关注保障和平的外部条件,这对于完成发展经济和现代化的宏伟任务是十分必需的。

远东研究所和中国国际关系研究院的此次会议是在确立战略合作伙伴关系十五周年(1996年起)暨中俄睦邻友好协议签订(2001年7月)十周年的背景下召开的。该协议为两国发展和平、繁荣长远关系奠定了坚实的理论基础。这一重大事件的宗旨可以在协议中找到鲜明的描述:"世代友好,永不为敌"。

在苏联解体以及俄罗斯主权国家建立之后,20世纪90年代初期中国领导层显现出中国政治文化所特有的远见性和政治性。中国是首批承认俄罗斯在世界上、在联合国、联合国安理会以及其他组织中是前苏联具有名副其实的、享有充分权利的、全面的继承人。任何事件都没有动摇中国领导层把我国当作"拥有伟大历史、文化和人民的伟大国家"的态度。中国没有参与西方组织的以削弱俄罗斯为目的的"十字军东征"。中国在俄罗斯联邦成立的一开始就已经站在了同我们国家协作和扩大合作范围的立场上了。

在1992年12月18日的《关于中俄关系相互基础的联合声明》中第一次形成和确立了"双方不参加任何针对对方的军事政治同盟;不同第三国缔结任何损害另一方国家主权和安全利益的条约或协定"的原则。

在建立中俄长期战略协作伙伴关系上,1996年的中俄联合声明迈出了新的一步。其中双方宣布决心"发展平等信任的、面向二十一世纪的战略协作伙伴关系。"

在当时的历史条件下作出评价与得出结论是一种大胆的创新,表现了极大的政治远见。它们不仅是双方关系巩固信任的重要因素,还是整个健康国际环境的重要推动力和对国际法理论与实践的贡献。

(二)

《中俄睦邻友好合作条约》的签订成为两国关系史的里程碑。条约为我们国家能成功建立自己的关系和向前推动建立了坚实的基础。条约还强调了双方渴望全面发展长期睦邻友好合作、平等互信的战略协作伙伴关系,遵守国际公认原则和国际法规,相互尊重对方根据自身国情选择的政治、经济、社会、文化发展道路。双方指出,相互没有领土要求,决心并积极致力于将两国边界建设成为永久和平、世代友好的边界。

文件签订后制定出专门的长期"实现协议计划",并且已经成功完成。当前正在实现 2009—2012 年计划。

自协议签署九年以来,可以很高兴地指出,在发展双边关系的上升进程中,两国持续不断向前推进。根据双边评论,中国和俄罗斯正处于两国关系 400 年来的"最好时期"。

由于两国领导层连续性方针已经积极地排除了中俄关系上的所有障碍,规范了两国关系中极其尖锐和敏感的边境问题。关于这个问题 2008 年 10 月 14 日签署生效的《中俄国界东段补充协定》作出了新的协定。双方在坚持当代和平趋势为基础上具有相同或者相似的观点,这积极促进了国际事务中的相互合作。

两国高层已形成的深刻互信、友好、建设性的关系具有特别意义。中俄两国国家元首和政府首脑每年一度的会见具有重要的实践意义。整体上已经建立了双方独一无二的包含所有基础层面的合作关系体制。

2010 年 9 月俄罗斯总统梅德韦杰夫正式访华就是两国双边关系水平的见证。此次访华双边确定了两国友好关系的优先性。通过了《中俄关于全面深化战略协作伙伴关系联合声明》《中俄两国元首关于第二次世界大战结束 65 周年联合声明》以及一系列文件。中俄两国从相近的立场总结了战争的结果和教训,谴责了篡改历史,以及英雄化纳粹主义者、军国主义者和他们帮凶的企图。

胡锦涛和中国其他高层领导为巩固与俄罗斯友好关系做出了巨大贡献。在2011年4月胡锦涛与梅德韦杰夫会面时提出"以共同庆祝《中俄睦邻友好合作条约》签署十周年为契机,大力弘扬两国世代友好的和平理念,增进两国人民传统友谊;加大相互政治支持,坚定支持对方维护国家主权、安全、发展利益的努力;推进中俄西线天然气管道等能源领域大项目合作,全面扩大经贸、投资、高技术、金融、地方、人文等领域互利合作;加强在国际和地区事务及国际经济金融体系改革等重大问题上的沟通和协调。"

从我国当前现代化和创新任务的角度上看,加快与中国经济合作发展具有战略性意义。几年来这方面也取得了实质性的进展。根据俄罗斯官方统计,2010年中俄贸易总额达到了594亿美元,高出2008年经济危机前的水平(568亿)。然而,两国经贸层面的关系还远远落后于政治层面。当然,不得不遗憾地承认,落后的根源首先取决于俄罗斯经济发展的速度,投资基础薄弱,中俄大宗贸易区间主要定位在西方。如果将中俄贸易数据和两国与其他一些领先贸易伙伴合作数据对比,这一问题就更加明显了。比如说,2010年中国与美国贸易额为3853亿4千万美元,与欧盟为4797亿7千万美元,与日本为2977亿7千万美元。与印度的贸易几乎从0增长到2010年的618亿美元(2000年约为10亿美元)。而俄罗斯主要的贸易额都在欧盟和独联体国家(约为65%),尽管从各个国家的数据来看,中国是俄罗斯最大的贸易伙伴国(2010年占9.5%)。

截至目前,双方投资合作处于相当低的水平(2011年初中国企业在俄罗斯投资总额大约为26亿美元,而俄罗斯在中国的投资约为10亿美元)。工业生产和共同合作领域不够发达。大量非法机构的贸易和走私对两国关系总体环境产生不良影响。需要努力克服同中国贸易中主要是出口原料的现象。

同时,中国快速增长的经济金融潜力为俄罗斯加速经济发展,发展东西伯利亚和远东区域,经贸合作多样化的俄罗斯战略性目标的实现提供了极大的可能。根据统计,2010年中国国民生产总值(6.48万亿美元)超过日本成为世界第二。中国是世界出口(1.578万亿美元)和黄金储备总量(超4万亿美元)的领跑者。2010年中国吸引了1090亿美金外资,居世界第二,仅次于美国。中国占世界国民生产总值份额增加了,根据中国统计局数据,从2005年的5%到2010年的9.5%。中国近年来也完成了在科技领域、先进工艺研发、基础研究领域的急速跃进,很多领域已经接近美国水平。

在国际竞争激烈的条件下,中国能源需求不断上升,扩大对俄经贸联系、在俄罗斯进行大规模投资的兴趣日益提高。但重要的是,要保证俄罗斯也有相应的进步,为中国资本在俄罗斯创造必备条件,保障其安全以及和西方商人具有平等条件。

俄中大庆—斯科沃罗季诺石油管道建设工程的启动是一个重大事件。中国向俄罗斯石油公司提供了总额 250 亿美元的长期贷款。俄罗斯首先保证在 2011 年至 2030 年每年向中国提供 1500 万吨的石油(总计 3 亿吨)。关于通往中国的天然气管道建设,俄罗斯天然气、电能、煤炭的大量供应的谈判正在积极进行。在核能以及新能源领域的合作正在开展。中方参与俄罗斯铁路现代化的协议就是一个很好的例子。2009 年 6 月通过的中俄投资合作计划的实现可能也会发挥巨大的作用。

双方签署的《中国东北地区同俄罗斯远东及东西伯利亚地区合作规划纲要(2009—2018)》的实现占据特殊地位。这将对加快俄罗斯东部地区,中国东北、西部地区发展具有重大意义。

人文领域的合作为两国政治、经济方面的合作起到补充作用。根据俄中两国元首倡议举办的国家年(2006—2007)、语言年(2009—2010)为两国和两国人民在互相理解、相互信任上做出了巨大贡献。为纪念俄罗斯汉语年,俄罗斯科学院远东研究所汉学家出版发行了六卷本《中国精神文化大典》。在俄罗斯超过 40 所高校开设了汉语系或者汉语部。俄罗斯开设了 17 家孔子学院,它们成为了研究汉语学习法和推广中国文化的中心。在中国出版了由中国俄语学家编写的 2 卷本的《大汉俄词典》(上海,2007 年),以及一系列双语分类词典。俄罗斯科学院远东研究所和东方学研究所出版了一整套关于中国经济、历史、哲学、茶文化、"气功"保健以及中医的书。司马迁的《史记》多卷本被著名苏联汉学家维特亚金翻译完成。2010 年语言学博士扎维亚洛娃出版了深湛的著作《汉语大世界》。

21 世纪俄中友谊、和平、发展委员会定期举行政商界、文化和科学家见面会。

俄罗斯俄中友好协会和中国的中俄友好协会将一些致力于巩固俄中友谊、互相理解与合作的人组成的群众性社会组织联合起来,开展了大量工作。我们的友好协会甚至在 20 世纪 60—80 年代的困难时期都没有停止自己的宣传工作,以恢复两国人民之间的睦邻友好合作关系。目前,俄中友好协会在俄罗斯二十多个大区域都设有分部并且开展着积极的工作。

教育领域的合作,青年之间的广泛交流对保障将来中俄两国友好关系具有极大的意义。有超过2万的中国人在俄罗斯高校进行学习,在中国有大约10500名俄罗斯大学生。

两国关系不可避免地受到各种各样的内外部环境的影响,绝不总是正面的。两国社会部分阶层依然受到20世纪60—80年代紧张时期根深蒂固的惯性情绪影响。最近由于中国向俄罗斯移民产生的摩擦,需要双方尽快果断采取行动,将相关问题引入正确的法律轨道。

与此同时,俄中两国伙伴关系的发展中有利条件和前景,当然比不可避免的新的问题和挑战更占优势。根据不同方面的合作建立多层面的对话机制能够灵活机动地通过建设性友好对话应对和顺利解决出现的新问题。俄罗斯和中国在现代化和创新发展道路上面临并解决着相似的问题。他们的根本利益不是冲突的,而是符合、接近、或者平行的。这为广泛的战略伙伴、协作和共同发展提供了可能性和直接命令。

(三)

面对当今国际形势的众多挑战,俄罗斯和中国坚定不移地站在一起,遵循和平与发展方针。两国的建设性协作是当今多极世界、国际稳定和安全的重要支撑之一,是巩固彼此对外政治地位和国内社会政治稳定的重要因素。

世界动荡不安趋势的加剧,如最大强国之间的继续竞争、不停地军备竞赛、实力地位政策复发、世界经济深刻危机、世界很多地区的反抗活动频发、恐怖主义与生态的挑战、自然灾害等,这些正促使双方在国际舞台上采取一致行动,并正如2001年条约第12条指出的那样,为维护战略稳定,对战略本身加以修正。

胡锦涛访问莫斯科(2010年9月)之后发表的俄中联合声明指出:"支持俄罗斯为保护自身的根本利益,促进整个高加索地区及独联体地区和平稳定所做的努力"。俄罗斯方面表示支持中国台湾、西藏、新疆维吾尔自治区问题上的原则立场及维护中华人民共和国国家统一及领土完整的政策。

俄罗斯与中国之间的互信主要体现在国防、军事技术合作领域进行的长期广泛接触、磋商和各种形式的联系，以及双方参加了一系列上合组织的"和平使命"反恐演习，在此过程中为双方武装力量间的作战适应和协同打下基础。

在一些更为重要的国际问题方面，俄罗斯与中国持有一致或相近的立场。在新的国际机构，如上合组织、金砖五国、俄印中合作形式框架下，双方的合作发挥了更大作用，具有更大意义，这些机制对国际事务的作用不断增强，包括当今全球经济危机条件下，使得参与国共同维护自身利益。在海南岛举行的金砖国家峰会引起世界极大反响，成为此计划顺利协作的明显证明。

五国首脑海南岛会晤再一次证明，金砖国家的对话平台不是虚拟的，而是相互协作的真正建设性论坛。在三亚市通过的宣言中公正地强调："金砖国家和其他新兴国家在维护世界和平、安全和稳定、推动全球经济增长，加强多边关系，促进国际关系民主化方面发挥了重要作用。"

金砖国家被看作是经济、金融与发展领域的对话与合作的主要平台之一。我们认为可以公正地强调，上合组织、俄印中平台、金砖国家平台的出现和不断发展主要是得益于俄罗斯与中国战略伙伴所起的积极、主导作用。我们两国间深入的相互信任、互相理解，毫无疑问是上述三个组织及对话机制顺利开展和有效行动的保障。在这些组织与对话结构框架下我们两国合作建立公平的世界秩序，为以非武力方式维护和平与安全奠定概念基础，推动国际合作互利形式的实施，包括利用外交手段，而非军事力量解决冲突。

上述各个组织及对话平台是国际关系新体系的全新创新思想。当然，一些怀疑论者企图降低这三个机构的意义，理由是五个国家目前国内总产值只占世界的 15%，而单单是美国就占 25%。但这种观点缺少从历史发展角度的分析，没有考虑金砖五国所具有的其他相对优势和有利因素。

上合组织、俄印中和金砖五国生活着全世界约 40% 的居民，他们具有强大的日益增长的市场需求、巨大的自然资源，巨大的劳动力资源，拥有大量资本积累，达到世界储备的 70%。

当然，三个组织的成员国间存在文化差异，一定的民族利益与政治体系分歧。同时这些国家在相似的时代挑战和保障他们发展与崛起条件的机遇面前,具有共同的全球利益和很多共同点,首先是解决国际经济和政治结构的任务,构建更加民主的世界经济与金融体系。他们的目标是构建现代化创新模式,力求依托高科技工业领域取得的成就为稳定发展创造条件,具有巨大的互补性潜力。这一切要求必须加深三个组织成员国间对话和外交、政治上全方位合作,实现国际舞台上制度化方法的互助与共同推进各自利益。我们认为,必须制定共同纲要,对中国与俄罗斯政治学者来说都是开始,无论确定双边合作发展积极道路及消除道路上存在的各种障碍,还是在多方合作框架中,包括上合组织、俄印中和金砖五国机制中,甚至其他的国际组织中深化协作。

还想谈另外一个问题,就是最近在国际政坛进行广泛讨论的问题。

指的是近几年中国快速发展现象,它反映在中国"振兴"论中。的确,中国成为世界强国之一,它的影响不仅在亚太地区,还扩散到全球。中国现在是世界经济的重要推动力之一。

中国政界经常表现出的担忧是,俄罗斯政策会"倾向"欧洲—大西洋方面及同美国的相互关系方面。类似担忧时不时表现在某些俄罗斯媒体、个别政论家的"中国威胁论"、中国"人口侵略""中国经济扩张"等言论中以及担心俄罗斯成为中国的原料附庸国等言论中。

我们认为,对此必须有完全认识,应当强调,巩固俄中关系的任务无论如何与我们两国对外政策的其他方面是不矛盾的。无论是俄罗斯,还是中国,都十分重视发展同美国、日本、欧盟国家和其他国家的互利关系。

我们认为,重要的原则是,在发展同其他国家在各可能方面的联系时,这些联系的建立不应以牺牲俄中关系为代价,因为俄中关系对俄罗斯和中国具有巨大的战略意义。莫斯科与北京之间的联系越可靠,我们在同西方关系有任何变化时的地位就越巩固。

代表世界上独立的文化文明空间,俄罗斯与中国扮演着伙伴角色关系,努力保障世界文明的多样性,反对迫使国际社会去适应西方化硬性标准的企图。只要我们两国坚决奉行国际事务中独立自主方针,我们就一定能抵制对我们民族利益的任何侵犯,以及抵御借口保护人权而干涉我们内政的行为。

(四)

亚太地区正在成为多极世界新秩序的主要因素之一。只要指出如今亚太地区国家国内总产值达到世界总产值的60%(不包括美国为40%),并还在继续增长。全球和区域力量中心快速发展的同时,经济一体化进程加速推进,亚太地区国家间在探寻有效的协作形式。自由贸易区正在形成。"在亚太地区快速振兴中,亚太地区现有的是一些地区性组织(亚太经互会、东南亚国家联盟等)发挥积极作用,在这些组织框架下制定了大量的综合专项措施和纲要,首先是在经济领域的措施,区域内国家因此取得了巨大进步。

俄中协作可以对加强区域内良好发展趋势发挥重要作用。梅德韦杰夫访问中国期间(2010年9月),双方表示,"亚太地区遇到的大量危机与挑战,要求区域内所有国家在维护地区安全与稳定中长远努力"。因此,他们决定共同倡议"在互信、互利、平等合作精神下"加强区域安全。强调指出,俄罗斯与中国主张在亚太地区创建公开、透明、平等的安全与合作机制,以国际法、不结盟和考虑各方合法利益原则为基础。

双方在贯彻落实协议过程中做了大量工作,制定了在亚太地区协调俄中行动的"路线图"。总之,区域内确立的多中心论将提供特有的机遇、使冷战开始至今首次形成了稳固平衡的经济增长中心和政治影响中心的局面,毫无例外,区域内所有主要国家都参与其中。

上合组织积极有效的工作具有十分现实的意义,其十周年纪念庆祝活动于2011年6月举行。在成立的短短时间里,上合组织成为区域和世界政治的重要因素,成为新的多中心世界秩序形成的重要环节。上合组织最重要的工作是正常化亚洲中心局势,发展区域内国家间的合作和加强互信。同时上合组织必须积极努力,在亚洲中心大力振兴经济,特别重要的是要考虑到北非、中东地区的紧张冲突事件。遗憾的是,虽然拥有巨大潜能,但该组织未必能因经济领域取得的显著成效而沾沾自喜。地区不断出现的严重的经济社会问题,生活中重要的水资源分配问题、能源、交通问题,还未得到合理解决。上合组织事务委员会和银行联合会表现并不积极,尽管加入银行联合会的机构拥有巨大资源。在吉尔吉斯斯坦事件上,上合组织表现得显然不够坚决,给上合组织的威望带来负面影响。

很明显,必须重新思考上合组织关于阿富汗局势的政策,实际上,上合组织站到了旁观者的立场上。同时,源自阿富汗地区的威胁直接触及中亚国家、俄罗斯和中国的利益。

在上合组织相当消极的立场条件下,区域外力量就会渐渐在这个重要战略地区施加自己的经济和政治影响,在中亚活动的北约机构明显重新积极活跃起来。

2012年秋天在符拉迪沃斯托克顺利召开的峰会确定的各项任务具有特殊意义。加强同中方在峰会筹备事务方面的合作,包括制定总的联合宣言和其他非常重要的文件。俄罗斯与中国的社科院与研究中心可以为峰会的内容材料作出宝贵贡献。

(五)

在庆祝《俄中睦邻友好合作条约》签订十周年之际,俄罗斯社会各界明确意识到,为创建有力的外部发展条件及实现俄罗斯的现代化,最佳途径是保障同我们伟大邻邦的稳固关系,不断巩固同中国的友好联系,加深信任,坚决站在同中国经济共同发展的道路上。

为实现这些任务必须不仅在政治家之间,而且在民族之间和广泛的普通民众之间,克服所有成见,加强相互理解,更好地互相了解,赋予我们同中国真正睦邻友好关系的性质。

在扩大客观认识中国,了解它的历史及文明经验,制定巩固俄中联系的相关对策建议等方面,俄罗斯科学院远东研究所以及其他俄罗斯科学院和高校的中国问题研究中心发挥着积极作用。这些研究所和中心的专家完成的一系列俄中关系历史与现状研究、发展前景预测,都包含共同的结论:我们两国和人民之间睦邻友好合作战略是必然的选择。

当代地缘战略形势下美中"G2"及"中美国"构想

近几年世界大众传媒和政治争论中经常谈到美国与中国间形成地缘政治同盟可能性的话题,讨论华盛顿与北京以"二国集团"(G2)形式建立的联盟构想,或称"二分世界",即以所谓"中美国"形式出现的两国经济与政治同盟。类似这种同盟形成的前景引起许多国家政界的密切关注。这些国家都在试图评价这种事态发展的现实性和可能引起的后果。

首先,应该明确术语"G2"和"中美国"的含义,这个问题在分析材料和政论材料中经常提到,有时被作者解释为是完全的同义词,但是这两个词和它们表达的意思并不是完全一致的。

"二国集团"(G2)构想于 2005 年由华盛顿国际经济研究所所长伯格斯登首次提出,最初作为建立某种美中经济的国际共管构想。该构想的基础包括以下考虑:

- 21 世纪第一个十年中期起,全球发展进程中两国经济总和保障了全球经济增长的 50% 左右;
- 美国和中国是最大的贸易国,同时也是更危险的全球环境污染者;
- 目前美国和中国在国际贸易——金融体系不平衡视角中处于完全相反的地位:如果美国是中国最大债务人,则中国是具有较大黄金货币储备的最大顺差国家;
- 两国都是世界两大集团的领军国家:美国是工业发达的富裕国家代表,而中国是市场体系正在形成过程的发展中国家代表,各自集团现今都保障达到全世界国内总产值的 50%。

在伯格斯登之后的一年多,历史学家弗格森和经济学者舒拉里克在自己的著作中阐述中美经济联系,将其描述为一种独特的机制——"中美国"。这是生产者——债权人、消费者——债务人的某种混合体,一旦"统一经济体"由虚拟变为现实,便将包含全世界约 13% 的领土,1/4 的人口,创造超出全球国内总产值的 1/3,确保一半以上的全球经济增长。

研究者预测,该构想一旦实现,其主要危险是在这种所谓"联合"中,中国手中就会掌握影响美国经济的有力杠杆(巨大的外汇储备,美国债务,双边贸易顺差等),只要中国愿意,就可以利用这一经济杠杆,以改变力量平衡,通过将自己的优先方向转向例如俄罗斯为其成员国的上合组织方面或非洲大陆,来制衡美国。

类似担心不是空穴来风,很明显这成了迫使美国的政治家和政治理论家推翻"G2"构想及将其细化的原因之一。他们努力的结果是基辛格和布热津斯基提出了对未来世界格局的预测构想,其使命是依靠美国和中国的"利益统一体"或"命运共同体"。

这样,"中美国"本身只是"G2"构想的一部分,是美国与中国经济"联合"的体现。其目的首先是克服蔓延的金融经济危机造成的各种困难,具体来说是美国吸引中国资源来寻求摆脱其经济陷入灾难性局面的途径。

同时,这反映出美国试图在其经济吸引力的轨道上阻止中国的快速发展,使其更牢固地依附在自己身上。这是把"美国与中国的紧密经济依赖"神话化的企图,同时出现了一种说法,即"任何一方快速摆脱这种现状都不可避免地会导致彼此不能接受的损失:中国市场出现商品需求的猛烈下降,而美国市场将出现北京拒绝出资弥补美国财政赤字"。

美国夸张地称,"中方除了购买美元和向美国出口自己的商品,别无其他战略"。而事实证明,例如2011年3月中国第十一届全国人民代表大会四中全会批准的"中华人民共和国国民经济和社会发展第十二个五年计划"强调指出,实施扩大内需,而非促进出口持续增长的模式加强国家经济发展。这样,从危机开始实施的扩大自身内部市场的方针正在缩小中国"打入"美国市场的必要性。同时危机表明,第一,美中相互依赖为挑起危机的"泡沫""充气"作出了不小贡献;第二,双方因为这种不可分割的联系受到牵引,使他们在其他问题上采取措施的空间受到限制。

中国专家认为,美中经济相互依赖是他们双方关系最重要问题之一。正如中国人民大学国际关系学院时殷弘教授指出,未来中美分歧将不仅涉及台湾问题,而且还涉及贸易问题。双方议事日程中还有人权问题、西藏问题和环境保护问题。在中国的决策中,中国比其他国家更成功地克服了世界经济危机并处于发展态势,它可以有一切条件继续奉行独立自主的政策,继续巩固自己作为世界大国的地位。

奥巴马政府对布什对华政策的重新审视导致华盛顿得出一个明显结论,即迫使北京调整中国的方针(不仅是政治上的,还有外汇方面的)使其更有利于美国,这未必可能。由此产生了建议中国实施某个大计划的想法,即双极性,在双极性框架下华盛顿必须采取的行动可以被认为不是中国对美国的让步,而是建立共同世界秩序的步骤。在这种情况下美国主导的构想从美国自身观点看不应该遭到质疑。

战略计划中奥巴马向北京建议的"二头政治"方案,与布什政策不同点是,意在展开新的大规模地缘政治游戏,其结果理应使目前"垂头丧气"的美国在它所挑唆的中俄分裂的基础上依然可以得到全球地位的提升(故意暗示中国,要让它取代俄罗斯作为美国主要对手)和削弱两个对手。

在北京总体上考虑"中美国"和双极化并提出了以下态度。对待经济交往更加谨慎,因为看到这是一个陷阱,其目的是更加限制中国,将中国置于更大程度上对美国的依赖。针对"G2"构想,根据接近高层的中国资深分析家的表态,高层的态度从一开始就是"坚决否定的"。中国的某些对外政策机构,包括中国外交部的一些代表,在这方面促成对美国人一定的迎合,据说遭到高层的"彻底制止"。

然而,正如接下来中国相关著作,业内人士代表人物和中国大众传媒指出,几乎2009年全年直到奥巴马访华为止,都允许以辩论宣传为目的,在报刊、电视、专题出版物中讨论美国建议"G2"形式的优缺点。

中国学术专家很清楚,华盛顿的建议要求重新审视中国的整个外交政策战略,包括重新审视俄中关系和中国同发展中国家的关系。在某种程度上这种观点引发了,对发生过悲惨的珍宝岛事件和1970年初尼克松访问北京后那令人难忘的毛泽东"统一战线"中关于"苏联社会帝国主义"内容的不安回忆。

这种模棱两可和不确定性似乎在温家宝与美国总统在北京会晤(2009年11月)的声明中结束,声明明确表示,中国不同意"G2"构想。温家宝强调指出,中国"依然是发展中国家……同广大的民众一起,为实现国家现代化要走漫长的道路"。"中国奉行独立自主和平的外交政策,不打算与其他国家或其他国家集团结盟。全球问题理应由世界各个国家共同解决,而不是由一个或两个国家来解决"。

除了上述所列举的温家宝拒绝当时"G2"提法的原因外,正如接下来的过程中所证实的,中国的出发点还有,国际格局及当代世界秩序体系中的本质性变化,应保障它有理由和权利追求的世界第二强国的平等地位,而不是辅助双边联盟。该次访问首先被北京看作是同美国重新达成双边关系的一种真实的可能,其目的在于,一方面,不是加剧已有的越来越大的分歧,破坏已取得的成果;另一方面,使双方关系更加平衡,获得适合中国的合作模式。值得注意的是,在中国官方文件和大众传媒有关出访的报道中,特别强调了中国领导人访问华盛顿的结果使中美关系有了本质上的"突破"。

各种迹象表明,北京明显感到欣喜,因为意识到一个事实,即中国真正达到了与美国的"平等地位"。然而,正如一些西方媒体强调的,如果看一看的话,那么这种平等不是像依靠美国和苏联对峙时期两个强国的力量均等来保障的,而是基于中国所拥有的经济潜力和发展趋势。正是这样,一些观察家公正地指出,如果小布什时期中美关系偏向经济上的倾斜,那么,奥巴马时期已经"偏移"军事战略方向。

军事力量构成方面中国暂时不如美国,不排除有某种类似于"G2"构想方式,但是,中国以其具有的"中国特色"将"记住"不允许新的两极性作为备选方案,北京还没有准备好。同时北京更加注重加强国家的军事实力,对某些邻国不断频繁出现的领土野心,在温家宝报告中强调了"全面加强中国人民解放军的现代化建设"的必要性,这种现代化就是"能够在信息化条件下的局部战争中获胜",这一切表明,中国国家领导层在思考中美联盟方案实现中的种种优越性的同时,还存在另外的想法:不排除武力对抗的可能性,首先在对中美关系来说关键的台湾问题上是这样。

应当再次强调,无论如何中国都不会接受充当美国小伙伴的地位。正因如此,对这两国来说,重要的是内心坚信每一方都有理由希望获得全球先锋作用,"G2"或"中美国"类型的联盟可能产生于策略构想,但未必具有长期战略前景。

在中国比较倾向于加入这种联盟的是部分政界、军事精英,在一定程度上对俄罗斯的否定和不信任中,他们预见到中国的振兴道路就在与美国的合作与对抗的结合中。根据一些俄罗斯代表人物的看法,美国没有把自己的统治地位强加于当代世界,而是在当代世界中建立一种秩序,只是引入并遵循美国人确定的、与以前历史上霸权相比更合理及更易于接受的游戏规则而已。对于中国要实现跻身世界领先地位的任务,中国人希望走曲折前进的道路来完成,渐渐将美国排挤到第二位,包括利用日本和伊斯兰世界实现自己的计划。在这些长期计划中,俄罗斯作为中国的重要依靠的伙伴政策起到了特别的作用。

中国传统及当代政治问题

研究中国哲学与中华文明的作用在俄中关系形成中,以及在新的全球秩序构建中成为俄罗斯当代中国研究最现实的课题之一。研究该问题包含两个主要方面。

第一个方面,研究俄中两国的思想理论过程对国际及国家间关系的影响因素。主要指思想与哲学传统,这是民族一致性和民族自觉意识的核心,它们决定俄中文化的发展方向。它们对形成这两个国家的社会意识产生影响,对探索这两国间相互理解的前景有促进作用。

在此可以想到2009年春天中国的一本政治畅销书《中国不高兴》。它反映了中国年轻人一定的自我意识水平,反映了他们对世界如何对待他们和接受他们的理解。这本书能让人明白,中国人为何不喜欢当今外国人对他们的态度。同时这展示了中国对世界和平及对主要国家的态度。这是非常引人入胜的材料，引起了对于研究和预测我们两国关系的兴趣。这里重要的是不要错过书中提到的当今中国的价值观与世界观问题，这是在当今中国社会意识在当代发展背景下对这些问题的思考。

第二个方面，中国哲学与中华文明对中国上层关于全球化进程所持思想伦理观点的影响。中国观点是否是西方"文明冲突论"构想的建设性选择？它们能否成为世界文化及所有地球人思维方式西方化的平衡？这是一些非常重要的问题，因为美国的政治家是企图掌控全球化进程朝着美国和与美国亲近的盟友方向发展。

不应忘记俄罗斯文化发展的欧亚趋势，这趋势反映的不仅是我国文明的地缘政治位置，而且还有它深刻的精神实质。俄国、俄罗斯族文化是在多种文化和宗教相互融合、相互影响、相互学习、相互协作中形成的，俄罗斯领土成了它们的交汇点。欧亚主义是反对西方化及世界文化建设单极化的积极建设性选择。欧亚主义是保存与发展多元文化的积极支持者，主张以相互影响的和谐原则为基础建立各种文化间的关系。

也就是说俄中文化、文明和哲学间既有相通的地方，又存在明显的差异。

相似性体现在，中国主张"和而不同"，今天那里也经常重复孔子相应的名言。科学发展观是当代中国政策的基石之一，它以中国辩证法"合二而一"的传统原则为基础。

当年毛泽东提出了"一分为二"原则。他认为"制造矛盾"是必要的，然后依靠政治运动以统一思想立场为基础解决出现的问题。胡锦涛提出"合二而一"的对立观。他追求实现和谐社会，克服现有分裂，在矛盾更为尖锐的地方找到化解尖锐矛盾的方法。中国政府倡导在国内构建和谐社会，实行国际关系和谐化的方针。

在 2005 年庆祝联合国成立 60 周年之际，胡锦涛提出了构建"和谐世界"的思想。这是响亮的号召，表达了友善的愿景。但是，如果这里不解决摧毁性力量及对抗性力量破坏和谐的问题，它可能会变成空想。如果谈到调和主义对侵略者不加以反对的缄默态度，那么原谅恶势力就是导致他们不受制裁。近年来中国政策在国际舞台上局限于对造成实际对抗的行为的道德谴责。中国人的解释是，他们需要集中精力解决国内问题。这个立场可以理解。

上面提到的《中国不高兴》一书表明，中国中青年一代的意识中和谐稳定、防止世界恶势力影响的路线引起不满和批评。出现一种认识,即恶势力并不遥不可及,它不可避免也会触及中国。这是书中反映的主要思想之一。作者为美国的立场感到侮辱,他们认为,美国企图利用中国、利用中国的困难及百姓的贫穷大发横财。

然而,这里没有任何违背自然的东西,这是市场规律。西方商人以保持别人的贫穷和落后为代价,追求财富与发展,这不是针对中国的行为。类似的行为由不讲道德的无情的市场规律决定。在以利益为核心的地方提出道德要求是不合适的。问题不在于美国政策,而在于西方与中国间整体关系的社会政治本质。然而,美国人正在非常积极地将自己的价值体系和政治制度体系强加给中国人,企图使他们接受西方对民主和人权的观点。这通常会在中国引起消极反应。

另一方面,早在1996年俄中领导人就表示,尊重伙伴国的政治选择,不向对方强加自己的观点。事实证明,尽管《中国不高兴》一书中的很多说法具有辩论性,但此书中俄罗斯被看成完全不同于美国的国家。总体上作者指出,尽管俄罗斯实力不如苏联,但同它可以合作。如果俄罗斯试图抵抗美国压力,这是本书作者很大程度上喜欢的做法,他们引用类似的例子,揭示对美国关系的调和主义立场的局限性。

我们认为,需要寻求能够成为建设性文化对话基础的共同点,首先是:促进俄中文化协作。这是中国问题研究家们面临的最重要的不寻常的任务之一,我们没有理由理想化形势,也不能对存在的问题视而不见。我们应该看到它们,深思熟虑地对待它们,探索、制定、提出有关调整和我们中国朋友、伙伴、邻居对话途径的建议。

许多问题都与哲学传统和民族思维相关。比如说,所谓的不平等条约问题很多方面是由于对历史事实与国际法的方法论不同造成的。俄罗斯的外交立场是,任何条约通常都是世界现行法律基础上的一种妥协,其中存在各种利益的碰撞,因此很难想象类似文件中各种利益能够实现完全一致。另一种观点认为,只有完全考虑评价历史文件意义一方的利益才是平等条约,如果条约完全考虑中国的利益,那就意味着它是平等的。如果中国根据历史形势为保留主要方面应当作出让步与牺牲,那么这样的条约按我们中国伙伴的观点就是不平等的。根据这一立场,很多中国分析家,包括驻俄罗斯前大使李凤林,甚至认为1950年苏中友好同盟互助条约都是不平等的,它是建立在当时中国很弱,而苏联是以打开安全伞以保护伟大中国为使命的基础之上签订的。

　　类似对"平等"问题的研究都仅仅从狭义民族利益观点出发的，这值得从方法论角度去重视它。这个观点与另一问题相关，它产生于研究整个中国文明史过程中，特别是近代和现代文明历史中。在几千年发展过程中，中国是自给自足的，它是完全占优势的，它的发展不需要寻求国家间的利益平衡。在这个传统影响下形成了当代中国不平等观，即不承认别国高于它的态度。

　　问题在于，世界历史的主体准备好了为与其签订条约的伙伴国牺牲自己利益并走向妥协吗？中国在自己的历史发展中实际上从来没有经受这样的损害。19世纪下半叶到20世纪初中国迫于外部形势压力不得不牺牲自己的利益，但它如今很难屈服于这点。

　　自愿的自我牺牲问题是俄中文化的差异之一。这里指国际义务问题。在中国大众传媒中"全世界无产者，联合起来"的口号如今没有了，取而代之的是全世界各民族团结一致的口号。这一事实反映出中国人的民族自觉特性。苏联领导的不幸在于，它武断地认为，中国领导对此问题的态度应当与苏联共产党和大多数欧洲政党一样。然而，具有自我牺牲精神的无产阶级国际主义思想产生于基督教的自我意识，它与中国的民族意识是不同的。

　　中国共产党领导人的自我意识是不一样的。他们过去认为，现在仍然认为，关系是建立在利益一致的基础上，而不是思想一致。他们认为，如果苏联为中国作出牺牲，那么它追求的是自身利益，而不是大公无私。当中国学者讨论与苏联的关系及苏联的帮助问题时，他们能对苏联政策给予最高评价，但这里完全是从利益角度看问题。这就是现实，对此我们应该予以承认。如果俄罗斯想得到与中国的相互理解，必须牢记，迫使我们中国伙伴牺牲自己利益的任何问题对他们来说都是非常痛苦的。

　　学者们需要分析方法论的本质性问题，文化建设与政策，教育体系形成问题，社会结构、中国人的思维方式、行为方式及民族个性等问题。在我看来，特别应该关注的是研究中国人的思维方式、民族自觉性的新特点，它们产生于全球化及同外部世界的合作中，尤其与西方和美国的合作中。这个关于中国在改革开放时期对西方开放度的话题还值得深入研究。早在19世纪末中国知识分子就积极研究了日本的新思想。但中华文明依托内向的日本文化并没有克服自身的内向性。直到20世纪20年代中国的先进知识分子才开始接触苏维埃俄国和开放的俄国文化,促进了中国文化中开放性思想的萌生。

中国文化中的内向趋势没有消失到哪里去,它变成了混合的,既有内向性,又有外向性。同时,在当代中国文化转型过程中获得了或者说正在获得深刻的不可逆性。如,计划生育政策从根本上切断了儒家家庭学说体系和传统的父权制的家庭内部关系。一家之主不是祖父,也不是父亲,"皇帝"是家里的男孩,他将成为家庭关系稳固的基础。结果成长起来的常常是消费者和自私主义者,他认为家庭与社会应该宠爱他,而他自己不欠任何人什么。这完全是另一种道德和世界观,保留已破坏的孔子家庭关系体系已经不可能了。

很多方面都说明了中国人的实用主义,这已成为他们民族意识的组成部分。然而,这个问题远比它第一眼看上去更具有深刻内涵。透过传统文化的棱镜分析当代中国改革思想进程,可以揭示"黑猫白猫哲学"的基本精神,这是邓小平早在20世纪60年代初为探索克服农村"公社化"严重后果的途径而提出的。

俄罗斯研究者应该更多关注中国哲学史、政治与意识形态争论史中的具体争论话题,关注当今中华文化产生的特点。深入分析部分现实问题有助于使研究更有分量,使我们的理解具有更大的立体性和多面性,有助于重新思考在通常认知中本以为老生常谈和众所周知的中国改革与建设的经验。

(刘宏 译)

俄罗斯在欧亚主义框架下的自我认同问题[*]

伟大的欧亚国家

想阐述一些关于欧亚主义概念意义的看法,这一概念作为俄罗斯多民族合作与协作以及东斯拉夫民族团结总体思想的战略基础,以确保和平,为他们营造和平与友好的发展环境,协调俄罗斯各民族间关系,提升与巩固伟大的俄罗斯,还要谈谈与上述问题相关的一些国际方面问题。

我认为有必要简短描述一下使用"伟大俄罗斯"这一词组的合理性问题,它作为相应的自我称谓,而不仅仅是宣扬对自己祖国的尊重。

第一,"伟大俄罗斯"这一概念既不是自我推崇,也不是自我吹嘘。这是对这一概念所包含内容的恰当表述。具体指面积和在大陆上的领土地位(1700多万平方公里),这里居住着俄罗斯人民及120多个其他民族和民族主体。

第二,被耕耘的、文明化的、融入世界文明的这块土地,一方

---

* 本篇选自:М. Л. 季塔连科,《全球化背景下的俄罗斯和它的亚洲伙伴——战略合作:问题与前景》,莫斯科,2012 年。(Титаренко М. Л. Россия и ее азиатские партнеры в глобализирующемся мире. Стратегическое сотрудничество: проблемы и перспективы, М. : Форум, 2012.)

面自然资源相当丰富、多样及有生存意义,不仅可以保障俄罗斯民族自身、而且也可以为全人类的发展提供很多保障;另一方面,这些自然资源在不寻常的严峻自然条件下被开发和开采,这要求开发者巨大的努力和英勇牺牲,巨大的额外投资和新技术解决办法。

第三,许多世纪以来开发这片难以生存的土地并使其适宜居住的同时,俄罗斯人民同俄罗斯其他各民族积累了开发广袤空间及其自然资源的独特经验,同时创造了内容和形式丰富多彩的文化与文明,构成更加有利的自然历史环境,不仅为在艰难自然气候下生存,还为居住在这块土地上的每个民族主体的发展创造了最有利的合乎历史规律的条件,使他们在这个国家和这块土地上和睦相处,合作、共同发展、互帮互助、相互影响、相互学习和进行非对抗性竞争。总之,这是俄罗斯族、俄罗斯人民对世界文明作出的巨大宝贵的贡献。然而,"身在福中不知福"的地球人并没把这当成是种贡献。

综上所述可以确信,俄罗斯族人民固有的优点是宽宏大量、友善、视野广阔、善良、豪迈、坦诚、慷慨,这些在其道德与智力的本性中、自然历史文化特性中都有相应的体现。

俄罗斯思想是保护、发展和丰富俄罗斯人政治、经济、日常文化及心理的优良传统,它是对所处欧亚大陆位置形成的地缘政治特性、多元文明的适应,这一切源于欧亚大陆交融的、强大的多元文化与宗教体系;信奉基督教、伊斯兰教、萨满教、佛教、儒教、道教、犹太教等等。

这一切在智力圈里构建得十分和谐,在这里相互影响,互相学习,民族—社会—文化共生及综合,文化趋同,这一切赋予俄罗斯与俄国文化,即所有俄罗斯民族居民,以不同文化成就的总和独有的特色,这正是欧亚主义术语所表达的含义。

基于上述考虑,将"俄罗斯观念"与"当代或新的欧亚主义"概念对立是错误的,因为俄罗斯观念是欧亚主义重要的核心和命脉。

遗憾的是,应当承认,欧亚主义术语本身所能表达的含义太单一,因为表面看反映的仅是这个现象的一个方面——地理位置。这种情况要求对"欧亚主义"概念的实质在实用性框架下作出客观阐释。情况因20世纪20—30年代这个术语产生与变化过程而变得十分复杂,也因政治思想斗争和欧洲各派俄罗斯侨民(布拉格、巴黎、柏林、索菲亚)和亚洲(哈尔滨、上海)侨民之间的争论。这些争论是离开祖国的俄罗斯精英代表对当时苏维埃复杂现实情况的一个反应,同时也是寻找对话的途径。

我们的任务不是梳理该术语产生的历史及解释 20 世纪 20—30 年代伟大学者特鲁别茨科伊公爵、萨维茨基教授、卡尔萨文、维尔纳茨基的著作,以及之后 60—80 年代古米廖夫著作中的术语。有关该问题的研究文献相当丰富。20 世纪 90 年代初,苏联解体后,一系列 20—30 年代欧亚大陆主义者的国家本土思想、创新思想受到关注,并得到重新审视,成为各种"新欧亚主义"流派出现的推动力,这些流派的代表人物有杜金、帕纳林、季塔连科、尤卡伊。哈萨克斯坦总统努·纳扎尔巴耶夫的欧亚主义方案在这个政治思想流派的拥护者中占有特殊地位。

我们对新欧亚主义很感兴趣,这已成为苏联解体后政治思想讨论的,以及寻找民族思想的内容,这种思想旨在在西方文化文明强硬扩张条件下团结和振兴主权的俄罗斯。这种扩张导致对俄罗斯人民和俄罗斯其他民族的文化文明自身一体化的严重破坏,漠视政治和精神危机,以及各民族之间的摩擦不断尖锐化。

忽视俄罗斯地缘政治位置的欧亚主义本质及实质上忽略俄罗斯文明的同一性,在思想意识里和国家政策中,让欧洲中心主义居统治地位,有把俄罗斯全部领土献出去的企图,然而,这个领土 2/3 面积为西伯利亚、远东,仿佛一个直到堪察加的大欧洲。这种情况在俄罗斯的发展中引发民族之间、地区之间产生尖锐的矛盾,使大多数精英阶层和部分当权阶层疏远人民和他们生活的国家,导致国家政策摇摆不定,侵蚀文化同一性,使俄罗斯在国际舞台上的地位受到动摇。

这方面的例子就是俄罗斯不参加欧亚首脑在某些重要政治论坛上的对话。亚洲国家将俄罗斯划入欧洲文化,而欧洲人,特别是西方人,首先将俄罗斯看成是亚洲国家。西方国家代表认为,应建议俄罗斯参加亚洲国家的对话,因为俄罗斯大部分领土位于亚洲。亚洲国家以俄罗斯一贯坚持自己是欧洲强国为由,认为它应当属于欧洲国家。

遗憾的是,俄罗斯的国内政策从彼得一世时期开始,在解决国家地缘政治、文明、文化的同一性问题中就缺少连贯性。彼得一世把俄罗斯推向欧洲。苏联时期列宁及其追随者号召同俄罗斯政策、文化中的亚洲元素(落后野蛮)作斗争。这一切强化了国家政策中欧洲中心论的主导地位,特别是贬低了俄罗斯人,也贬低了俄罗斯文明的斯拉夫根基。在实际政策中类似趋势曾出现过,至今欧洲中心论取向仍体现在所有方面。欧洲中心论具有具体的经济与政治上的形式：

- 欧洲部分是主要资金和国家战略目标发展的集中地，将莫斯科变成国家在金融和其他资源领域的超级垄断者；
- 将资源丰富的广袤东部地区变成国家欧洲部分假想的特别殖民地。无偿地从西伯利亚及远东抽出资源用于发展与振兴其他地区；
- 俄罗斯东部地区发展单一、畸形。资源型经济成为这里的主导。只在20世纪30年代，特别是伟大卫国战争年代西伯利亚才落户了从欧洲部分迁移过来的大型工业企业和项目。是的，从此这里出现了一些大型工业，如库兹涅茨冶金公司，远东、西伯利亚东部、西部一系列机械制造企业。然而，在开发该区域时，从劳动资源保护的角度讲，古拉格集中营的劳动改造发挥了很大的作用。但这种方式也使该区域成为最不能吸引人的地区；
- 整体上俄罗斯文化及文明内部的矛盾更加尖锐。在西方压力下俄罗斯文化和其他民族文化的民族特性消失，被融合到其他民族的文明及宗教传统中以及欧洲及美国大众文化等其他低劣形态中。非但如此，20世纪末俄国文化与文明更是被欺负到政治层面上，所谓"加入世界文明的任务"出台，实质上，这意味着俄罗斯文化被边缘化。在我的著作《远东的地缘政治意义：俄罗斯、中国与亚洲其他国家》（莫斯科，2008年）中，我力求全面揭示在俄罗斯推行西方化的本质性危害。

还在18世纪中期，当中央集权制俄罗斯国家以俄罗斯帝国形式得以巩固时，俄罗斯科学、教育奠基人，俄语改革家罗蒙诺索夫首次综合地提出三个战略任务，即俄国为保障稳定正常发展并发挥历史赋予的作用应当解决的任务。这三个纲领性任务包括以下内容。第一，"俄国的强大将依靠西伯利亚和北太平洋来实现，并在亚洲及美洲的人口数量要达到欧洲主要部分的人口数量"。

第二，"……当沿北太平洋通往东部的期望之路打通后，俄国的强大将在东部，包括海路以外的从西伯利亚到太平洋沿岸的陆路，将得到充分地巩固和扩大"。

第三，这位伟大学者认为，俄罗斯政府的关键任务之一是"保留"与"增加俄国人口"，每年新生人口平均不少于100万人。同时他非常重视协调俄罗斯居民与西伯利亚和远东当地居民的友好合作关系。

250多年过去了，罗蒙诺索夫提出的三个战略任务作为俄罗斯顺利发展的条件，仍旧没有解决当前非常迫切的问题。需要指出的是，俄罗斯的杰出人物在此后时期也不止一次地强调发展与开发西伯利亚对解决上述任务的特殊重要性。这里特别指出了俄罗斯政治家、整个俄罗斯精英阶层对地缘政治现实有必要的认识,即俄罗斯极不寻常的欧亚一体化地缘政治状况,强调了利用国际因素的重要性,即与我们的远东邻国合作开发西伯利亚和远东地区。这里特别重视加强同中国相互协作、相互理解,甚至同中国联盟关系的必要性。俄罗斯伟大学者及爱国者门捷列耶夫的著作《珍贵的想法》中着重强调了俄中合作的重要性。他指出,合作为我们两国共同发展创造有利条件意义极为重要。他写道:"……始终独立自主的中国能够发展得更加强劲。这对我们来说要比我们那时同中国人友好更为重要。"在指出俄中合作对总的世界秩序意义重大的同时,门捷列耶夫强调:"俄中同盟将是全世界联盟的先驱者,因为这个联盟拥有全世界 1/3 的人口,不可能是别的,它正是和平联盟、保护联盟,而且两个同盟者拥有诸多真正的内部需求及丰富的其余任何其他两国所不及的资源,两个联盟者,俄罗斯与中国既不希望,也不习惯以武力相威胁。"

近两百年的历史证明,任何俄罗斯行动政策,只要一边倒,无论是倒向欧洲还是亚洲,都不可避免地导致我们社会的震荡,动摇它的同一性基础。在这种情况下整个国家、它的文化和经济将系于"细线绳"之上。只有意识到两个重要方面的国家同一性是一个不可分割的整体,才有助于俄罗斯坚定稳步地向前发展,保持我国各民族之间的友好合作关系和共同发展关系。

苏联解体后的第一个五年里,俄罗斯政策在经济、人文和其他领域出现了畸形的亲西方的单一取向。这种没有缘由的单一取向带来的破坏性后果众所周知,无须赘述。普里马科夫总理曾在短暂的任职期间开始逐渐调整这种严重的单一政策取向。而后这种趋势在普京任总统的八年时间里得到逐渐发展。该方针的积极成效是加强了俄罗斯国内稳定,巩固了它的国际地位,这是欧亚主义取向建设性特点的明显证明。

我不止一次不得不就这些问题与俄罗斯"亲西方派"及国外全面西方化倡导者进行争论。我们认为,为了俄罗斯国内外安定必须一贯坚持平衡原则,即注意内外部政策的平衡原则,无论对西方还是对东方。也就是说,坚持遵循俄罗斯欧亚主义地缘政治的同一性,这是迫切的需要。

过去这些年证明对我国人民、我们国家的力量充满信心是有理由的。在俄罗斯总统普京的声明中以及梅德韦杰夫总统在第十二届彼得堡国际经济论坛(2008 年 6 月)上发言中,都始终提出一个思想:"今天的俄罗斯是一个全球玩家。正因为我们理解自己的国际使命,我们也想参加新游戏规则的制定,而且不是出自臭名远扬的'帝国的自负',而恰恰是因为我们拥有相应开放的机会及相应的资源"。

我们深信,俄罗斯地缘地位及其文明的欧亚同一性思想,为国家的健康发展,为保障其完整和国内稳定具有重要意义,因为欧亚主义思想兼顾历史渊源,国家内外部的文明元素,其综合成果形成了俄国文化,并构成俄罗斯文化的核心。它的高度权威使它变成居住在俄罗斯的少数民族文化发展繁荣的传送器和助推器,而俄语成为俄罗斯各族人民与世界文明和世界文化交流的转换器。任何对欧亚主义思想的忽略都会导致俄罗斯联邦的一些小文化、俄罗斯联邦的一些小民族与世界文化传统交往的脱节,都会减缓他们的发展。这些文化的精英代表不得不自觉或不自觉地探索俄罗斯文化、俄语及属于我们的共有元素的替代品,并遵循欧洲中心论观点,即赞同"用英语替换俄语与俄国文化,当成小民族的文化传送器,相应加强与这些民族传统不符合的欧美文化的影响"。

忽略我们文化的欧亚主义属性,实际上将导致同一性被破坏及俄罗斯文明"环"的断裂。正是欧亚主义模式才有助于居住在俄罗斯的各族人民团结在俄罗斯文化周围。最著名的世界文明研究者托因比指出,"俄罗斯人同非俄罗斯人相比不太轻视其他民族"。按他的话,"这的确是友善和值得称赞的俄罗斯传统"。

俄罗斯人是俄罗斯国家的根本核心和人口最多的民族,并创造了独特的文化、统一了广袤的疆土。俄罗斯人同120多个民族建立了友好合作、共同生存发展的关系。基础著作《俄罗斯学说》的作者公正指出:"俄罗斯文化是掌握社会价值的最高文化。俄罗斯人在掌握各种传统文化的同时,倾向于不拒绝任何东西,不否认任何事物。正因为我们文化的这一品质,人类创造的所有财富可以在俄罗斯共存"。

根据上述著作作者的观点,"俄罗斯主义实质上就是世界性的,但首先针对俄罗斯自己"。从这个意义上说它是欧亚主义形成的原则性基础,是国家建设的思想目标,是各民族文化之间内部对话以及统一的俄罗斯文明内部对话的思想目标。一些政治家和文化学著作的作者经常喜欢不强调俄罗斯文化本身和俄罗斯文明本身在统一的俄罗斯文明形成发展中的主要作用,只是在谈到俄罗斯文化、俄罗斯文明的经验与传统时,他们才称其为俄罗斯文化、俄罗斯文明。这种漫不经心并非是无害的,它可能引起我们非常不愿意看到的后果。

首先,这种观点将导致俄罗斯人民的民族同一性被破坏,将贬低俄国文化和俄国文明在俄罗斯境内及世界范围内的历史作用。

其次,将俄国与俄罗斯文化混为一谈会降低我们国家其他民族文化的作用,导致对创立和形成俄国文化中作出重大贡献的其他民族文化特色与特点的忽略,那是构成俄罗斯文化总体特色与成就的组成部分,谱写了俄罗斯各民族文化多样性和文明发展的交响曲。

第三,俄罗斯文化和俄国文化两个概念在大众传媒及国家事务中的"同义化"倾向,是由官僚的漫不经心或无知引起的,这使其他民族的代表有理由指责俄罗斯文化和伟大俄罗斯文化的活动家不尊重其他非俄罗斯民族的文化。这样,俄罗斯知识分子、文化活动家、爱国人士就成了无辜的罪人。

欧亚主义是什么?它有何特点?与"俄罗斯观念"有何不同?一些学者反对用"欧亚主义"术语代替"俄罗斯观念"这一概念,因为他们认为,这会导致俄罗斯民众在不确定的俄国大众之中溶解了。对欧亚主义作为俄罗斯发展的模式的批评者,以欧亚主义是第一次世界大战后的20世纪20—30年代出现的历史例证并具有公开反西方的性质为借口,企图破坏欧亚主义的威信。但这个反西方观点产生于当时的形势。

1. 欧亚主义的主要特点是承认地缘"位置性发展"特性,承认国际形势特点及俄罗斯文明的历史起源,其基础和中心是俄国文化,而交际语言为俄语。

2. 欧亚主义承认多中心论是基本方法论原则,是协作与文化互补、相互影响和相互学习的关系。遵循欧亚主义,要把所有文化之间的关系建立在民族契合、平等、和谐和对各民族,甚至是成千上万独特文化加以承认基础上的。

3. 文化相互关系的欧亚主义原则建立在他们的协作与和谐基础上。在这方面欧亚主义与儒家文化,即多样和谐(和而不同)观点及道家的自然界中矛盾对立的相互作用辩证法(合二而一,一分为二)是相一致,即对立融合为统一,统一分裂为新的对立。

4. 欧亚主义是具有多种文化形成的规律性,是建立在趋同综合、相互影响、相互学习原则的基础之上的。按其结构它是多层面的、多民族的、多种文明的统一,可以保障各民族、各文化在一个国家范围下,以及全球范围内的共存。

欧亚主义现象实际上包含的不仅仅是欧亚大陆各民族的固有文化。欧亚主义同欧洲中心论不同的是，如上所述，基于各种文化间相互关系的平等与平行结构，而欧洲中心论是从垂直的文化相互关系出发，承认一种文化是最高文化，其余文化为底层文化。欧洲中心论策略将同化其他文化和灭亡独特小文化视为是正常且不可避免的现象。它要求将文化价值的独特体系替换为某种"综合的"，实质上是西方的大众文化价值。

以"加入世界文明"为借口，俄罗斯的欧洲中心论者想要败坏俄国的、斯拉夫的和俄罗斯文化的精神原则，从精神上摧毁俄罗斯的文化。在政治、经济方面同样以此为由，他们想要破坏俄罗斯作为统一完整国家的政治统一和内部稳定。

我们认为，俄罗斯任何一个战略发展构想，无论从国家整体上，还是在某一区域范围内，都不能不考虑也理应考虑我们文明的欧亚地缘政治属性。因此，俄罗斯联邦 2020 年以前经济与社会发展规划和各地区长期发展纲要都应以欧亚主义模式为基础。

俄罗斯作为欧亚大陆强国的构想，要求认真改革现行经济管理体制，深化中央对地方管理模式和方法的改革。

1. 强硬的政治单极中心说迫使广大地区对其加以执行，致使某些地方产生分离主义现象，地区因素在不断发挥作用，然而这种强硬的政治单极中心说应考虑各地区的地理、文化、社会的特点，在经济计划中预见到地区自身的明显潜力，以及地区具有创造性地自我完善和改变的权利和具有将中央的总体指示改变为适应当地条件的权利。

2. 真正解决俄罗斯作为欧亚大陆强国的发展任务，要求认真改革它的行政经济体制，强化行政结构。西方发达国家美国、日本，甚至中国经济振兴的经验为在首都和各地区中心之间划分经济发展过程管理职能提供了例子。美国政治中心（华盛顿）及各经济中心在自我管理和解决经济问题方面具有相当大的权限。纽约、费城、亚特兰大在东海岸，芝加哥、底特律、堪萨斯城在国家中心，旧金山、洛杉矶、圣迭戈在西海岸。中国在北京作为政治、经济中心的同时，同上海、沈阳、哈尔滨、长春、天津、重庆、武汉、广州、太原、西安、乌鲁木齐这些大的经济、文化中心一起分担了经济管理权利。日本也一样，除了首都东京外，经济发展中心还有大阪、京都、札幌、新泻。德国的经济杠杆分布于柏林、汉堡、法兰克福、慕尼黑、杜塞尔多夫、科隆、莱比锡等等。

　　遗憾的是,在俄罗斯,莫斯科不仅在政治上,而且在经济上,包括所有其他方面都占绝对主导的中心地位,主要金融流通集中在这里。其他大的地区,甚至称作第二首都的圣彼得堡在这方面也只能屈居次要地位。至于乌拉尔、西伯利亚、远东的一些大的中心城市的意义很大程度上局限于在某一领域中具有有限的经济能力。在西伯利亚和远东地区的银行,由于资金能力有限,无法在这些地区起到刺激经济增长、吸引投资及推动社会经济发展的作用,常常充当大的地区性货币兑换机构。为了更有效地解决西伯利亚和远东地区社会经济发展问题,从长远上看值得考虑扩大创建三个总区域中心,即在西西伯利亚、东西伯利亚和远东地区,不仅是经济上的,还在政治上发挥调控功能的中心作用,整个这项工作的协调人应由具有高度威望的国家第一副总理来担任。

　　在美国、日本、澳大利亚、加拿大及一些拉丁美洲国家拥有专门的国家机构和部委,负责调控落后地区的发展。像在日本,很长一段时间都设有负责北海道发展的部长。当前俄罗斯成立了一个各地区总统代表机构。这一决定很正确,但它需要在行政与财政方面不断进行完善。

　　当代俄罗斯欧亚主义模式反映了我们国家地缘政治和文明发展的特殊性绝对不是某种程度的亲西方或亲东方取向。恰恰相反,推行欧洲中心论会破坏俄罗斯的国际地位,实质上将使它变成西方的小伙伴,它的原料附属国。

　　这样,无论从俄罗斯作为统一多民族国家的内部团结角度,还是从国际立场上看,欧亚主义是欧洲中心论和庸俗西方化的排斥性选择,因为俄罗斯反对民族文化趋同和建立单极世界,正在建构形成多极世界和世界文明繁荣的思想理论基础和政治文明(首先是文明文化)基础,奏响多种文化的交响曲。

　　只有以欧亚主义模式为基础的俄罗斯,有能力解决民族复兴问题,保护自身领土完整,提升所有民族文化提升及解决俄罗斯文化的繁荣问题,这就是文明统一和相互协作的核心。

　　俄罗斯只有以欧亚主义模式为基础,才能够在俄印中、金砖四国这些国际机构框架下发挥重要的作用。

　　俄罗斯只有作为一个欧亚大陆强国,才能够维持、发展,甚至被认可它同欧共体,同美国、印度、日本及其他国家在主权关系方面的平等与互利,才能在亚太地区和欧洲地区实现一体化。

欧亚主义是实现多种文化共存和繁荣的模式

突发性金融危机具有系统性特点。它表现出许多价值观的真正反人道本质,这是西方霸权拥护者强制推行的全面西方化及给市场无限权力的思想,认为这个市场"有能力自己调控一切"。

与世界单极化,及一个超级大国统治说法相伴随的是不可避免地和自然地宣传西方与东方价值体系、西方与东方文明存在着冲突。这里无论是理论家,还是鼓吹它们、坚持类似立场的政治家,都毫不动摇地坚信欧洲—大西洋和美国文明不容争辩的全面优势与完美,与其他人的世界文明相比,只有欧洲—大西洋文明,或简单来说的西方文化,才可以看作是世界的文化与文明。

其他一些大的局部性文明的代表认为自己的文化才是基础,正是在此基础上才形成了过去几千年的世界文明,包括欧洲—大西洋文明,那么自然就无法同意西方伙伴的类似观点。

当今的危机及冲突局势,无论是在前南斯拉夫,还是在中东、伊拉克、阿富汗,这一切都在一定程度上源于西方根深蒂固的不愿意去理解和尊重,不属于"高贵民族与国家"的,其他民族与国家的文明、文化价值及生活方式所导致的。

突发的系统性经济危机,是不可能独自摆脱的,我们希望,引起大众意识到对所有国家和民族合作的必要性,来共同战胜这场危机带来的严重破坏性后果。中国、印度和其他一些非欧洲国家在保持世界经济发展方面发挥了重要作用,这明确表明,协调西方与东方文明的建设性对话的重要性和必要性。

俄罗斯和俄国文化形成了文明的价值体系,我们深信,这个价值体系能成为对侵略性的、破坏性的全盘西化思想的建设性排斥,有助于世界和谐,为在俄罗斯和其他一些国家保持与繁荣多元文化文明创造条件。新欧亚主义正是这样的系统价值观,是当今俄罗斯和其他一些前苏联国家中正在形成的相当完整的价值体系。

我们不会把自己的观点和自己的行为方式强加于任何人,我们会开诚布公地就这一问题同俄罗斯、西方、东方文化代表开展积极对话。现在的会议是非常好的平台,可以坦诚、友好、真诚地就这些迫切的现实问题交换意见,支持建设性的跨文明对话。

俄国、前苏联和俄罗斯联邦各民族依靠自身痛苦的经验认识到文明与文化冲突带来的悲剧。近百年来俄罗斯在寻求应对挑战过程中和克服危机形势后,不止一次地面对最严峻的挑战。一些情况下我们国家表现得十分软弱,另一些情况下我们有机会寻找新的复兴途径,重新"聚集"自己的人民和自己的土地。为了克服这些致命的挑战,俄国各民族遭遇了巨大的、难以描述的人、物质及精神牺牲。

第一次世界大战时期及之后的十月革命和国内战争就是这种情况。1917年革命后诞生的苏联建立了一个全新的强国。20世纪40年代初法西斯德国向苏联人民发起了致命的危险性挑战。具有俄国人民英勇精神和自我牺牲品质的苏联人民,成为伟大卫国战争的胜利者,将人类从法西斯的魔爪中解救出来。同时,苏联消除了1904—1905年俄日战争失败的、有损尊严的历史影响和第一次世界大战后出现的局面。

接下来对苏联的挑战是1946年著名的丘吉尔铁幕演说。冷战开始,一直持续到苏联解体。参与冷战的有不同国家和势力。西方宣称自己是这场战争的"胜利者",同时向俄罗斯提出最后通牒式要求:要么听从"胜利者"的强权政治,成为他们听话的走狗,最多不过成为他们的一个"小伙伴",要么继续新的"冷战"和局部"热战"来进行内耗,进行"颜色革命",最后导致国家解体。

同俄罗斯斗争的主要思想家之一兹比格涅夫·布热津斯基以世界历史主体自居,在自己著作中详细论述了西方对俄罗斯的不满和要求,提出某种新的按他的观点,俄罗斯应当加以遵循的"文明行为"准则。他特别得意地描绘了新国家的行动方案、分布图甚至地图,按他的推测,统一的俄罗斯强国应当解体。苏联所处的欧亚地带,也就是俄罗斯现在的生存位置,布热津斯基现将其称为"对美国的一个主要的地缘政治战利品"。

苏联的解体,西方对俄罗斯尖锐的压力,对俄罗斯公开和厚颜无耻地干涉俄罗斯主权内政,在国内建立多分支的美国影响网络,直接的文化入侵导致了俄罗斯和她的人民对于国家和文明认同感的丧失。现在的俄罗斯面临着尖锐问题:"俄罗斯是什么?它的发展之路是怎样的?"

美国与俄罗斯的西方伙伴在不断将我们推向西化道路,实际上是将我们变成西方的原料供应国,用西方大众文化取代伟大的俄罗斯文化。

布热津斯基写道:"对于俄罗斯来说唯一的地缘战略选择就是欧洲,只有这种选择才能使俄罗斯在国际舞台上发挥现实作用,才有变革和使这个社会实现现代化的最大可能性。这不仅仅是单纯的欧洲,而是横跨大西洋包括欧盟和北约的整个欧洲。这样的欧洲仍然与美国保持密切联系"。布热津斯基称奥斯曼土耳其帝国作为可以效仿的模式,俄罗斯应当按照这样进行欧化。作为我们国家未来的预言者,他公然写道:"……俄罗斯一旦选择这条道路,除了最终遵循奥斯曼土耳其帝国的路线,别无他法,当它决定放弃自己沙皇的傲慢并走上……现代化、欧化与民主化道路"。不难看出,如果遵循布热津斯基先生的设想,在不远的将来等待俄罗斯的将是什么样的未来。

俄罗斯保持其历史上的统一、巩固多民族强国主权和领土完整的积极选择,这是对自身许多世纪历史的创造性思考,吸取教训,客观分析我们国家和文明发展的内外部利弊条件后选择的道路。这是认识、掌握和坚定不移地遵循俄罗斯的欧亚地缘政治现实及其经济、文化、文明的各个方面发展与振兴的前提条件,同时在全球化条件下与所有国家保持合作与协作的良好关系。

新欧亚主义原则应当成为俄罗斯长期战略发展、建设、外交政策学说的方法论体系及思想基础。这是保障安全,保持国家领土完整,巩固国际舞台上主权和威望的基石。正是欧亚主义原则,即平等,相互尊重,相互帮助,互利合作,共同发展,以发展俄罗斯各民族关系为对内政策基础的文化和谐,将有助于巩固俄罗斯各民族和文明的统一,这将成为俄罗斯巩固稳定、繁荣及增强对世界文化贡献的强大动力。不能不认同著名俄罗斯学者、新欧亚一体化理论家列·尼·古米廖夫的观点:"我可以秘密告诉您,如果俄罗斯可能被拯救,那么只能作为一个欧亚强国,只能通过欧亚主义来实现"。

20世纪20—30年代欧亚主义的创建者之一尼·萨·特鲁别茨科伊公爵关于欧亚主义的实质,作为居住于欧亚大陆各民族共同命运的反映,写道:"欧亚主义的兄弟关系并非因某一单方面特征,而是历史命运的选择。欧亚主义是地理、经济、历史上的整体。欧亚主义中各民族命运彼此相连,紧密联系为一个巨大的整体,已经不能分开。"

在国家外交与民间外交层面保持与远近国家的关系时遵循这些原则,有助于为俄罗斯创造有利的外部条件,这是不同于文明冲突说及"历史终结"说的,建构多极世界和开展各文明间建设性对话的典范。

这个问题也存在于俄罗斯亲西派、欧化支持者、斯拉夫派,以及俄罗斯国家本土派争议和政治对抗中。关于俄罗斯文化作为众多文化、民族世代历史经验的综合与结合的特点问题,他们以不同方式捍卫自己的观点。这里首先指的是独特的,俄罗斯、斯拉夫文化及受拜占庭影响的,同时与人文政治文化层面相关的基督教文化的结合与融合,及与来自乌戈尔—芬兰民族的、突厥人的、鞑靼—蒙古民族文化元素的结合,还有通过它们与部分中国和印度的物质、政治文化的融合。

在《俄罗斯面向亚洲》(莫斯科,1998)一书中,我不得不坚决地反驳俄罗斯自由西方论者的论点,他们一心埋葬俄罗斯,瓜分它的领土,否认俄罗斯文明的独特性,认为俄罗斯西化是不可避免的,是俄罗斯进入某个"世界文明"所必需的。他们声称"别无选择"。按他们的话,世界正面临文明冲突。我坚信有另一种可能。"俄罗斯的复兴将通过其公民、所有民族的自觉来完成。它将意味着巩固合作、相互理解和友谊,集中他们的努力来发展国家的经济、文化、教育、科学……另外还应当不断关注国家文化根基的培养,因为只有振作的民主的俄罗斯才不会成为西方可怜的盲从者、平庸的效仿者,而成为其他国家,抑或是欧洲或亚洲、非洲或美洲的值得尊敬的伙伴"。这些思想在一些书中得到继续阐述:《中国文明与改革》(莫斯科,1999),《合作带来安全——东亚视角》(莫斯科,2003),同俄罗斯科学院通讯院士伯·尼·库兹克合著的《中国—俄罗斯 2050:共同发展战略》(莫斯科,2006),以及《远东的地缘政治意义:俄罗斯、中国与亚洲其他国家》(莫斯科,2008)。

只能重申,我认为,无论俄罗斯作为一个国家整体,还是某一个地区的任何一个战略构想,都不能不考虑我们文明的欧亚主义的地缘政治属性,因此,无论是国家 2020 年以前经济与社会发展规划,还是地区长期发展纲要,都应该根据需要以新欧亚主义模式为基础。欧亚主义的观点作为欧洲中心说和全面西化的相反选择,不仅在俄罗斯作为统一多民族国家内部精神团结方面,而且在国际方面都会发挥积极的作用,因为它反对民族文化的趋同,作为多元文化的和谐与共存促进世界政治中心的稳定及世界文明的繁荣。

新欧亚主义的国际观

从与当代世界格局相关的世界趋势所产生的影响角度来看,欧亚主义具有重要的意识形态文明价值。希望从以下几个方面分析此问题。

1. 文明:面对"优势",冲突还是对话?众所周知,世界单极论与单个超级大国主导论拥护者的观点就是宣传西方与东方价值体系、西方与东方文明的冲突是自然不可避免的。持这种立场的理论家和鼓吹它们的政治家提出某种欧洲—大西洋文明好像不容争辩地占有全面优势的思想,该文明就是世界文明的近义词。这样,实质上,所谓意识形态"文明"的基础就是单极的以西方和美国为主导所构建的世界秩序。

东方一些重要地区的文明代表(俄罗斯、中国、印度、日本、突厥人、波斯人等)不赞同上述观点,且公正地认为,他们的文明才是享有充分权利的,是和几千年来形成的世界文明(包括欧洲—大西洋文明)一样不可分割的元素。

客气点说,西方关于西方文明还是其他文明具有"优越性"论题的争议,在突发全球性经济危机这个有力事实面前已经得到证明,今天中国和印度被公认为是摆脱这场危机的火车头与发动机。这种情况下,危机局势在明确表明亚洲与亚太地区国家在构建全球美好未来中发挥了作用,再一次证明进行东西方文明建设性对话具有的重要性和必然性。

正是在这种情况下,正如我们所想,不仅要理智地谈谈关于欧亚国家及其文明在建立公平世界秩序中的政治—经济贡献,而且要谈谈其在意识形态上的贡献。具体指在俄罗斯和前苏联一些国家(包括哈萨克斯坦)形成的新欧亚主义思想。

2. 俄罗斯联邦—新欧亚主义思想。坚持新欧亚主义思想的俄罗斯学者将该构想看成是文明的价值体系。我们确信,该体系只有在与其他文明,包括与东方文明的相互作用中,优胜劣汰,成为打破全面西化的意识形态的必然选择,促进世界和谐,为保护和繁荣多元文化与文明创造条件。

从该构想与当今具体政治进程的"联系"看,包括与俄罗斯的联系,俄罗斯新欧亚主义思想的拥护者对该构想的实质有如下看法。

随着苏联的解体,许多世纪里多次饱受巨大历史剧变的俄罗斯,面临新的严峻挑战。这种挑战虽然不是过于明显,但更多表现为与西方集团的政治侵略和贪婪政策相关,首先是美国。该政策的最终目的是彻底将俄罗斯置于世界事务的边缘地位,进而达到使其分崩离析的目的,以便获取对俄罗斯特有自然资源的无限制开采。可以回想美国最高决策集团中有影响力的布热津斯基的论断作为证据,他不仅要为俄罗斯制定某种"文明行为"准则,而且还要在地图上规划出新的国家,按他的构想,统一的俄罗斯强国应该解体。

在此背景下,俄罗斯新欧亚主义起源于作为一个多民族强国的保存历史统一性,加强主权和领土完整的自然选择——这是根据自身千百年历史教训,客观分析我国和我国文明内外发展的利弊条件所作出的理智抉择,是在理解、掌握、延续连续研究俄罗斯地理位置所得出的欧亚地缘政治现实并且因此衍生出来的帝国主义以及在判断经济、文化、文明崛起多方面发展方向的前提。这种情况下,一个最重要的因素和该基本思想的有机组成部分就是支持全球背景下的各国互利合作友好关系。

为了俄罗斯国内外的平安,根据新欧亚主义思想,必须始终不懈地遵循俄罗斯欧亚主义地缘政治的统一性,这不仅对俄罗斯的西方政策具有意义,而且对俄罗斯在东方、亚洲方面的政策也意义深远。顺便提一下,2010年1月俄罗斯联邦总理普京在《2025年前远东和贝加尔地区社会—经济发展战略》中就此现实问题发出给出了积极的响应。

新欧亚主义这完全不是倡导(像它的某些反对者坚信的那样)忽略对俄罗斯无疑十分重要的西方政策潮流。这里用奥尔扎斯·苏莱缅诺夫著名的格言:"歌颂草原,不贬低高山"来形容比较合适。如果用俄罗斯俗语,或许可用"不偏不倚"来表述:不是说依靠一方来伤害另一方;相反,欧亚主义哲学认为,一贯推动不是只朝着一个方向,而恰恰是俄罗斯的平衡、多潮流政策,在这个框架内无论是东方还是西方都有自身意义。必须遵循平衡、平等对待两个方面的原则。

3. 欧亚主义的国际意义。欧亚主义思想作为欧洲中心论及全面西化的必然否定,不仅在俄罗斯作为统一的多民族国家内部,而且在国际方面,都发挥着积极作用。因为它反对民族文化同一化,有助于保持多中心世界的稳定及作为多样文化和谐与融合的世界文明之繁荣。这里,顺便说一下,新欧洲主义不同于20世纪20—30年带有反西方取向的欧亚主义,其特点是以全面、开放、透明、友好的文明对话为己任。

欧亚主义的国际政治准则,与基于集体原则建立世界秩序有直接关系,体现为该思想将多中心说作为一个普遍的方法论原则,由该原则来确定各种文化的相互作用和互相补充,确定它们互相影响和互相学习的关系。欧亚主义现象实质上就是国际主义。它包含的不仅是欧亚文化所固有的特性。

哈萨克斯坦与俄罗斯一样,同时属于欧洲和亚洲国家,十分重视对欧亚主义思想的研究。值得单独强调的是:"努·阿·纳扎尔巴耶夫的欧亚主义学说:东西方对话",其主要内容是力争在全球化基础上最大限度地促进东西方融合的全球化世界进程。在俄罗斯和哈萨克斯坦发出了欧亚主义思想的共同声音,在对实际政策产生影响方面,显然取得了实际成效。建立白俄罗斯、哈萨克斯坦和俄罗斯的关税同盟,完全可以在实施欧亚一体化思想及平等合作的轨道上进行讨论,从这一意义上讲,这是在建立多中心世界秩序方面迈出了新一步。

4. 俄罗斯、哈萨克斯坦、中国:永久和平关系。在欧亚一体化为建立新的世界秩序所做的贡献背景下,还想谈谈欧亚大陆一些大国即俄罗斯、哈萨克斯坦及中国的外交合作政策。

在俄罗斯与中国关系方面,外交政策上的相互协作是两国战略伙伴体系的最重要因素。今天这种协作具有广泛多样的特点,依靠有效的机制,涉及最广泛的全球和地区问题。莫斯科与北京的国际合作具有稳固的条约法律基础,即2001年7月16日签署的条约相应条款,2005年6月1日和2008年5月23日发表的外交政策问题声明。这样的情况下,上述文件的主要目标都是围绕着建立公平的世界政治和经济秩序思想问题。中国与俄罗斯的出发点是,这一世界秩序应以多中心和集体式方法处理国际事务,不允许单方面强制,以和平解决冲突与争端为基础。只有在很多国际机构和组织(联合国、"G20"、金砖四国、俄印中合作机制、上合组织等)框架下相互协作,各方才能一致捍卫联合国的中心角色,坚持必须遵守全面的国际法准则,以相近观点解决裁军和反恐问题,积极维护各种形式的国际经济合作发展,包括应对世界金融经济危机造成的后果。2009年6月莫斯科峰会上梅德韦杰夫总统与胡锦涛主席特别强调两国伙伴关系在外交政策方面具有重要意义,这并非偶然。

外交政策的构成是俄罗斯与哈萨克斯坦战略伙伴关系的重要因素,用努·阿·纳扎尔巴耶夫总统的话说,该关系是"在整个后苏联空间双方合作的比较成功和比较有效的模式"。俄哈关系具有积极向前发展的特点。其特点是在各方面的广泛合作,包括国际领域。不妨再回想一下,梅德韦杰夫总统首次出访的国家就是哈萨克斯坦。当时高层定期举行会晤,2008—2009年平均一年会晤达10次。以1992年5月25日的双方条约和1998年7月6日永久友谊与结盟的联合宣言为基础,双方对外政策合作的议事工程包括独联体、欧亚经济共同体、上合组织的相关问题。在集体安全条约组织框架下保持密切交往,该组织在独联体和欧亚一体化空间从整体上发挥着重要的促进稳定的作用。特别是哈萨克斯坦2010年借助在欧安组织中的主席席位及时进行了为进一步巩固欧安组织而确定联合行动的俄哈磋商。有关哈萨克斯坦主席席位问题的计划在莫斯科得到了支持,这是集体安全条约组织成员国的共同立场。

正如2010年2月梅德韦杰夫与纳扎尔巴耶夫在莫斯科会晤中所强调的,双方希望继续就地区安全问题加强对话,包括阿富汗及其周围局势问题,共同努力对抗国际恐怖主义和宗教极端主义、跨国犯罪及毒品犯罪,保障亚洲中心地区安全与稳定。

与建立民主的全球及地区和平相关的国际问题,同样是中国与哈萨克斯坦的合作发展中的议题。该合作同样具有可靠的法律基础:2002年:12月23日两国签订了睦邻友好合作条约,2005年7月4日中哈建立与发展战略伙伴关系的联合宣言,2006年12月20日的中哈21世纪合作战略这些文件的重点是两国在主要国际问题方面的相互协作。许多国际事务问题在高层定期会晤中进行详细讨论。2009年4月努·阿·纳扎尔巴耶夫总统与胡锦涛主席在北京签署的中哈联合声明指出,"建立与发展中哈战略伙供关系有助于促进两国和整个地区的和平、稳定及发展"。2009年12月在阿斯塔纳哈中峰会上,努·阿·纳扎尔巴耶夫指出,哈萨克斯坦希望在上合组织、亚洲相互协作与信任措施会议和其他组织框架下加强与中国的双边合作。双方指出了其他多边合作形式的重要性和成效性,及时强调了联合国在这方面的作用,认为联合国在推进国际事务的民主方针中的作用不可估量。

中国与哈萨克斯坦双边协作的一贯主题是维护亚洲中心地区的和平与稳定问题。在全球金融经济危机背景下双方主张改革国际金融组织及采取其他措施,调整国际金融结构。

在俄罗斯、中国与哈萨克斯坦的外交合作框架内,其合作目标是建立与巩固国际政治中积极的民主原则,想再一次强调上合组织的作用。该组织作为加强各成员国互利合作及地区稳定与发展的重要因素,其中每一个国家都被看成是大家外交政策中的一个重要战略因素。上合组织是有效合作的一个平台,在这里无论俄罗斯、中国还是哈萨克斯坦,都在多边一体化形式中从自身立场出发保持紧密合作。我所指的是上述上合组织同其他地区机构和组织的伙伴协议,及由此产生的调整广泛欧亚主义空间"网络外交"中的重要作用,可以有理由地说,俄罗斯、中国和哈萨克斯坦在保障地区稳定和安全中作出了共同的贡献。

这样,俄罗斯、中国和哈萨克斯坦,作为欧亚主义空间中的大国,在保持密切战略伙伴关系的同时,包括在外交领域,对建立当代国际关系的民主原则,对推动巨大的欧亚大陆及亚太地区的多中心及平等的世界秩序,也作出了重要而显著的贡献。这些努力具有多种表现形式。包括积极参与各种区域性的一体化进程,在各种国际性平台坚持国际法准则和联合国的中心作用原则,不允许单边强制性政策。在这些努力中发挥重要作用的还有精神文明因素,即奉行欧亚主义与和谐世界思想,将其作为致力于对话与合作,抑或说致力于建立更完美世界的价值体系。

5. 欧亚大陆与亚太地区:在世界发展中的角色。近几十年里世界正经历着形成世界政治和经济结构的复杂过程。原有的"两极"体系已经成为过去,苏联的解体和俄罗斯及东欧国家发生的深刻变化,预示了新阶段——对抗世界格局基本趋势阶段的到来。事实上美国主导下确立的单极世界相当明显地暴露出其隐含的缺陷与矛盾。实际上与科索沃相关的巴尔干危机至今未能得到解决,随后入侵伊拉克,这都是很好的证明。绝非偶然,这一背景下世界开始由替代的方法加以巩固,那就是致力于以平等原则为基础建立多中心的世界,取代了单边强权政治,保障的不仅是"优选"国家的应有地位,还保障了国际社会其他成员应有地位。今天在多极论趋势轨道上一些有威望国家的政策推进了一系列重要的一体化进程,包括区域化。在这方面很大程度上一些权威性国际组织及合作机构的活动组织得相当多。

以上所述完全涉及的是欧亚大陆,这里我想做个明确说明。从严格的地理意义上讲,这块最大的大陆连接了从大西洋到太平洋和印度洋的80多个国家,在这种情况下,其主要对象是指欧亚大陆中心地区及南部地区,即被公认为是东西方之间的桥梁,以及包括属于东亚的一些亚太地区国家。

这些区域在世界上的经济和政治意义不断增强。也就是在这里坐落着亚洲国家中世界经济发展的领头羊,这其中首先包括中国,以及印度与东盟国家。APEC秘书处的数据可以提供足够的证据,2009年初世界经济总产值的近60%和全球贸易的44%都集中在亚太地区国家,这里东亚国家的分量明显在增加。其中中国占据着特殊地位。其2010年初国内总产值接近日本,预计在2011年取代日本排在全球经济第二。此外,2009年中国出口总体上超过德国,成为世界出口总量的领头羊。中国在不断增加黄金外汇储备量,到2010年初超过2.25万亿美元。一体化进程随着该地区各国的加入日益深化。例如,从2010年开始,中国与东盟国家之间建立了自由贸易区。

从政治进程角度看,现今在欧亚大陆出现了日益加强的"大欧亚三套马车"的相互作用,即俄罗斯、印度和中国,更广泛合作形式的"金砖四国"的出现,在很多方面应归功于它。在欧亚大陆的后苏联空间产生了一些新的年轻国家,并正在发展。这里,包括在中亚和邻近地区越来越能听到上合组织的声音,俄罗斯、中国、哈萨克斯坦及其他成员国的集体政治力量及观察员的力量不仅在地区范围内,而且在更广泛的全球范围内影响日益加强。

所有与在欧亚主义空间相关的事件与现象,包括世界和地区力量分配中发生的客观变化,新的日益增强的影响中心出现,都是形成多中心体系的世界格局和多方解决国际事务的客观特征和构成要素。

6. 欧亚大陆与亚太地区的一体化和安全机构。毋庸置疑,建立合理透明的多中心世界思想与保障持久安全的任务密不可分。对于欧亚大陆和亚太各地区,可能还记得,很久以前就开始出现以建立永久的地区稳定为目标的建设"全亚洲家园"的思想。早在1980年代下半期,莫斯科就曾积极主导在亚洲建立集体安全体系。

今天在单极世界真正解体及在亚洲、亚太地区关系体系结构逐渐形成的背景下,这些任务重新具有了现实意义,并且是在更广大的和更多样化的区域里,其中个别地区特殊性明显,解决这些地区任务伴随不少困难。

一方面,在亚洲和亚太地区,多极趋势出现,这里集中了经济和政治区域化进程的基本力量。除上述机构以外,在亚洲和亚太地区空间积极发挥作用的还有诸如 APEC 论坛、东盟框架下的伙伴机构,包括亚洲地区论坛、东盟"10+1"、东盟"10+3"、东盟"10+6"、东亚峰会、中日韩对话机制、南亚国家联盟、亚信峰会、亚洲合作对话等组织机构。

另一方面,正是在欧亚大陆和亚太区域空间可以清楚地认识到非传统的挑战和威胁,它们正与一些新的、旧的挑战与威胁交错在一起,而那些旧的挑战与威胁中存在着爆炸性地区冲突、领土争议的趋势。这就是恐怖主义和毒品交易,阿富汗和伊拉克战争,朝鲜和伊朗围绕核问题的紧张局面,中国与印度的领土争端,以及围绕中国南海的一系列争议。这一切与今天亚洲和亚太地区缺少本可以保障整个地区范围的和平与稳定的合理制度有关。

在俄罗斯,无论是官方层面还是广泛的专家层面,都认为现有的以保障地区安全为宗旨的双边军事联盟,比如美日同盟,都不能成为安全与合作构筑的必然选择。尽管考虑到各方利益的复杂性,必须寻找一些全面的办法。就像俄罗斯领导层所说的,以这些方法为基础可以制定有关地区安全体系的基本原则意向:平等原则,拒绝将国家分为"领导和附属",明确与严格遵守国际法的一切准则。这些基本方法应该包括各个层面的安全水平——从政策与国防问题到经济问题。军事政治方面应该遵守安全不可分割原则,拒绝牺牲邻国安全以巩固自身安全的企图,军事建设合理充足原则,坚持地区内国家非进攻性军事思想,军事领域加强信任措施,协调双边和多边军事合作,不针对第三方等等。

从亚洲安全机制的共同立场来看,莫斯科认为,对具有如此复杂对立与问题的地区来说需要多元、多层次的安全与发展体系。不要幻想一旦建立完善,而又完全有效的机制能马上解决,这需要很长的时间。因此,建议分阶段进行,依靠不结盟的多边组织和机构(上述提到的一些),这可以解决很多方面类似的问题。在这种情况下,要达到最终目标需要通过在区域内建立国际性区域组织的合作网络方法才能实现。

这种网状外交方法能够而且应该通过完善在欧亚大陆和亚太地区次区域里的安全结构而得到补充。能够成为一些支撑环节,而遵循这些环节可以发挥各种力量,并且在这种条件下为上合组织、南非集体安全条约组织、南亚区域联盟、东盟区域论坛和东南亚组织服务。在东北亚地区推进这种机制具有特殊意义,该地区很大程度上缺少安全。这里的前景可能是继续努力在东北亚地区建立和平与安全机制,以该机制为基础开展朝鲜半岛核问题六方会谈的相应工作。在亚太地区的广泛空间巩固区域稳定的制度及其他措施，同样在推动建立公正、永久及平等世界秩序的诸多因素中占有重要地位。

俄罗斯外交政策新构想的几个方面

在新版本的"构想"中十分重视发展同亚洲国家的联系。2000年文件中的亚洲部分将俄罗斯于发展中的亚太地区的直接归属性与提升西伯利亚和远东地区经济的必要性联系在了一起。这里强调，"重点将是使俄罗斯积极参与亚太地区主要的一体化机构，即APEC论坛"，东盟的安全问题区域论坛，积极参与"上合组织"（俄罗斯、中国、哈萨克斯坦、吉尔吉斯斯坦、塔吉克斯坦、乌兹别克斯坦）。这种情况下强调的是：重点在亚太地区角色的多维性特点和不断增长特点的作用。

2008年的文件中保留了原有的基本思想，但同时在东方方面特别强调加强上合组织的地位，推进它在亚太地区建立所有一体化机构间网状伙伴关系的倡议。新内容表现在：(1)强调亚太地区的意义及俄罗斯与东南亚国家伙伴机制的意义；(2)扩展安全议题；(3)未提到俄罗斯在上合组织中的积极作用，而同时强调了该组织的作用。保留了基本内容，但进行了一些只具有非实质性特征的修改，同时也有一些新观点被引进其他章节，是直接涉及亚太地区一些国家的。

在与美国的关系部分，它重点强调必须"与美国奠定坚实的经济合作基础，基于实用主义和利益均衡原则确保共同制定调节分歧的规则，这将有助于保障俄美关系更加稳定及具有可预测性"。实用主义、经济合作及利益均等议题有一定进展。两国的相互协作尽管被认为是改善世界局势的必要条件，但同时很清楚，华盛顿没有完全遵守国际法准则，破坏了这条件。俄罗斯公开声明，美国随意地破坏自己的义务。

至于日本，俄罗斯与之前一样，主张"同日本发展以两国人民利益为重的睦邻友好及创造性伙伴关系。此前遗留的一些问题将以共同接受的方式继续加以解决，这些问题不应当成为发展道路上的障碍"。和平谈判解决边界问题（参见《北方领土》）在新观点中有所体现，并成为两国关系的共同问题，解决该问题不能不考虑国家的民族利益，尤其是人民的利益。这一长期的困难一直没有确定。

它明显重点强调了俄罗斯同中国和印度发展友好关系的意义。取代此前的"重要发展方向之一"的提法，提出："发展同中国和印度友好关系外交政策的最重要方向。俄罗斯将在各领域加强俄中战略伙伴关系，以对国际政治关键问题的原则立场相一致为基础，这是区域和全球稳定的基本构成要素之一。双方关系领域的主要任务是，在高层政治关系保持一致的条件下进行保质保量的经济交往"。很明显，俄罗斯与中国开展经济合作的议题同以往一样被当成首要任务。整体上俄中合作被定性为战略伙伴关系。

朝鲜半岛上两个国家的关系及朝鲜因素整体上同协调亚洲区域问题是息息相关的，这里特别需要指出以下方面。

亚洲局势总体健康对俄罗斯具有原则性意义，这里存在紧张与冲突的隐患，大规模杀伤性武器扩散的危险在增加。俄罗斯将积极参与寻求政治上解决朝鲜半岛核问题的途径，同朝鲜和韩国保持建设性关系，支持平壤与首尔进行对话，巩固东北亚安全。

2008年的文件中特别声明我国关于建立与支持多极世界秩序的方针。清楚地作为自信的"主权民主"国家发声，而并非是西方"小伙伴"。

作为联合国安理会常任理事国，"G8"及一系列其他有影响力的国际性和区域性组织、国家间对话与合作机制的参与国，在所有事务领域都拥有相当的潜能和资源，俄罗斯正积极发展同世界主要国家和所有区域联盟的关系，逐渐实现与世界经济和政治的一体化，为建立国际关系新格局产生实质性影响。

西方对自己丧失决定全球化进程性质垄断权的前景有自己的表现，众所周知，在"遏制"俄罗斯政策的惯性中，包括企图有针对性地选择历史，首先是对第二次世界大战历史和战后历史时期。"构想"中提出一个思想，即单方行动战略破坏国际局势稳定，挑起紧张局势和军备竞赛，加深国家间矛盾，引发民族和宗教仇视，对其他国家的安全构成威胁，导致各文明间关系不断紧张。无视联合国及其安理会宪章而采用强制性措施动用武装力量，不能消除深刻的社会经济、各民族间及其他冲突基础上的所有矛盾，这将动摇国际法基础，并导致冲突范围在扩大，包括对俄罗斯地缘政治环境产生直接影响。

总体上可以说，对东方的作用和同我们远东邻国关系意义的共识在俄罗斯在增强。然而应该承认，普京关于俄罗斯政策的欧亚主义性质与欧洲—大西洋和亚太潮流地缘政治意义的声明,暂时还"溶解"在"多取向"的概念中。这里有几个原因可以解释。第一,鉴于世界秩序变化的新趋势,俄罗斯奉行平等取向政策。第二,俄罗斯在新条件下新地位的确立要求清晰界定,如果可以这样说的话,多元化"伙伴"与"盟友"两个概念,那么在此框架下我们俄罗斯国家尝试摆脱在叶利钦—科济列夫时代被强行接受的西方价值取向和西方社会舆论。第三,涉及经济利益,希望"延伸管道",既通向西方,也通向东方。

2008年8月在高加索被非正式称为"五日战争"的事件是对"新构想"新方针的检验及正确性的证明。正如俄联邦总统梅德韦杰夫的声明的那样,"以往的安全保障方法都暴露了自身弱点"。他指出,单极论原则及任何一个国家在国际舞台上占主导的原则都是不能被接受的。"甚至一些像美国这样的大国也无权为整个国际社会确定游戏规则,为此有专门的一些机构,像联合国和一些区域性组织,理应由他们作出自己的贡献。"梅德韦杰夫强调说。他认为,"国际安全体系效率受到了冲击,依靠强加的决策,依靠一个国家的提案来解决出现的危机的想法,是片面的、单极性的。"

这样,如果此前的俄罗斯外交政策"构想"是多极性的,但实际上却又奉行欧洲取向的外交政策,那么就是今天的多元性事实问题。

俄罗斯领导层表示,他们完全可以按新规则来参加游戏,拒绝双重性标准政策,拒绝"当今世界强国"任意广泛动用武力(在南斯拉夫、伊拉克等)的权利。

当然,与这种反应直接相关的是广泛夸大的"俄罗斯帝国的自大"议题。西方记者非常喜欢这个词。尽管经过比较充分地分析俄罗斯的外交政策,可以明确,这里指的并非是复兴帝国,而是力求实现伟大主权国家外交政策的自主思想,这个国家在很多世纪以来不比其他国家和民族对世界文明发展作出的贡献少,而在新时期对维护全球稳定与和平同样作出了巨大贡献。近邻自然是我们国家基本外交政策的优先方面。

力求恢复自己的国际地位,划定自己的责任范围,并不是政治强权。同美国、中国和其他主权国家一样,俄罗斯也在沿边界建立有利于它的"周边环境"。首先,这是在世界秩序正变为多极化框架内划定它的责任范围;其次,发挥特有的缓冲器作用;再次,促进俄罗斯发展,解决自身内部问题,保护国民权利和他们的安全。

俄罗斯新外交政策构想给莫斯科与北京关系的发展增添了额外推动力。俄中关系有望进一步提升。我们两国在富有成效地开展合作，共同解决很多与新多极世界秩序建立相关的问题，以及保护传统民族价值体系受"全人类"扩张侵害的问题。其中正是由于俄中合作，我们将得以抑制核危机扩散。还有许多问题，但无疑，中国将是我们的友邻和战略伙伴，与中国的合作将得到加强。我们合作的方针是保持平等伙伴关系，全面开展政治、经济、文化交往，深化相互理解。

（帅俊 译，荆宗杰 校）

合作带来安全——东亚视角*

自从作为未来俄罗斯帝国集团的中心——强大的莫斯科公国建立之后,东部就一直在这个年轻国度的政治生活中占据着重要地位。无独有偶,伊凡雷帝也选择了拜占庭的双头鹰作为徽章象征自己的统治,双头鹰的一个头面向西方,另一个则面向东方。俄罗斯通过复杂而又曲折的道路向西伯利亚、远东、中亚、高加索地区前进,这一过程持续了几个世纪。

俄罗斯幅员辽阔,以自己独有的方式横跨欧亚大陆,其地理位置处于几大世界文明的交界处,人们不能不为生活在这个地区的人民单独划分出一个具有他们自己特点的文化和心智区域,这里的人民,成为了日后新国家成立的中流砥柱。这种地缘政治上的位置使得俄罗斯文化和俄罗斯族文化变得更加开放且易受外部的影响,这常常让俄罗斯族文化的自我认同变得复杂困难起来。由于俄罗斯的政治和经济中心不管是过去还是现在都是一直位于其国家的欧洲部分,当权的上层社会群体自我意识的形成常常受到西欧文化的强力影响,从而使得植根于古罗斯和图兰的文化因素不再占据首位。但是,透过俄罗斯几个世纪的历史我们可以发现,她在欧洲和欧洲文化中地位的提升并

---

* 本篇选自:М. Л. 季塔连科,《俄罗斯:合作带来安全——东亚视角》,莫斯科,2003 年。(ТитаренкоМ. Л. Россия: безопасностьчерезсотрудничество. Восточно-азиатский вектор. -М.: Памятники исторической мысли, 2003. —405 с.)

不是因为她对西欧文化的依附和效仿，而是缘于其俄罗斯族文化和俄罗斯文化中欧亚成分互相承认和认同的加强，以及俄罗斯在地缘政治上对亚洲部分的更加重视。

自从8世纪初彼得一世打开了通往欧洲的窗口，巩固了在波罗的海沿岸的统治之后，在俄罗斯社会对于俄罗斯及其自身文化之间的认同问题的讨论便开始变得热烈起来。19世纪末围绕这一问题展开的在意识形态和政治上的斗争曾使得俄罗斯精神领域划分为斯拉夫派和西方派。

在俄罗斯1917年十月革命前后，在被排挤在国家之外的上层社会群体中掀起了对于新的自我认同问题的讨论，并最终形成了对于俄罗斯文化中欧亚部分的同一性观念。

在苏联时期俄罗斯政治精英们文化的自我认同具有双重性，因为共产主义中有关无产阶级国际主义的观点否定了，至少严重地削弱了俄罗斯的爱国主义思想。

在伟大卫国战争期间，斯大林实际上提出了无产阶级共产主义要为爱国主义思想和拯救祖国服务的思想。有关俄罗斯民族历史上英雄人物的文章再次涌现，在军旗上出现了印有涅夫斯基、库图佐夫和苏沃洛夫等大将的勋章。一时间许多的爱国主义民族传统纷纷复现。

但是战后在俄罗斯精英群体中崇尚西欧文化的趋势则逐渐占据了上风，这导致了对俄罗斯同一性和对祖国归属感和认同感的削弱和破坏。在这种背景下有关俄罗斯文化落后性、二流性和全部俄罗斯历史模仿性的负面观点便出现了。过去有关将俄罗斯纳入世界文明体系的必要性观点的提出，恰恰印证了俄罗斯文化和历史具有模仿性的思想。这种面对民族历史的立场成为了推动文化衰退以及随后的苏联解体的众多原因之一，因为俄罗斯民族文化和俄罗斯人民已经不再是国家体制建立的支柱，他们的热情也已经降至冰点。

待苏联解体、享有主权的俄罗斯联邦成立之后，文化和民族的同一性问题则在俄罗斯人民、特别是那些俄罗斯传统民族的生活中得到了更多的关注。俄罗斯文化中欧洲成分所起到的作用在公共意见中可以很清楚地看到。随着中国、日本、印度以及东南亚国家联盟中各个国家经济的飞速发展以及亚太地区在国际事务中影响力的提升，对于俄罗斯，这个三分之二的自然资源位于其亚洲部分的国家而言，正确定位其亚洲部分在国家建设和外交政治中的作用从未像现在这样变得异常迫切和重要。

20世纪90年代中后期普京执政之后,在俄罗斯联邦外交政治中形成了对欧美部分和亚太部分的一视同仁,但这并不意味着俄罗斯在亚洲部分的自我价值作用得到认同和承认。在俄罗斯的大众媒体中依然叫嚣着将俄罗斯定位于西方的观点,而忽视其地缘政治和文明的现实性问题。

　　俄罗斯上层社会精英中西方派和斯拉夫派的割裂对我们国家的内政和外交事务造成了消极的影响。在内政方面,其消极影响表现为俄罗斯欧洲部分和亚洲部分在经济和社会文化层面的割裂,文化同一性上含混不清,以及在民族关系问题、俄罗斯人民热情下降等方面所产生的严重问题。在外交层面,这种割裂则导致了俄罗斯国际地位的下降和削弱。一个很明显的事实就是,俄罗斯作为一个在欧洲和亚洲都是超级大国的国家,却不参加欧洲和亚洲国家举行的对话,这完全是因为其超级大国的地位没有得到国际社会的认可。

　　从20世纪70年代开始笔者就在自己的书中试图向大家阐述,俄罗斯国际活动中涉及亚太地区的方面对其自身而言拥有战略性的迫切意义,甚至要超过保持其在欧洲大西洋地区积极性的意义。俄罗斯国际政治中欧洲路线和亚洲路线的同价性是实现俄罗斯稳定和提高其国际影响力的基础。俄罗斯具有独特的欧亚位置,所以在俄罗斯对外关系方面,不管是其与欧洲大西洋地区的关系还是与亚洲太平洋地区的关系上,应该占据适当的位置。在笔者看来,只有按照这种立场才能最大化的利用和实现俄罗斯在地缘政治中的位置优势,并在全球化的条件下有效发展国际合作,从而促进俄罗斯联邦东部地区(东西伯利亚、远东和北方地区)的社会和经济发展。同时这还可以在最大程度上促进俄罗斯以一个强大统一的经济主体的形式,而不是一个单独区域的形式,实现与世界经济的一体化。

　　笔者主要是研究在东亚地区跨文化国际关系中的主要问题,试图揭开在全球化进程加快和多极化发展的条件下俄罗斯在世界和东亚地区的作用。书中继承并发展了笔者曾在《俄罗斯和东亚》和《中国文明与改革》两本书中的思想。在《俄罗斯面向亚洲》这一本书中得到发展和论证的新欧亚主义思想是本书研究的理论基础。

　　本次,笔者将尝试从地区视角揭示国际局势的发展,首先是全球化在地区的进程特点,跨文化的因素在国际关系中的作用,同时也会分析俄罗斯联邦与其东亚邻国(中国、日本、韩国、朝鲜、印度、越南以及东南亚国家联盟的成员国)之间的双边关系或多边关系的特点。

在 2000 年和 2002 年的贝加尔湖大会以及多次的国际会议中,笔者一直在强调俄罗斯亚洲政策的重要性,一方面来说,它是国际稳定的因素,另一方面,它是西伯利亚和远东地区崛起计划中不可或缺的战略性因素。如果俄罗斯不能跟远东的邻国全面合作(这也包括美国),那么我国在近期就没有办法在克服西伯利亚和远东地区的社会经济发展困难方面取得根本性的转折。这就意味着我国的地缘政治地位将会进一步削弱,同时也可能会导致作为超级大国的俄罗斯外交地位的逐渐丧失。

最近一两年发生在俄罗斯、美国,以及欧洲和亚洲其他国家的大规模的恐怖行动表明,国际恐怖主义已经转变成对诸多国家人民和平、稳定与发展的新的严峻挑战。在这种状况下需要各方努力协调一致。制定面对安全问题时的新立场,以及在共同合作和共同发展的基础上规划安全保障策略将显得尤为重要。在由俄罗斯同中国、越南和印度发起并签订的共同声明和宣言当中,建立在合作基础上的安全思想占据着重要的位置,随后,美国和北大西洋公约组织中的其他成员国也参与到这些声明和宣言当中。在这方面一个很好的印证便是在 2002 年中国共产党第十六次代表大会上江泽民的发言,他说"中国……支持建立新的公平合理的国际政治经济新秩序",并认为以下原则是其建立的基础:"在政治上所有的国家互相尊重、互相学习,不可将自己的意志强加于别国;经济方面互相促进、共同发展,保证贫富差距不要太大;文化上互相学习、共同繁荣,不排挤他国文化;在安全关系上,互相信任、共同维护,达成新的共识:互信、互利、平等、合作,以对话和合作的方式解决争端而不应诉诸武力或以武力相威胁。我们坚决反对任何形式的霸权主义和强权政治……"

本文所阐明的一些观点、思想和立场是笔者近十年在俄罗斯科学院远东研究所科研成果的汇集,其中一些观点是由笔者提出的,也有的是在苏联科学院远东研究所学术委员会讨论过程中得出的结论,还有的是在学院组织的不同的学术会议上得出的,这其中包括同来自俄罗斯科学院远东研究所的学者举行的会议,以及同中国、美国、印度、日本、越南、韩国和德国等国家的同仁举行的会议。在此我有必要向学院的同仁们表示感谢,他们在精神和思想上给了我莫大的支持和帮助,他们提出的宝贵建议和意见帮助笔者更加清楚、仔细地去论证自己在有关俄罗斯发展战略及其同亚洲和亚太地区其他国家合作方面的观点。笔者还要对以下人士表示特别感谢:历史学博士 Б. Т. 库力克、经济学博士 В. И. 沙巴林以及经济学博士 В. В. 米赫耶夫教授、历史学副博士 В. П. 特卡琴科、历史学博士 А. В. 拉马诺夫、历史学副博士 В. Н. 帕夫连琴科、经济学博士 А. В. 奥斯特洛夫斯基、经济学博士 И. Н. 瑙莫夫、历史学副博士 О. В. 巴洽金娜,他们友善的建议和批评性的意见对于本书的付梓出版大有帮助。

借此机会,还要向俄罗斯科学院远东研究所科学出版社的高级研究员 М. В. 杰姆琴科和 Н. И. 马洛斯表示感谢,还要感谢我一直以来的助手 Н. И. 卡鲁史克对本书在技术上的帮助!

(赵鹏飞 译,刘宏 校)

俄罗斯地缘政治中的欧亚成分[*]

全球化与东西方文明模式的碰撞

全球化所触动的不仅仅是经济层面,而且还有世界各国的跨文化交流。全人类的文明价值观正在形成,也可以说正在形成全球化的文明。

全球化的文明是人类、社会和自然之间相互关系的综合性全球性经验,是跨国家、跨文明、跨文化以及跨种族之间的相互联系、相互合作、相互影响和相互作用的基础。

智力圈是人类自古以来智力的积累,也是全球化的文明。所有人都可以也应该对这个经验的宝库,生命、力量和灵性的起点以及历史的泉源充满敬畏之情。

全球化的文明囊括了人类所有文化和文明的共性,并创造出一个相互交流、相互影响和相互汲取的空间。一个强大的文明模式会从政治和经济上对其他的文明产生深刻的影响,但是却不能替换和取代他们。一个民族只有保持自己文明和文化的特性才能生存,丧失独特性会导致一个民族的灭亡,同时也会对

---

[*] 本篇选自:М. Л. 季塔连科,《俄罗斯:合作带来安全——东亚视角》,莫斯科,2003 年。(ТитаренкоМ. Л. Россия: безопасностьчерезсотрудничество. Восточно-азиатский вектор. -М.:Памятники исторической мысли, 2003. —405 с.)

世界文明多样性产生影响,并会导致智力圈的断层,也就是说,会导致人类文明向某种无序和无组织性方向发展。

富有生机的文明是地方性的、区域性的、甚至是特殊的,它形成于一个民族或几个同源民族的基础上,同时经受着相邻民族及其文化的影响。这包括他们的哲学、价值观体系和生活经验。从科学角度讲,那些将全球化完全等同于西方化的看法是错误的,甚至是有害的。

按照传统观点全球有两种文明模式:东方文明和西方文明。

现代的西方文明由于殖民占领和世界市场的形成具有跨民族的,跨国家的,甚至是跨大陆的特征。殖民体系、工业和科学技术的变革使西方文明成为正在形成中的全球化文明的中心。

西方文明自形成之日起最显著的一个特征就是以纯实用性、技术性和人类中心的观点看待人类、社会与自然之间的相互关系。人,确地说是个体,是自然的统治者,是文化的重要主体。

西方文明首先指的是西欧和北美的罗马基督教和新教文明。正如上面所指出的那样,它带有跨国的特征。近几年在西欧和北美的部分地区出现了特定的文化价值观的划分。在这种超文明的框架下出现了一种矛盾的趋向——在政治军事领域呈现向心力,在社会文化领域出现离心倾向。

与现代西方文明不同的是,除伊斯兰文明以外的当代东方文明,他们以自己的主体民族为基础,形成于特定的国家体制(中国、印度、日本、韩国等)中。他们赋予人类、社会和自然以崇高的价值,认为人是社会和自然的主体,社会与自然是统一的。人的主体性和个体意志是不可否认的,但是个人利益必须与集体、社会和国家的利益相结合,并且共同利益高于个人利益。

中国、印度和日本都属于地区性的东方文明。他们的许多文明特征也为俄罗斯和伊斯兰两种欧亚文明所共有。我认为,一些学者看待欧亚主义概念时非常狭隘,认为这是俄罗斯文明所独有的。然而,历史比较分析表明:伊斯兰文化从某种程度上带有欧亚主义的特点,特别是它吸收了突厥民族的文化,这些突厥民族居住在俄罗斯以及与其接壤的周边国家,土耳其就是其中一个典型的例子。无独有偶,在俄罗斯境内的共和国,如鞑靼斯坦、巴什科尔托斯坦,以及独联体中的一些国家——如哈萨克斯坦、吉尔吉斯斯坦,还有土耳其,他们都在对文明中的欧亚主义问题进行广泛而深刻的研究。

吉卜林关于东西方差异的论述是深刻的,仅仅拿其诗歌的一小段来看可以发现,东西方的相互对抗是无疑的,但是在吉卜林看来,这种对抗不是绝对的,因为在当时,东方人和西方人还没有互相照面,更没有进行任何的交流,也就不能达成相互的理解。

"噢,东是东,西是西,两者永不相遇
除非天与地站在上帝的大审判席之前
但有两个强人
当两人面对面站着
既无所谓东西方地域之分,也无所谓种族出身之分
尽管他们来自世界的两极"

这一时刻已经到来了,要么选择文明之间的战争,战争已经在某些地方发生了,如俄罗斯。要么选择文明间的对话。但最根本的问题也随之而来:对话应该在何种基础上进行,或者这些对话是否带有公平和公正的特征?文明间对话所采用的方式和对话所具有的特征与全球化和正在形成的国际新秩序有着直接的联系。

随着苏联解体两极格局瓦解,然而,世界秩序并没有按照人们的意愿朝新的方向发展,而是呈现某种形式的倒退,倒退到了旧的殖民主义时代。美国主导的全球化使国际秩序呈现出一种明显的强权政治和意识形态的扩张。

早在20世纪20年代,古典欧亚主义者就已经指出了欧亚主义作为一种社会文化现象所具有的特征:

——不同文化和民族之间的对话和交流是建立在多元和谐、团结一致、共同生存、互相学习与合作的基础上。

——世界观的共通,这是由于他们相互关系中的最高价值观的一致,即民族、人与自然之间的友好合作与和谐共存,这也是他们的文化相互拉近和交流的基础。

俄国历史上有过民族压迫、歧视和政治镇压,但任何一个民族都没有从俄罗斯土地上消失,相反,这些民族都得到了充分的发展并融入当代世界文明。这些民族不仅保持了自己独特性,还发展了自己的文化,并在俄罗斯人民的帮助下登上世界民族大舞台。这样的例子不胜枚举,比如哈萨克、吉尔吉斯,以及北高加索、西伯利亚、远东和北方的许多民族。

全球化为西方国家创造了一系列的经济、军事政治和社会文化优势。世界被划分两个区域：发达的北方以及落后的东方和南方。这样的划分加剧南北方之间存在的社会经济和文化差异。发达国家凭借先进的技术优势抢占消费市场，和欠发达国家的自然资源，与此同时，实行文明的统一化，大肆推行美国价值观，危害其他国家的民族认同。

在加拿大、美国、德国、意大利、西班牙、捷克、瑞士和一些其他的发展达国家，知识分子和青年进行了大规模的游行，这恰好说明他们推行的美式文明一体化政策遭到了西欧文化阶层的反对，而不仅仅是在亚洲和拉丁美洲。

谈到那些独具东方文明模式的国家，他们的情况的也不尽相同，这取决于这些东方国家的社会经济发展状况和过去推行西方化的程度。日本的全球化进程带有自身的矛盾性，虽然日本所取得的经济成就是有目共睹的，但是他仍在试图融合一些不能融合的东西：保持自己的民族传统的同时又压缩日语的使用范围，并讨论将英语作为国民的第二语言。

中国、朝鲜和越南属于儒家文化图（日本的部分包括在内），但是中国首先探索出一条如何与其他文明和文化共处的理论，这一理论将民族文化划分成物质领域和精神领域。

所谓国家的精神领域指的是民族文化的精髓之处。它的传统、历史、道德体系、审美观是神圣的民族遗产。这些遗产的变化相当缓慢且有选择性，它们经过层层积淀，代代相传，深受生活方式转变，社会发展以及文化自我丰富的影响。任何外来文化所产生的影响都是经过筛选和改造的，并且会与本民族的根基和传统相结合。一切外来的东西都要经过仔细挑选——"化西"，即根植于民族土壤的中国化、日本化、朝鲜化或越南化。一个民族的精神价值被认为是该民族最大的财富。因此，不用担心成为西方的附庸，即使西方倾向于认为中国人、朝鲜人、越南人和日本人是落后保守的民族。

另一方面则是文化的物质层面。在物质领域，这些国家鼓励从西方引进科学和技术成果，但存在不注重知识产权的问题。

在明治维新之后，在日本兴起了向西方学习的热潮（一些头脑发热者呼吁日本脱亚入欧，并要抖落日本人脚上的亚洲灰尘，但是这些人的狂热最终受到了一些将领的劝阻）。当时最受日本工程师青睐的是英国和德国的车床和机器。举一个典型的例子：一次他们从德国获得了车床的样本，其中的一个操作手柄上恰好被木片覆盖着，而日本根据这个样本生产的车床上，也在其操纵手柄上绑上了不必要的木片，并且也用了同样的木头，甚至还有铁丝网缠绕其上。这种对技术性的"复制"即便在今天的日本也还在某种程度上存在着。或许正是出于对先进科学技术的渴求才使得日本将英语作为第二语言来使用。在中国、越南和朝鲜，不论在中学还是大学都要求学习英语，在担任于国家公职时也要求掌握英语。

与此同时，中国和其他亚洲国家都制定了维护民族文化独特性的战略以应对全面的西方化。在印度，西方化早在殖民时期就已经开始了，而且看起来是比较深刻的，但是涉及的仅仅是地方贵族以及与之联系较密切的自由职业者。印度的西方化之路在广大的社会阶层中遭遇到了阻力，激起了群众的民族主义和怀旧情绪，出现了向民族文化回归的趋势。

所谓的伊朗沙王综合症，指的就是伊朗的礼萨·巴列维推行的沙王政治，旨在将伊朗的社会全盘西方化，将伊朗的伊斯兰文化排挤出去，最终被霍梅尼所领导的伊斯兰革命推翻。

文化领域的全球化应该将保持文化特性与发展文化多样性统一起来，发展信息社会与经济知识社会的方案不应与全球化与区域化产生对抗，同样，推行文化霸权主义的西方文明模式也不应与崇尚保持独立性的地区文明发生对抗。西方试图颠覆欧亚主义的观念，使俄罗斯文化西方化，最终使俄罗斯遵循西方的文明模式发展。

那么俄罗斯的出路在哪里呢？

其出路在加强和巩固俄罗斯民族和俄罗斯文化中的欧亚主义原则，在联合国倡导的原则下与其他文明开展平等交流与对话，制定保护民族文化生态学的法律，用以抵抗文化入侵，捍卫民族文化的独特性。

同时，还要仿效法国、日本和中国，出台一系列捍卫俄语、俄罗斯文学、戏剧、电影和新闻的法律和严格措施。所有这一切都应该具有俄罗斯特色。

关于21世纪俄罗斯发展策略与道路的几点思考

在20世纪最后的十年中俄罗斯经历了巨大的政治、经济和思想上的危机。无关痛痒的小缝小补和对已过时的旧的教条、思想和口号的改头换面，以及盲目的照搬西方经验以期获得如欧洲和北美模式中所具有的惬意和稳定,这一切都不是摆脱困境的最终出路。如果按照欧美的模式发展,我们注定要处在追赶的状态,因为在后工业时代(有时候也叫做信息时代)社会发展的速度如此之快,而且在世纪之交俄罗斯和西欧(包括美国)发展的起点也存在巨大差距。这种情况的结果将是,到21世纪中叶甚至是21世纪末,俄罗斯想要提高人民和生活水平并进入经济发达国家的行列是不可能实现的。

这就意味着我们必须要开辟一条新的道路,这一新的发展模式不仅可以清楚地指明我们想建设什么样的国家以及俄罗斯将会在21世纪的世界中占据什么位置、扮演什么角色,同时这一模式还要被我们这个多民族的国家的大部分人所理解接受。人民对于现存制度及其政权的信任已经消失殆尽,若想团结一切力量去建设国家强有力的物质和精神财富,重建这种信任显然是当务之急。

俄罗斯的复兴要通过恢复所有俄罗斯居民和人民的民族自我认知来实现,俄罗斯的复兴需要建立在意识到国家欧亚地缘政治位置的基础之上,同时还要意识到属于这一地缘政治位置的文明特点,这些特点都在新欧亚主义思想中找到了理论依据。需要自觉地认识到,俄罗斯的发展不仅仅只有欧洲部分(作为欧洲大陆的组成部分,俄罗斯分别与十个东欧、西欧和中欧国家接壤并合作,汲取他们国家的发展经验),同时还存在着强劲的亚洲部分。由于苏联解体,当今的俄罗斯已经变得更加具有亚洲国家特点,这种特点比在1917年之前的俄罗斯帝国和苏联时期要明显得多。承认亚洲成分在国家发展中的重要地位,对于俄罗斯的内外政治和日常生活的方方面面具有重要意义。在近一百年的发展历程中,正是俄罗斯这种欧亚地缘政治位置练就了俄罗斯人民独特的精神气质,这种双重性质的位置特点反应在其文化、经济和国家关系等诸多方面。在保持同欧洲和北美文化圈高效合作的基础上,展开与土耳其—伊朗文明、中国文明、印度文明、阿拉伯文明和日本文明的建设性对话,对于俄罗斯来说是一条发展的必经之路。反之亦然:不管是东方文明还是西方文明都需要俄罗斯的欧亚主义思想积极发挥作用,促进文明间关系健康稳定发展。俄罗斯文明很早就与欧亚大陆范围内的其他几大文明直接发生联系并相互作用。俄罗斯是世界上独一无二的国家。俄罗斯文明不仅代表一个民族的文明,也代表了生活在俄罗斯境内的许多其他民族和文明。

俄罗斯文明具有欧亚主义特征。欧亚主义是东西方文明开展对话、融合与和谐共处的开放性原则,是避免文明间冲突和促进文明间建设性对话与互补性合作的重要因素。

在信息全球化的背景下,当今的俄罗斯在欧亚文明之间已经不仅仅起到桥梁作用。在经济和科学技术层面它可以也应该成为一个为东西方各国商贸、工业和科学合作带来便利的跨大陆的纽带。

还有一个方面在俄罗斯加强欧亚性方面至关重要。那就是俄罗斯文化中沉淀百年的聚合性(也译为团契精神,同心同德)传统,具体来说就是集体间的互帮互助,权利平等、互相负责,具有高尚的精神和同情心,这些因素在制定21世纪新的跨文化关系的准则方面可以做出巨大的贡献。

现今俄罗斯的欧亚主义思想有助于缩小斯拉夫派和西方派、地方主义和极端个人主义之间的分歧,将左、右两派、保守派和民主派团结起来,成为促进国家摆脱政治、精神和经济危机的途径之一。

俄罗斯欧亚主义的思想是与世界几大主要宗教思想相联系的(世界上所有的宗教都起源于亚洲——儒家思想、对上天的崇拜、神道教、佛教、印度教、基督教、犹太教和伊斯兰教,这些思想都以仁爱思想为基础,而这些特点也充分体现在俄罗斯精神中)。

彼此之间视为己出、视为同一,这是维持国家统一、确保国家安全和保证国家和人民富足安乐的最重要的先决条件。新的俄罗斯欧亚主义思想不应该被粗浅地解读为复兴俄罗斯帝国或苏联的途径。相反,它最主要的任务是制定并遵守一系列规则,以保证国家各个民族之间,不论大小,其权利上的真正平等,充分尊重人权、受教育权和言论自由,尊重生活在这一多民族国家中所有民族的传统和习俗。

1. 在失去了通往波罗的海和黑海的港口的条件下,俄罗斯必须充分利用太平洋地区的港口和沿海地区,我们的国家气候恶劣、城市化地区基础设施不健全、交通线绵延数千里,对广袤的西伯利亚地区和远东地区的开发不足,这种情况迫使我们必须研究出最佳的方案去应对,制定出一套合理的国家发展模式。

这种模式需要我们规划好西伯利亚和远东地区的社会经济综合发展,这种发展不仅要建立在调动内部丰富资源的基础上之上,还要与其他亚太地区的国家发展长远合作,如中国、日本、美国、印度、韩国、朝鲜、越南、蒙古等。

东亚和东北亚地区在21世纪依旧会是吸引世界投资、保持高涨进口需求和扩展商品生产的主要市场之一。俄罗斯必须要在这些亚太国家中占据主力位置。那么我们不继续保持作为工业化发达国家的地位，并保持贸易的增长，那么我们就会被排挤出这个市场，还有可能会有失去部分领土。

赋予俄美合作模式以亚洲维度，将欧亚特点注入到俄罗斯对外经济联系和对外政策中，这会大大扩展俄罗斯与亚洲其他国家的合作领域，如中国、日本、印度和东南亚国家联盟。俄罗斯新欧亚主义作为精神层面的一种开端，不仅会成为亚洲安全模式中的一个重要因素，也会成为世界安全模式中的一个亮点。

2. 1992 至 1999 年间，在俄罗斯，包括一些高层在内的许多人都在热烈地讨论有关与独联体国家的科学技术合作和经济合作。通过了不计其数的决议，似乎也付诸了一些努力，有的现在仍在继续，但是这条发展线路至今都没有成为我国的优先发展路线。

然而我们必须要清楚，独联体国家生产的粮食产品和技术产品首先代表的是他们自己国家的利益与需求，而不是为了满足欧洲、日本或者美国。在与白俄罗斯、乌克兰、中亚国家以及高加索地区国家的商贸中，俄罗斯的成品和技术占有稳定的市场，这是维护我国边疆安全的最便捷的途径，保障了在这些国家中以俄语为母语者的利益，提高了俄罗斯人的物质收入。我们不需要光鲜亮丽的政治运动口号，而是要通过开展与独联体国家之间的经济、贸易、科学和文化交流来落实一系列的政策，这是俄罗斯在 21 世纪实现发展的康庄大道之一。

3. 必须与旨在动员人民参与到美好未来建设中的大吹大擂的口号彻底割裂，将注意力转移到实际行动中来，从小事做起，促进家庭这一社会最小组成单位的和睦团结，调整中小学的教育教育，加强房屋、街道、居民区的建设，发展中小型企业等。人民已经厌倦了空洞的许诺，最好可以在地区自管自制上有所建树，而不是用什么蛊惑性的宣言将他们归拢到一起，使其成为所谓的具有共产主义思想或资本主义思想的追随者。今天人们对政府机构多数目标都失去了信心，因此必须提出明确的建设性目标并在不同社会阶层中得到响应。

4. 俄罗斯人民当今需要的是新的富有吸引力的道德理想。尝试用东正教思想或私有制的和金钱的思想去代替共产主义理想，并不是解决问题的方法。除此以外，在俄罗斯还保留着较强的父权制和家长制的思想传统，因此，要在全人类的价值（类似于圣经的十诫，但是没有宗教意味）基础之上制定新的准则。将这种准则与保护人民利益的联邦政府的观念相结合，显然这对于实现国家摆脱危机、走向复兴、实现全盛是大有裨益的。

5. 有关知识、科学、教育和文化的作用在许多书中都有提及，但是这些领域的现状在俄罗斯却不容乐观。关键在于，如果削减科学和教育投入的力度，那么从事科学和教育事业的人数将大大减少，低于正常的水准，这将导致的不仅仅是简单的发展停滞，还会导致无法挽回的系统性毁灭，使我国脱离世界文明共同体的行列。令人担忧的是，我们正在接近这个危险的边缘。近年来政府毫无远见甚至是近乎自杀式的行为导致国家处于生死存亡的边缘。

恢复国家在这些领域的优先发展权，提高科学工作者、教育工作者和文化工作者的专业性地位，这些并非是知识分子的苛求和任性之举，而是国家发展策略中具有重大意义的举措。虽然还有时间，但是已经迫在眉睫，俄罗斯目前仍保存着良好的高等教育体系和许多优秀的科研机构。我们不应滑入弱国行列，但是如果我们国家不将人类文明的成果纳入重要优先发展行列的话，这一切将不可避免。

欧亚主义中的俄日和俄中关系

从日本战后重建并成为当代经济大国的经验中，我们可以得出一个最重要的结论：正是日本独特的民族特性成为日本民族战后恢复的强大力量，正是这种民族特性将日本民族紧紧团结在一起，利用世界先进的政治、人文、科技成就来提振日本经济。

20世纪60—70年代被称为亚洲四小龙的新加坡、中国台湾、中国香港和韩国也体现了经济现代化的类似观点。另一个具有说服力的例子就是中国顺利进行的经济改革，将其与亚洲四小龙的经济改革经验相对比，我们可以发现很多的相同点，其中重要一点就是国家的发展和崛起不仅仅需要依靠经济和物质因素，而且还要积极地发挥国家的调控作用，通过动员本国精神和文化的主观能动性，积极汲取世界文明的发展成果。

一

阻碍俄罗斯复兴和融入全球化和地区化最重要的因素是民族文化自

觉性和自我认同性的缺失,首先是俄罗斯族。自苏联解体后,俄罗斯无论是在地缘政治层面还是在精神文化层面都受到东西方的影响。现代俄罗斯精英和本国文化根源的联系即便不是被切断,也是被大大削弱了。在自我意识中,大多数俄罗斯人丧失了地缘政治的方位标,而另一些人则带有两面性的特点。最重要的一个体现就是俄罗斯在远东和西伯利亚所施行的政策导致了俄罗斯东部和西部出现了精神文化层面的分裂,使东西部经济和文化联系被削弱了,增加了俄罗斯与远东国家和亚太地区国家相互合作的困难。

俄罗斯是地跨欧亚大陆的大国,位于两个一体化集团中间,一边是西欧的欧盟,另一边是东北亚和亚太地区的亚太经合组织。因此,在研究制定俄罗斯在21世纪发展战略时,必须合理地利用其独一无二的地缘政治和地缘经济位置优势,及其丰富的智力和资源潜力。

遗憾的是,传统的俄罗斯战略思维中始终是重欧洲轻亚洲,无论是俄罗斯还是国际社会都没有意识到西伯利亚和远东地区对于俄罗斯和国际社会的重要性。所有的人都依然还是安于故俗,溺于旧闻,认为这些地方一直都是穷乡僻壤,生活穷苦,文化落后。难怪很多俄罗斯的政治家在自己的演讲中把西伯利亚和远东看作是束缚俄罗斯迈向世界先进行列的枷锁。

这样就导致在俄罗斯的民族意识中还没有统一的切合实际的观点,即没有看清俄罗斯的地缘政治的独特性。俄罗斯的政治中心位于东欧部分(占据俄罗斯三分之一领土,是全国东西长度的七分之一),而跨越七个时区的全国三分之二的领土位于亚洲,即从乌拉尔山到楚科奇半岛、勘察加半岛、千岛群岛和滨海边疆区。俄罗斯的欧洲部分分布着五分之四的人口,东部只有五分之一,但是在东部却蕴藏着超过三分之二的自然矿藏,拥有民族的科技、文化和遗传性潜力以及先进的国防工业综合体。

俄罗斯文化起源并发展于印欧文化和亚洲文化的交接地带,其主流是俄罗斯族文化。

在俄罗斯国家体制(基辅罗斯)形成之初,东斯拉夫文化就深受拜占庭、波斯、乌戈尔—芬兰文化以及生活在黑海和里海北岸民族的草原文化的影响。12到14世纪蒙古鞑靼人的占领无疑迟滞了俄罗斯文明的发展进程,与此同时,东斯拉夫文化在此期间也吸收了蒙古鞑靼文化中的好战因素,蕴含其中的中国元素也被学习和接收。罗斯和汗国之间的战争在给俄罗斯人带来了灾难和贫穷的同时，也锤炼了俄罗斯民族英勇、团结和大无畏的斯拉夫精神。有关这点在 Л. Н. 古米廖夫、В. В. 科日诺夫的思想中都得到了体现，尤其是 С. Е. 库尔吉尼扬在自己的文章中提到："鞑靼人给罗斯带来了东方文化的因素…俄罗斯从中获得独具特色的宗教和文化类型，使其能够在欧亚主义中发挥独一无二的作用…汗国为俄罗斯创造了独特的欧亚空间"。

在罗斯获得独立后，于 14 世纪建立了自己的政治中心——莫斯科公国，在伊凡雷帝的统治下俄罗斯文化深受拜占庭和俄罗斯东正教的影响。在拜占庭帝国衰落的时候，东正教主教宣布莫斯科为"第三罗马"，是东正教精神价值的宝库。

在彼得一世改革以及整个 18 世纪和 19 世纪的上半叶，俄罗斯族文化，甚至是整个俄罗斯文化遭受到强烈的西欧化的冲击，这一方面丰富了俄罗斯文化，拉近了两种文化之间的距离，另一方面也使俄罗斯民族文化的基础逐渐消失，使其逐渐失去自身的独特性。在此期间，法语成为俄罗斯上层社会的通用语言。彼得一世的改革催化了俄罗斯民族意识的两面性，即便是现在也依然存在：一部分人主张完全西欧化，另一部分完全拒绝西欧化，认为任何外在的影响都会对俄罗斯造成颠覆性结果。

两大阵营在文化、政治领域的尖锐对立一直到 19 世纪还在进行，他们被称为西欧派和斯拉夫派。在当代俄罗斯，这两种政治和意识形态的对抗在欧洲中心论者和俄罗斯土壤派之间的思想、政治对立中得到部分体现。

在 20 世纪 20—30 年代形成了俄罗斯的欧亚主义，这一领域的主要代表有：Н. С. 特鲁别茨科伊 П. Н. 萨维茨基、Л. П. 卡尔萨文 П. П. 苏夫钦斯基和 Г. В. 维尔纳茨基。

毫无疑问，20 世纪 20—30 年代的欧亚主义主要是在移民知识分子中形成，这一思想产生的背景是第一次世界大战和 1917 年十月革命。然而，欧亚主义的精神根源来自于 19 世纪西欧派和斯拉夫派的思想争论。同时，欧亚主义还吸收了陀思妥耶夫斯基、托尔斯泰、索洛维约夫等思想家有关俄罗斯文化的弥塞亚思想，此外，达尼列夫斯基有关文明的文化历史类型理论和斯拉夫文明特点的社会学理论也对欧亚主义思想的丰富和发展做出了贡献。

20 世纪 20—30 年代的欧亚主义是警告人们在苏联体制下必须继承

和发展俄罗斯国家性和文明特性的一次尝试。欧亚主义者看到俄罗斯文化对国家发展和复兴的动员作用,这是很有前瞻性的观点。俄罗斯文化的这一作用在1941—1945年希特勒入侵、70年代苏联出现内部危机和90年代初苏联解体时表现尤为突出。

20世纪70—80年代在俄罗斯伟大的理论家维尔纳茨基关于生物圈和智力圈的理论基础上,古米廖夫提出族源理论和新欧亚主义,这些理论继承了20世纪20—30年代欧亚主义学说主要的启发式思想,摒弃了传统欧亚主义中强烈的反西方成分。

在20世纪80年代苏联社会危机加深的情况下,古米廖夫在一次采访中说到,"只有欧亚主义才能拯救俄罗斯"。本书作者同意他的观点:欧亚主义是一种文化文明的现象,它反映了文明发展的新阶段,它建立在族源发展的客观自然规律以及生物圈和智力圈的相互作用的基础上。生物圈和智力圈是在特定的社会经济基础上不同文明和国家间相互关系的一种理性范围。

智力圈产生的规律性和合理性是由维尔纳茨基院士提出来的。在他看来,智力圈就像一个新的地理空间系统,能够丰富和发展人们对世界的认知,促进不同文化间互相影响和共同繁荣,是人类适应不断变化的生物圈的一种途径。维尔纳茨基在自己的生物圈和智力圈彼此相互作用的学说中强调,所有生物的发展过程包括人类都是渐进式的。他写到:生物圈的构造具有物理化学和几何上的多样性特点……这是生物圈区别于地球其他表层的主要因素。

科技的不断进步以及信息技术和控制论的产生为这一理论的发展注入了新的元素,总的来说,维尔纳茨基观点是正确的。尤其是他高度评价日本文化与西方文化相互作用。他指出,经历了数个世纪的沉寂之后,日本在19世纪中期,开始与西欧文化进行密切的交流,类似的交流俄罗斯早在一个半世纪以前就已经开始了。日本利用国家手段,终于建成了强大的科学文化中心并与世界科学建立起密切的联系。

维尔纳茨基认为,文化对未来发展的保障取决于人类活动与生物圈和智力圈的规律相一致。维尔纳茨基在1943年写到:历史进程在我们眼中正发生着根本性的改变,在人类历史中,第一次实现了由人民群众的利益(包括集体利益和个人利益),以及个体自由的思想决定人们的生活,成为人类判别公正性的标准。人类正不断成为强大的地质力量,如今人类面临的问题是将自由思想的个体团结成统一的整体并为了这个整体的利益重建生物圈。这是生物圈的新状态,这就是智力圈,这一点我们还没有认识到,但却在不断地靠这种状态。

维尔纳茨基在 20 世纪 40 年代做出的结论具有预见性,他认为,希特勒政策违反了智力圈的法则,终究会失败的。同时,维尔纳茨基指出,理想的民主应该与自然地质进程和大自然的法则协调一致,并符合智力圈的规律。这样我们才能对未来充满信心。

对人类发展前景的预测和分析是基于他将人类看成是一个活的物质,这种物质与地球的某个地质层的物质能量运动密不可分,即与生物圈紧密相关。他写道,人类"一分钟都不能离开生物圈"。这一物质,在他看来一刻也离不开他的生物圈。欧亚主义建立在维尔纳茨基的生物圈和智力圈统一性的基础上,并考虑到不同民族、种族、国家以及自由思想的个体生存和发展的多样性。

以上是维尔纳茨基的智力圈学说和古米廖夫的欧亚主义思想。接下来作者要反对以下几种观点:"俄罗斯灭亡论"、"历史终结论"、"文明冲突论"。这些观点认为,不会有另一种情况发生。我在《俄罗斯面向亚洲》一书中写到:"另一种情况会发生。俄罗斯的复兴之路在于恢复全国各氏族和人民的自我认知,在相互合作、相互理解的基础上集中力量发展文化、科技和教育。"

"另一种情况在于坚持不懈地培养民族文化的根基。"

"另一种情况不是在消极和自甘没落中等待那似乎不可避免的'文明的冲突'和'历史的终结',而是在不同国家和文明间开展建设性的对话与交流。"

"另一种情况还会发生,如果俄罗斯能够认识到亚洲成分在俄罗斯民族的生活中所占的重要地位,以及在俄罗斯的内政外交中的重要性。俄罗斯的地跨欧亚的地缘政治条件使俄罗斯人民产生独特的欧亚心理,对俄罗斯文化、经济以及国家内部民族间和文化间的关系产生深刻的影响,人民的智慧证明:能丧失自我。俄罗斯的出路就在于认识到自己文化具有欧亚特性。"

"另一种情况会存在,因为我们不仅要依靠获取西方经验来丰富俄罗斯的文明,还应该与亚洲文明开展建设性的对话并相互学习,首先是中国、日本、印度和阿拉伯文明。同时,还应该继续与欧洲国家开展平等的合作。"

"另一种情况会发生,其现实性在于俄罗斯文化的欧亚特性成为跨文化交流的典范:它建立在多元化原则的基础上,承认文化多样性作为推动世界发展的重要因素。"

我相信俄罗斯崛起的能力,我们的邻居中国也相信俄罗斯有能力实现复兴。

正如中国的一家权威媒体所指出的那样,"应该从长远角度认真分析俄罗斯,它虽然面临着短期的衰退,但是它拥有科技潜力,强大的工业基础,丰富的自然资源和强大的军事实力,优越的地理条件和很高的国民素质。"

新欧亚主义的重要特点就是它反映了俄罗斯所处的地缘政治和地缘文化位置,俄罗斯位于世界区域文明的交集点上。其新欧亚主义的基本原则是多元化和继承性,以及不同文化的和平共处、相互影响和相互丰富。

在俄罗斯的外交领域,欧亚主义认为应该既与欧美国家,也应该与亚洲和其他地区的国家发展睦邻友好的合作关系。在维护本国利益的同时也应该尊重其他国家的权益,遵循政治经济多元化原则,进行平等的文化交流,维护其多样性,加强其相互作用和相互影响。

如果将俄罗斯的欧亚主义原则具体应用到俄罗斯的东部地区,就需要在国家的框架下加强统一的法律、经济和文化空间,深化与远东邻国的合作,积极融入亚太经济一体化进程,这样才能推动西伯利亚和远东地区社会经济实现全面发展。

俄罗斯欧亚主义原则的经济成分包括实现西伯利亚和俄罗斯远东地区社会经济的发展。通过在俄罗斯亚洲部分和欧洲部分之间建立市场关系,在这些地区发展合作的同时加强国家的协调作用,建立健全良好的投资环境。建立可以与以下国家相提并论的投资环境,比如,日本、韩国和中国。逐步克服国内东西部发展不平衡的状况,鼓励居民到人口稀少的西伯利亚和远东地区居住。

俄罗斯的欧亚主义原则要求俄罗斯在制定对内政策的时候要达到东西部利益的平衡,确保民族间和地区间的共同发展。

二

意识到俄罗斯及其文明所具有的地缘政治的欧亚主义实质对于发展

俄日关系会起到何种作用呢？

首先，要调整俄罗斯的对内对外政策，改变以欧美为导向的外交政策，代之以全方位的外交政策。因为远东和亚洲也和西方一样具有相当重要的意义。

第二，将与日本、中国和印度的关系提高到与美国及西欧国家同样高的水平。

第三，与我们东亚邻国的关系应该是三个层面的，即全球性、区域性和双边性。和日本、中国以及其他亚太国家发展合作应当紧密结合西伯利亚和远东地区社会经济发展方案。

第四，欧亚主义原则和它的亚洲成分应该成为俄罗斯与其他东亚国家发展民族间、国家间相互合作的重要条件。这些国家有中国、日本、朝鲜、韩国和东南亚国家联盟。

在我们国内一些日本政治家的结论得到高度评价，在这些结论中没有敌意和不信任，展现出对俄罗斯未来的信任。比如桥本龙太郎在担任日本首相时说到，克服政治和经济领域的困难是缓慢的，但是崛起的俄罗斯一定会出现，俄罗斯人民一定会为自己的国家赢得荣誉。

桥本龙太郎提出了不断改善日俄关系的三原则，即相互信任、共同利益和长远目标。这符合欧亚主义原则，无论是对于日本，还是对于俄罗斯。

谈到对不断发展的俄日关系的评价，可以断定，无论是在莫斯科还是东京都认为，俄日关系的发展是非常积极的，尤其是桥本龙太郎的欧洲外交思想出台后。这一积极性首先体现在对俄日关系正常化价值的认可，而这种关系正是建立在睦邻友好合作的基础上。在桥本龙太郎、小渊惠三和森喜郎三届政府和俄罗斯方面为签订和平协定起了重要的推动作用。

欧亚主义在外交政策中的体现是互惠、信任、寻求共识1997年7月24日，时任日本首相的桥本龙太郎在演讲中指出，两国互信的加强为两国签订新型的和平协定和解决领土争端提供了新的条件，两国要达成共识，通过单方面行动是不可能解决北方领土争端的。

日本国家形象在俄罗斯社会迅速向好的方向发展。同时，考虑到日本方面的意愿，俄罗斯采取了一系列的步骤消除南千岛群岛的紧张局势，减少驻军，消除了日本方面在北方的安全担忧，采取一系列带有经济和人文特征的措施,简化日本国民赴南千岛群岛和萨哈林岛吊唁亲人的手续,在俄罗斯经济区,即所谓的"北方领土",允许日本渔民捕鱼并且从事农业活动。

遗憾的是,在2001年有证据表示日本方面单方面破坏和平协定,甚至使和平进程倒退到十年以前,退到冰点,这些事件不利于双方的合作和睦邻友好。希望这只是暂时的情况,俄日应在"欧亚外交"的框架下寻求双方都能接受的问题解决方案。

我们认为,俄日两国中那些支持俄日关系在21世纪积极发展的人士应该积极的开展合作,在电子和纸质媒体上开展耐心的解释工作以改善两国的睦邻合作关系。寻求双方都能接受的领土争端解决方案。

我们认为,首要任务就是需要双方的共同努力,在俄罗斯和日本创建签订和平协定的社会舆论环境。

在俄罗斯国内,对于领土争端存在着许多种解决方案,其中不乏极端看法。

考虑到这种情况,俄罗斯远东科学院、21世纪俄罗斯委员会(推动俄日关系发展的俄罗斯社会性组织)以及其他的国家性和学术组织在社会上开展了许多细致的工作,发表有关俄日关系重要性的文章,阐明与日本签订和平协定的必要性,并解释在这一道路上会有很多困难,正在寻求克服困难的方法。

众所周知,俄罗斯社会对待所存在的领土问题的看法是比较尖锐的。大多数俄罗斯人支持采取双方都能接受的方法解决所谓的"北方领土"问题,认为,应该坚持1956年的联合声明。然而,还有一部分人不接受这种观点,尤其是在远东地区,首先是在萨哈林、勘察加州,在滨海边疆区和哈巴罗夫斯克边疆区。

一些日本问题专家支持日本的要求,然而,持这种观点的毕竟只是少数的政治学家。俄罗斯社会的多数人士普遍支持前苏联外交部长葛罗米柯的主张,即俄罗斯和日本不存在领土争端问题。根据旧金山和平协定,日本放弃在南千岛群岛和萨哈林岛的权益。这种观点的支持者甚至认为没有必要签订俄日和平协定,因为国际法中并没有这种规定而且存在许多不遵守和平协定的先例。

俄罗斯总统和日本首相在伊尔库斯克州发表的联合声明中的观点吸引了俄罗斯社会的关注,社会普遍支持改善俄日关系并签订和平协定。

我们认为,俄罗斯就日本所采取的这些措施,首先是俄罗斯总统普京提议开启谈判进程,以双方在1956年联合声明为出发点,以全面深入合作为基础,其合作不仅包括共同开发南千岛群岛和萨哈林岛,而且包括远东其他地区。

这种观点继承了之前的建设性的成就,而这些建设性的成果正是由历经数年的谈判所达成的。为签订两国和平协定创造了许多新的可能性。

俄罗斯联邦会议在贝加尔论坛(2000年9月)上的报告中指出,签订和平协定的谈判虽然是艰苦的,但还是不断向前发展的。有理由认为,莫斯科和东京最终都能够意识到两国在政治、经济和其他领域开展互利性合作是具有重要意义的。双方进行睦邻友好的合作符合双方的要求,双方在东北亚开展的合作使双方能够以新的视角来看待双方的领土争端,为了扩大政治、经济和其他形式的合作将争端交给下一代解决。

以上所提到的,在我们看来无论是对俄罗斯还是对日本都展现出了寻求合作的前景。考虑到不断变化的形势和发展相互关系的新思想和新途径,其中包括解决历史遗留的领土争端问题和扩大全方位的全球性和区域性的合作。

因此,当今世界的新形势以及经济领域的全球化和区域化为解决这些问题和发展国家间的合作创造了新的机遇,包括以互利原则共同开发和利用所谓的"北方领土"的资源。

日本前首相桥本龙太郎认为"欧亚外交"对于日本、俄罗斯来说可以最大限度地与欧洲和亚洲国家开展睦邻友好合作,并且有助于维护世界和平与稳定,构建繁荣民主的俄罗斯,保障本国人民行使宪法赋予的权利和自由。

谈到俄日关系的发展潜力,如果以长期发展的观点并在欧亚原则基础上发展俄日关系,那么在全球、区域和双边关系中将会则出现积极的相互协作的前景。俄罗斯和日本都有加强和深化双边交流和各领域的合作的客观先决条件,并且不会损害两国与其他国家之间的关系。

国际合作的全球化问题。日本外交对于全球性的问题和国际关系的看法正体现了"亚欧外交"的理论。这一理论正是由日本前首相桥本龙太郎提出,它是日本关于全球化对国际关系的影响做出的新评价。"我们进入了没有边界的时代",桥本龙太郎在1997年7月24日的经济会议中强调,"就在不久之前,我们还无法想象世界经济会发生到这种程度:经济活动已经超出了一个国家的范围,国家间根据自己的情况开始进行合作,毫无疑问,这种的跨国经济合作将使不同国家和地区之间的相互依赖程度加深。同时也滋生了一些新的问题,而这些问题却不是那么容易解决的"。有鉴于此,本书提出一下几种设想。

近几年,俄罗斯和日本在亚太地区的利益逐渐重合和接近。日本外交的基本目标已经正式公布:维护亚太地区的和平与繁荣。俄罗斯高层也不断做出类似的表态。俄罗斯和日本在区域性组织东盟和亚太经合组织的框架下开展合作。

日本看重日美安保体系,俄罗斯也重视俄美合作。俄罗斯同中国于2001年7月16日签订睦邻友好合作条约不针对第三方,是为了维护和平,不仅为签约国发展创造良好的条件,也为两国与其他国家的合作与共同发展创造条件。

俄罗斯和日本支持联合国为核裁军、禁止核试验、监督核不扩散、禁止生化武器所采取的行动,积极参与联合国维护和平的行动,支持联合国的改革,其中包括,扩大联合国安全理事会,两国支持联合国宪章所确定的基本原则和其他国际法。

两国都关心联合国的核裁军进程,并且积极引导其他拥核国家参与其中。我们欢迎中国参与到俄美关于限制战略武器的谈判进程中。

俄罗斯和日本都支持遵守禁止研制、生产和囤积生物化学武器的国际公约,对美国的恐怖袭击成为加速销毁生化武器的催化剂。在美国恐怖袭击发生之后,我们期待日本能够不仅仅局限于支持俄罗斯专家关于延长俄罗斯销毁化学弹药到2012年的提议,而且能够给予这项方案以财政支持,正如美国所做的那样,而且意大利、英国和法国等西欧国家正打算这样做。

俄罗斯和日本在调节亚太地区争端中所持有的立场是相近的,两国都想与朝鲜和韩国开展对话、建立正常的关系,实现朝鲜半岛无核化。

两国在恐怖主义袭击美国之前就都已经意识到,一些国家因素依然对国际局势起到重要的影响,比如,国际恐怖主义、海盗、环境污染和大气污染、资源枯竭、发展中国家的粮食短缺、毒品扩散,尤其是危险传染病的传播。

在全球环境保护方面,俄罗斯和日本有相近的看法和立场,其中,两国相互支持对方关于致命温室气体对全球气候的影响的看法俄日两国都接受关于限购二氧化碳的"天然吸收器"——高原森林和农业用地的条款,特别值得一提的是,在面临美国的强大压力下,以首相小泉纯一郎为代表的日本政府并没有拒绝这项方案,这在维护京都议定书中发挥了决定性的作用,京都议定书是讨论保护全球环境的基础性文件。

双边关系,共同发展和增强双方经济互补性的原则成为俄罗斯加强与邻国经济联系的最重要的特点,这些原则服务于俄罗斯融入经济全球化和区域化的发展战略。俄罗斯的这一立场适用于亚太地区,这一立场俄罗斯总统普京在于上海召开的亚太经合组织论坛上已经提到。

寻求俄罗斯加入亚太文化和经济圈最有效的途径是由我们国家的根本利益决定的。一体化的前提就是俄罗斯的适应性。俄罗斯西伯利亚和远东拥有丰富的自然资源,融入全球化和亚太地区的全球化和区域化能够满足俄罗斯远东地区发展需求而且有利于维护亚太地区的经济稳定。

两国存在尚未解决的领土问题,毫无疑问,这种问题对两国的经贸合作造成了一定的消极影响。但是,通过客观分析使我们认识到,经贸合作方面的困难不完全是因为两国没有签订和平协定和存在领土争端。

在双边的经济合作中,即便存在这客观和主观的困难,但是俄罗斯和日本有潜力能够在以下方面加强合作:能源交通,国际合作,在临近日本的俄罗斯远东地区开展经济合作。

日本政治家和企业家提出了加强日俄在交通基础设施领域开展长期合作的倡议。比如,在北海道和萨哈林岛之间修建大桥和隧道,贝阿铁路提案,这些想法和提议获得了俄方的理解和支持,俄罗斯也认真讨论日本提出的关于开发和利用俄罗斯远东地区的自然资源的设想,这些设想无论是对于发展俄罗斯远东的经济还是维护亚太地区经济稳定都具有重要意义,而且还能满足亚太国家对能源和原料的需求。

俄日合作还关注于开采萨哈林地区的石油和天然气资源,讨论从西伯利亚东西部到太平洋沿岸地区铺设石油天然气管道的前景。

在伊尔库斯克州举行的贝加尔能源论坛上,得到高度评价和支持。关于俄日中以及其他国家共同开发西伯利亚和远东地区的能源提案。

欧亚主义原则无论是日本解读和俄罗斯解读都符合文化界人士关于保护两国民族文化传统、推动文化丰富和繁荣、将优秀的历史文化遗产传给子孙后代的要求和愿望。

我们两国在高科技领域各有所长,可以相互借鉴,俄罗斯在很多高科技领域所取得的成就不逊于其他发达的工业国家,俄罗斯军工综合体在高科技领域取得了许多瞩目成就。

无论是许多日本的私营企业还是国家型科研中心都丝毫不掩饰自己想与俄罗斯加强在精准机械、半导体、生物技术、无线电子、医学激光以及太空材料方面的合作和交流。这些合作的目标就是建造具有竞争力的民用产品,在日本专家的帮助下,俄罗斯先进的加工技术,尤其是在两用科技领域在市场上具备一定的竞争能力。

在基础科技领域,日本如果能够在管理热核反应领域采用俄罗斯的先进成果,则其影响对日本来说是巨大的。1998年,俄罗斯科学院西伯利亚分院核物理研究所的科学家与日本同行共同进行了理论性和实验性研究以便能够研制出热核反应堆的动力来源,而这些正是未来核电站的基础。

有鉴于俄日两国都有发展传统核能源的方案,开展技术交流符合两国利益,双方也对建造原子能反应堆(铀、钚)的科学和技术交流表现出强烈的兴趣。因此,日本专家非常关注俄罗斯对于这种反应堆燃料能源的生产,确保最大限度的提高其生产的安全性。

在美国遭受恐怖主义袭击之后,俄日专家一致认为健全建立核安全防护机制的合作具有更大的意义,因为这些核电站可能会遭到恐怖分子的渗透。

俄日在生态领域的合作同样具有重要的意义。两国在消除核污染领域的合作的意义不言自明,1999年7月日本政府作出决定拨给俄罗斯2亿美元用于有效利用钚,而这些钚是在销毁核弹中提取出来的。

研制和共同采取环保措施,研制新型生态环保的电力生产技术在提高危险企业的生态安全方面的合作在双方的生态合作中占有重要的地位。俄罗斯欢迎日本参加到实现联邦政府的"消除化学武器"的纲要,在此框架下,俄罗斯将销毁近4万吨有毒物质并拆除全部生产设备。

发展俄日睦邻友好、互惠合作和伙伴关系有助于推动两国在安全领域的合作,加强和扩大两国军事部门的交流。当前,俄日两国在军队高层已经建立了交流和对话机制,比如俄罗斯国防部和日本防务省的对话,两国参谋部正副参谋长的交流,进行海上联合军演,共同执行海上搜救任务,俄罗斯边防局和日本海上保安厅的交流。

无论是莫斯科还是东京都认为双方在政治和军事领域的合作都取得了一定的成就,在边防领域的合作有助于维护双方的国家安全。

总之,俄日两国具有在很多领域合作的基础并且具有很大的发展潜力,两国的合作符合两国的根本利益,为两国解决依然存在的争议问题提供了良好的条件,其中之一就是两国的边界问题,同时也有利于加强和巩固亚太地区和世界的和平与稳定。

三

我们认为,为了推动俄日关于和平协定的谈判的进程,可以认真研究俄中 30 年来关于领土争端以及双边关系正常化谈判的经验。

如果借鉴俄中经验,那么能够找到解决领土争端的最有效的途径,消除阻碍双边发展睦邻友好与合作关系的障碍,鉴于这个经验,我们可以从以下几个方面来着手:

1. 两国应该在最高层次上开展研究和吸取两国之前发生冲突所带来的教训,认真比较两国的根本利益,包括经济发展和安全问题,表现出解决问题的决心。

2. 莫斯科和北京都愿意积极地在严格保密,相互谦让,尊重对方和考虑彼此根本利益的前提下进行协商。

3. 两国都在国家层面上为谈判的顺利进行做了大量细致的工作,为谈判创造良好的信息和文化心理环境。为防止媒体对谈判内容的过度关注,双方达成共识并采取措施限制纸媒和电子传媒刊登负面或过激的报道。

4. 双方做出共同努力,以防止外部势力对谈判进程的影响和干扰,特别是影响双边关系的微妙问题。

5. 双方在谈判过程中采取一切措施消除可能引发冲突的各种障碍和疑虑。双方一致认为,要通过政治手段在相互尊重和信任的氛围中谈判解决一切问题。俄罗斯和中国签署不使用武力和相互以武力相威胁,不在对方境内布置战略性武器,不针对对方首先使用核武器,以及采取一系列措施提高边境地区的军事互相并保证在边境地区军事活动的透明度。

6. 双方积极谋求发展与合作,在不损害国家利益和尊严的条件下深化两国在各个领域的相互信任和理解。

7. 俄罗斯和中国重视人文领域和文明间的合作,在这些领域两国已经结成了传统友谊,两国的文化相互影响、相互丰富,两国无论是过去还是将来都重视民间外交,重视科技和文化合作。

8. 在谈判过程中,两国制定了一些法案和相互合作的规则,使之不会对第三国造成伤害。

同时,两国还支持在各个级别开展政治对话和相互协商的机制——从国家和政府元首到边疆地区的地方行政机构,两国建立了领导人热线电话机制。

2001年7月16日在莫斯科签署的《俄中睦邻友好合作条约》是对以往争端解决过程中所获经验的一个总结,并且确立了面向21世纪俄中长期的伙伴关系。

这份条约,实质上是两国在21世纪开展长期互惠合作的战略。条约的签署体现了双方的政治意志和战略眼光以及双方的互信互让,成为研究当代区域和国际政治地缘形式的一个案例。

条约签订之后,俄中两国确定了基本的战略合作方向,两国认为以下领域的合作能够为共赢发展和保证两国人民的幸福生活提供有利的条件:

——加强平等的互信的伙伴关系和战略协作,遵守相互尊重主权、互不侵犯、互不干涉内政、平等互利的和平共处的原则。
——根据联合国宪章以及其他公认的国际法和国际准则,以和平方式解决分歧。
——在政治、经济、社会、文化发展当中的任何一个方面都要相互尊重,在军事领域要加强相互信任,实现军事技术方面的合作,不针对第三国家。
——不参加任何给对方国家带来主权和安全损害的联盟或者组织。
——在全球战略领域相互支持,遵守主要条约和国家战略,加强联合国的中心地位,特别是国际组织的权威性。
——在经贸领域,军事政治,科学技术,能源,交通运输领域,核武器领域,边境经济贸易方面相互合作。
——在国际金融机构,经济组织和各种论坛中互相协作。
——在保护和改善环境现状,海洋资源保护,自然生态环境的改善,技术工程灾害的预警和对其影响的消除等领域进行合作。
——在执法领域,以及同恐怖主义、犯罪组织、毒品、武器、非法移民的斗争中相互合作。

事实上,这是俄罗斯和中国签订的共同发展和繁荣的长久战略合作协议,特别是双方一致主张,合作成功的基础是双方采取互谅互让的原则,并在此基础上解决问题。两国和平解决领土问题就是互谅互让原则的例证。

这次成功的经验具有国际意义,他们签署的协定会得到更多的应用,利用到俄日领土问题的和平条约签订上。

俄罗斯利用这些经验解决与其他前苏联加盟国之间的问题。中国也利用这些经验改善和加强与邻国的合作氛围,比如,越南、印度、泰国、印度尼西亚和其他国家。

欧亚主义在改善俄中关系方面已经取得了显著的成果,它在发展俄日关系方面也一定会促进 21 世纪两国文明的繁荣与发展,强化双方的互补性和共鸣因素,为整个世界创建新的公正、和谐的互利共存模式提供有利的前提条件。

东西方哲学观的融合

早在六年之前,我就思考过将东方文化的相互关系问题(中、日、印度等),以及俄罗斯和世界文明的进程关系作为大会的主题,并确定了最高任务——即促进东西方逻辑分析哲学和东方整体世界观的优秀成果的重要意义。我们今天依然存在这样的一个目标:帮助提高社会的文明程度,尤其是提高那些对哲学问题产生强烈兴趣的社会知识分子阶层的文明程度。

我们面临一系列严峻的问题,这些问题促使我们深刻地且富有创造性地去研究东方哲学问题,并将其与西方哲学进行对比分析。

现在的主要问题正是我们人类社会在各个领域正经受着严峻的考验。而文明危机、西方的理性主义危机和道德危机则是其中对未来人类而言最为深刻且显而易见的考验。在西方文明中,曾经对科技发展进程作出重大贡献的技术统治主义在最近几十年又逐渐占据上风,并且以技术统治主义、跨国公司以及大型政治团体为首的世界霸主正逐渐形成。所有这一切都伴随着一系列的冲突进程,这些冲突进程正在世界各地上演:经济全球化,西方文明的全球化,区域化的不断加强,原教旨主义流派的崛起,以及反对借全球化以实现西方化以及不同文明的统一化的运动,这种全球化的实质是将区域文明抛弃至历史的边缘。

我们提出"新思维"思想以期建立世界大同的未来世界的想法是美好的,但遗憾的是,这种想法面临着许多矛盾的、危险的、消极的现象。不久前我们希望这个世界充满人文气息,人人安居乐业,相互合作,不同文化和民族之间相互影响相互作用。我们所有人都曾欢迎建立欧洲安全体系。但是一系列的现实事件却让我们重新审视生活。诸如发生在南斯拉夫地区(科索沃)的事件,民族冲突事件,国家对抗事件,在北高加索和车臣发生的事件,以及各种区域性教派,最后产生了有组织的国际恐怖主义,对于这些我们不能不加以警惕和防备。我们认为,卢梭说过的一句话是非常正确的,他说,文明的进步会带来巨大的灾难,人类为此要遭受精神上的惩罚,以及对自己良心的惩罚。社会的精神性正在流失,生态环境遭到破坏,已经形成的价值体系发生断裂,个人与信息体系的对抗创造了这样一个前提:一个人在信息社会正逐渐做到自给自足,成为因特网的一员。人类已经融入到信息洪流中,成为他们的一部分,如果一个人不被社会其他成员所需要,他就不会体会到人类社会的需求,在此之前我们一直所期望的最高的福祉就是人与人的交流,我们如果相信一些理论家的话,那么人类最主要的朋友以及生活的意义就是电脑,整个人类生活就位于这个虚拟空间里,而生活本身在很大程度上也逐渐变得虚拟。

我们不是要去指责西方文明,它并没有错,它使人类文明获得长足进步。但是它又将人类放到灾难、自我毁灭、自我摧残的边缘。

有让我们可以选择的东西吗?有解决问题的办法吗?我认为是有的。我们学术辩论东西方智慧对比问题的目的便是找到解决问题的方法,克服西方哲学的极端化以及实用主义,用东方智慧去补充西方哲学。我认为融合东西方哲学价值观是一项最重要的哲学任务。加强未来文化的发展、保持文化多样性、深化文化间的交流是当前最紧迫的问题。正是东方文明教会了我们这种态度。

在很大程度上,俄罗斯哲学也倾向于这种观点,尤其是新欧亚主义。我认为,应该充分利用欧亚主义哲学的优秀成果,它本身就是融合东西方哲学观的一个典范。从这一层面来讲,我们的这个会议应该而且正在发挥积极的作用。

当然,我们自己也应该检讨,检讨我们不够积极,我们总是胆小地走进演讲厅,传达给社会一种新的想法,并使人们关注我们探讨的问题。让我们感到高兴的是,今天我们的会议上有许多值得社会关注的问题。

首先我要讲的便是对东西方哲学观和东西方智慧的融合,它有助于东西方文化之间的相互联系、相互影响和互相共鸣。《圣经》中写到:博学是贫穷和苦难的源头。因为问题不在于知识总量多少,而是对唯一的整体的理解,对每个个体的理解。任何一种现象,无论是大或者小,都有自己的存在的理由,都会汇聚到一个统一的潮流中,一个世界性的潮流。如果将一个事件和另一个更大的事件进行比较,那么它就从微观世界进入了宏观世界。东方哲学的特点就在于理解大小从属关系,宏观和微观现象以及它们之间相互关系的辩证法。以《易经》为例,你就会在书中深刻体会到这种伟大过程。对人类的影响以及人类在这一过程中所扮演的作用,它使人类认识到自己并不是天下的主宰,不是上帝,而是天地间的一个纽带。

其具体化的表现就是朴素谦逊的趋向,对人类能力的理解,对自然的敬畏,东方哲学的自然观是非常具有智慧性的。遗憾的是西方哲学对这一点并没有认同。如果西方文化、西方文明听取了东方智者和东方哲学的倡议,即人应该清楚自己的位置,认识到自己知识的水平。那么我认为,东西方文化就会进行对话,也就会发生东西方文化的碰撞。人类是大自然的一部分,是自然的产物。人类如果是自然的主人,不断地索取,改造自然,到头来只会破坏自然,最终也会害了自己。看清东西方两种文化的辩证关系是非常重要的,因为整体性哲学和批判性分析信息流的哲学对于维护每一个个体的精神肉体认知具有非常重要的意义。

信息流是如此的宽广,以至于它包含如此多的程序化的、不客观的、带有偏见的、不相对应的成分,无法接受这一的信息的人类正在使自己成为被操控的对象,不仅仅是对于人类个体,而且对于整个人类社会也是如此。

当那些不加鉴别不加批判的信息借助于大众传媒(电视、广播、报纸、杂志)加以传播的时候,将会使我们的社会失去方向,使我们个人迷失自我,人类就成为了被操控的对象和受害者。一些不怀好意的主持人成为人们大脑的统治者,人们不顾自己的兴趣、不顾自我、不管自己的价值按照这些先生们灌输的思想行事。这样一来我们的国家就会遭到破坏、俄罗斯历史和民族就会受到侮辱,首当其冲的便是俄罗斯人民,简而言之就是会使民族遭到分化,失去与本土历史文化传统的联系,没有了过去也就意味着失去了未来。

这里谈到的是我们的生活现状，即我们不加批判地接受我们看到的和听到的信息。人们不再独立自主地评价他们所看到的，也不再按照自己的内心和价值观做事。

市场改革的经验已经使人们充分相信，没有国家宏观调控政策，市场就像一个不设防的社会群体。但是我们也听说，应当减少国家对经济的干预，减少计划，提高退休年龄，建立退休基金。

这里问题在于如何将高深的哲学同平淡乏味的生活连接起来。人们丧失了独立自主批判性地接受信息的标准。要想使人们能够准确地评价信息，就需要接受最基本的教育，使人们明白信息与现实之间的关系。现实的情况是人们不再具备分析的能力，并习惯于不假思索地想念所有报道。

借鉴中国的经验，毛泽东不止一次地说过，应当向农民学习哲学，同时他也强调，每个人都应该具有最基本的哲学知识，这话有其合理之处，对此值得进行思考。

我们来看第二个问题，即对某一真理的具体接受，以及对这一真理与现实关系的理解。这恰恰是衡量一个人的智慧的标志之一。然而，我们失去了这一智慧，重蹈了覆辙。我们反复听到：要融入世界的文明。同时我们又有自己的文明。如何使这两种文明实现对接呢？如何使世界文明与我们的政策，我们的地缘政治，我们的地理进行对接呢？有人对我们说，为了与我们国家的战略规划相适应，应当在全国实行统一的经济标准。在德国、瑞士和其他西欧国家实行统一的经济标准是一种正常的现象。如果在俄罗斯实行统一的经济标准，那么莫斯科与纽约的距离拉近了，但与符拉迪沃斯托克的距离却更远了。在俄罗斯尝试推行统一的经济标准，难道不应该考虑到俄罗斯与其他西方国家在经济环境方面的根本性区别吗？在俄罗斯推行统一的经济标准意味着什么呢？这意味着我们国土的三分之二将会变成无人区，西伯利亚、雅库特、科拉半岛和整个北方将变得荒芜。这就是所谓的"唯理主义哲学"，它们能够超越现实和忽视生活的具体细节，仅仅依靠抽象的结构。在这里理性操纵现实，如果现实不加屈从，情况会更糟糕。

我认为，我们应该全面的思考这一形势，提出克服西方唯理主义极端化的建议，应该转向俄罗斯的欧亚主义。欧亚主义倡导的是多元化，文化多样化的统一，承认东方文化精神内涵的价值，接受西方精神内涵的价值,创造性地吸收西方国家的先进技术。

我们所进行的辩论,加深了我们对现实生活的理解,对文化之间相互影响相互补充的必要性的理解,以及对维护文化的多样性的理解,因为强制的文化一体化是没有前途的,说得具体一点,便是区域文化的灭亡,最终将会导致人类的自我毁灭。

我们既属于东方文化又属于西方文化,因此我们这个会议是东西方文化之间的交流,是东西方哲学之间的交流。

东正教的精神价值以及欧亚主义和中国的基督教

大会的主题是"中国的基督教",这一命名具有重大的现实意义。在俄看来,其现实性在于它是不同文明和文化间的对话,是复杂形势下不同信仰者之间的对话。他们面临的共同挑战是全球化、大众文化的扩张、文化多样性的威胁以及企图用肉欲的要求和极端的个人主义来代替个人的精神自我完善。

我想就困扰那些支持发展与深化俄中友谊、合作与睦邻友好的拥护者的一系列问题阐述一下自己的看法。首先需要说明的是,我的论述不是绝对的真理,而是希望和与会者共同寻求问题的解决之道。问题应该包含以下内容:

1. 东正教如何进入中国,在过去起到什么样的作用,在当前和未来为促进俄中文化达到相互理解、相互合作的过程中应该扮演什么样的角色?

2. 俄罗斯文化(其重要组成部分是东正教)中的欧亚主义观念在发展与中国文化的对话中具有怎样的特点?

3. 是什么引起俄罗斯汉学家和俄中友好协会就东正教在中国的地位这一问题上的不安的?

一

东正教在中国的历史要追溯到俄罗斯帝国和中国尝试建立外交联系的一百年之后,但是这一历史与俄中关系的发展密切相关,首先体现在两国的文化对话中。

北京的第一个俄国教堂是雅克萨人于 1698 年所建。当时用紧急电报通报了身处于奥地利的彼得一世。沙皇在上面作了非常重要的批示"事情非常重大,务必谨慎,不能犯错,以免招至中国统治者的不满,而耶稣会教徒早在很久以前就已经有自己的教堂了。"

彼得一世的告诫不无道理,想想之前发生的一系列事件,其告诫是非常具有洞察力的,俄罗斯统治者应该吸取教训,传教士在日本的过度活跃导致他们被驱逐,并且使日本采取闭关政策。大约过了十年,类似的事件又在中国上演,当时就有人向康熙皇帝汇报说传教士企图诋毁中国文化,将西方哲人看得比孔子还要高,皇帝下令驱逐所有在中国的天主教传教士。只有耶稣会士免于其祸,原因就是他们对待中国的文化传统是非常尊敬的。然而,当时个别耶稣会士的自发倡议是不能阻止文化间的冲突的,罗马教廷不允许他们将自己的信仰融入中国的文化土壤,在这里必须要强调一下,19世纪60年代之前东正教使团并没有在中国广收新信徒,而是在自愿友好的基础上逐步扩展教民。

19世纪末期,西方殖民者争相在中国扩大影响力,尽一切的力量将自己的意志施加于中国人民,他们尽一切手段妄图将俄罗斯挤出中国,其中包括用天主教和新教来控制当地居民,影响他们的价值观。对此,俄罗斯外交官提出积极抗议西方的这种精神侵略,其方式就是在中国开展东正教的传教活动。从此,俄罗斯东正教使团开始在中国进行传教活动,但是当时它依然坚持自己的传统路线,即在精神文化平等的基础上宣传基督教义,或者用新约的语言来说就是不区分古希腊人和犹太人。在具体实践中这主要体现在修士们通过不懈的努力来学习汉语,学习中国文化、历史以及哲学和信仰,因为这些是进行传教活动的先决条件。

截止到2002年,俄罗斯东正教使团在中国建立已经290年了,作为一名学者,我无权就这一传教活动的宗教意义发表看法,但是从增加我们对我们伟大邻居的了解,研究中国的历史,物质和精神文化,语言,文学,和向俄罗斯统治者和俄罗斯社会介绍中国的文明方面而言,其价值和作用是不可估量的。它的伟大之处在于为中俄之间建立正式交往和贸易交流做出了重大贡献,传教士们在翻译领域付出的汗水是巨大的,传教士在两国相互关系领域的作用还包括帮助中国人民学习俄语。1725年清朝俄罗斯文馆开始教授俄语,第一位俄语老师是奥西普·迪亚康诺夫。

位于北京的俄罗斯传教使团成为学习中国历史和文化的基地,正因如此,在传教士团内部出现了许多汉学家。其世俗人员和神职人员都以精通俄罗斯科技和中国文化为荣。其中涌现出了许多的杰出代表,有列昂季耶夫、比丘林、瓦西里耶夫、斯巴法里、卡法罗夫、波波夫等,他们的著述即使在今天也依然具有重大的历史和科技意义,促进了中俄两国文化的相互理解。值得一提的是,比丘林神父对中国文化和宗教历史的研究激发了普希金访问中国的强烈愿望。传教士们还向俄罗斯社会介绍了中国辉煌璀璨的医学、天体学、农学、建筑学、诗歌、文学哲学方面的成就。他们为沙皇俄国苏联和当代俄罗斯汉学的发展奠定了非常稳固的和广阔的精神基础,不断培育出俄罗斯的汉学家。

东正教神职人员不仅仅向中国当权者展示了自己的信仰,而且还试图建立东正教和中国传统文化之间的对话和交流。这从本质上区别于耶稣会传教士,他们自上而下地灌输天主教的思想。而东正教传教使团的成员们始终遵循让人们自愿接受东正教信仰的原则。

东正教传教使团团长卡法罗夫修士大司祭拒绝遵循天主教传教活动的做法,在写给东正教最高会议检察官 A. π. 托尔斯泰伯爵的信中他写到,"有人建议我们学习一下天主教传教士在中国的传教做法,但是,就我内心而言,我应该指出,这种做法不适合我们:他们向中国新信徒宣扬自己所理解的教义,继而发展成有悖于基督教教义的表面上的笃信,他们用独特性和嫉妒心铲除了人们善于交际的情态,因而新信徒放弃了自己的原有理解,也没有掌握所接受信仰的真正教义,对其他宗教产生仇视心态,不仅仅对信仰仇视,对信仰者也抱有仇视,推崇利己主义,他们经常感受到国家禁令的压抑,但是天主教传教士不仅不会去缓解这种精神状况,相反,而是利用于此将他们置于自己的监管之下,这就带有压迫奴役的痕迹。"

多年以来,俄罗斯东正教传教士团的满怀自豪巴拉第(帕拉季)·卡法罗夫修士大司祭地写到:"在这里,我们俄罗斯人并没有成为中国的异类,俄罗斯人的名字在天朝众所周知,并且至今受到中国人的尊重,将俄罗斯人看成一个友好强国的代表。"在评价清朝的精神危机的时候,他同时高度评价中国人自古以来所固有的精神品质,他们对教育、学者和道德信仰的尊重。他高兴的指出:"中国人民有一种优秀的品质:他们无论是在国内还是在国外都遵循严格的生活方式和温和的信仰。待人坦诚,彬彬有礼,这样的精神典范获得的不仅仅是尊重还有影响力。"

在中国工作的俄罗斯神职人员,非常赞同学习中国的特色文化,他们从中发掘出了全人类和全基督教的重要的精神价值。在巴拉第(帕拉季)·卡法罗夫看来:"如果我们努力将中国的民间传说和信仰从各种存在了上千年的谬论和迷信中区别开来,并且弄明白各种具有历史根源的隐晦的历史传说,那么我们就能找到古代中国的一神话思想,以及改变堕落天性的意识,同时也可以发现圣经传说在中国的痕迹。类似的发现固然重要,但是这需要仔细而用心地研究那些中国历史文物中记载的宗教传说。"

20世纪20—30年代俄罗斯欧亚主义的理论家之一卡尔萨文在其书《东方、西方和俄罗斯思想》中说明了东西方对话的神学——宗教问题。他强调,俄罗斯文化使世界更加深刻地认识到东方民族的文化以及东正教思想在其中应该起到最重要的作用。他认为,俄罗斯基督教世界观有机地融合了东方宗教思想的成就,而现代人的任务就是寻找这一成就。

学习中国的精神文化确实能够在其中发现许多本质性的原则与东正教原则十分相近,首先体现在道德举止和对老人和长辈的尊敬上。孔子所倡导"君君、臣臣、父父、子子"原则符合新约中的"凯撒的归凯撒,上帝的归上帝"。孔夫子精神的伟大之处在于"己所不欲,勿施于人",基督耶稣也经常有类似的说法,难怪孔子名列中国最伟大的文化巨人之列。俄罗斯院士阿列克谢耶夫说道,孔夫子和他的弟子们的对话被编入《论语》之中,而耶稣和他追随者的对话也同样编入《福音书》中。

许多中国哲学的研究者强调博爱原则的互通性,中国古代的智者墨子倡议要兼爱,而这也正是耶稣所提倡的。同时孔子的学说认为"仁者爱人",虽然在某种程度上与耶稣的热爱亲人的学说相似,但是有本质区别的,因为孔子的学说是建立在森严的等级之上的。

中国文化的研究者——谢拉菲姆祭司也强调古代中国的精神、道德和文化价值同东正教信仰和西方文化之间有其共同性。他指出,"中华文化博大精深,同时,它的某些成分确实与西方的传统有相似之处。在中国的历史上确实存在有这样一些事件,它们以不可思议的方式雷同于西方世界的历史,虽然这些文明之间并不存在联系。"

分析中国文化的世界观的独特性后,谢拉菲姆得出这样的一个结论,它们深植于中国的历史传统,有自己存在的土壤,它们忠实于传统,缅怀祖先,尊重过去和敬畏权力,所有这些将中国文化与基督教密切结合起来。这样一来,中华民族精神与基督文化就更加靠近了。

从以上方面我们可以提出这样的理论,欧亚主义的亚洲成分是一个纽带,将它与基督教价值观联系起来。

二

我同时还十分想谈一下东正教信仰对俄罗斯民族形成欧亚主义认同产生的影响。我认为,应该考虑到俄罗斯处于欧亚中心的地缘政治问题以及这样一个事实,即欧亚空间内几大文明、几大宗教之间的相互作用和影响。120多个民族以友好合作的方式紧密地生活在俄罗斯版图内。

在继续我们的主要话题之前必须做一些回顾,以便阐释自己的思想:作为一种文明化的现象,欧亚主义在早在一千多年前在发展俄罗斯与斯拉夫游牧民族的相互交往的过程中就已经形成了。然而俄罗斯文化中欧亚主义的根基形成于公元十世纪末期的罗斯受洗和接受基督教。

俄罗斯和中国的欧亚对话开始于18世纪初期,然而用"欧亚主义"这个术语来描述俄罗斯民族和俄罗斯文化、文明中的同一性特征,出现于20世纪20年代的西方和哈尔滨的俄罗斯裔之间。

就在不久之前我们还庆祝了基督教在罗斯1000年诞辰。俄罗斯国家以及俄罗斯族和其他民族心理的形成,首先是指俄罗斯族和其他斯拉夫民族,在过去的一千多年里一直受到俄罗斯东正教的重要影响。按照A. C. 霍米亚科夫的说法,东正教的精神价值体系在热爱亲人的基础上成为将人民团结在一起的开端。从这一方面来看,东正教最符合俄罗斯人民的精神价值。

不同文化之间互相作用和互相影响的过程数百年以来一直在欧亚大陆上进行着,直到今天也仍在继续。其基础是俄罗斯人的东正教文化,这一文化的精神核心一直都是东正教。在俄罗斯族和俄罗斯文化中欧洲成分和亚洲成分的相互作用由于一系列的原因进行得并不顺利,甚至有时候是充满悲剧色彩的。这是由于,在俄罗斯社会知识阶层和最高当局的自我意识中过去常常缺乏,甚至是现在也偶尔会缺乏对于俄罗斯民族文化特点及其欧亚统一性的理解。从彼得一世及其改革时期起,独具风格的俄罗斯文化与外来欧洲文化之间的平衡和有限的相互影响的局面被单方面地打破了。甚至达到母语俄语被外语排挤出了俄罗斯的文化阶层的程度。当时,俄罗斯东正教教会是俄罗斯国家文化及其传统的监护人和培养人。发生了这样的状况:国家文化中欧洲成分占据上风,它的重要性在对国家文化中亚洲成分的挤压和排挤中得到不合法的过分提高。只能在今天对以上发生的这些事件给予其意义和作用上的正面理解。并且这一过程发生在激烈的思想斗争中。

当然，像一些西方派主张的那样，在违背地理因素的前提下，将欧洲的范围延伸到楚科奇和堪察加半岛是可以的。但是如果将作为完整统一体的历史和文化也强行纳入其中的话是绝对不可以的。忽视这一事实，就等于从一棵大树的根系中砍去无甲的、有害的部分，或者这就好比认为人的器官中只有大脑重要，而剩余的则可以全部免去一样。这种专断独行的结果在我看来是显而易见的。遗憾的是，并不是所有的人都看到了。

为了避免不正确的理解，请允许我再次解释，俄罗斯族和俄罗斯文化欧亚主义的这一性质特点绝不意味着对俄罗斯统一性中欧洲成分的贬低，也不意味着对同欧美文化进行广泛而全方位的交流与发展持反对意见。所说的这些只是想呼吁俄罗斯同胞关注我们国家文化中的欧亚主义现象，承认欧亚主义并不意味着贬低俄罗斯文化，而是突出俄罗斯文化。正如陀思妥耶夫斯基所强调的那样，俄罗斯文化的精神价值、各种成果和发明的巨大意义，使得我们的文化在文明对话中不至于成为一个模仿者，而是一个真正的、平等的伙伴，在世界文化的交响曲中具有精彩的单独声部。

知识分子、社会大众、牧师以及最高当局越是全面而深刻地认识到我们欧亚文化同一性的本质和优点，那么实现俄罗斯的真正复兴也就会越早到来。

俄罗斯文化的欧亚本质是一种文化现象，不仅反映了俄罗斯民族的地缘政治上的位置，同时反映了其历史上形成的这一同一性的文化特点。它是独特的俄罗斯斯拉夫文化成分与拜占庭文化、西欧文化和图兰文化成分的混合体。

俄罗斯欧亚主义学说将民族传统的两个方面看作是不可分割的、统一的整体，即其东方成分和欧洲成分。欧亚主义认为俄罗斯文化是东方和西方的融合，这种融合的基础是俄罗斯文化独特性的根源。

持欧亚主义观的人认为，精神性的领先地位，对于精神自我完善和精神上的参悟的追求，以及信仰自由和同心同德、和谐共存的特点，使得俄罗斯文化同亚洲国家的文化变得亲近起来，如中国、印度以及土耳其民族。而这也正是所有大的宗教派系所共有的组成特点，如发源于东方的儒教、佛教、基督教和伊斯兰教。对终极世界的追求以及对因果报应和邪不压正的信仰使得俄罗斯在精神性上与东方具有相似之处。东正教的价值观有机地构成了欧亚主义的道德、政治和社会价值的中心。在俄罗斯人的欧亚主义自我意识中深刻地认识到了俄罗斯世俗文化与东正教的精神价值之间的亲近关系,同时也认识到这一价值体系在理解俄罗斯东正教文化与东方文化(首先是中国、印度和日本)彼此之间相互作用的精神基础上所发挥的不可或缺的作用。

基督教精神价值为核心的欧亚主义价值体系是不同文明之间发展平等关系的范例,它承认其他文明和文化的存在和发展权利,并与它们展开积极的合作。

考虑到本次会议的主题是讨论基督教在中国的作用,所以在我看来,本次会议具有重大的文化意义,同时从建立真正的新的公平的国际关系上来看也具有重要意义。

以上我们说过东正教是俄罗斯欧亚文化的根基,欧亚主义者认为东正教在维护和发展自己精神价值的同时,应该对非东正教民族的文化和宗教持更宽容的态度,与他们寻求共通点。根据 Л. Н. 卡尔撒文的观点,只有那个时候,东正教才可以以自己的创造性精神支持帮助俄罗斯民族取得科学技术以及各项工业成就。当今世界文明危机,社会的需求危机使人们需要重新从基督教提取精神价值。

俄罗斯文化的欧亚特性和东正教的影响在本国文学中得到最充分的展示,在文学创作中在提到亚洲和西方固有的文化特征的时候没有思想上的优越感。关于这一点,普希金、托尔斯泰、陀思妥耶夫斯基和其他的文学巨匠给出了更明确地说法,一位研究者认为:"亚洲文化在俄罗斯文学中从来不是从属地位,而是地位平等的一分子。"

引用古代先贤智者的话,"俄罗斯东正教从来都是将国家看成是人们生活中必不可使的元素,应该将个人和社会从罪恶中的危险中解脱出来。"类似的思想也出现在中国的一些关于国家诞生的理论中,比如墨子。东正教认为国家存在的精神意义就是限制罪恶的产生和弘扬美善,从这一方面来看,东正教支持使用国家的力量。孔子的思想"己所不欲,勿施于人"不仅在福音书里得到重现,而且在穆罕默德的古兰经中得到在现。在《俄罗斯东正教社会观的基础》中也曾提到:"尘世间的好生活必须要依靠一定的道德准则,它们是永久解救人类所必不可少的。"

欧亚主义从东正教中引进了同心同德、同舟共济和国家、宗教和平相处的原则，将很多的真理和东正教所倡导的准则用世俗文字表达出来。这是亚欧观对本国文化的又一贡献。在宗教教义中，教会与国家和谐共处意味着要共赢合作、相互支持、职责明确。

欧亚主义将不同文化的共同发展、相互合作与相互作用视为文化间关系的典范，这与东正教的社会目标不谋而合。20世纪90年代的地区主教会议认为："在俄罗斯东正教上千年的发展历程中以爱国主义和博爱思想教育信众。爱国主义表现在对国家历史遗产的爱护。在世俗活动中，积极与民众同甘共苦，以极大的热忱参与劳动中，积极关心人民的精神状态。"

在承认国家法律的前提下，在评价人类社会的时候，教会表现出现实主义的态度，反对将基督福音书戒律国家化。在《俄罗斯东正教社会观的基础》中提到："……在福音书的基础上制定民法刑法和国家法是行不通的，因为如果社会没有完全教会化，也就是说没有彻底战胜罪系，那么教会的法律就不能成为世界的法律，而这胜利只可能发生在末世论的远景中。"

高级僧侣会议出的新的社会学说深刻融合了爱国主义思想和对俄罗斯创造力的信念。这些爱国主义思想与欧亚主义观的爱国主义思想相吻合。欧亚主义自始至终支持实现统一而强大的俄罗斯，想念俄罗斯族人能够发挥中坚作用，在平等的基础上将各民族团结起来。在对古米廖夫最后的一次采访中他说道，欧亚主义是拯救俄罗斯的必然选择。

现代人类文明遭遇了新的全球化和区域化现象，俄罗斯东正教对于这一客观趋势保持着清醒而现实性的态度，呼吁人类社会避免走向极端，避免西方国家借全球化强行植入西方的价值体系和全盘的西方化，破坏发展中国家文化的特性。在《俄罗斯东正教社会观的基础》中，关于全球化和基督教的相互关系明确地指出了这样的原则：不在于上帝的力量，而是真理的力量。基督教关于人民和国家行为的理想是黄金准则：在方方面面，如果你想别人像你所期望的那样对待你，那么你自己也要像那样对待别人。东正教信徒和欧亚论者都希望建立这样的一种国际关系，建立这种新的国际秩序，这样的关系和秩序能够最大限度地带给人民、每个家庭福泽。

现实地评价全球化带来的挑战，俄罗斯东正教认为，全球化带有积极性的一面,它加速了全球科技、人力、物力、信息的快速转移。同时,这一过程隐藏了许多负面的因素。分隔于各地的社会群体今天更容易相互接触、相互交融,形成多文化中心,然而,这一过程伴随着富有精英对他人的统治,一种文化的世界观对另一种的征服,这在宗教领域是无法容忍的。总之,就像在《俄罗斯东正教社会观的基础》中说的那样,存在将包罗万象的、精神空虚的文化当成唯一标准的趋势,而这种文化认为人类无所不能,并且视自己为衡量绝对价值和真理的尺度。这一全球化的发展进程在很大程度上可与基督教世界中巴别塔的建立相对比。

东正教反对文化个性的缺失,反对文化扩张主义。精神和文化的扩张能够导致全面的统一,在东正教社会纲领中如是表达。因经,必须凝聚宗教力量,国家机构、公民社会和国际组织建立一个真正平等的环境来实现文化间的平等交流,信息交换。

1917年以后,俄罗斯成为了世俗国家,苏联和今天的俄罗斯也是世俗国家。1993年12月12日通过的俄罗斯宪法规定:"俄罗斯联邦是世俗国家,……宗教团体与国家机构相分离,在法律面前享有平等的权利。"

这就将俄罗斯境内的所有宗教确立了法律地位,其中包括俄罗斯东正教。需要指出的是,俄罗斯东正教作为最重要的因素将俄罗斯的民族和公民社会紧紧凝聚在一起。俄罗斯民族国家的产生是世界历史上最重大的事件之一,东正教在这一过程中所发挥的作用在我看来是非常巨大的。

可以说在当前环境下,俄罗斯东正教是维系俄罗斯各民族和领土完整的重要的纽带,因此,难怪国家政权的拥护学者发展这一新的欧亚主义。20世纪20—30年代欧亚主义的思想得到广泛的接受,东正教的精神价值成为俄罗斯民族精神最重要的组成部分。

三

当今,全球化的进程伴随着低劣的大众文化的扩张,俄罗斯欧亚主义提出了可供选择的文化交流模式,即共同发展和实现多样化的统一,其相互作用的基础就是坚持各民族文化之间的相互平等、和谐共存以及对彼此文化的独特性的相互尊重。

在此,我想回答一下目前吸引了俄中友好协会以及俄罗斯汉学家的注意的问题,那就是由于东正教在中国现状的看法。

我们认为,应研究这一难题并且和中国朋友们达成相互理解,研究东正教以及东正教信徒在中国和在其他国家的地位和公民权力,这些对于深化俄中友谊、扩大睦邻友好合作的战略伙伴关系的精神内涵具有非常重要的意义。

1949年新中国宣布成立后,俄罗斯东正教传教使团停止了在中国的活动,向中国转交了很多物资,在中国形成了独立于俄罗斯东正教会的中华自治正教会。莫斯科教区的专家认为,目前在中国共计存在9000到10000名俄罗斯族和汉族中国公民信仰东正教。在扩大俄中两国的合作和交流的过程中,成千上万的俄罗斯东正教信仰者拜访中国并且长期居住在中国。

我想提示一下,在1949年的时候在中国有一百多个东正教教堂,其中有一多半位于中国东北。尽管在中国成立后大多数的俄罗斯移民都离开了并且教会也关闭了,但是中华自治正教会凭借其独立自治的权利依然继续着自己的事业。原则上有一个事实不可忽视,就是在20世纪50年代正教会的负责人是中国主教瓦西里·舒安和西蒙·杜。

在这里需要强调一下,中国东正教信仰者始终持有爱国立场,他们与自己的祖国同休共戚,在当局与西方教会发生冲突的时候从来不感到困惑。首先是与天主教发生的冲突,罗马教廷试图干涉中国内政,不同意中国政府任命的主教,而如果是中国享有高度自治的东正教则不会遇到这种问题。在中国土地上的东正教坚持这样一个原则,"凯撒的归凯撒,上帝的归上帝",不会干涉中国的内政,与中国政府有良好的合作。

遗憾的是,中华自治正教会并没有在地区主教会议上选出中国大司祭。我希望在不远的将来,中国能够在培训神职人员以及选拔中国国籍的司祭方面找到解决方法。

中华自治正教会拥有几座教堂,它有成千上万的教区居民,但是它却没有司祭,没有主教,在中国没有一所东正教教会学校。据我们所知,俄罗斯东正教会准备出资招收中国大学生到俄罗斯接受神学教育,也会派遣本国司祭前往中国,当然,前提是得到中国的许可并且收到地方宗教团体的邀请。形式上这不违反中国的法律。

信仰者数量少并不能是东正教被遗忘的理由。中华自治正教会的复杂处境不能不引起关注,因为俄罗斯东正教自始至终都对中国的新生政权保持着尊重。东正教传教使团的全部财产都自愿地转交给了中国政府,这些在上面已经提到了,而且中国东正教信仰者也没有进行任何反党反动宣传。来自美国和欧洲的基督教团体可以自由派遣传教士到中国,培训中国牧师,向中国宗教团体提供资助,而东正教在这一方面还远远没有达到,让我们感到深深遗憾的是,这表明了双重标准的产生。

俄罗斯东正教公民和莫斯科教区仍一如既往的支持俄中之间发展睦邻友好和相互理解的国家关系。通过与中国政府开展诚恳的对话,在中华自治正教会的法律活动范围内积极解决问题,将有助于加强俄中发展友谊和合作的精神基础。

在我们看来,中华自治正教会的发展能够成为中国人民精神生活的重要成分。如果我们重温在 1950 年确定的国家和教会之间相互接受的利益平衡精神,我们应该指出,中华自治正教会完全符合"三自"原则,即中国教会应该自主,自传,自养。

正如我们以上所提到的,东正教传统特色在于它不会冲击中国的文化向心力。相反,由于自己的欧亚双重特性,还和中国文化发生共鸣,增强其精神文化价值。因此,我们要支持俄罗斯东正教,支持俄罗斯大主教基里尔在关于寻求对东正教的正确评价和在远东的发展前景的观点。我们赞同东正教关于遵守各国家和各文化的政治平等性原则,同时也要考虑到它不能够被机械地带入精神领域。在当今文明危机的情况下,东正教有责任为东亚地区建立独特的基督教文化根基建言献策,俄罗斯东正教应在这一过程中发挥主导作用,在中国、日本的自治正教会亦是如此。

我们认为,寻求相互都能接受的解决东正教会在中国的法律地位问题,以及在中国为东正教信仰者建立良好的社会条件在发展俄中关系中占据着非常重要的地位。因为东正教的欧亚本质与中国价值体系和文化精华相接近。

在当今中国精神宗教领域上关于"建设性的"和"非建设性的"划分不可能按照"中国的"和"国外的"路线来进行。

中华自治正教会的命运不仅取决于中国政府对教会的态度,这个问题还有一个非常重要的方面。问题在于当今越来越多的中国公民居住于俄罗斯,其中的一些人或早或晚会进入教堂,正如发生在西方国家的事情一样。

在这种情况下我们就有了与中国同行、朋友们开展俄罗斯东正教与中国传统文化进行欧亚对话的想法。

对话的内容应该包含以下方面：

——弄清俄中精神世界中民族和文化的同一性中相似或相近的成分；

——讨论俄中精神价值体系中在抵制消费主义、拜金主义、利己主义和大众文化的扩张上所具有的共性。

——审视俄罗斯东正教会在不同文明对话上的聚合性（团契精神）和谐共存性态度与孔子所提出的"和而不同"的思想的遥相呼应。从另一方面来看，具有聚合性的东正教和欧亚思想与中国传统的"大同"思想的遥相呼应。

在比较分析中国仁爱哲学和基督教博爱思想中，将俄罗斯东正教和中国儒家思想进行文学化对照存在着广阔的空间。

俄罗斯的汉学在研究复杂的精神文化信仰问题时或许会向教会提出帮助，比如，中国强身简体的搏斗艺术——气功和中国的风水学就是这样的例子。一些人认为这些爱好并不是什么神秘莫测的东西，并不会与信仰东正教发生冲突。以上现象和东正教信仰的相容性应该在宗教范围内确定，而不是世俗科学的范畴。

研究中国宗教迷信的产生是一个非常重要的问题，例如，被中国驱逐的邪教在其他国家找到了新的据点，其中包括俄罗斯。一些邪教信徒在圣彼得堡已经建立了稳固的基地，他们在俄罗斯丑化中国。这里教会和科学也应该携起手来一起去抵制它，这不仅有助于加强俄中人民的友谊，也是为俄罗斯民众的身心健康而着想。

最后，我希望俄罗斯社会关注中国基督教的历史和现实问题，建立一种更加富有成果的教会和世俗研究者之间以及俄罗斯和国外专家在研究这一问题上的新型合作方式。除了东正教在中国的历史，会议的主题还包括其他宗教使团在中国的历史和现状问题，以及借鉴他们与中国社会和文化合作的经验问题。这些问题不仅对教会，对俄罗斯汉学研究的世俗分支同样意义重大。

我希望活跃教会和中方的对话将会成为本次会议的重要成果，使我们更加细致地讨论中华自治东正教会的活力问题。

我相信本届大会将会对深化相互理解做出重大贡献。

东方学在研究远东国家文明及其社会经济复苏经验中的作用

研究远东国家社会经济发展和现代化的经验，及其国家历史和文化，已经成为我国东方学研究的重要研究方向之一。当今的世界状况导致了对东方印象的根本转变,因此,东方学的科学和社会意义也获得了提高。那些曾是殖民地或半殖民地的大部分东方国家已经从历史的客体转变成了世界历史进程的积极推动者。

对于俄罗斯这一亚欧国家而言,它的文化是斯拉夫文化与欧洲文化的复杂结合体,并包含有拜占庭文化、突厥—阿拉伯文化、印度文化、中国文化、蒙古文化等不同形式的文化因素,因此,东方学是俄罗斯具有重大社会意义的文化因素之一。我国在东方学上的成就使得俄罗斯人增强了民族意识。

从上述提到的东方学高级人员为中、高等教育体系和实现与东方国家保持联系的社会和国家机关所做的准备来看,这些准备对于俄罗斯而言具有重要的国家政治和文化意义。我国东方学为俄罗斯与其他东方国家相互理解、互相协作和开展文化对话奠定了语言学、文化、历史和科学认识的基础。

同时,东方学的研究得以使俄罗斯文化在世界文化和文明坐标体系中确立了自己的地位,同时加强了俄罗斯人民族和文化的同一性。东方学的研究厘清了俄罗斯文化与其他东、西方民族文化的关系,通过这些研究,一方面阐明了俄罗斯文化的全人类文化价值,另一方面也显示了俄罗斯文化和俄罗斯族文化的独特性和民族特点,更加清楚地界定了哪些文化因素可以成为俄罗斯文化与其他文化在对话和合作中互相学习和丰富的对象。

东方学在认识作用和社会作用上的一个重要方面是,研究东方国家的社会经济和文化的发展经验,其目的是推动俄罗斯氏主的发展并融入欧洲—大西洋地区和亚洲—太平洋地区的一体化进程。同时也在解决俄罗斯西伯利亚和远东地区快速发展问题上具有重大意义。俄罗斯目前的经济困难限制了它调动资源和集中力量加快西伯利亚和远东地区发展的可能性。因此,为了促进占据国家 60—70% 的自然资源的东部地区在经济和社会领域上的发展,必须拓宽俄罗斯与亚洲邻国和所有亚太地区国家各种形式的经贸、科学和文化合作,还要吸引投资者进入我国东部地区。同时,这一地区人烟稀少,一直以来都只是作为俄罗斯欧洲部分的资源原料供应方。

在远东研究所,首先由 B.C. 米亚斯尼科夫院士领导的俄中关系研究中心和经济学博士 B.B. 米赫耶夫领导的社会经济研究中心就利用与东北亚国家的合作加快俄罗斯远东地区经济发展并提升俄罗斯在亚太地区的经济地位的可能性做出了研究。研究成果表示,俄罗斯应该积极参与类似于与中国、日本、韩国和朝鲜在贸易、投资和服务领域共同开发图们江的国际项目。我们专家在哈巴罗夫斯克和滨海边疆区进行的田野调查表明,俄罗斯与东北亚国家进行成功的经济合作存在巨大的但尚未开发的潜力,同时也存在阻碍这一潜力发挥的严重问题。在给俄罗斯政府和地区政府提供的《俄罗斯在东北亚的利益及其利用与东北亚国家的全方位合作促进远东地区经济发展的前景》的报告中列举了克服现存困难的可行性方法。按照联邦委员会主席 E.C. 斯特罗耶夫所给的任务,我们俄罗斯科学院远东研究所的学者于 1999—2000 年间完成并递交了有关《21 世纪俄罗斯在亚太地区的发展策略》的详细报告。

东方学如同其他社会知识的分支一样,与国家政策和社会活动紧密联系。这种科学、政治和社会之间的联系是东方学的一种现实需要形式。俄罗斯与其他东方国家关系的历史经验以及在这一关系中占有重要地位的戏剧性冲突证明,如果忽视或对这些国家的实际情况毫不知情,对汉学、日本学、突厥学、阿拉伯学和印度学等所取得的巨大成就视而不见的话,就会导致采取错误的政策决定,提出不切实际的战略目标。最终便会导致悲剧的发生,并会给俄罗斯与其他东方国家的关系带来最悲惨的后果。最明显的证明便是上世纪 50—60 年代对有关中国、日本和其他东方学科研究的锐减所带来的损失。20 世纪 50 年代东方学和汉学培训学院、科学研究所的关闭以及有关中国的专门杂志的停刊不仅对于东方学和东方学学家的培养不利,甚至对我们国家与中国、日本、韩国、印度和阿拉伯国家以及以色列的关系也是非常有害的。过去社会和国家人士完全没有机会获得与这些国家发展相符的科学知识,政治决定也往往是根据那些没有掌握丰富的国情知识和类似经验的使馆外交人员的一家之言而制定的。

现在在俄罗斯社会人士和国家领导人的意识中,已经深刻意识到我们国家文化的欧亚本质,以及与其他亚太国家保持紧密合作的重要性。在有关远东国际政治问题和俄中关系的研究当中,以下问题得到了长足的重视:在合作的基础上确保亚太地区的安全;和平解决朝鲜半岛核问题,推动韩朝对话;实现俄罗斯、中国、美国、日本、东南亚国家联盟中的国家以及印度在维护和平、加强合作、确保安全上的相互理解和相互协作；推动在多极化的世界中建立一个公正合理的国际政治经济新秩序。俄罗斯科学院远东研究所与中国、美国、韩国、印度、德国和日本的研究中心在维护地区和平、合作和安全问题以及推动建立公正合理的国际政治经济新秩序问题上所进行的课题研究具有重要的意义。

在与自己的外国同事所进行的会谈当中，远东所的学者们就俄美在亚洲区域合作的重要性进行了论证。冷战结束之后俄美合作的思想首先在维护亚洲，尤其是东北亚地区安全，促进地区国际关系和谐发展以及加快俄罗斯西伯利亚和远东地区的发展，实现其经济在亚太地区的增长等方面得到体现。

通过对东北亚地区当代形势的研究我们得出结论，尽管仍有个别冲突的再次发生，但是由于在亚太地区、东北亚地区和全球总体上的巨大转变，在当下的远东地区蕴含着新的地缘战略形势和政治环境，可以在合作的基础上促使该地区各个国家安全思想的达成和落实。这为俄罗斯实现与其邻国以及其他亚洲伙伴的全面合作创造了条件，以此推动俄罗斯西伯利亚和远东地区的经济发展。

研究还阐明了东北亚地区威胁和紧张局势存在的潜在源头，并给出了解决这一问题的意见和建议。同时对提高俄罗斯在构建地区安全体系上的建设性作用给予了高度重视。

对于亚太地区的当代国际关系和俄罗斯与远东国家之间的相互关系问题，主要从三个层面进行了研究：全球层面、地区层面和国与国之间的层面。对该地区国家的外交政策和战略的分析，对他们民族国家利益的对比，以及对他们历史经验和实力分配的思考构成了预测国际关系和国与国关系发展变化以及确定该地区政治环境发展的可能性变化的根本支柱。

按照传统我们研究所的研究重点往往放在俄中关系的现实性问题上。

过去的几年强有力地证明了我们远东所学者们的观点，即在双边交流中存在摩擦和冲突这一条件下，俄中关系发展的主要趋势不是竞争，而是在国际舞台上的合作，在 21 世纪更是采取了战略协作伙伴关系的形式。

如果不是将对俄中关系的历史经验研究作为在远东和亚洲东部地区

国际关系历史研究的重要分支的话,在远东地区对于国际政治现实问题的研究也不会结出丰硕的成果。对于长达 400 年之久的俄中跨国关系的研究主要是由俄中工作小组在"17—20 世纪俄中双边关系"项目的框架下完成的,他们的主要领导人是 C. Л. 季赫文斯基院士和 B. C. 米亚斯尼科夫院士。俄罗斯与包括中国在内的其他东亚国家的跨国关系被看作是国际文明关系的典范。研究中俄中外交关系史和中国边境政策得到了更多的重视。

　　研究主要在两个方面展开:多卷的《17—20 世纪俄中关系档案汇编》的编写和著作的撰写。已经出版了 5 本文件的汇编。在 1990 年出版了《18 世纪俄中关系档案汇编》(卷二)。1992 年俄罗斯科学院远东所的学术委员会决定继续延续这一汇编的编写,并补充了从 1917 年到 1991 年间的文件汇编。1995 年又出版了《19 世纪俄中关系资料和档案的汇编》(卷一,1803—1807 年,1022 页),而在 2000 年有关 1937—1945 年间苏中关系历史的双卷本汇编面世,其中包含了 1000 多个档案,大部分都是首次公布。本卷档案集涵盖了这一时期俄中关系和世界范围内发生的重大事件,包括第二次世界大战。今天,这项工作仍在按计划实施。类似这样的文件汇编在世界汉学研究里是没有的。

　　近几年俄罗斯汉学家和在中国、日本、新加坡、印度、越南问题上的专家出版了许多大部头著作,深刻而全面地分析了在这些国家中社会经济改革的经验,这些经验见证了实现现代化和发展的民族模式要与西方管理模式经验合理地结合起来。令人遗憾的是,我国东方学所取得的成就并没有受到人们的追捧,反而受到了俄罗斯改革激进分子的公然忽视。与此同时,在上述提及的国家的经验当中包含了诸多重要因素,这些因素在经过创造性改良之后能够为俄罗斯的改革服务。这本应该使俄罗斯以其巨大的科学、自然资源和智力潜力取得比日本、中国、亚洲四小龙和越南等国家更加显著和出色的成就。那个时候俄罗斯的作用问题和有关融入世界文明的说法就不再被视为是对俄罗斯人的民族自尊心的损害。

　　东方学的巨大成就对于公平地开展包括俄罗斯在内的个别文明的文化历史研究具有重大意义。特别值得一提的是有关东西方文化价值观总体现象的研究,以及这项研究为制定符合俄罗斯人民族和文化自觉性的国家发展策略所发挥的作用。在这方面日本、中国、韩国、新加坡、越南和印度等国家的经验都值得当代的俄罗斯去借鉴。

日本著名的政治家、社会人士、前日本首相中曾根康弘在自己的书中写到:"……正是悠久的高度认同的日本传统文化与明治维新之后传入日本的西欧文化在思想上的融合构成了国家自信的基础"。随后,当谈及自由主义原则在日本的运用时,中曾根康弘说:"应该实现具有日本特色的自由民主制度;权利体系和义务体系必须相互对应,这两者必须要继承蕴含在日本传统、道德和习俗当中的历史智慧。"

抛开在发展策略中所犯的一系列错误,当今的新加坡经验以及亚洲四小龙的经验在总体上证明了他们在利用优秀的民族传统和学习、借鉴别国经验上深刻而透彻态度,必须要将他国的经验本土化,如中国化、日本化等。

1999年来自中国和俄罗斯一批作家团体共同出版了一部著作——《中国在现代化和改革的征途上》。在书中对中国社会经济改革的经验进行了尝试性全面分析,并指出了这些经验当中值得俄罗斯去学习和借鉴的要素。书中写到:"俄罗斯亚欧文明与中国古老文明的对话经验为构建多极化世界,以及在和谐、平等、互相理解、互相学习的基础上保持所有文明的生命力,促进其革新,而不是将所有的形形色色的文明和文化进行统一化树立了典范。"

对俄罗斯远东邻居改革和社会经济发展的经验进行的研究可以使我们用新的眼光去看待苏联历史经验。在对国家行政指挥体系以及国家对生产过程的行政指挥干涉的批判中,不分青红皂白,将苏联积极的一面也一起否定了,如:苏联在经济发展方面的有效经验,特别是计划体系和国家对中央和地方的合理管理,以及对社会和经济问题的解决。在日本和韩国的国家管理体系中存在一些专门机构,其职责与当年的苏联计划委员会相似。这种机构在日本被称为贸易和工业部,在韩国则是财政和工业发展部。众所周知,在中国、越南和印度都有国家计划体系,对国家发展进行指示性管理。

中国台湾地区"行政院"经济计划和改革委员会主席张俊雄对此表示说:"1953年以来在台湾先后实行过11个四年(或六年)发展计划。目前在台湾正在实行于1997年通过的21世纪发展计划。每一个发展计划都有相应战略和发展点;在维护安定和平等的条件下,每一个发展计划都促进了经济的发展。"

这些机构使得我们不得不去思考在俄罗斯对有关国家、国家规划和指示性计划的作用进行重新评判的必要性,以及在经济和法律原则基础上建立相应调控体系问题的必要性。

目前俄罗斯仍然保持着巨大智力和文化潜力,为解决国家发展问题必须充分有效利用人力资源并借鉴他国经验。因此,日本、新加坡、韩国、印度还有越南在全民教育体系发展,培养高层次专家,培养公民在科学、技术和文化领域积极创新的精神,并形成他们对民族传统和民族文化成就的尊重等诸多方面所给予的关注获得了外界高度的评价。

特别应该指出的是,俄罗斯应该学习日本经验中对公民新的劳动生态文化的培养,使其保护、珍惜和节约利用物质资源和自然资源。

对不同方向的东方学高层次人才的培养是一项社会意义重大的事业。尽管面临诸多经济上的困难,但是,不管是在莫斯科大学附属亚非国家研究所、圣彼得堡国立大学、远东国立大学和莫斯科国立国际关系学院的东方学系这些培养东方学人才的中心,还是在培养高级科学人才的东方学研究所、俄罗斯科学院远东研究所和其他东方学中心,他们的培养质量都是符合相应的科学教育水平要求的。

18世纪末以来在俄罗斯便已经存在许多汉学、日本学、突厥学、阿拉伯学、伊斯兰学、印度学和其他学领域的杰出流派。这些流派的领导人都是当时世界科学和文化研究领域著名的研究者。当代的俄罗斯东方学学者继承了我国东方学优良的民主传统。

但是在高等院校尤其是科学领域的青年才俊仍属凤毛麟角。科学和教育事业的威望也日渐衰微。这给未来东方学领域的科学事业带来了巨大的压力。研究远东和亚太地区国家的科学中心——俄罗斯科学院远东研究所和东方学研究所等院所目前面临重大的人才缺口。研究所的科学工作者日渐衰老,而年轻学者数量太少,根本无法满足人才需求。因此,必须从国家的经济和文化层面采取全面而迫切的措施,来振兴东方学学科的威望,为教育者和东方学专家的工作创造良好的物质技术条件。

在当今俄罗斯的大学和科研中心,得益于学者们的热情和自我牺牲精神,今天俄罗斯东方学研究在很大程度上仍然保持着先进的水平。

(赵鹏飞 译,刘宏 校)

新欧亚主义:亚洲视角***

> 真理不因人们不承认它而痛苦。
> ——弗里得利·席勒
>
> 不恢复俄罗斯人的精神就不能恢复它的领土。
> ——费多尔·阿布拉莫夫

在罗斯—俄罗斯一千多年的历史中已经不止一次经历过转折,她犹如民间的勇士正站在十字路口上。耳边再次响起果戈理忧伤的询问:"罗斯,你将去往何处?请回答。而她却不回答。"

是的,回答这个问题并不容易,虽然在我国存在不同程度的衰落是确定无疑的。许多权威的政治家和学者们一致承认,俄罗斯可能避免、应该避免也必须避免滑向分裂的深渊,重蹈苏联解体的覆辙。但是,为此必须唤醒沉睡已久的俄罗斯人民,使他们认识到危机的深刻性,对国家的完整、所有民族和人民的未来的威胁性。必须恢复断裂的自我认知,停止分裂的进程,整理自己的家园,恢复对国家和经济的有效管理,关心国家安全的巩固。

完成这一项艰巨的使命需要所有政治党派、社会团体以及关心祖国和民族命运的公民的积极参与和共同努力。为此他们

---

* "现实主义者"俱乐部研讨会上的发言,1995 年 5 月。

** 本篇选自:М. Л. 季塔连科,《俄罗斯面向亚洲》,莫斯科,1998 年。(Титаренко М. Л. Россия лицом к Азии. -М. : Республика, 1998. — 317 с. — 2000 экз. — ISBN 978 — 5 — 250 — 02690—1.)

应该具备让全国各民族和人民都能够理解并接受的统一思想,以及在这一思想基础上制定明确的、为大众接受的、现实的对内和对外政策。

我们认为,在目前情况下这种具有新的地缘政治、经济、社会、文化和外交特点的复兴和发展俄罗斯的统一思想只能是新欧亚主义。当然,人们可以从不同的政治立场来反驳它:

那为什么不是马克思列宁主义、无产阶级国际主义和苏联爱国主义,这些思想不都是消失的苏联的思想基础吗?

那为什么不是新保守主义思想或者资产阶级自由主义思想?

那为什么不是俄罗斯帝国主义和它的三个原则:东正教、专制制度和人民性?

最后,为什么也不是俄罗斯的民族主义和爱国主义思想呢?

我们对以上这些问题的一致回答是:首先,以上这些思想或者本身已经销声匿迹,或者没有证明自己的正确性;其次,这些思想都无法成为目前国家利益的公分母,保障为数众多的民族、不同的社会团体和宗教信仰的人民在统一的、民主的俄罗斯国家中得到生存和发展。

以上提到的任何一种思想在我国的社会政治和民族范围内或多或少都具有一定的现实依据。但只是在俄罗斯的某一部分,而不是在全国范围内,至少不是绝对多数。而符合大多数人的切身利益和愿望的是使俄罗斯尽快地摆脱目前的危机,保持国家的完整,并沿着符合自身文化、民族环境和自然环境的特点的深化改革的道路前进。

能够集中准确地体现所有民族、社会阶层和宗教人士共同的、至关重要的原则性利益的思想只能是新欧亚主义。它能够将左翼人士和右翼人士,激进主义者和保守主义者联合到统一的旗帜下。它有能力实现国家统一、加强宪法、巩固联邦中央权力、协调中央与地方的联系、改善民族间关系、保证国家经济的恢复和发展的全国性纲领。

然而,新欧亚主义作为能够使生活在俄罗斯境内的所有民族和人民实现统一、和平共处、共同发展和繁荣的思想,却遭到了尖刻的反对,因此不得不加以注意。这里所指的是,爱国主义民主派和共产主义正统派阵营中一些相当有影响力的政治家和学者的公开声明:"今天的欧亚主义是否定俄罗斯的一种方式"①。一些人断言,这是企图将伟大的俄罗斯人民

---

① Евразийская перспектива. М.. 1994. C. 117.
《欧亚主义前景》,莫斯科,1994 年,第 117 页。

和"伟大的俄罗斯文化"融化于欧亚大染缸的狡猾手段。比如,克·米亚洛认为,20年代传统的欧亚主义是"回应灾难的某种形式",而在今天"欧亚主义概念本身就是一种新的灾难,具有不确定性和随意性,毫无意义可言"①。

根据克·米亚洛的观点,重要的是今天不仅不具备产生欧亚主义思想的前提,而且"向其反方向发展"②。"远离西方"今天被"激进的西方中心主义"所替代(克·米亚洛称之为欧美中心主义)。承认文化的对话、过去革命的价值、甚至苏联是俄国的继承者—今天看来已经毫无意义,因为当今的俄罗斯成为摧毁苏联的始作俑者并为本国的发展设置障碍。克·米亚洛还认为,过去人们承认俄罗斯民族在体制建设、国家建设和文化建设中的明显作用,而如今在被称之为欧亚的空间内,俄罗斯在以上方面的独特性已经消失。"古典欧亚主义正是由于承认俄罗斯是联系欧洲和亚洲的纽带而产生的,然而俄罗斯已经失去了这种作用。"③

克·米亚洛进一步指出,俄罗斯民族的作用急剧变化,失去进取精神并在逐渐消亡。同时还引用美国学者的预测,似乎到22世纪初俄罗斯人口将减少到2200—2300万。他还指出西伯利亚和远东地区的"中国化"威胁。东正教也可能失去精神领袖的地位和凝聚人心的作用,并可能与其他宗教发生激烈的竞争。

克·米亚洛认为,正是俄罗斯人创造了文化的和谐共处、共同发展与对话的条件,这一点我们在总体上也是同意的。在主权化过程中,俄罗斯人到处遭受到歧视和排挤。一些研究者发现,由于民族自我认知的薄弱和断裂,俄罗斯人对此并没有反应或者采取"不反抗恶"的态度。俄罗斯族人占俄罗斯总人口的83%。但是,在俄罗斯境内的很多自治区,更不用说前苏联加盟共和国了,他们的公民权利遭到严重的破坏和践踏。克·米亚洛和其他阵营的一些政治家认为,"俄罗斯模式只能接受俄罗斯族人和与他亲近的人民"。换句话说,就是公开宣扬俄罗斯民族主义学说和建设单一民族的国家。

---

① Евразийская перспектива. М.. 1994. С. 101.
《欧亚主义前景》,莫斯科,1994年,第101页。

② Там же.
同上。

③ Там же. С. 105.
同上书,第105页。

克·米亚洛说的很多内容的确让人痛心疾首,也真实地描述了俄罗斯社会悲剧的一面。这是前苏联人民,尤其是俄罗斯人民经受的一场悲剧。俄罗斯人再次用其东正教的无限忍耐力承担了国家分裂和危机所带来的痛苦和负担。的确,有时会产生这样一种印象,俄罗斯人默默地下定决心、齐心协力地重复耶稣基督的热情。这不完全是由于薄弱的民族意识,虽然这是一个必须承认的事实,主要原因在于俄罗斯的知识分子和大众传媒。俄罗斯人和俄罗斯公民的自我认知被有意地扯断、故意地淡化并使其脱离历史根基,而俄罗斯历史本身也遭受来自知识分子或其同行在本国和外国的大众传媒上各种各样的侮辱。首先,近十年来俄罗斯人被加以一系列罪名,并要不断地忏悔自己和别人的罪过。我们不得不承认有关俄罗斯族人在俄罗斯境内,俄罗斯人和讲俄语的人在前苏联地区的境遇很多都是事实。但是,我们认为有充分的理由怀疑和反驳克·米亚洛和其他一些政治家的结论和预测。

毫无疑问,俄罗斯应该立刻采取坚决的行动以有效地保护俄罗斯人的权利,不论是在国内,还是在国外。美国、法国、德国等自由民主的国家,以及中国、以色列等其他国家都多次展示了其捍卫本国人民在国内和国外权利的决心。全球范围内的保护犹太人权利的运动有效地利用了一切国际组织和各种形式的制裁手段,这应该成为俄罗斯政府保护俄罗斯人权利的典范。然而,在对待欧亚主义和民族间问题时采取单方面激进的和随意的态度,不考虑或者忘记其他民族包括少数民族的利益的做法是不可能奏效的。这一做法只会破坏俄罗斯族同少数民族间的信任,引发新的更大规模的流血冲突,而俄罗斯族将成为斗争的对象,正如在车臣问题上一样。此种情况下,在全国其他民族眼中俄罗斯族就真正失去了其和平缔造者和文化载体的身份。难道这就是上述观点的作者想要看到的吗?因此,我们认为,目前情况下需要展现俄罗斯民族最优良的品质——聚合性(团契精神)、善良、对他人痛苦的同情心并准备与他人分担痛苦。这不应该被谴责或解释为失去民族认知、缺乏自我意识和民族自尊心。恰恰相反,这正是俄罗斯民族性、俄罗斯精神、善良、俄罗斯人民博大胸怀、忠实于人文精神,特别是宗教性、道德和友谊理想的集中体现。这里要附上柏拉图的话:"我们在为别人寻求幸福的过程中会找到自己的幸福"。

如果说条件的改变产生了古典欧亚主义和新欧亚主义,这是完全自然的。但是,正如克·米亚洛自己承认的,不论是 20 年代还是今天,产生欧亚主义思想的主要条件是相似的:深刻的危机,地缘政治学、文化、民族和宗教团体"真正的地质结构变动"。但是,尽管存在"地质结构断裂",尽管俄罗斯"挡在"欧亚大陆上,俄罗斯始终位于欧亚大陆的中心。俄罗斯文化、俄罗斯大文明(российская мегацивилизация)与欧亚大陆其他主要文明保持着直接联系和相互作用。她将伟大的俄罗斯文明和许多其他民族的文明联合到俄罗斯国家的框架下,这些文明以各种各样的方式与俄罗斯文明共同存在、互相作用与合作。如果这些民族想要得到发展并与世界其他主要文明进行交流,那么他们就不能回避这种合作。这不仅包括俄罗斯境内民族的文明,还包括俄罗斯境外的原苏联范围内已经建立独立国家的大多数民族。这有力地体现了文明间的吸引力和影响力这一原则。

至于说到俄罗斯民族进取精神的消退、人口减少和灭绝的理论,考虑到俄罗斯人民经历的戏剧性的危机我不会急于做出危言耸听的结论。当然,中央情报局预测家希望在下一个世纪俄罗斯人口减少 6—7 倍是完全可以理解的。然而,在分析近几年数据的基础上是无法得出以上结论的。这需要两三代人进行更加深入和长期的研究。根据列·尼·古米廖夫的进取精神理论(теория пассонарности),一个种族在其发展过程中处于危机情况时,为了生存和延续会开启自我调节模式。他们的行动有时伴随着"压缩"、内部"集中""削减"种族种群数量,甚至缩小或改变领土,严格内部选拔并寻求进取精神的新动因。

以上说的并不是盲目的乐观主义,而是在研究具有生命力的种族,包括俄罗斯民族,历史发展经验的基础上做出的深思熟虑的评价。众所周知,俄罗斯在蒙古入侵、"混乱时期"、国内战争和伟大的卫国战争中损失了多少人。

然而,俄罗斯人民经受住了考验并充满进取精神发展起来了。从中国的历史中也能找到这样的例子。比如,中国在 3 世纪、10 世纪和 13 世纪发生内讧和游牧民族入侵时期,人口减少了 5—6 倍,从 2—2.5 亿减少到 4 千万,但这并没有导致中华民族的灭亡。我们都知道,目前中国的人口已经超过 12 亿,其中汉族人超过 11.4 亿。

是的,在欧亚大陆广阔的土地上,俄罗斯民族与其他民族和文明相互关系的悠久历史中既有紧张的一面,同时又充满了英雄主义、自我牺牲、互帮互助、互相合作与学习的精神。

俄罗斯民族和文化的欧亚人道主义特征最重要的体现是,任何强制实施俄罗斯化、忽视其他民族和文化的独特性的行为都是违背俄罗斯文化精神本质和民族特性的,而俄罗斯民族的精神特征在于对话性、聚合性(团契精神)、富有同情心和共同感知能力。历史上没有任何一个民族,特别是在国家中占绝对多数的民族,能够像俄罗斯民族那样为了少数民族和其他文明的保存、繁荣和共同发展而自我牺牲。

不论波罗的海三国的民族主义者说些什么,只要他们有足够的理智和客观的头脑就必须承认:如果当初库尔兰公国(译者注:位于现在的拉脱维亚)、立陶宛大公国和爱沙尼亚公国没有加入俄国,那么,在今天的世界民族地图上就不会有立陶宛人、爱沙尼亚人和拉脱维亚人了。等待他们的可能是普鲁士人的命运——完全德意志化。最好的情况是在地图上仅仅能够留下他们的地理名称。

在蒙古入侵之后加入俄罗斯帝国的任何一个民族,不论是大的还是小的,都没有从地球上消失,也没有失去自己的民族特点。尽管俄罗斯在民族政策上曾经犯下了许多错误甚至罪行,然而,正是得益于俄罗斯民族的帮助、自我牺牲精神和榜样的力量,大多数少数民族才能够在极短的历史时期里从几乎是中世纪的、甚至是原始的野蛮状态快速发展到现代文明的顶峰!为了便于比较,我们以中国历史上汉族与少数民族的关系为例加以说明。

中国杰出的哲学家、政治家梁启超在 1921 年写到:在 1911 年中华民国出现在国际舞台的前夕,中国就已经形成了伟大的、人数众多的中华民族——"中华国民",汉族和他的祖先在 4—5 千年中不得不尽最大努力使所有少数民族"融入同一口锅"。根据这位思想家的记载,当时解决民族问题的方法包括"排挤、消灭、吞并、改变民族最初特点以及将少数民族变为汉族元素等等"①。

近一千年来,在中国的民族地图上消失了三十多个拥有发达文化的较大民族,其中包括契丹族(俄语"中国"一词的来源)、渤海族、女真族、一部分蒙古族、粳族、僚族、俫俫族、犹太族、阿拉伯族、印度族等。1953 年

---

① См.: Инь бин. Ши вэнь цзи. Инь Бин (Лян Цичао). Собрание сочинений. Т. XII. Разд. 36. Тайбэй, 1990. С. 26—27.

见《饮冰室文集……梁启超著作集》,第 11 卷,第 36 章,台北,1990 年,第 26—27 页。

中华人民共和国人口普查时有四百多个非汉族的民族表明了自己的民族特征,然而,官方承认的只有55个。著名的中国历史学家范文澜曾经写道:"五千年来(汉族及其祖先)吞并了数百个大大小小的民族,并最终变成一个庞大的汉族"①。这是另一种发展文明和民族间关系的模式,它不仅在中国,在亚洲,而且在欧洲和美洲也非常普遍。在这种背景下,俄罗斯欧亚主义伟大的人道主义精神更加凸显出来。

通过与克·米亚洛及其来自不同政治阵营的拥护者关于新欧亚主义的争论,我想再一次强调以下内容:第一,这里谈到的不是某种外来的、投机的、虚假的结构,而是认知和解读俄罗斯文明的奥秘、它的内在本质和目标以及俄罗斯民族原则构成的基础和进取精神的重要来源。因而我们谈论的就不是欧亚主义的好与坏,它是否有助于俄罗斯民族的生存和发展。这是另一个问题,对此我们还会再讨论。

重要的是:俄罗斯文化具有欧亚主义特征——这是一个事实、一种现实,它不取决于我们是喜欢还是不喜欢,愿意还是不愿意谈论它。我认为,这里可以引用弗·席勒的话:"真理不因人们不承认它而痛苦"。是的,真理不会痛苦,痛苦的是那些迷失于黑暗中的人们,没有目标且不知道方向。《圣经》中也记录着:"真正的智慧是知道自己的道路"。

第二,欧亚主义作为东西方不同文化之间进行文明开放、和谐对话的原则不仅具有俄罗斯文化的特征,还具有全球化特征。欧亚主义是有别于一种文化和文明吞并、同化其他文化和文明的又一种选择。欧亚主义是建立世界文明新秩序的先驱,它能够保障文化和文明生态的健康发展,保持民族和文明的多样性。只有在这样的基础上,才能够预防美国学者的悲观预测,如塞·亨廷顿的"文明冲突论"和技术精英统治论,以及弗·福山的"历史终结论"。一些俄罗斯民族性的保护者提出抛弃俄罗斯文化中的欧亚主义,从而保护俄罗斯民族、文化和认知的完整性,实际上,这将会对俄罗斯文化的内部文明结构造成根本性的破坏,改变它的遗传基因并从根本上改变俄罗斯文明的欧亚特征。

如果真能对俄罗斯文明进行改变基因代码的手术,那将会产生让俄罗斯的激进爱国主义者们意想不到的严重后果。这样做的后果将是:由于拒绝同欧亚大陆上其他文明发展开放的、平等对话和团结的关系,俄罗

---

① Фань Вэньлань. Развитие нации Чжунхуа. \\Сюэси. 1950. Т. 3. No. 1. С. 46.
范文澜:《中华民族发展史》,1950年,第3卷,第一章,第46页。

斯文明和俄罗斯民族将会完全失去其独特性,成为欧亚地区的异类并退化为某种边缘的、垂死的文化。显而易见,这就是美国专家们预测的场景,即到 22 世纪初俄罗斯人口将缩减到 2000—2500 万。

在当前信息全球化的时代,已经不能再说俄罗斯只是欧亚文明联系的"桥梁"或者文化间的枢纽。在技术经济层面,俄罗斯可以成为生产合作、贸易往来、铺设跨大陆交通线路和石油天然气管道的跨大陆桥梁,为俄罗斯本国和邻国带来巨大的利益。总的看来,未来俄罗斯将担负新的使命和作用,而且只有它有能力承担,因此,必须将欧亚主义思想作为其强国建设的武器。这里指的是,俄罗斯超级文明有能力在 21 世纪为建立世界文明新秩序贡献重要的力量,因为它制定了聚合性(团契精神)的原则,换句话说就是"全世界"的集体的互助、平等、责任、崇高的精神追求和同情心。

在当今文明间相互联系的全球化进程中,由于西方大众文化扩张和推行世界文明西方化的模式而产生了"文明生态"的问题,解决这些问题需要建立一个权威的国际组织,它将能够协调文明间的联系、完善其法律基础、防止不同地区紧张关系和冲突的升级。或许,需要进一步加强联合国教科文组织的地位和调控作用,赋予它在解决文明间关系中更大的权力,如同联合国大会和安理会在保障世界和平与安全方面发挥的作用。

我们认为,欧亚主义的原则为克服传统的东—西、南—北两极问题提供了可能,为欧亚大陆所有文明共同发展和繁荣、为文化和人民间开展平等对话开辟了道路。

因此,欧亚主义不仅能够成为俄罗斯复兴的思想基础,也能为后工业化、信息化社会中各种文明之间关系的发展提供典范。

新欧亚主义不仅有利于加强俄罗斯民族意识的内部认同,而且可以避免俄罗斯境内所有民族和文化在合作中发生冲突,加深与境外俄罗斯同胞的文化合作和互相联系并保证他们的文明认同。

新欧亚主义集中体现了俄罗斯文明在世界文明中所处的新的地缘政治"所在地"和"发展地"位置,它摒弃了斯拉夫派、西方派、极端个人主义和地方主义的极端性。新欧亚主义坚持个人与民族间的聚合性(团契精神)、互相依赖、互相帮助原则,坚持俄罗斯文明与民族间的平等对话、和谐共处、互相补充和依赖的原则,因为,共同的历史命运使俄罗斯民族和文明紧密联系在一起。

我们认为,在谈及欧亚主义的内容和解读其在亚洲文化间的建设性作用时需要特别强调欧亚主义的亚洲视角。有必要指出这一文明共同体中亚洲和欧洲成分的相互作用。"亚洲主义"是一个多维概念,包括内部和外部的地缘政治、历史文化、民族和经济、生态和通讯信息方面的特点。

关于欧亚主义的亚洲视角,这里我们不打算对蒙古鞑靼人入侵罗斯进行评价。但想指出一点:塞翁失马,焉知非福。我同意以下的观点,即罗斯与金帐汗国的激烈斗争不仅给我们的民族带来了巨大的灾难和不幸,同时也锻炼、团结并培养了俄罗斯超级民族,加快了民族自我认知,燃起了民族进取精神。我很赞成古米廖夫、库尔吉尼扬、和科日诺夫在这一问题上大体相似的立场。库尔吉尼扬写道:"鞑靼人给罗斯带来了东方元素。这可以被看成是邪恶的,是有损于宗教和文化的纯洁性的行为。或许,事情的确如此。但与此同时,鞑靼人在这一进程中却建立了一个本质上完全不同的聚合体,如果没有伟大的东方入侵这是不可能实现的。俄罗斯因此而收获了独一无二的宗教和文化,使俄罗斯发挥了独特的欧亚作用。(我在此处想要补充一点,这一作用的顶点还远没有达到,因此,确切地说应该不是"发挥了",而是"发挥着"。——作者注 M. T.)最后…金帐汗国建立了对俄罗斯来说具有穿透性的、独特的欧亚空间,并实际上将其向俄罗斯人敞开①。

通过以上讨论的内容以及我加上的部分补充,我们得出的结论是:欧亚大陆既是俄罗斯超级民族及其相近民族的欧亚精神性和国家性在地理上发展的方向,也是其在地缘政治和地缘经济上运动、扩展、自我发展和完善的方向。

我们的补充结论是:蒙古鞑靼人入侵罗斯给欧洲带来了中国物质文化、政治文化、甚至精神文化的许多成果,包括集权制国家的许多元素。几乎是在征服罗斯的同时蒙古人也开始向中国进军,并建立了元朝(1271—1368)。中国成为蒙古鞑靼人侵略西方和南亚坚实的物质和文明基础、独特的后方。不知何故许多研究者都没有注意这一点。事实上,中国杰出的学者、军官、政治家、外交家都曾经做过蒙古可汗的顾问。

成吉思汗的后人在其帝国结构中建立的乌卢斯和国家官僚的等级制

---

① Кургинян С. Седьмой сценарий. Ч. Ⅲ. Перед выбором. М., 1992. С. 223.
谢·库尔吉尼扬著,《第七序》,莫斯科,1992年,第223页。

度主要是来源于中国或者来源于与蒙古游牧民族相邻的渤海国,该公国的发展基本是遵循中国的政治文化。

现在我们来比较一下欧亚主义价值体系与中华文明和日本文明对待文明间联系和借用的态度有何不同。

我们先看中国。按照儒家传统思想中华文明最初来源于中国中心论。这一点从中国的国家名称—"中国""天下"就可以看出("中央的国家""在天下面的")。今天中华人民共和国的国名依然保留了这一模式。把中国的全称逐字地翻译成俄语是:"中央的繁荣的人民的共和国"。自孔子开始就已经确立了中国中心主义的思想基础。子曰:"吾闻用夏变夷者,未闻变于夷者"(夏是古代中国的名称——作者注 M. T.)。虽然存在中国中心论思想,但是中国并没有完全封闭。直到上世纪中叶的鸦片战争之前,中国所有的帝王都坚信:中央帝国是世界的中心,它拥有最先进的文化,而周围所有的邻国和民族都是蛮夷并且臣属于中华帝国。其他国家试图与中国互派使节的努力都以失败而告终,因为中国的宫廷礼仪要求外国使节要爬着接近皇帝这位特殊人物,并且要向奴隶跟主人说话一样跪着讲话。当然,这种让人啼笑皆非的仪式早已成为历史。

在几千年的文明与民族间交往的实践中,中国人形成了"化夷"的思想,他们利用其他文明成果的主要方法就是将其他文明中国化。在中国,佛教之所以能够成为普遍接受的宗教,正是因为它经过了几个世纪的与中国传统的民间崇拜、儒家思想和道家思想之间的融合与中国化。在小乘佛教的基础上形成了大乘佛教教派。佛教在与中国道家内省、神秘主义、自我修炼艺术、身体和精神上的自我完善等思想相融合的基础上形成了著名的佛教教派禅宗——"自我修行和自我认知"的学说,并通过日语的名词"禅"而闻名于世。正是在佛教禅宗派的寺院里形成了参禅、身心自我调节、自我修行和强身健体的不同流派。其中就有著名的单独搏斗流派—— 中国功夫,还有各种各样的强身健体的形式,不同种类的气功,这些都是在佛教禅宗派的基础上形成的。

佛教的炼丹术在中国、西藏和蒙古的发展极大地推动了医学的进步,并且使许多草药和天然原料的药物举世闻名。西方的社会理论,包括马克思主义和列宁主义,以及政治民主原则于 19 世纪末在中国的知识分子阶层中得到广泛传播。这些理论和思想同样经历了中国化的过程,然后才在中国的思想政治和社会实践中得到广泛的应用。最早的中国化理论是产生于上世纪 80—90 年代,在太平天国运动之后,称之为"自强理论"。但是,这一理论和实践的中心思想是将中国不可超越的和完美的道德和精神文化与"海外的工艺和技术"——"洋务"(直译为海外的物质方面)结合起来。

然而,中国在 19 世纪下半叶与西方殖民者的战争中遭受的一系列失败,特别是 1894 年日中战争和 1901 年镇压"义和团起义"之后,充分表明这种借鉴国外经验的办法是行不通的。中国精神文化和政治文化的"完善"没能抵挡住用西方的枪炮武装起来的日本,以及人数虽少但武装良好的俄国哥萨克和欧洲步兵,更无法抵挡欧洲的军舰。

中日战争中,日本战胜了由满清王朝统治了三百多年的中国,其结果导致了对满清王朝信任的崩溃,并激发了中国人民的民族主义和沙文主义情绪。孙中山成为中国开明民族主义的领导者。

孙中山曾在日本、中国香港和美国求学。他将西方的自由民主思想、社会主义思想以及社会达尔文主义等政治理论应用于解决中国的民族复兴和现代化问题。这些都凝聚在他的以"民族""民权""民生"为核心的"三民主义"理念之中。同时,他还提出了全面实现中国建设的思想,即逐步实现中国的现代化以及国家在经济、政治、立法、考试及监察等方面的现代化。孙中山在美国民主思想的三权分立原则的基础之上又增加了考试权和监察权两个方面,这两方面自孔子以来就已经存在于中国封建王朝的统治中。考试权的主要职能在于给社会各级和国家政权的各个分支选拔和擢用为国家效忠职守的人才。

孙中山先生对"三民主义"理念的推广开辟了在"化西"原则(即"中国化"原则)的基础上创造性地引进国外经验的方法论。这种方法一直沿用至今。关于这一点在《人民日报》的文章中写道:"……自鸦片战争以来,中国进步的活动家就从中国的国情出发引进和利用西方文化,他们在民族文化的土壤上运用西方文化,即坚持'化西'原则——西方文化的中国化,而不是'西化'——中国的西方化。举例而言,他们以近代中国反帝反封建,争取独立、民主和自强的斗争的实际任务为出发点。孙中山的'三民主义'理念正是在中国国情的基础上提出来的,是中西方文化的结合体。无论外国的文化有多好,只有将其与引入国的民族特点相结合,它才可以在异乡的土壤上扎根发芽。"①

---

① Жэньминь жибао. 1994. 19 окт.
《人民日报》,1994 年 10 月 19 日。

正如我们所见,当今中国改革者所倡导的引进西方改革经验的观点恰恰与俄罗斯政治家斯托雷平当政时的观点一致,在1907年的国家杜马会议上他强调说:"改革只有深入到本国的土壤中才能取得成功"。谈及欧亚主义价值体系和中国文化的相似之处,则会发现两者都强调国家、集体和个人利益的统一,并且当他们之间的利益发生冲突时,个人在道德和义务上的表现特点便是个人利益服从于国家和集体的共同利益。

所有中国古典哲学流派的代表人物,从孔子和墨子到荀子和韩非子,他们都坚持君子崇高的道德追求,主张仁爱,恪尽职守、死而后已,以虚受人,孝敬父母和长辈,力求上进,乐于助人,顺从天下。

中国的报纸指出,这些个人价值是集体价值的一部分。追求自我完善,不管是在家里还是在治理国家时都可以克己守礼,以及实现天下的太平,这些都是人类价值实现的准则。作为君子必须遵循三个原则:"以德获利,通过建功立业来获得功绩以及遵从智者的教诲"①。

这些传统原则在孙中山的理念中得到了最大化的体现:"要舍己为民,以天下为公,"而在当代共产主义的中国则演化为一个原则,即"为人民服务",同时要做四有青年,即"有理想、有道德、有文化、有纪律"②。

西方思想中国化的另一个显著例子就是"毛泽东思想"和"邓小平理论"中有关中国现代化的思想。"毛泽东思想"在中国通常被解释为马克思列宁主义与中国具体实践相结合的产物。而"邓小平理论"与"毛泽东思想"的不同之处则在于,它提出了建设有中国特色社会主义的独特的理论。正如中国学者万建国(音译 Вань Цзяньго)说的那样:"中国社会主义的主要任务就是实现现代化。实现现代化是每个国家的发展道路上都不可或缺的一步。实现现代化有两条道路,一条是资本主义的,另一条是社会主义的。而中国沿着社会主义道路必定可以赶上发达国家。"③

因此,中国并不是把社会主义方式作为一种社会模式来利用,而是作为一种赶超动员的发展模式,以迅速实现国家的现代化。这里需要特别

---

① Лу Вэнь. Очерк к Введению в китайскую философскую антропологию. \\ Жэньминь жибао, 1994. 19 июня.
卢文(音译):《中国哲学人类学入门概要》,人民日报,1994年6月19日。

② Там же.
同上。

③ О современных тенденциях развития социализма. Пекин, 1994. С. 3—4.
《当代社会主义发展趋势》,北京,1994年,第3—4页。

指出的是,在中国的理论家们看来,现代文明的中国化原则与中国传统文化的有机结合是实现现代化迅速发展的必要条件和保证改革稳定性的重要基础。万建国认为:"中国传统文化与现代化并不冲突,儒家文化中诸如严守礼数,学术上的精益求精等思想,都在极大程度上促进了现代化事业。现代化并不主张世界文化的单一化,恰恰相反,它促进了世界文化的多元化发展。"① 由此可见,中国的这一观点与欧亚主义在方法论上遥相呼应。

同时必须要指出的是,在中国理论家和政治家的努力下,"西方文化中国化"的方法在西方国家的社会经济发展模式中也得到了推广。

另一位中国研究者张洪武(音译 Чжан Хуньу)证实了这一观点。他写到:"亚洲的发达国家和地区——日本、新加坡、中国台湾和韩国等,与属于'新教资本主义'的欧洲和美洲国家的不同之处在于,他们选择了独特的'儒家资本主义'模式,并取得了显著的成果。"② 作者认为,发掘儒家传统在中国现代化实践中的精神潜力是实现中国工业文明的不可或缺的前提。③

中国学者们认为,传统在任何国家的动员和原则的形成上一直都在发挥着重要的作用,在后工业信息化的社会中也不例外。

接下来我们来看看日本。值得注意的是,中国理论家关于传统在实现现代化、文明进步、经济发展和改善人民生活质量上所发挥的建设性动员作用的观点与日本主流的经济学家和政治学家不谋而合,这其中有日本前首相中曾根康弘,经济学家金森和森本教授,自然科学家松前达郎教授,政治理论家中岛。中曾根康弘以及与其志同道合的日本著名的经济学家、政治理论家和历史学家在《冷战以后》这本书中全面阐述了以上提到的中国人对待现代化的观点。他们指出:"……日本在遭受了战争失败以后……做出了通过形成独特的日本式经济管理模式来赶超欧美的选

---

① О современных тенденциях развития социализма. Пекин, 1994. С. 3—4.
《当代社会主义发展趋势》,北京,1994 年,第 3—4 页。
② Там же.
同上。
③ Там же.
同上。

择①。"然而我们发现，这一独特的日本模式最显著的特点恰恰就是"儒家资本主义"，这一模式最早在 20 世纪 50—60 年代形成于日本。

上述提及的诸多日本政治家和学者的观点可以证实，自 19 世纪 70—80 年代明治维新以来的一百多年间，日本走过了多么漫长的寻求最佳发展模式的道路。与此同时，在日本也出现了持完全西化观点的激进政客，他们高喊着"冲出亚洲，走进欧洲"的口号。然而，这些秉持西方化观点的性急之人很快便灰了心。在"把日本转变成先进的世界强国，完善日本文化，保持精神和思想上的独特性，尊敬天皇，保持对先人以及大自然的灵魂的崇拜（即神教思想），学习西方优秀的技术和科技成果"的口号带领下，日本开始了现代化和军事化的改革之路。同时，在日本并不提倡与西方国家进行精神和文化上的往来。

与此同时，令人惊讶的另一个事实便是日本从 20 世纪伊始在精神层面上开始提倡学习俄罗斯的传统文学、音乐和绘画。所以，如今很多日本人都非常熟知诸如陀思妥耶夫斯基、托尔斯泰、契诃夫、果戈理和马雅可夫斯基的作品，他们还是俄罗斯芭蕾舞的狂热崇拜者，也是柴可夫斯基、穆索尔斯基、里姆斯基-科萨科夫、普罗科菲耶夫和肖斯塔科维奇音乐的精明鉴赏家。然而，对俄罗斯的无知与不解在日本也广泛存在着，一直抱有成见地认为俄罗斯人是"粗暴的"。

中曾根康弘在自己的书里对俄罗斯的欧亚文明以及民族的自我认知进行了颇有意思的评价。这得以使我们厘清现代欧亚主义中一系列的亚洲因素与日本模式之间的同源关系。中曾根康弘在书中写道："苏联人民就像是失去记忆的人一样，毫无疑问，这会使他们因为无法依托于过去而导致心灵上的空虚……社会主义理想的崩溃将会得到补偿。但是，要想恢复作为传统化身的历史却困难得多！要如何才可以挽救存在于希腊信仰和陀思妥耶夫斯基作品中的'在黑暗中闪光的'善心？在斯拉夫民族还没有在世界之林的广阔天地里抛锚并为自己取得栖身之所以前，改革是可能带来自由化的，但最多也就是合理的自由主义。也就是说，可以初步认定，改革的进程只会导致民主在改革的框架下成为'多数人的专制'，致

---

① Накасонэ Я. и др. После холодной войны. М., 1993. С. 23.
中曾根康弘等：《冷战以后》，莫斯科，1993 年，第 23 页。

使法律接二连三地被制定出来。"①

值得俄罗斯关注的还有一位日本著名政治家有关传统的意义和作用的观点,他认为:"传统是'历史的智慧',因为它使得好习惯与恶习之间保持平衡成为可能。"②勿须多言便可以感受到这些思想与欧亚主义对待传统以及评价其在培养和保持民族认同的作用的观点之间的联系。

中曾根康弘强调了客观信息流在文明与民主的健康发展中所起到的巨大作用,与此同时他对大众传媒表示了巨大的担忧,有媒体出于集团的利益而操控社会意识,损害民族自我意识和民族认同的历史根基,制造虚假精神价值体系,推崇消费主义价值观与"普遍民主"价值观,准确而言就是庶民政治。他引用了苏联解体的例子来阐述了这一思想:"苏联解体是每一个隶属于苏联的共和国寻求属于自己的被遗忘的历史的过程。尽管这里并不认为这样的活动与曾经在苏联共和国里发现的类似,但是在一个自由的世界里对传统的新发现显然会是未来主要的思想任务之一。"③

为了证明中曾根康弘的观点我将会援引 1994 年在喀山出版的论文集《伊斯兰教与基督教的边界地区:研究的成果与前景》中的论述。俄罗斯鞑靼斯坦共和国总统沙伊米耶夫在这本论文集里的《宗教对话,文化对话》一文中指出:"宣告鞑靼斯坦共和国的主权为几个世纪以来形成的民族间的互相理解、互相尊重和文化交流传统的发展带来了新动力。目前,在鞑靼斯坦共和国正在进行一系列的民族复兴进程:恢复原有的管理体系,促使鞑靼斯坦迈向国际舞台,确立鞑靼语作为官方语言与俄语的同等地位,注重宗教和精神遗产的传承。"④

如果说沙伊米耶夫总统事实上依然承认鞑靼的文化中存在欧亚元素,那么论文集中的另一位作者则强调鞑靼文化不属于俄罗斯大文明,而是属于"泛土耳其文明"。阿米尔哈诺夫在《伊斯兰与鞑靼民族的民族意识形态》一文中指出:"整个土耳其世界及其历史、物质与精神文化和普遍

---

① Накасонэ Я. и др. После холодной войны. М., 1993. С. 53—54.
中曾根康弘等:《冷战以后》,莫斯科,1993 年,第 53—54 页。
② Там же. С. 59—60.
同上书,第 59—60 页。
③ Там же. С. 61—62.
同上书,第 61—62 页。
④ Там же. С. 3—4.
同上书,第 3—4 页。

问题是当今世界的一个客观现实,鞑靼民族是土耳其世界和泛土耳其文明的组成部分。因此,鞑靼民族意识形态中包含优先的泛土耳其政治和精神价值。"①在作者看来,鞑靼民族是"世界民族之林中一个可以意识到自我价值和独特性的统一完整的人类共同体"。(这是对跨入"全人类价值集团"的惩罚)所以,作者并没有提及俄罗斯。关于俄罗斯的国家体制也更无从谈起。何来的欧亚主义!

对建立在美国民主模式基础上的"全人类价值"的俄罗斯崇拜者来说,前日本首相中曾根康弘有关大众民主在美国、日本和西欧呈衰落趋势的论断让他们非常不满,中曾根康弘写道:"毫无疑问,美国是新时期'大众民主'的创始人。很遗憾的是,日本在20世纪80年代下半期和90年代初期的民主模式完全是从美国照搬而来的。可以在其中明显地发现诸如以'公共舆论统治'(约翰·斯图亚特·密尔)为表现形式的'多数人的统治'的显著特点。如果更准确点来说,就是以'信息机构制定的观点为统治'的模式。以下是我们对于这个理论的理解:许多大众传媒都将注意力放在了一些负面感受的报导上,诸如嫉妒、不受拘束的愿望以及在全民族范围内表现出来的对社会精神环境的不满等。其结果是这些负面的情绪开始表现得愈发明显。"②

类似的情况在俄罗斯也确实存在,俄罗斯民主激进分子的破坏性行为就充分地说明了这一点,另外日本政治家也写到:"毫无疑问,公共意见是民主的基础。但是它的这个特点仅限于以下情形,即意见是在充分且充满逻辑的交谈和开诚布公的思想交流中制定的。在充满口角且缺乏思想的基础上形成的公共意见充其量只是一种缺乏真正言论自由的意见,它极大地阻碍了民主的健康发展,而且会导致民主退化为庶民政治(斜体部分由作者季塔连科标注)。日本近些年来出现了这种民主退化的趋势。

我们不能不重视中曾根康弘关于具有煽动性的操纵大众的危险后果的警告他说:"群众无法意识到民主堕落的危险性。他们认为集体感受的直接表达便是公共意见,依据这一判断他们便做好了在政治环境里直接

---

① Накасонэ Я. и др. После холодной войны. М., 1993. С. 21.
中曾根康弘等:《冷战以后》,莫斯科,1993年,第21页。

② Там же. С. 62.
同上书,第62页。

施暴的准备。"①

在我们看来,以上提及的这些可以帮助我们理解为什么俄罗斯大多数民众对于政治的热情开始减少,用特鲁别茨科伊的话来说就是已经到了俄罗斯人"民族意识的混沌"程度。通过对俄罗斯普遍系统性文明危机以及日本和其他发达国家文明发展中的危机现象中相似现象的对比,可以使我们利用反差和相似性更加清楚地认识到我们文化的泛亚洲性和命运的共性。对当今日本发展模式的分析不仅可以搞清楚日本文化中的欧亚因素,还可以认清西方文化的日本化与俄罗斯欧亚主义和中国"化西"方式上存在的相似方法论,同时,还可以找到在这一过程中克服艰难和困苦的最优途径。"日本……对战胜国美国文明的反应已经到了极端的程度。可以说,在'物质和平等'上赶超美国已经成为了战后日本进步的标准。日本历史上全力准备的公开的、'适应的'集体主义,即集体管理的方式,在不依靠血缘和同乡关系的基础上保持着集体主义,在某种程度上给集体结构的成员提供了独立性和创作的自由,得到了有效的运用。"②

以上按照参数顺序所阐述的内容可以使我们联想到俄罗斯"世界"及其在生产和与"全世界"的互助中解决问题时的共筹共谋和同心同德。根据以下论点,欧亚主义在对待个人和社会之间的相互关系上显然与日本和中国的传统具有相似性:"尽管在日本存在工业主义,如果这么说可以的话,它已经具有'互相依存的个人主义'的模式。也就是说,在这里个人主义表现在承认人与人之间的相互依存性的基础上。并且这种共识已经融入到文化传统之中。"③

事实上,为反驳西方中心主义者的观点,日本学者们提出了与传统欧亚主义立场非常相似的观点,即肯定了文化多样性的重要性:"很明显,在本世纪下半叶对于文化多样性的认同是国际社会的必然准则。西方社会对日本的批评大都转变成了对自己文化的强制推行,并且表现出民族中

---

① Накасонэ Я. и др. После холодной войны. М., 1993. С. 63.
  中曾根康弘等:《冷战以后》,莫斯科,1993年,第63页。
② Там же. С. 302.
  同上书,第302页。
③ Там же. С. 302.
  同上书,第302页。

心主义或自我中心主义。"①

中曾根康弘承认说,过于直接的借鉴其他民族的文化因素会引起深层根基的衰退,及其恒等性和独特文明的侵蚀。这一思想在我们俄罗斯也极具教育意义:"当代日本文化的独特性就在于它直接吸取了西方文化的'外壳',这就不可避免地导致了日本民族文化的深层次损坏。"

普遍的文明危机、自然资源的日趋衰竭、不断增长的人口压力、发达国家"幸运的十亿人"与所谓的南部国家陷入贫穷的五亿居民持续加深的差距以及生态环境的灭绝威胁,所有的这些将欧亚主义的亚洲精神层面推到首位,并发掘出其创造性的潜力。

将欧亚主义及其亚洲因素与中国、日本、韩国和其他东亚国家的精神文明价值体系进行对比,可以使我们看到彼此之间相互弥补、相互吸引、相互理解、互为补充和相互合作的广大空间。

首先表现在:

——精神性和道德的完善;
——文化发展的自然历史继承性,人文主义,仁爱,对先人的崇拜以及对传统、历史知识的尊敬,主张人与宇宙和自然的和谐发展。

尽管这一切看起来有些奇怪,然而事实上人性、人道主义和人与人之间的兄弟之爱这些思想是一个普遍的关键性问题,是所有(我想强调的是"所有的")世界性宗教的根本原则,包括中国的"上天崇拜"和儒家思想、日本的神教、印度的佛教和印度教、基督教和伊斯兰教,要知道所有世界性的宗教都是在亚洲诞生的。

"己所不欲,勿施于人"的人道主义观点在孔子的言论、佛教的教导、圣经和可兰经中几乎一模一样地重复出现,并且作为符合神意的道德行为准则,而这一切也都绝非偶然。

仁爱思想,人与人之间、人与周围自然界、人与国家和谐相处的思想,这些是俄罗斯的欧亚主义和我们亚洲邻国的民族思想所共有的。由此可以得出结论,作为俄罗斯精神特征的人道主义首先具有亚洲根源。

把尊重祖先的传统作为人们日常生活的理性目标同样也是欧亚主义亚洲因素中不可忽视的一部分。脱离历史传统、否认历史、拒绝先烈,这

---

① Накасонэ Я. и др. После холодной войны. М., 1993. С. 306.
中曾根康弘等:《冷战以后》,莫斯科,1993年,第306页。

是历史文化的自行毁灭，因为这将导致文明认同的丧失，使人民成为无根的风滚草。

在文明间的联系方面，欧亚主义与日本和中国文化有着相同之处，它们都承认文化的多样性、开放性、将其他文明的因素有机地根植于本国文化的土壤、创造性地吸收和改造西方和其他文明的优秀成果。自20世纪70—90年代以来，随着中国和日本与国际社会的一体化进程不断深入，在两国的价值文明体系中出现了向国际化转变的历程，文明体系开放，国内封闭程度降低，国内信息透明化加强。

在中国和日本的文明体系中出现了一个新的重要因素，这就是逐渐放弃了两国文化中关于自身精神价值具有无与伦比的优越感的信念，削弱了中国中心主义（китаецентризм）和日本中心主义（японоцентризм）的统治地位，转向欧亚主义倡导的文明间的平等性和对话性。

然而，如今的日本和中国的文明体系都不承认文明的等价性。两国在对外开放的同时也保存着在内部精神核心的封闭性。在中国和日本的价值文明体系中，不声张内部观点的传统观念仍然占据主导地位，并且始终影响着人们的意识和行为。

正是因为俄罗斯欧亚主义和东方精神性同希波克拉底"不伤害"的主张相结合，人们才有可能在未来建立一个真正的、人文的、民主的国际新秩序，这既包括国家间的关系，也包括文明间的关系，还包括地球上人与人之间以及人与自然界和宇宙之间的自然历史联系。

只有在这个基础上才有可能克服各种各样的亚洲中心主义（азиатский центризм）和其他形式的中心主义，这是国家间和文明间关系中最具有侵略性和危险性的模式。

只有遵循这种方法，才能使克服和消除极端主义和西方的合理主义、自我中心主义、技术主义、东方的直观主义、集体平均主义以及与发展和进步相对立的传统主义。

只有将深深植根于俄罗斯、中国和日本文化中的道德苦修、克制和自我完善放在人道主义原则的首要位置才有可能使制定出新的生活准则。即使无法克服，那么至少应该用一个严格的社会道德禁忌体系限制过度消费。这样的消费限制和调节体系存在于许多宗教中，包括对饮食、生活作息、人际关系的各种规定和禁止条例。

俄罗斯国家和社会及其诸多民族，包括俄罗斯族，遭受了许多灾难，其原因在于俄罗斯作为一个国家和人类社会,同时存在现实的和非现实的两种评判标准。这两种标准对于俄罗斯公民和外部世界都是瞬息万变的。俄罗斯的内部和外部好像是通过一个双面镜来快速旋转变化,双面镜的一面是正常的,另一面完全是扭曲的画面。这两个画面是完全对立叠成的,使人们无法了解到俄罗斯及其人民的本来面目。

因此,俄罗斯那些最具影响力的伟大公民,以及那些最有远见的外国政治家,总是将注意力放在是否正确理解和看待俄罗斯的问题上。

俄罗斯伟大的诗人丘特切夫和勃洛克在自己的诗歌里清晰地道出了这一难题。我认为,丘特切夫指出了俄罗斯的无边界性和不可捉摸性,想要理解俄罗斯只能通过直觉,并坚信她具有某种特殊的使命。勃洛克在自己的作品《斯基泰人》中指出了俄罗斯双面性的主要原因,即俄罗斯既是欧洲国家,又是亚洲国家,概括地说,俄罗斯是一个欧亚国家。

为了警示世人并挑战当时居于主导地位的欧洲中心主义,今天它已经变为俄罗斯知识分子崇拜的欧美中心主义,勃洛克在自己的诗歌《斯基泰人》中创造了一个分裂的不可调和的俄罗斯悲剧形象。"是的,我们是斯基泰人,我们是充满激情的、目光炯炯的亚洲人!俄罗斯就是斯芬克斯,她欢欣而又悲伤,浑身流着深红色的血,她望着你、望着你、深情地望着你,怀着恨也怀着爱!……"

弗拉基米尔·索洛维约夫为勃洛克的诗歌题词如下:

> 泛蒙古主义,虽然名字很野,
> 但是我还是喜欢这名字的读音。

我引用的上述诗句的目的就是让大家关注俄罗斯国家和民族当前面临的一个严肃的意识问题——国家的自我认知。罗斯自古以来就流传着"祖国没有先知",因此求助于瓦良格人。日本前首相中曾根康弘在远东研究所接受俄罗斯科学院名誉博士称号的典礼上指出,俄罗斯经历危机最主要的原因就是俄罗斯到目前为止仍然没有形成自我认知。俄罗斯既没有确定自己的角色和位置,也没有确定其他国家的角色和位置。

当前俄罗斯面临着一个根本性的难题:找到一个可以促进新俄罗斯团结一致的统一思想,该思想可以给国家领导人和人民指明发展的方向和明确的目标,使其活动具有理智性、创造性、目标性的特点。

自我认知问题,明确国家的位置、作用和目标是保证一个国家的领土完整,保障国家和人民的安全、富强、幸福的前提条件。

很多人都清楚仅仅依靠苏联合法继承人的身份是无法解决俄罗斯今天面临的问题的。俄罗斯是一个幅员辽阔的伟大的国家。但是，在地理、经济、文化、军事、能源和人口方面的潜力都与苏联时期大有不同。

这些问题是显而易见的。然而有一些人对苏联的解体表示庆幸并预言当今俄罗斯的解体，还有一些人幻想着回到1917年以前去，还有人希望重建苏联——这说明我们仍然活在苏联的精神世界中。因为，我们对待自己和外部世界的方式与苏联时期一样，就如苏联国歌的歌词"伟大而强大的苏联"。我们的国外伙伴对于我们也保持着双重标准。很显然，俄罗斯是新的民主的国家。这很好，但俄罗斯是苏联的继承者，在七十年间被西方看作是"邪恶的帝国"和"威胁的源泉"。因此，他们面带微笑地声称欢迎新俄罗斯，然而在内心里却充满怀疑、不信任和和担心：这个后苏联时代的新俄罗斯到底是什么，会不会是苏联的伪装，或者俄罗斯帝国的复活，甚至是一个比苏联帝国对亚洲和欧洲威胁更大的国家？令我们惊讶的是，为什么我们西方和东方的伙伴都欢迎俄罗斯的"新思维"，但是在对待俄罗斯的态度上却不遵循"新思维"的模式，甚至在这些国家内部还流行着"苏联威胁论"，只不过换成了"俄罗斯威胁论"。如今，"俄罗斯威胁论"已经扩散到我们曾经的兄弟国家：里加、基辅、阿拉木图、维尔纽斯、塔林和第比利斯。

如今，民主的俄罗斯正经受着西方国家在"冷战"时期对待苏联实施的经济、军事、意识形态和科技限制。实际上俄罗斯还经受着西方国家为对抗苏联实行的瓦解潜在敌人的心理战，而今天这种心理战的规模更大了。以前这种心理战只是从外部进行，而现在俄罗斯国内也出现了一大批人，他们活跃在政府的各个部门，通过合法的、有目的的、高效率的行动继续这场战争。

所以，当代俄罗斯的自我认知难题既不会在恢复对俄罗斯帝国或者苏联的继承者的关系中得到解决，也不能依靠将堪察加半岛和千岛群岛划入欧洲的地理概念来解决。一些激进的民主主义者甚至想通过将俄罗斯分割成60—70个小国家，将西伯利亚和远东划分出去的办法解决俄罗斯的自我认知问题。这个办法意味着国家和民族的自我毁灭，它将带来难以估计的巨大灾难，甚至转变成世界性的冲突。

按照美国和瑞士的模式对俄罗斯进行改革和重建可能会适得其反。出路在哪？一些人说，应该效仿日本和中国的成功之路。毫无疑问，日本的现代化经验有很多值得俄罗斯借鉴的地方,它将日本从一个集权的君主制国家转变成一个保留文明特性的、具有日本特色的现代民主制国家。这一点前文已经提到过。但是,俄罗斯不同于日本,俄罗斯是一个多民族的国家。俄罗斯文明也不同于日本文明,它具有开放性,这也为保持俄罗斯文化的独特性带来了不少难题。

很显然,中国改革的成功经验也有很多值得俄罗斯学学习的,而且中国的改革实践还创造性地借鉴了日本、中国台湾地区和其他西方发达国家的成功经验。

但是,俄罗斯与中国在很多方面具有根本性的区别,自然也不能完全机械地照搬中国的改革经验,而且两国的社会政治体制也不相同。俄罗斯的当权者以建立资本主义市场和资产阶级自由民主的政治制度为目标,而中国建立的是混合经济制的中国特色社会主义政治体制。俄罗斯应该创造性地学习和借鉴其他国家和民族的成功经验,探索一条适合俄罗斯欧亚国家地理、经济、文明等特殊国情的独特的发展道路。

新欧亚主义就是一种能够使俄罗斯文明融合、团结、繁荣的重要思想。其根源就在于俄罗斯人民和伟大的俄罗斯文化。俄罗斯的改革势在必行,也是有希望的。但是俄罗斯的改革必须"植根于民族的土壤中"。

(董玲 译,刘宏 校)

欧亚主义理论和政策的几个实践方面*

无论俄罗斯的亲欧洲派和亲美国派如何努力,归根到底俄罗斯始终在亚洲,它仍然是一个伟大的欧亚强国。地理的、地缘战略的、历史格局的多方影响使俄罗斯不会轻易走出亚洲而进入欧洲或美洲,过去是这样,现在是这样,将来也会是这样,虽然有些人不愿看到这一点。没有西伯利亚和远东的俄罗斯那是 15 世纪末的莫斯科公国,而不是真正的俄罗斯。

今天,我们需要全面研究苏联解体后伟大的俄罗斯超级民族所处的位置。从俄罗斯分离出去的国家之间非法武断地相互排斥问题(这在统一国家时依然可以容忍)将成为不可容忍的并且演化为具有极其危险倾向的跨民族冲突问题,它可能会演变成卡拉巴赫和南斯拉夫那样的冲突,而在前兄弟共和国的大部分居民都是俄罗斯族人。对于俄罗斯和邻国的政治家来说,最重要任务就在于通过和平的政治途径解决这一问题,寻求外在庇护是毫无意义的。

欧亚主义承认亚洲因素在俄罗斯国家的建立和文明的形成中的作用,同时这一作用还应体现在俄罗斯对内和对外政策以及国家和法制的建设中。

---

* 本篇选自:М. Л. 季塔连科,《俄罗斯面向亚洲》,莫斯科,1998 年。(Титаренко М. Л. Россия лицом к Азии. -М.:Республика, 1998. — 317 с. — 2000 экз. — ISBN 978 — 5 — 250 — 02690 — 1。)

遗憾的是,包括知识分子在内的大部分俄罗斯人,都没有意识到俄罗斯国家、文化和民族精神的欧亚属性,这无疑不利于俄罗斯摆脱当前的危机,阻碍俄罗斯各民族间形成团结的意识。深刻的体制危机将俄罗斯带到了命运选择的面前:

要么继续停留在中间"悬挂"状态—亚洲最欧洲化的国家和欧洲最亚洲化的国家(换言之,侵蚀和加剧俄罗斯民族自我意识缺口,推动俄罗斯超级民族感的退化与分离,直接将国家引领上崩溃之路),

要么自觉并且负责地做出抉择:新欧亚主义是伟大的民主的俄罗斯复兴的新典范。这条道路将符合俄罗斯地缘政治、地缘战略、经济和阶段性现实,为俄罗斯构建出作为欧洲强国和亚太强国的崭新面貌。

新欧亚主义将伟大的俄罗斯超级民族,即俄罗斯的中流砥柱,团结起来,加深俄罗斯民族自我意识,挖掘和开启俄罗斯人民全新的精神源泉以及身体里流淌的爱国情怀。

欧亚主义需要俄罗斯人民高尚的精神品质和文化内涵,并将其凝聚成全新的精神基础,它将消除长期以来笼罩在俄罗斯和俄罗斯人头上的虚无缥缈的神力,并赋予它全新的光辉和吸引力,使各民族间的关系在真正的平等、相互尊重、互利共赢、互相帮助以及相互依赖、共同发展、共同繁荣的基础上健康地发展。

俄罗斯复兴的欧亚典范将引领政治局势稳定,巩固政权以及宪法秩序,有利于管理国家和掌控经济,有助于寻求更加高效的中央与地方的互动模式,在宪法框架下协调中央与地方的关系。国家政治的稳定将为经济的复苏提供有利的环境,也会促进竞争的健康发展并建立有效的市场机制,在政府的合理管控和协调下保障经济的健康发展。

俄罗斯文明的欧亚原则需要在各民族间广泛传播,使民族间关系在欧亚主义原则基础上健康发展。这就必须有步骤地借鉴国内和国际经验,克服抹杀民族特性的"国际主义"思想。

与此同时,还需要推行全面的措施以保障和维护少数民族和多数民族的真正平等的权利,尊重他们的文化、语言、传统和习俗。尽管我并不认为自己是民族建设方面的专家,但是依然希望通过话语以及提出问题的方式支持这类方案的实施,这不是口头上的民族平等,而是对民族特性和各民族平等权利的尊重,不论是多数民族还是少数民族。

在美国和非联邦制的中国,以及联邦制的德国(非民族划分而是地区划分类别),国家的根本法律中都规定了少数民族享有的权利,其中包含:在法庭上使用本民族语言;政府对少数民族创办报刊和电视台,在中小学校、技术院校、甚至大学中用少数民族语言开设课程都给予经济资助。同时,由国家财政出资,为那些没有掌握官方语言以及没有固定工作的少数民族教师和外国移民者设立全国语言培训和技能培训项目。

在国外,全国广播电视台开设使用不同民族语言播报的广播电视节目,并得到国家专项补贴。而莫斯科"奥斯坦基诺"电视台和俄罗斯广播电台除了俄语还用什么语言转播呢?这里有很多外语节目,但是鞑靼语,巴什基尔语,雅库茨克语,乌德穆尔特语,乌克兰语,白俄罗斯语的节目却一个也没有。这些目光短浅的官僚们的做法使俄罗斯族人不得不承担这样的责任,即毫无意义的、有害的、强行推行非俄罗斯族人的俄罗斯化。毫无疑问,类似的做法对于欧亚主义、甚至对于跨民族文化关系起不到任何好处。种瓜得瓜,种豆得豆。如果不假思索地在俄罗斯族人占多数的地区损害其他民族人民的权利,那么在非俄罗斯族人占多数的地区也很难期待好的结果。

保存民族特性、民俗以及独特的价值观体系,使各民族相互影响、互相渗透、互相学习和借鉴先进的经验这是符合时代要求的、进步的过程。"西方化""俄罗斯化"、各种"融入世界文明论",都是对文化和民族价值体系的破坏,消磨特性,是民族和文化走向灭亡之路。

个体与民族是一个统一的不可分割的整体。所以无论个体在俄罗斯抑或是国外的哪一个角落,哪一片区域,他的权利都必须得到保护。生活在俄罗斯的任何一个民族都应当了解并相信:他的尊严、优越感和合法的权利都将得到保护,而这种自信应在国家的威信和能力中得到一次又一次的确认。维护国内外人民的尊严、优越感和权利应当是国家、政府及相应的立法机构和行政机构崇高的道德政治责任。在这一方面,发达的民主国家以及中国都积累了大量的全面的经验,我们应该创造性地有效地利用它们。

俄罗斯少数民族的权利遭到损害已经成为普遍的现象。各级政府对于少数民族尊严、优越感、生存权利和安全受到难以容忍的侵犯所做出的反应是冷淡的,往往是无关紧要的口头上表态。这成为国家和政权威信崩溃的重要原因之一,不仅在少数民族眼中,而且在俄罗斯公民眼中,甚至在国际社会都造成了极坏的影响。同时也会产生抹杀民族自觉和民族自尊的严重后果,往往导致民族自我认知的缺失。因此,在立法和总统制框架下建立行之有效的保护俄罗斯人的尊严、优越感、权利和利益的机制将成为加强人民对于国家和政府的信任,巩固俄罗斯国际地位的非常有效的办法。

在欧亚主义的原则上健康发展各民族间的关系将会是一条漫长且十分艰难的道路。这就需要探索解决问题的新方法,比如双重国籍的问题,可以承认文化民族的和国家公民的认知的双重性,但并不互相排斥。还有一个需要解决的问题是实现各联邦主体在民族文化和公民权方面的真正平等。

一些反对者否定新欧亚主义观,认为欧亚主义似乎是那些试图重建联合亚洲共和国的苏联的空想。

毫无疑问,欧亚主义不仅将成为团结俄罗斯的唯一途径,而且将成为前苏联空间广泛一体化进程的精神基础。但是我们指的不是重建苏联的问题,历史不可能重演(人不可能两次踏入同一条河)。

努·纳扎尔巴耶夫总统关于建立欧亚联盟的倡议给我们今天的主旨讨论提供了新的解决方案。但坦白地说,纳扎尔巴耶夫总统的建议考虑的只是欧亚地缘政治、经济和地理联系,也就是将建立国家联盟的基础设立为国家间相互交换,比如解决经济问题、接收能源、原材料等等。如此,从跨民族、跨文明关系角度来开,这个倡议与欧亚主义精神原则交集甚少。这种分歧尤其表现在政府实施哈萨克主体民族霸权实用政策,它忽视了多民族文化、多民族人口构成、俄语作为民族间交流语言的特点。

俄罗斯拥有广阔的领土,处于北寒带大陆性气候带,缺少城市化中心文化,拥有绵长的边境线,基础建设消耗巨大,耕作存在风险,市场交流作业缓慢。这就是俄罗斯的现实,欧亚主义的地缘经济基础就是为俄罗斯选择适合的发展模式。因此,俄罗斯追求的不是全球化交流,而是"追求文化的意志"(卡·雅斯贝尔斯),是文化精神的真正改变。在这个层面上,俄罗斯不仅能成为开拓者,而且是被公认的领袖。其有力的证明是俄罗斯伟大的文化和俄罗斯在文学、音乐、芭蕾、绘画、体育等方面取得的举世瞩目的成就。

为振兴俄罗斯的社会经济,欧亚主义学说将建立符合俄罗斯国情的市场经济系,使民族工业、农业、科技、教育和社会等方面得到全面的发展与繁荣。

为了保障国家的领土完整并探寻经济发展和民族激情的新源泉，巩固俄罗斯作为欧洲大国和亚太大国的地位，俄罗斯应该在互利共赢的基础上与远东和东亚邻国积极开展全方位的合作，制定俄罗斯西伯利亚和远东地区社会经济振兴与发展的长期战略。首先应当同中国、美国、日本、韩国、朝鲜、蒙古、越南、东南亚国家联盟、印度等合作。

俄罗斯远东地区形势的紧张众所周知。尽管一些报刊称这个区域似乎是"无人问津"，实际上中央各部门对远东地区的关注一点也不少。但是，到目前为止并没有取得什么重大的成果。1995年2月第二期刊发的《消息报》上称，俄罗斯总统在1994年11月21日会见远东边疆区和州政府时布置的16项任务一项也没有完成。而1993年上半年关于整顿和接收"远东地区"国家区域计划也被遗忘。我们不知道现在是否还有意义追究谁的过错，但结论是显而易见的：今天以及在可预见的将来俄罗斯远东地区经济局势的根本改善不可能依靠中央的投资、补贴和优惠。与此同时，必须考虑到以下情形：

东西伯利亚和远东地区（远东经济区）在保障国家安全、供应多种重要工业和粮食原料、发展知识密集型生产、国防工业方面发挥巨大的作用，这与该地区的人口数量不成比例。远东地区保障了俄罗斯海军在太平洋以及亚太地区的直接出海口，在对外经济联系上承担了国家大部分进出口运输和关税职能。同时，远东经济区还是保障北极地区生活的物质和中转基地。

随着俄罗斯与亚太地区经济的一体化和东北亚地区对外贸易的长远发展，以及图们江（汉语）方案的实现，滨海边疆可能成为与中国香港相提并论的巨型贸易工业和运输中转中心，保障物资自东北亚向西欧和中亚转运。为实现这一前景俄罗斯最大的竞争对手是中国和朝鲜。当前俄罗斯多半持消极观望的态度。

俄罗斯与其远东近邻，即中国、日本、朝国、朝鲜、越南，开展经济协作的前景很大程度上取决于俄罗斯经济发展的战略选择以及结构性改革的实施，这就需要中央与地方政府的共同努力。如果像现在这样放任自流，那么远东经济区将逐渐演变成中国东北三省的原料附庸，以及日本、韩国和朝鲜的列省。

值得注意的是，生活本身先是为远东地区指明了最基本的生存之路，随又提供了一条更好的发展道路：即与国外直接的经济联系，首先是与邻国间的区域联系。特别是，1991年至1992年间远东地区所有边疆区和州的对外贸易总额显著上升，而这一时期俄罗斯全国对外贸易总额是下降的。

粮食和日用品的供应来自中国，可以说，20世纪90年代初期从物质上解救了远东居民，至今依然是保障该地区人民生活的重要来源。在哈巴罗夫斯克、日本和韩国之间铺设的国际光纤数字线路的重要性不言而喻，它也是彰显国际合作在实现地区现代化中重要作用的典范。同中国签订的在布拉戈维申斯克地区建立跨黑龙江的公路桥也具有十分重要的意义。

当然，无法否认由于中央与地方的协调和宏观调控上的不足，远东地区对外经济的加速发展存在一系列消极的后果。比如，使远东地区成为别国的原料附庸，当地居民与日益增加的外国商人之间的心理和民族摩擦不断加剧，在远东地区进行系列投资项目以及农业集约化造成的生态影响。

但是，我们认为，所有消极的现象都不是关闭区域以及拒绝国际合作的借口，而是对远东地区（作为俄罗斯不可分割的一部分）在亚太经济空间一体化问题的全面思考，是制定发展双边和多边关系战略和政策的动力，并在兼顾中央与地方利益的基础上不断优化与外部世界协作发展的模式。

通过大众传媒制造英国人和澳大利亚人收购远东地区企业股票的传闻，传播"数以万计"的中国非法居民将远东地区"中国化"耸人听闻的消息是十分容易的。然而，制定并实施合理的移民政策和相关法律，学会文明解决中国和其他国家移民的问题却是十分困难的，但唯有如此才是利在千秋的事业。

时间对于我们非常宝贵，要分秒必争。因为，当前国际性的企业和金融集团都对远东地区的开发具有极高的兴趣，我们必须抓住一切机会，而且就在现在。不要忘记，俄罗斯在亚太地区事务中还有不少的竞争对手，远东地区吸引外资的真正对手不仅来自中国的各个地区，甚至包括朝鲜。

我们认为，亚太经济合作组织在西雅图和茂物举行的成员国首脑会议以及1995年夏在大阪的亚太经合组织领导人非正式会议都证明，世界经济出现了新的经济体，其规模至少与欧洲经济共同体和世界贸易组织相当。

东亚和东北亚在2000年前一直是吸引外资和消费投资产品的主要

国际市场。按照联合国经济和社会理事会 1994 年在萨拉曼卡(西班牙)会议上做出的预测,该地区至少在今后十年内将始终保持高态势发展。据预测 1994—2002 年中国的国民生产总值年均增长率为 8.7%,韩国为 6.9%,台湾地区为 6.8%,日本为 2.1%,全世界平均为 2.7%。在这一期间中国年均出口增长率为 13.3%,韩国为 11%,台湾地区为 11.1%,日本为 5.6%;各国进口增长率分别为 14.9;10.8;12.7;7.7%,而世界贸易年均增长率 5.6%。

按照亚洲开发银行预测,1994—2000 年间亚洲仅基础建设投资就将达到 9500 亿美元,其中 6500 亿用于交通和能源建设,1500 亿用于通信,1000 亿用于发展水管网络以及保护周边环境。在此期间中国预计耗资 1100 亿美元发展交通,650 亿发展能源,550 亿发展通信。合理地利用这个极具潜力的销售市场不仅可以帮助远东机械制造中心的振兴,而且有助于整个俄罗斯"重整旗鼓"。

简单介绍一下俄罗斯与该地区各国之间开展经贸合作。众所周知,由于俄罗斯与中国是地理上的近邻,陆路交通极为便利,同时由于历史条件的影响两国形成了稳定的经济互补结构。尽管近年来中国市场的竞争明显加剧,但是有理由相信中国依然能成为俄罗斯电力能源、交通建设、冶金设备、航天科技、黑金属和有色金属轧制的大客户,以及粮食、服装、家用电器及配套产品的供应商。我们双边关系中起到特别意义的是俄罗斯远东地区和中国东北地区国民经济的区域互补因素。

相比之下我国同日本的经济贸易前景要复杂一些。当下流行的观点是日本不仅因为政治原因,而且由于夸大的技术原因不愿意同俄罗斯发展联系。至少日本在对于所谓的"环日本海"范围内与俄罗斯远东开展合作的兴趣还是相当高的。

有人认为由于韩国有向中国投资的明显倾向,而在未来首尔的首要任务将是发展朝鲜的经济,因此,俄罗斯与韩国的合作前景并不广阔。我们认为,在远东地区建立良好的投资环境将提升韩国低迷的投资情绪,而且当前首尔对我们远东的兴趣并不少。

当然,国外实业界如何看待俄罗斯及合作前景也很重要。中国一家权威杂志"东北亚论坛"[①]认为,吸引外国投资者到俄罗斯的主要因素在于:

---

① Дунбэй я луньтань (Трибуна Северо-Восточной Азии). 1994. No. 4. C. 37—41.
《东北亚论坛》,1994 年,第 4 刊,第 37—41 页。

1. 丰富的自然资源。"世界资源仓库"(俄罗斯西伯利亚和远东地区)存有世界三分之一的资源储量。俄罗斯远东地区 200 公里的沿海水域可以捕捞 2580 万吨海产品。

2. 大规模私有化。"由于俄罗斯现有消费需求不足,准许国外投资者开办企业或获取股份能够为其创造足够良好的市场竞争环境"。该杂志认为,这些有利条件的现实意义正在逐渐增强,因为俄罗斯国内市场机制也才刚刚起步,而国际竞争机制尚未形成。

3. 自 1991 年 4 月起为吸引外资提供特惠。一系列法律的实施为保护国外投资者投资及其获取优惠提供了法制保障,特别是出台了《外国投资法》以及一系列关于税收的法律和对外经济自由化的指令。

4. 拥有一支庞大的高水平劳动力队伍。国内劳动力的质量和职业能力已达到欧洲发达国家水平,然而其获取的劳动报酬却低于欧洲发达国家标准 5—20 倍。该杂志指出,俄罗斯拥有世界上四分之一的高水平科研人才以及发达的科学研究分支机构,每年能够完成基础和实用研究领域近三分之一的科研成果。俄罗斯已完成的实用研究成果数量仅次于日本。作者认为,科研所数量减少和大量科研人才向其他领域外流导致科研人员及其研究成果的报酬急剧降低。在他看来,这对国外投资者十分有利,因为这保证了"投入的资金获得高额的利润"。

5. 建立能够为外国投资者提供最大优惠的经济自贸区。与此同时,尽管俄罗斯正在形成的投资环境具有明显的吸引力,但是国外观察者和实业界如何看待一系列负面的社会政治和经济因素也很重要,包括以下几点:

— 政治环境依然不稳定:社会上至今没有统一的思想和目标;中央和地方政府的对立状态愈加严重,存有民族分裂趋势;各级政府威望衰退,社会越来越分化;
— 国家经济处于危机之中:今天还不能说经济衰退到底了;短期内不可能实现经济复苏;
— "投资政策不断恶化";
— 极端犯罪的社会环境;
— 俄罗斯商人商务文化水平和信用度极低。极度的不安导致很多私企和国企、商业银行和公司追求"通过欺骗和利用职务便利牟利"。

总体上看,中国及其他邻国颇有远见的企业家都对本国与俄罗斯经济合作的不足表示担忧。

我们认为,当前的形势要求我国的最高领导层、联邦会议、中央政府和地方行政机构刻不容缓地拿出有建设性的方案来。

我们来对地区发展的总体战略做一个总结：

第一，亚太地区尤其是东亚地区经济的迅速发展向俄罗斯提出了挑战，尤其是向西伯利亚和俄罗斯远东地区提出了这样一个任务，那就是尽可能快地以最小损失融入到亚太经济体系乃至世界经济体系中。

第二，由于俄罗斯向市场经济过渡经历的重重苦难，如今不论是从国家层面，还是西伯利亚和俄联邦远东地区都无法依靠自身力量来应对国际经济体系提出的全球化历史性挑战。

第三，尽管如此，考虑到俄罗斯及其东部地区的经济潜力，西伯利亚和俄罗斯远东地区还是有可能在亚太地区和世界经济中占有一席之地的。要完成这一任务至关重要的一点在于，俄罗斯及其东部地区需要实施持续的经济改革并推行积极的对外政策，与邻国发展建设性的伙伴关系。

第四，西伯利亚和俄罗斯远东地区经济发展的重要条件在于通过与东亚国家发展更紧密的经济一体化关系来融入到世界经济体系当中。与此同时，对于俄罗斯和亚太地区国家来说最有利的合作方式可能是对远东地区的生产和基础设施建设进行长期的外国投资。投资首先应用于实施远东地区的转型计划，因为这里集中了大量的军工综合体，是远东经济区经济的支柱产业。其次，投资应用于建立在最新节能技术基础上的矿产采集业和加工产业。

作为亚太地区大国，为了使俄罗斯不仅在政治军事领域，而且在经济科技领域发挥建设性的作用，为了使西伯利亚和远东地区转变为对俄罗斯和亚太地区都有利的新的科技和经济增长点，必须要在最短时间内尽一切可能达成以下目标：

——重新审视和消除冷战时期在贸易和科技交流领域的一切歧视性规定，包括取消之前巴黎统筹委员会及其权利继承者的诸多歧视性规定。

——俄罗斯加入亚太经合组织和其他区域性经济组织，只有这样俄罗斯才能完全融入到亚太地区经济一体化的进程当中。

要实现俄罗斯东部地区经济全面发展和融入到世界经济体系，必须在宏观层面恢复联邦中央对西伯利亚和远东地区的宏观调控，包括经济领域和对外经济联系。

实现俄罗斯西伯利亚和远东地区与亚太地区，尤其是东北亚国家经济一体化，首先取决于俄罗斯实行什么样的吸引外资的政策，还取决于中央政府是否有能力从宏观层面协调这一进程。中央政府对远东地区经济形势的管控应该采取以下措施：

第一，制定一系列旨在促进本国人口向远东地区移民的举措，借鉴向人口稀疏地区迁移人口的国际经验（美国、加拿大、澳大利亚）和俄罗斯在19世纪和20世纪初的自身经验来制定合理的移民政策；

第二，采取措施吸引部队和军工企业加入转型计划；

第三，向远东地区和西伯利亚提供多种多样的货物和人员运输优惠；

第四，加强国家对不可再生原料资源出口的宏观监控；

第五，为外国投资者建立必要的基础设施和适宜的投资环境；

第六，为进行边境贸易建立法制规范和其他条件。

在加强对远东地区外贸活动进行国家管控的同时，应当积极解决以下问题：

1. 严格按照外国企业家入境和在俄罗斯活动的目的和结果来确定外国企业家类别的法律框架，以期能制定出明确的移民政策和相应的法律规范。美国、加拿大、澳大利亚、阿根廷和以色列等国制定移民政策的经验十分值得借鉴。

2. 通过对外国公司商业企划的日常监管来加强对外国投资的国家监管。

为实现西伯利亚和远东经济区的发展并融入亚太地区经济一体化，作者向国家领导层提出以下建议：

一、在与邻国、美国和加拿大领导人的谈判和会见中，突出强调俄罗斯西伯利亚和远东地区的发展不仅是俄罗斯的一部分，更是区域共同发展和深化双边合作的基础，努力实现互相理解和共同发展。

二、责成俄罗斯经济部与俄罗斯东部地区各州、区领导层在专家论证的前提下制定出分步骤的、准确的和经过深思熟虑的西伯利亚和远东地区社会经济发展长期纲要，这份纲要应考虑到西伯利亚、俄罗斯远东地区和邻国经济的互补性。并将这份纲要以总统或俄联邦政府的名义提请联邦会议批准。

三、为吸引邻国、美国和独联体国家的外国资本，需要制定并签署一系列具体的双边市场合作协议，利用先进的科学技术和节能技术开发西伯利亚和远东地区的资源。

我们建议在政府设立专门的机构来协调这一计划实施：

1. 建立一个跨部门的东北亚地区政治、经济和国防领域行动协调机构；

2. 建立一个副总理挂帅的拥有巨大政治和财政权限的东西伯利亚和远东地区开发和发展部作为协调机构。该机构应具备以下职能：制定和实行人口迁移的长期计划，首先是从俄罗斯中部地区迁移，其次是吸收独联体国家的移民或难民。为实现这一目标需要有吸引力的经济条件和诸多优惠。

3. 设立西伯利亚和远东发展银行，它有权管理无人居住的、尚未开发的土地（在俄罗斯政府和中央银行的领导下）。

俄罗斯拥有丰富的矿产资源、发达的工业企业网络和熟练劳动力，在实行合理的国家政策的条件下会使西伯利亚和远东地区以最小的代价融入到亚太地区和东北亚国家经济体系当中，这将会促进该地区乃至全国经济的快速发展。

俄罗斯对外政策的欧亚范式首先需要遵循近邻国家与东西方向量之间的明确而均衡的外交政策，还要保证俄罗斯最为核心的国家利益不受任何削弱。国家对境外俄罗斯公民荣誉、尊严和权利的有效保护对于加强俄罗斯公民对国家和其外交机构的信任具有重要的意义。我国的外交机构历来不论在国内还是国外都享有崇高的威信。

在亚洲的外交优先方向体系中，给俄罗斯和美国在多领域的合作赋予明确的亚洲维度，全方位地同东北亚地区大国——中国、日本和美国发展建设性的伙伴关系十分重要。

俄罗斯欧亚主义与中国、日本、韩国和美国文明体系的相近为未来的多边合作的广泛开展提高了有利的前提条件，也使俄罗斯在政治、经济和文明争端中扮演调停人的角色成为可能。这些争端在美国、日本和中国争夺亚太地区霸权和领导权的斗争中不可避免地将会出现、甚至激化。

俄罗斯需要一个稳定繁荣的中国。中国也需要与俄罗斯在诸多领域深化建设性伙伴关系。

俄中两国关于边境问题协议的签署消除了在俄罗斯最长陆地边界上（4336公里）最有可能出现矛盾的根源，对两国间保持稳定的合作和安全具有重大的战略意义。尤其应该指出的是，在东西伯利亚和俄罗斯远东地区之间也存在着巨大的人口密度差异。这一地区的面积相当于中国的全部领土面积,却只有八百多万人口。而在与俄罗斯接壤的三个中国边境省份里就居住着一亿两千万人口,即中国十分之一的人口,而这里并不是中国人口最密集的地区。

中国移民问题是一个全球性的问题,要知道中国人口占世界的五分之一。美国、加拿大、澳大利亚、德国、瑞典等许多国家都遭遇了中国非法移民的问题。令人惊奇的是,只有日本没有遇到这个问题。这是为什么呢?这是因为日本拥有明确而有效的应对非法移民的预警系统。

俄罗斯与日本的关系处于停滞不前的状况。日本仍像以前一样以与美国全球合作和竞争的视角来审视与俄罗斯的关系。目前对日本而言,发展与俄罗斯关系的意义仅仅在于俄罗斯可能在日本争取联合国常任理事国的地位中提供政治支持。

和平条约和北方领土问题是俄日合作发展的变阻器,有两只手在不同方向上控制着它——一只是日本,另一只是美国。综上所述,尽管俄罗斯应该与日本开展全面的合作,然而即使我们在领土问题上做出让步,想要指望从日本得到数十亿美元的投资,哪怕是日本向中国投资的三分之一,都只是一个幼稚的妄想。

解决俄罗斯融入亚太地区问题的后备力量在于目前俄罗斯与印度、越南、东南亚国家、新兴工业国家、澳大利亚和新西兰的合作潜能尚未完全开发。亚洲许多中小国家公开表示不仅仅欢迎美国的存在,也欢迎俄罗斯的存在,包括军事等诸多领域。

赋予俄罗斯对外经济联系和对外政策欧亚主义的性质会在亚洲国家(尤其是在中小国家)的眼中为俄罗斯的国际行动增添吸引力,拓宽与中国、日本和美国的合作和建设性互动领域,预防俄罗斯安全外部威胁的出现,保证良好的文明间和国际环境,使俄罗斯能够集中精力解决内部危机,发展自己的经济、文化,提升人民的生活水平。

同样重要的是,随着俄罗斯欧亚主义思想逐渐成为俄罗斯精神的学说,它本身也正在成为亚洲安全结构的表象。欧亚主义建构原则的思想向俄罗斯提供了参与研究和解决安全问题的新方面的可能性,例如在文明间关系中预防冲突(俄罗斯欧亚主义思想能够成为亚洲文化在全盘西化的威胁下保存自身多样性的保障),保障"文化生态"和生态道德,保存亚太地区种族和文化的多样性。

* * *

所有俄罗斯公民以及俄罗斯独特文化和国家制度的守护者都应该意识到,实现俄罗斯社会经济和文化改革以及各民族伟大复兴的成功之路在于全体人民共同努力、创造性地建设统一的具有俄罗斯地理和民族特色的国家体制,实现各民族的共同繁荣与发展。除此之外,我们别无选择,不能不考虑到共同的生活习惯以及导致国家体制、民族和民族文化灭亡的永恒仇恨。我们应当将这一思想传达到每一个未被眼前的争吵、细琐的委屈和野心所污染的拥有健全思维的公民的意识和理智里。

综上所述,欧亚主义不仅仅是俄罗斯存活、保留、团结和再生的条件,更是俄罗斯肩负的世界历史使命。这一使命在历史上不断地发展,现如今它就在于促进东西方文明之间建立全新的、和谐的相互关系。俄罗斯展现出自己的欧亚属性,成为世界各民族繁荣共生和民族文化共同发展的典范。

(董玲 译,刘宏 校)

下 篇
俄中文明对话

中国:和平与发展方针[*]

前进中的中国

近几年出现的中国经济实力及地缘政治影响的显著增强越来越引起全球各界的广泛关注。俄罗斯远东的伟大近邻30年来发生的深刻变化必然引发关于它取得成就的特点、价值、俄中关系进一步发展途径及前景等一系列问题的思考。对这些问题的回答不仅具有认知的和科学的价值,而且对俄罗斯在国际上的利益具有直接的实践意义。

中国的成就

可以毫不夸张地确信,近30年来中国在经济、社会文化发展各个领域取得的成就具有非凡特点,并成为世界政治及国际关系的最重要因素,中国实现了巨大的经济飞跃。据中国统计资料,2008年国内生产总值达三十多万亿元(约合4.4万亿美元),居世界第三位,仅次于美国和日本。人均GDP几乎增长了

---

[*] 本篇选自:М. Л. 季塔连科,《全球化背景下的俄罗斯和它的亚洲伙伴——战略合作:问题与前景》,莫斯科,2012年。(Титаренко М. Л. Россия и ее азиатские партнеры в глобализирующемся мире. Стратегическое сотрудничество: проблемы и перспективы, М. : Форум, 2012.)

12倍,从1978年的260美元增加到2008年的3315美元。

改革开放期间中国外贸额增长120多倍,从1978年的206亿美元到2008年的2.56万亿美元,确定了中国的世界第三大贸易强国的地位。近年来中国的黄金货币储备居世界首位,截至2009年1月1日达2.033万亿美元。这超出紧跟其后的日本两倍多。

中国成为世界外汇金融市场重要的稳定因素之一。为人民币成为全亚洲货币开启了广泛前景。中国成为外国投资的"磁铁",这将保障经济与外贸的快速增长。在中国建立有利的投资环境首先依靠政局稳定,国家调控及保障方针,以及购买廉价资源的各种优惠灵活的税收政策。2009年初中国使用了约1万亿美元外资,其中包括8520亿美元的直接投资和1470亿美元的对外借款。

根据许多最重要的工农业产品生产的绝对指标来看,中国已进入世界先进行列,成为西方品牌广泛需求的世界生产工厂及世界装配车间。

居民生活水平明显提高。当然,这方面的起点是非常低的。然而,中国有理由骄傲地说,不久前还有2.5亿贫困人口,现已减少近5/6。至少保障了居民的温饱问题(我们发现,依靠自身生产),令很多国外业内人士感觉不解的问题,渐渐成为历史。如果仔细想一下,这就是中国最显著和最令人印象深刻的成就之一。中国拥有全球7%的耕地,却提供世界20%谷物的生产,在棉花、丝绸原料、油料作物、肉、奶、蛋的生产方面处于领先地位。中国居民的生活质量和健康状况得到改善。中国已进入预期最长寿指标国家的行列。

2003—2006年间中国国内生产总值年均增速为10.4%,比世界平均水平高5.5个百分点。2007年增速达到了14.2%。很大程度上正因如此,2008年爆发全球金融经济危机条件下中国只是放缓了国内生产总值增速,2008年年底为9.6%。2009年中国经济增长为9.2%,而同时期国际货币基金会的预测是全球经济生产均将呈现普遍下降趋势。

中国的成就还体现在中国国内生产总值占世界总产值的份额上,从2003年的3.9%增至2008年的将近7.3%。这一切显然抵消了世界危机对中国带来的负面影响,并提供了持续发展的良好机遇。中国一步一步重新获得了不仅是地区的,还包括全球范围的经济强国地位。因此,很多分析家,包括大的世界金融投资公司都预测,中国未来二三十年进一步持续增长,即使不以这么高的速度,也能够确保中国在世界经济的绝对指标上位居第一。新中国成立 60 周年,特别是改革开放 30 年积累的经验,为实现国家发展现代化的目标最大限度地发挥相对优势的政策具有重大国际意义,也引起俄罗斯的极大兴趣。

问题或成功的代价

中国的成就是普遍公认的。然而,取得毋庸置疑成功的同时,不能不注意,中国的发展过程尽管解决了一系列迫切的发展经济和提高居民生活水平的问题,却导致出现对国家来说一些新的严重矛盾、挑战及困难。首先,应该指出,社会—政治、经济、文明发展中出现的严重矛盾。近年来一些社会问题特别尖锐,即所谓的五种差距:

- 失业增多(城市中 3000 万左右失业人员,农村约 2 亿);
- 城乡发展不平衡;
- 东西部地区发展严重脱节;
- 社会和个人财产的两极分化现象;
- 广大社会阶层对社会保障、医疗保健和教育领域的现状表示不满。

这些问题在拥有 7 亿多人口的农村尤为尖锐。

毫不隐瞒地说,一些具体的经济问题更加顽固。现行的粗放模式,即中国近几十年里赶超型经济增长的模式,依靠两个因素:第一,依靠大量使用廉价劳动及廉价或免费的自然资源来最大限度地增加出口;第二,依靠全面吸引外资来扩大生产出口类商品,购买现代工艺,积累外汇资源。

然而,国家积极参与现代化和全球化进程,要求利用技术熟练而非廉价的劳动力。这要求巨大的人才资本投资,短期来看这可能降低中国的竞争优势。自然资源有限及周围环境状况急剧恶化使持续粗放型经济增长遇到硬性限制。

希望从外国投资者那里得到最新的关键性工艺并非总能奏效。中国同西方技术市场建立的联系,特别是同美国,导致严重的对外依赖性。外国公司的知识产权在中国高新技术经济领域占绝对优势,达到 90%,甚至更高。尽管中国在 DVD、移动电话、个人电脑生产方面位居世界第一,但中国暂时还没有自己研发的核心技术。

外国资本大量流入中国同有利的投资环境有关。但这一过程中的弊端是:外国资本直接或间接掌控了中国 80% 以上的进出口。在 500 多家大型跨国公司庇护下中国变成了全世界不仅有专门的独特商品生产而且还有按外国款式要求的产品组装的生产作坊。

居民的生存环境严重破坏成为粗放型经济增长的一个代价。下面的事实可以说明一点。近半个世纪以来中国总耕地面积减少了20%。此外,上千公顷的耕地被用于扩建和铺设道路。在农业用地不足的中国,每年沙漠化面积3400平方公里。实际上沙漠化已达全国领土的1/5。耕地份额逐步不同程度恶化达43%,牧场为90%。每年燃烧20多亿吨含硫的煤炭,使中国在向大气排放有害物质容量方面占第一位。居住着全国一半以上居民的三大河流流域,实际上丧失了自然再生能力。

由于出口的超速增长,外贸中不断出现不平衡,2007年预算顺差超出2600亿美元。而黄金货币储备的快速剧增正在削弱货币政策的有效性,为来自美国方面的对本国货币的压力创造了前提。为了保护国内货币体系免受美元贬值的风险,中国使自己货币储备构成实现多样化,增加了黄金和其他贵重金属的份额。

由于上述情况,不可避免地出现一系列必然的问题。

- 中国的长期发展有多么稳固的基础?
- 中国经济对进出口经济的依赖和科技依赖,对跨国公司影响的依赖,对西方智能商务中心的依赖的情况下,国家经济安全能够得到足够保障吗?

这一系列问题都涉及社会和政治意识形态领域。这些主要取决于中国高层为使各种社会体制趋同而采用的纯实用主义方式。

- 建设公平幸福社会,即"小康"社会的口号与生活在贫困线以下的千千万万中国农村居民如何一致?据2009年数据资料,15%的民营企业家、企业与公司经理的富裕阶层拥有居民银行存款的80%以上和国内总产值的大部分。
- 如何衡量充当"廉价劳动力"角色的人和资本持有者之间的社会紧张情绪的程度?

总之,中国的成就具有划时代意义,但改革的代价同样巨大。如今中国已达到一定的发展水平和发达程度,已不可能停止改革和现代化的进程,因为它具有不可逆性。中国将继续沿着坎坷不平的道路向前发展。

如今这代曾在美国、西欧、日本大学受过教育并开始发挥影响性作用的中国高层会将中国带向何处?被西方化的年轻干部、管理者、生活的新贵阶层成员已超过百万人,而且还在继续增加;每年50万左右的中国青年人在西方学习进修。这些人在中国被叫作"海归"(从海外回来),为他们提供了发展的所有可能性。

回答生活提出的问题非常重要，目的是能正确谨慎地评价中国改革的巨大成就及内外部影响。首先必须明确，中国继续前进的推动力和条件，包括分析有利及不利因素。总之，在30年改革开放期间，正如中国大众传媒反复强调的，"中国站在自己历史新的起点上"。

20世纪40—50年代中国提出："走俄国人的道路""苏联的今天就是我们的明天"。如今中国人放弃了这些口号，但进行伟大社会经济实验的目标，即建设全面幸福社会的目标保留了下来。现在中国在走自己的道路，艰辛探索路途上，中国事实上是孤独的。中国领导人关注的中心问题是经济安全、原材料及能源资源多样化，保持国内社会政治稳定。应该指出，当今中国面临巨大的社会经济、政治及文明的任务，实现这些任务不可避免将影响国内外局势，包括俄罗斯局势。对此问题的充分认识，一方面有助于明确俄罗斯与中国的合作和共同发展的潜力；另一方面有助于客观评价可能存在的困难、阻碍与矛盾。

中国走向何方？

改革进入了新阶段。中国领导人对出现的问题与矛盾如何作出反应？

2000—2001年，江泽民在对党的国家干部的讲话中担忧地提到腐败的危害性及对国家内部稳定的威胁。同腐败现象作斗争被确定为主要任务之一。对党的政策进行根本性修订，采取根本措施扩大共产党的社会基础和意识形态方针的现代化。

中国共产党的思想原则、组织原则和社会原则以"三个代表"的形式进行了全新阐释。根据这一思想，中国共产党代表先进生产力和先进文化的发展，保护绝大多数人民的利益。这个新提法使中国共产党成为"全中国人民和全中华民族"的政党。除工人、农民和知识分子外的其他社会阶层人士是中国特色社会主义建设的参与者。

中国共产党明确指出今后在自己的行动中严格遵守国家宪法准则。同时关于中国共产党的领导作用和它的意识形态在中国社会生活中的作用被列入宪法，甚至对存在的私有化问题进行了补充：法律意义上，国有公司和私人所有公司是平等的。

新世纪初（2002年）进行了平稳的政权交替，以江泽民为首的第三代领导集体由以胡锦涛为总书记的领导集体取代，后者成为中国共产党和中华人民共和国第四代领导集体。

几十年改革中，中国社会阶层发生了深刻变化，出现了有影响力的非公有制经济人士，成百万的经理大军逐渐形成中产阶级。这些新潮的代表，出于在政权中代表自身利益的目的开始积极参政议政，就目前进行的有关这一问题的讨论，"三个代表"思想不能完全满足新的"生活主人"的需求。另外，上级任命的党员干部，毛泽东思想的拥护者以及所谓的新左派（新马克思主义者），将中产阶级的资本拥有者及其代表进入中国共产党视为是偏离社会主义道路，是给自由主义让路。

中国社会意识形态领域发生的复杂而又充满矛盾的进程引人关注。

随着改革开放政策的推进，与西方接近及实行社会体制趋同方针，文化与社会生活的所有领域开始出现西方化、自由化趋势，并大有增强之势。孔夫子尊重传统、孝敬父母、奉公守法的价值观，以及保持国家内部、家庭内部及个人关系间的等级制度思想失去原有意义，取而代之的是在社会、集体和家庭权利面前个人和个性优先的自由主义思想。

20世纪末到21世纪初形成了官方的意识形态体系，用一种多极式的普遍定义表述为："马克思主义—毛泽东思想—邓小平理论—'三个代表'重要思想"。也就是"以新的发展理论为基础建设和谐社会"思想。同时，根据对中国大众传媒进行的分析可以认为，在中国的思想政治舞台，还有三个思想理论思潮越来越清晰，即自由主义、爱国民族主义、新马克思主义。它们尽管承认中国共产党的领导作用，但是要么偏右，要么偏左批评它的政策。

当今领导层的思想路线和他们推行的政策表明，现今中国国家领导层在继续推行邓小平的总体方针，但是伴有与时俱进的修改意见。

2007年10月举行的中国共产党第十七届全国代表大会上作出的总结是中国共产党毫不动摇地克服出现的困难，继续在改革发展道路上前进决心的例证。

党的代表大会：走和谐与发展道路

中共十七大就中国走什么样道路的问题给出了清晰明确的回答，即走"中国特色社会主义"道路。奋斗目标是众所周知的 2021 年在庆祝中国共产党成立 100 周年之际要全面建成小康社会。

中共十七大前夕,这些重大问题成为热议话题。有时它们也直接出现在媒体上。中国一些个别的作者,首先是知识分子代表,针对选择的基本方针发表了各自的观点。一些人借用邓小平的话,不要急于给出社会姓"社"——"社会主义",或姓"资"——"资本主义"的名字,指的是:中国在长期解决国家现代化和建设中等富裕国家——"小康"任务进程中所建设的社会,也就是要坚持更广泛地借鉴西方市场经济及政治体系模式。另一些人,依据同样的引文使自己的探索合法化,来证明欧洲社会民主经验的优势,即瑞士、挪威、瑞典、德国等国的经验。还有一些人,利用实践和引用亚洲"四小龙"的成绩,特别是新加坡和韩国的成绩,号召遵循孔夫子的价值观,同时以先进国家的现代化成就来丰富它,建设发达文明的市场化社会,暂且不提社会主义理想。中国共产党和中国人民解放军的部分老战士以及一些知名学者在给中共中央的信(一些出现在了香港报纸上)中谴责了上述观点。他们认为,这三种观点是歪曲改革开放政策,是与中国共产党的社会主义目标相矛盾的。

事实上,中国共产党一些老干部、党的积极分子和党的知识分子的主要担忧在很多方面反映出,在具有革命性改革和实行改革开放政策进程中出现的一些实际问题。这些问题主要是发展问题。变革彻底改变了各阶层几乎近 5 亿居民的生活,而适应这些变革要求人们要付出巨大努力和时间。

应该承认,总体上第十七次党代会已经决定将这些对中国未来的不同观点不加区别地归纳为一类,即最高任务。中共中央政治局常委、中华人民共和国国务院总理温家宝在四川省代表团讨论会上就此问题发言强调:"什么是社会主义,如何建设社会主义,这仍然是解放思想过程中摆在中国共产党面前的两个基本问题"。

如果评论代表大会所公布的文件,可以确信,讨论会上与会者的观点是得到听取的。总体上说,中国共产党领导人在所有反对意见中试图找到其合理的内核,其中一部分最终在一定程度上被采纳,另一部分经充分论证后被否决。

如果综合分析胡锦涛在中共第十七次全国代表大会的报告,就可以看到该文件中的诸多关键词语可以编成一部新词词典。《人民日报》为帮助党员更好理解,发表了对大会文件中各种主要观点、概念的解读,这并非偶然。其中最常见的术语和概念有:"改革与开放""中国特色社会主义""中等富裕社会"("小康")、"科学发展观""工业化""现代化""商业化""市场化""生态化""城市化""社会化""全球化""人文化""民主化""和平发展""独立和自主"。所有这些术语总体上反映出中共十七大文件内容的主要方面和中国的战略目标。

从报告的逻辑结构可以看到优先受关注的是国家和人民生活的内部问题。报告的前十章分析了中国国内经济、政治、社会、文化、军事发展的各方面情况。

我想指出一系列新问题,还是第一次以如此清晰的形式出现在中国共产党的文件中。这首先是转变发展模式,从粗放型向集约化的资源能源型模式过渡。强调必须发展基础科学,普遍提高广大人民群众的文化水平,发展与完善教育体系,建立创新型社会和知识经济社会。这是十分重要的新思想,也值得俄罗斯认真研究。

还有一个与中国高速发展密不可分的问题,就是为这一发展付出特别代价及其附属品,即生态环境被严重破坏。十七大的新思想中占重要地位的"生态文明"思想,这反映出中国共产党领导人对这一极其重要领域的关注,这并非偶然。这里要求认真审视高能耗、低成效、严重污染的生产结构,俄罗斯科学院远东研究所的学者一向重视与中国及国际学界共同研究该现实问题的重要性,这不仅涉及中国,很可能与正在对俄罗斯的西伯利亚(额尔齐斯河问题)及远东地区以及对与中国接壤的其他国家的生态环境造成负面影响。

最后,十七大文件中单独提到关于现代文化与中国传统文化的优秀成就的有机结合问题以及学习真正的国外文化价值。认真深入地提出具有国内外指向的"中国化"问题。重新提出深化马克思主义中国化的任务,中国共产党所有党员广泛宣传和学习"中国化成果"的任务。不仅是"中国特色社会主义"思想和建设"中等富裕社会",还包括最新思想,即关于"创新型和谐社会""科学发展观"和中共"党的建设伟大工程"等论题,这一系列重要理论体系值得认真分别研究。

马克思主义中国化。众所周知,这一任务是毛泽东早在1938年提出的。他在《中国共产党在民族战争中的地位》报告中指出:"我们这个民族有数千年的历史,有它的特点,有它的许多珍贵品,对于这些,我们还是小学生,今天的中国是历史的中国的一个发展;我们是马克思主义的历史唯物主义者,我们不应该割断历史,从孔夫子到孙中山,我们应当给以总结,继承这一份珍贵的遗产。这对于指导当前的伟大的运动,是有重要的帮助的。共产党员是国际主义的马克思主义者,但是马克思主义必须和我国的具体特点相结合并通过一定的民族形式才能实现。"无论是当时,还是现在,中国化都被看作是马克思列宁主义普遍原理与中国实际的结合,是掌握丰富的民族遗产并运用它来发展国家,解决新任务。在代表大会上胡锦涛号召要"用马克思主义中国化的最新成果"武装全党,这并非偶然。

应该指出,中国共产党的领导集体多年来高度重视研究苏联和苏共解体的原因及教训。最近几次中国共产党代表大会和全会的决议,特别是第十七次党代会的文件明显地证明,中国的领导层在很大程度上认真思考了苏联、苏共解体的惨痛教训。首先表现在,马克思主义的中国化,重视国家发展特色,创建"中国特色社会主义"思想,被当成中国共产党意识形态扎根社会和保障中共领导作用的主要条件。该方法论在中国宪法中得到了相应体现是合乎发展规律的。

广义上讲,中国化就是将建设公平人文社会的现代思想理论,即借用国外术语所谓"社会主义",与民族传统结合起来。因此,社会主义的初级阶段就等同于"中等富裕社会",即等同于特殊的术语"小康",这绝非偶然。

和谐思想中的"和"与墨子的"兼爱互利"思想及孔子的"保存差异性与多样性共存的和谐"(和而不同)原则相结合。所有这些新思想的理论基础是传统的道家辩证法"把同一的分开,把两种对立矛盾结合成统一"(一分为二,合二而一)。此外,继承与创新相结合,既考虑中国的实际特点,借鉴国外社会思想先进成就,又研究中国国情。

中国化与建设"中国特色社会主义",与完成三个"伟大的历史任务"紧密结合,即实现现代化,完成祖国完全统一,在促进共同发展中保护全世界和平。如果从内部规划来看,"中国化"就是加强文化同一性,将改革政策扎根于中国土壤,那么从外交角度看,这个思想归结为中国和平发展思想,目前该思想,用胡锦涛的话说,由"呼吁世界与国际关系和谐化"加以补充。为此提出一个十分重要的任务,即对外推广中国文化的成就,维护中华文明的良好形象,该任务正在成为开放政策、中国"和平"走向国际舞台、世界与国际关系总体和谐化的一部分。近几年中国领导人开始特别重视宣传现代中华文化的成就,推广汉语。到处建立孔子学院,其中包括在俄罗斯高校附属的十多所类似的学院。这些学院成为学习汉语及宣传中国丰富的传统文化的中心。俄罗斯中国年在我们国家形成了独特的中国繁荣局面,俄罗斯人,特别是青年人,对中华文化很多方面,中国历史、艺术、中医、餐饮、养生和中国功夫的兴趣大增。科学研究、科学院远东研究所的学者及其他俄罗斯汉学家的学术著作也对中华文化推广工作作出了贡献,这对加强我们两国人民的互相理解及友谊具有非常积极的意义。这方面有特殊意义的是出版了独具特色的多卷本百科全书《中国的精神文化》,出版了中国哲学经典作品的系列译著,《中华人民共和国:经济、文化、政治》年鉴和其他专业文献。

科学发展观。这是中共中央总书记胡锦涛在中共十六大后提出的马克思主义中国化的最新成果,其基本思想是"以人为本",要求全面协调可持续地发展。科学发展观是以在中国建设强大富裕和谐的社会主义社会,即"中国特色社会主义"为基础而正式提出的。同时应指出,这一新思想的提出实际上表明"温和"地放弃之前前辈们的某些思想,并对一些思想加以明晰。首先,"科学发展观"及由此提出的全面协调可持续发展就是要克服经济政策中的一些片面性。例如,现在不单纯强调注重经济指标的增长,却忽视社会问题。用以取代个别地区和个别人富裕理论的是,重点强调全面建设中等富裕社会、共同富裕和克服严重的贫富两极分化。

还提到,重点在国家沿海地区加快发展经济特区(上海、深圳),不应忽视中国内陆地区的发展,不应忽略中国东北老工业基地和贫困农村地区,不应单一依靠农村实现工业化,不应过于重视精英阶层,而忽略农民和工人问题。也就是说,科学发展观的任务就是克服改革开放进程中因经济飞速发展而产生的五种不平衡,目的是降低由于该政策持续快速发展而造成的生态和社会代价问题。同时应该特别强调:政策中的一些重要变化绝不意味着要偏离改革开放的总体战略。以人为本,一方面是对国家经济建设中人的因素增长的特有回应;另一方面是对外来的破坏人权的指责给予的回应。

综上所述,"科学发展观"的核心就是从综合、系统的视角看待实行改革开放政策过程中出现的各种问题。这是马克思主义中国化的新阶段。这是中国共产党中央委员会对中国知识分子探讨的一些尖锐问题考虑后的回应。表现出当今中国精英一代固有的实用主义价值观,同时,也说明对理论作用的重视。

伟大的党建工程。创新成为十七大重点关注对象。首先就是运用新方法解决系列党建的组织与思想方面的问题,解决党的战略战术方面的问题,探寻加强党在管理国家中的合法性及作用的途径。这表现为提高党的执政能力;在宪法与法律框架内监督党的行为;加强统一战线,扩大党作为劳动人民的政党,首先是工人阶级、全国人民、全国各民族的政党的社会基础,发挥它的先锋队作用;继续奉行独立自主原则,反对干涉其他党派内务,将中国共产党和中国的对外责任和对外活动看成是为完成国家内部建设任务创造有利的必要前提。

显然,上述现有中国共产党的词汇中"国际主义""团结一致"的术语已被"合作""融合"术语所取代。

为应对内外挑战,中国领导层提出"适用于党的中国民主思想体系"。规定乡镇人大代表直接选举制度,政治局和党委会向选举他们的代表大会和全体会议汇报工作等等。人权思想在民主集中制与保障党员权利的纲领结合这一原则中得到发展。

与毛泽东强调阶级斗争所不同的是在中国共产党党章纲领序言中强调:"由于国内的因素和国际的影响,阶级斗争还在一定范围内长期存在,在某种条件下还有可能激化,但已经不是主要矛盾"。

现任中国领导人汲取了之前国家"大跃进"(1958—1960年)和"文化大革命"(1966—1976年)时期的经验教训。党章号召提高警惕防止右倾,但着重强调,"要特别注意防止'左'倾"。

俄罗斯—中国:为了共同利益

这样,党代会文件明确提出了未来中国在可见阶段发展的目标、方向和实际动力。中国领导层不满足于已取得的成就,清醒地认识到现有困难与问题,不断探索其解决途径。

就上述有关与中国发展潮流相关的外部影响因素有哪些的问题,党代表大会的决议也会作出一些结论。首先认为,按中国精英的思想,中国要在国际上提高威信,巩固国际地位,应与中国国内的发展成就相平行。国家将有能力凭借"软实力"解决宏伟任务;国家现代化,在"中国特色社会主义思想旗帜下"建设全面中等富裕社会,和平统一祖国,同所有国家建立和谐关系。这里特别重要的是强调,中国将奉行"共同发展"和"共同繁荣"方针。正是这些思想成为解决问题的基础,反映出中国分析家"三维"的外交政策视野就是:发达国家的和平、邻国和平和发展中国家和平。

如果不带任何恐惧和成见客观地分析中国的和平发展问题,从俄罗斯利益角度,则很明显,中国发展就是以创造有利的国际条件和有利的睦邻环境为主要目标。巩固同多数邻国的战略伙伴关系,为共同繁荣进行合作,这一切恰恰符合和平发展的利益,不仅对中国,而且也对邻国乃至全世界。

有关中俄关系应强调,它客观地建立在中俄地理相近、经济互补及两国人民之间睦邻友好传统的基础上。共同利益使双方关系在长期全面战略伙伴关系发展中更加牢固,促进双方各自解决国家民族任务。对中国来说的任务就是和平发展,并在本世纪中叶加入先进国家行列,对俄罗斯来说,就是全面振兴和进一步增强社会经济潜力,在此基础上巩固其应有的传统上的国际地位。巨大的合作可能性明确体现在解决俄罗斯西伯利亚和远东地区的振兴任务计划上,而这一计划与中国西部地区开发和东北老工业基地振兴是吻合的。

在双方关系达到很高水平的当前条件下,双方还没能解决要求细致工作才能解决的一些问题。但这不能取代主要问题,即两国根本利益相一致的问题。除了国内建设任务相似以外,还有两国在和平发展、共同发展、地区及双边问题广泛领域的共同点。现有的个别分歧不具有对抗特点,可以在双边互信协作框架内得到解决。近年来双方为消除其中一个"瓶颈",提升了相对较低的外贸水平就是一个很好的例子。

远东研究所的科研队伍从多角度分析当今中国以及世界和地区的政治、社会经济、文化思想状况的因素和趋势,正在研究中国短期、中期、长期发展的各种不同的发展方案。

根据对中国最新思想动态和实际趋势的分析,可以看看几个方案,包括中国快速崛起方案,尽快进入世界强国方案,以及中国停滞不前、不稳定甚至解体方案,但这些方案,我们认为,近期实现的可能性都很小。比较可能的符合俄罗斯利益的方案是中国及其经济相对稳定快速发展,基本上保持国家内部发展的趋同态势。

俄罗斯客观上对中国经济相当快速发展并保持社会稳定非常感兴

趣。由于中国保持了稳步发展趋势,俄罗斯经济以每年6%—7%的增速扩大双方经济合作,进而进行政治合作的可能性。

这样,俄中经济的平行发展是俄中合作与巩固俄罗斯世界地位的最佳方案。

实现这一期望要求俄中双方付出巨大努力,有利的国际局势和世界经济环境。中国人说:"前途是光明的,但道路是曲折的。它像长城的路线,沿着陡峭的山坡和荒漠伸展"。但是必须沿着这条道路前进,因为这条道路既符合俄罗斯利益,也符合两国的共同利益。

中国日益强大的作用——成就及问题

中国近几十年发展变化的独特现象,已经不止一年成为包括全世界研究学者在内的广大社会人士的关注焦点。

中国成就具有什么样的性质?我们强大东方邻国在国内和国际生活中,具有今天现象的本质是什么?中国作用的新变化对世界政治将会产生抑或说正在产生何种影响?这些问题的答案,与俄中关系的现状和发展前景不仅有直接关系,而且直接影响对俄罗斯民族利益的有效保证,要知道,俄罗斯与中国有着世界上最长的陆地边界线。与此同时,中国的政治和成就对整个国际关系的发展有着巨大的影响。

经济发展成果

在过去的三十年多年里,总结中国的国内生活的各种因素,可以得出结论,由于改革开放政策的实施在中国建立了混合所有制的,并在一定程度上面向社会的市场经济基础,其中,每个成分都发挥其特定的功能。在长期逐步转型的过程中,国家充分发挥了其宏观调控的重要作用,切实提高了作为市场经济主体地位的国有企业的自主性和有效性。非国有制经济成分的形成促进了国内竞争环境的发展,扩大了就业,确保就业岗位的年增长率高达九百万个。每年吸引的外资(每年900—1000亿美元)稳固了中国在世界市场中的地位,促进了技术进步。经过长时间的发展,取得了高速的经济增长速率。从1978年到到2007年年平均增长速度达到9.8%,这是世界平均经济增长率的三倍。由此,中国国内生产总值在

1978—2009年期间,以美元计算,从世界第11名,一跃至第3名的位置,仅次于美国和日本。在当时,中国与日本在这一指标上几乎达到了同一水平,并且在未来一至两年内中国一定可以超过日本。(果不其然:在2011年4月份,中国的GDP的总额超过了日本)。

高动力的经济增长,再加上中国货币价值的增长,以及人口总数相对缓慢的增长,使得二十年内实现人均国内生产总值翻两番的任务得以提前完成。2000年提出的将这一指标由800美元提高到2020年的3000美元的任务,实际上在2008年便已经实现。甚至是超额完成。根据中科院现代化研究中心的预测,中国到2040年,将会比预期提前10年实现人均国内生产总值"超越世界平均水平",达到人均2万美元的水平。

而暂时中国的GDP绝对总额与美国的差距还是相当大的——中国的GDP总额按照美元计算仅是美国的三分之一。然而,根据国际货币基金组织的预测,中国的国内生产总值,在21世纪20年代后半期将超过美国,并且到本世纪中叶可能超过它一半以上。如果考虑到按照2006年美元的汇率进行的计算有着很大的提升,那么除去美元汇率的下跌,那么,上述提及的界限也会更早的达到。美国和中国GDP总额的持平大概在2018年以前便会来到。

国家的大规模的产业化进程是中国经济成就的基础。这一过程的开始可以追溯到20世纪的50年代,在苏联的帮助下,在中国重工业的主要领域建立156个大型工业园区和企业,并给它们配备了就当时而言先进的设备。在最近的十年里,中国已经转变成为一个相当强大的产业大国,所谓"世界工厂"。总之,一个现代化的工业园区建起来了,其中原材料与能源产业有机地与生产资料、种类各异的消费类产品、军工技术和电子设备以及通信设备生产相结合。高科技和知识密集型产业迅速发展。

在20多个主要种类的工业产品的生产方面,中国在世界上已经占据了领先的地位。2009年中国的钢产量占世界总值的46.6%,水泥产量占世界一半,铝是60%,50%的精炼铜,世界煤炭总产量的45%,以及世界矿物肥料总产量的35%。中国已成为多类机械产品制造的领先制造商。2009年成为汽车生产领域的佼佼者——占全球产量的25%;34.8%的船舶是由中国的船厂建造的。世界家用电器生产的大部分份额都落在了中国工业企业的身上,洗衣机、冰箱、电视、微波炉、空调和手机的生产份额在40%—70%之间。国家轻工业生产的鞋子和衣服不仅保障国内居民的需求，还可以满足其他国家和大陆的很大一部分居民的需求。与此同时，中国也是一个高产的农业大国，其谷物、肉类、家禽、海鲜和蔬菜等所占世界产量的份额远远高于中国在全球人口总数中所占有的份额。

显而易见，中国在交通基础设施的发展上所取得的成就，在很大程度上保证了中国国民经济在其他领域成就的取得。中国铁路长度虽然仍落后于美国和欧洲，但高速铁路线的长度以及它们在某些路线的运行中所达到的每小时350公里的平均速度，使得中国占据了世界的首位。中国在这些方面花费了五年所走过的路，其他国家已经花了不止十年。高速公路网络的发展异常迅速。尽管高速公路开始建造的时间至少晚于别国半个世纪，但是如今它们在中国东部地区的密度，在某些情况下已经远远高于美国和其他发达国家。十年前，在中国没有这样的道路，但到2008年底时中国高速公路的长度居世界第二位，仅次于美国。同时预计在五年内中国高速公路将遍布这个人口超过十亿的国家。

中国在科学，文化，教育事业领域的发展上成就显著，人民的生活水平得到了显著的提高。在最近几年，成功确保了九年制义务教育体系的广泛实施，甚至在一些经济发达的省份出台了十二年制义务教育体系。职业教育迅速发展，逐步实现高等教育大众化。高等教育在校生人数从1999年的700万增加了到2980万人。早在2005年，中国便在这一数字上超过了美国。一流大学的教育和科研水平显著提高。

按照在科学和技术发展领域所取得的基本参数，中国已经开始占据世界的领导地位。在研发中逐步增加投资。在2008年，他们占国内生产总值的1.52%。在科学和技术领域工作的毕业生总人数已达到4200万人，这一数字超过世界任何其他国家，这其中包括研发领域的190万人，这一数字占据世界第二位，仅次于美国。科学出版物的数量，包含在国际科学引文索引系统SCI出版的科学著作，中国占世界第三位，而发明专利的数量，占第四位。以前所未有的速度创造了高新技术企业孵化器和高新技术园区。在孵化器的数量上中国排在美国之后位居世界第二。为了吸引外国科学家，中国也在国外创建技术园。信息技术专业的毕业生数量以每年2万的数量递增，是美国的5倍。

社会保障不久前还仅仅是提供给城市人口中的一部分，他们大多是工人和员工。农村居民并不包括在这一保障体系之中。现在，约2亿城市居民和4亿农村居民获得了最低生活标准的保障。超过110万人享有各种形式的医疗保险。养老保障的基本制度也在不断扩大中。

全球金融危机的出路

与许多其他国家不同,中国政府并不需要迅速救助中国的银行金融系统,由于国家的控制和及时的转化以及相对的独立性,多米诺骨牌效应没有威胁到中国。中国政府一直致力于在实际层面克服危机,主要是通过增加投资和扩大国内需求。这些措施的目的是减少出口,延缓GDP增长速度的下降和防止失业率大幅增加。

中国通过实施"适度宽松的货币政策"来对抗经济增长速度的放缓。一再下调存款基准利率,减少了储备货币,并增加贷款金额,以刺激消费和经济增长,保证就业。这些措施对于维持企业、公众和投资者对国家和企业共同努力、应对危机的能力的信心非常重要。同时实施了一个范围广泛的计划,以大幅提高在基本建设和公共服务领域的公共投资。这一持续到2010年年底的项目总共投入了四万亿元人民币。

全球金融危机对中国经济造成损失,主要是由于中国产品在国外市场需求的下降导致的,尤其在美国、欧洲、日本。像其他许多发展中国家一样,为刺激经济增长,中国选择了以出口为导向的发展模式。出口额的增加在确保经济的高动力发展中发挥了显著的作用。金融危机降低了中国出口这一经济增长主要引擎的增长速度。许多从事出口的中小型企业,尤其是在沿海省份,已经关闭了。受雇于他们的人,大多是从农村出来的,也暂时失去了工作。

迫切需要通过刺激国内消费以减轻外部需求下滑所带来的损失,措施包括公共投资和税收负担的结构性减免。2009年,固定资产投资上升30.1%,其中农业占投资比例的49.9%,工业和建筑业占26.8%,服务业占33%。与2008年相比,贷款的数量增加了一倍以上,达到近1.4万亿美元。由于刺激消费的措施的进行("以旧换新""家电下乡",购买房地产和小型车的优惠),零售总量在2009年增长了15.5%,而且是在价格指数上升了16.9%的前提下。

税收政策在刺激企业的经济活力和扩大居民内需方面起着主要作用。自2009年开始大规模减轻企业的税收负担。增值税的转型在这一计划中占有重要地位。它是中国最大的税种。2007年,增值税收入占全部税收收入的31%——超过1.5万亿元。据推测,此项目的税收负担将被减少三分之一。

对产业政策也进行了重要调整。政府规定了10个优先领域,并借助税收,货币政策以及鼓励其自我创新和结构调整等对其进行支持。在这些优先领域中包括:黑色和有色金属冶金、汽车制造、纺织、装备制造、造船、轻工行业、石油化工、电子和物流。在2007年,这些行业(不包括物流)占所有行业附加值的80%和GDP的三分之一,在这些领域的直接员工达360万人,占城镇职工的30%(不包括农民工)。物流占服务行业增加值的16.5%,占国内生产总值的6.6%。税收和就业很大程度上依赖于这些行业。提高企业的技术水平,在身体和精神上从旧有的生产动力中解放出来,充分利用新能源等方面值得特别注意。

提高社会服务水平和社会保障水平是扩大内需的措施之一。三年内,仅对医疗和保健进行的必要改革便会预留8500亿元。提高居民,尤其是低收入群体的收入也是一个重要的方面。这个计划包括居民的最低生活保障,提高养老金水平和加大对受自然灾害影响的居民的物质支持。

同时,还实施了旨在稳定出口以及中国在世界市场上的地位的方针。2008年10月开始,外贸总量,包括出口量下滑,但自2009年9月开始下滑速度已经放缓,并在12月呈现增长趋势。这是由于全球环境的普遍改善,以及中国政府采取了特别措施:扩大了税收优惠政策,对中小型企业进行拨款资助并为他们打开新的出口市场。

在实施改革政策的整个时期,2009年成为中国在对外贸易和经济上最为困难的一个阶段。因此,与2008年相比,外贸总额缩减了16%。但我们不要忘记,就连德国这样的世界出口大国,其外贸总额下降得更多,达18%,因此中国超越了德国,在全球出口贸易中占据了领导者的地位。中国能否保持在这个位置,暂时并不完全清楚。尽管将出口速度恢复到危机发生前五年平均每年25%的超高速率不太可能,但是,我们有理由相信,在未来几年中国将保持领导者的位置。

一系列的外界因素阻碍了中国出口的加速恢复,其中最重要的一个因素便是在欧洲和美国保护主义政策的盛行,这主要表现在针对中国进行的大量反垄断调查,同时呼吁其本国公民购买国货。除此之外还包括,国外消费市场的持续低迷,后危机时期需求恢复的疲软性,同时原料在危机发生之前的价格相比成品的价格更快的回升,以及来自外界促使北京重新审视其货币政策的压力也越来越大。

中国政府实施的抵抗危机的计划在总体上达到了其主要目的：遏制经济增长速度的下滑，着力恢复其长久高效的发展趋势。2009年国内生产总值的年均增长率为8.7%，在第四季度更是恢复到了两位数——达10.7%。虽然本次世界金融危机在全球范围的影响要远比1998年的东亚经济危机更加严重，但是由于采取了适时稳妥的措施，中国的领导层成功地快速摆脱了危机，并取得了良好的效果。但1998年的危机之后，中国在几年内一直未能提高其经济的增长速度。由此我们可以得出结论，在过去的十年里中国不仅极大地加强了其物质资源抵御外部挑战的能力，同时国家领导层的主观能力和面对危机找到适当解决方案并立即付诸实施的政治领导能力也得到了大大的加强。

中国政府的反危机政策，阻止企业业务盈利下降的趋势，并促成其良性转化。稳步居民收入的增长。

自2009年下半年开始，随着国内生产总值增长速度恢复到金融危机之前的发展状态，就业领域的状况得到了有效改善。春节过后大约有86%的工人返回城市——主要是农民工。尽管与危机前相比，他们的收入水平有所下降，但对城市不再成为失业农民的避风港的担忧显然是多余的，在中国的一些东部省份甚至出现了用工荒的现象。政府同时还采取了多项措施，以提高劳动力市场对高校毕业生，尤其是像工商管理、外语、国际贸易等具有前景的专业的毕业生的需求。

许多中国企业积极利用危机以加强其在国际劳动分工和出口结构优化中的地位。这种趋势尤其在电子、化学和制药工业领域表现最为突出。因此，中国汽车制造业在世界舞台上更加具有竞争力，高科技的开发和技术组装生产取得了长足的进步。各种企业和公司也都对引进和利用国外先进技术产生了越来越大的兴趣。中国汽车制造业产品在美国和欧洲市场上份额的发展速度超过了其他国家相关产品的份额。

在2009年计算的1978—2009年间对外贸易的成交额达到了22070亿美元。其中出口总额达到了12020亿，进口总额10050亿美元。长期的外贸顺差，再加上外贸经济活动的其他收入，已经将中国打造成全球最大的黄金货币资源国，到2009年底，其（不包括香港）贸易总额达到了2.4万亿美元。世界发展银行预测，到2010年年底其贸易总额将会增长到2.8万亿美元。

后经济危机时期发展中的问题和挑战

中国经济现代化和社会政治领域的增长潜力不可估量。中国已进入了自身发展的新阶段,其特点是新的机遇和新的挑战同时并存。因此,对良好机遇的利用在很大程度上取决于对日益严重的问题的成功解决。

在2009年年底,《人民论坛》杂志作为中共中央的核心期刊,发起了"未来十年10个最严峻挑战"的问卷调查。调查的结果在在该杂志2010年的三月刊中进行了公布,参与问卷调查的有8128人,82.3%的受访者认为最严重的挑战是"腐败问题突破民众承受底线"。紧随其后的是以下挑战:"贫富差距拉大,分配不公激化社会矛盾"(80.6%);"基层干群冲突"(63.2%);"高房价与低收入的矛盾"(62.8%);"诚信危机,道德失范"(61.7%);"民主政治改革低于公众预期"(52.3%);"环境污染,生态破坏"(51.6%);"老龄化矛盾凸显,老无所依,老无所养"(44.1%);"大学毕业生就业更加困难,诱发不稳定因素"(43.4%);"主流价值观边缘化危机"(36.3%)。

在不久将来面临的主要威胁中腐败问题占据首位是可以理解的。尽管政府采取了许多强有力的措施来打击腐败,但效果并不明显,反而腐败之风愈演愈烈。贪污腐败,尤其是集团性的和系统性的贪污腐败,往往涵盖并存在许多其他类型的刑事犯罪。其中一个最腐败的,并同时也最直接影响到广大人民群众切身利益的经济活动领域便是是房地产交易。正是在这一领域,相互勾结的官员和私人企业家实现了快速的发家致富。在中国,据说"腐败的出现率要远远高于其人口的死亡率"。这种情况对于政府的声誉和政治稳定性的保证而言是一种巨大的风险。难怪胡锦涛强调,反腐斗争是关乎执政党生死存亡的问题。

多年的改革,大大提高了人民的物质生活水平,绝对贫困的人口数量(主要是在城市地区)减少到了以前的十分之一:从2500万减少到了到200万。然而,仍然有数以亿计的人,特别是在农村地区,生活在贫困的边缘。社会分化日益严重,财富在中国的相对集聚化程度比西方发达国家高很多。据美洲发展银行的数据显示,在中国拥有资产超过100万美元的家庭的数量占中国所有家庭总数的1‰,但中国总财产中的41.4%集中在他们手中。

与国家国民财富的增长相伴的是 GDP 中工资总额比例的下降。通过对 GDP 中的工资收入的计算显示,GDP 中工资的比例从本世纪初的 50% 以上下降到了不到 40%。在发达国家这一比例大概是 56%。

尽管政府采取一系列重要措施来缩小城乡居民的收入差距,但由于在城市打工的农民收入的减少,使得金融危机再次加剧了这一问题的严重性。据中国社科院社会学研究所的估测,2009 年,城镇居民收入增长了 10%,而农民只有 6—7%,这使得现存的差距进一步拉大。

更加公正和平等的分配经济发展的成果是中国实现进一步成功和可持续发展的先决条件。社会财富分配的不公正和不平等现象的深化使得发展中隐藏了巨大的社会动荡的风险。

2009 年,中国举国上下一起在庆祝中华人民共和国成立 60 周年。为了维护社会稳定和社会治安采取了一系列特殊措施。然而,大规模抗议活动的数量在全国却有所增加,他们的总人数超过了 9 万。目前这些抗议活动主要带有局部性、区域性或行业性特点,它们通常时间很短,没有足够的组织性,缺乏协调,通常因为某些具体原因才出现。抗议活动的主体通常是社会弱势群体,在大多数情况下,他们都是为了捍卫自己的物质利益,而不是为了侵犯执政党的地位。最后一种情况值得特别说明。抗议者并没有要求改变政治制度,和发动"暴乱"或"颜色革命",也没有夺取政权的倾向。他们只是要求既定的规则得到遵守。换言之,在中国,具体的抗议活动在原则上是可控的,但是它们也有可能会变成具有破坏力的动乱。当社会不公的感觉越积越多时,大规模的抗议活动就会演变成为负面情绪的一种宣泄手段。

中国在世界舞台上作用的转变及其外交政策的特点

基于国家发展所取得的成就,中国凭借其政策的实施以及在国际事务中政治影响力的增强更加自信地屹立于世界强国之列这一点是理所当然的。美国和其他西方政治学者在一系列文章中所作出的论断绝非偶然。他们直接指出,中国将会是"下一个超级大国",而且 21 世纪的走向将取决于是两个大国——美国和中国之间的斗争。

中国的军事能力正在稳步提高中。在为了庆祝新中国成立 60 周年而举行的国庆大阅兵中,北京试图证明其军事力量中各个兵种的巨大潜力。首先展示的是52种新式军事装备,其中包括各类弹道导弹和巡航导弹。但是,这种潜能上的良好态势并不值得过分夸赞,因为在军事技术和科学方面,中国仍然落后于最先进军事强国。

北京在其外交政策声明中一贯宣称,中国没有称霸的野心,也没有充当世界领袖的意图,一直以来都谦虚谨慎,贯彻"中国改革之父"邓小平的设想,"低调行事"和"逐步建立实力"。然而最近一段时间,根据各方面来看,现状已经开始改变。中国不仅在区域和世界范围内的外交活动上的积极性明显增强了,而且外交政策中的言辞也在发生改变,特别是在一些出版物和青年杂志中。根据2007年胡锦涛主席在党的十七大报告中的声明,中国将"积极参与多边事务,承担相关的国际责任"。这个想法在中国领导人2010年2月在中共中央党校的讲话中得到明确指示。胡锦涛强调:"我们必须坚持对外开放的基本国策……扩展国家发展的外部空间。"

从整体理论层面上看,中国的外交政策的思想基础是"构建和谐世界""世界繁荣发展"和无战争的观念,在这一思想中将最大化的集合所有世界进程参与者的利益。这一理念的本质便是构建一个更加公正和公平的世界秩序。目前这一"和谐"思想得到了胡锦涛共同发展理论的补充,其本质是,在当今时代,需要考虑到各国的相互依存,建议在保持世界多样性和发展多样化的前提下,鼓励合作先于竞争。针对世界舞台上的单边趋势中国领导人说,当今世界应该是多极化(多中心)的。

在世界舞台上一国的主权独立原则相比其他基本的意识形态更为重要,它是发展中国家最根本的利益。近年来中国还将"负责任的发展中大国"这一术语列入其中。北京宣布致力于通过建设性的和和平的方法来解决全球和地区问题(伊拉克、阿富汗、朝鲜和伊朗核问题、中东和平、裁军议题、气候、能源)。表现出有效地应对威胁和挑战的意愿,诸如国际恐怖主义、洗钱、贩毒、犯罪等。特别强调要开展针对所谓的"三股势力"(暴力恐怖势力、民族分裂势力和宗教极端势力)的斗争。

自2003年以来,中国一直作为观察员参加"八国峰会"。中国在联合国的地位得到了显著的提高,根据中国领导人的观点,必须维持和加强中国在当代国际关系中的中心位置。北京积极参与在其他国际组织的活动,包括各种论坛,诸如:"20国集团"领导人峰会,亚欧会议,亚太经合组织会议,东盟会议,东盟地区论坛,上海合作组织论坛等。北京开展与欧盟的多结构广泛联系,展示出了根据"俄印中"机制和"金砖四国"路线与欧盟协作发展的兴趣。

在国家的优先发展策略中中国首先以实际利益和中国国际地位的加强为根本出发点。如果谈到中国的双边国际关系,根据中国最新的文件,那么首先提及的便是中国与其他世界发达国家之间的关系。因此,中美两国作为世界上最有影响力的两个国家,他们之间的关系在北京被称为"世界上最重要的、富有动态的国家关系之一"。其次与其他周边国家之间的关系对于建立"和平的周边环境"也极为重要。最后,在与发展中国家的关系发展上中国一贯坚持加强团结与合作。因此,尽管北京一直把自己和第三世界的利益联系在一起,但其国家关系的主要焦点仍聚焦在与世界主要大国之间的关系上,诸如美国、俄罗斯、欧盟、日本和印度。

因此,根据一系列的参数,我们需要再次强调说,北京首先发展的便是与美国和西方国家之间的相互关系。最近十年的商贸关系,加强了中国与西方的关系。从根本上讲已经变成了一种互利共赢的相互共存关系。

需要说的是,中国作为未来21世纪的超级大国其作用的恢复得到了美国和西方国家的认真对待,并展开了与中国的针锋相对。美国提出的"中美共同体"思想和G2设想便是一个很好的反映。事实上,这是控制中国影响力增长的一种尝试,这包括用自己的方式实现双方对世界的共同管理。中国一贯宣称其政策上的独立性,并对这种提议表现出怀疑态度也实属正常。除此以外,中国国务院总理温家宝强调说,中国"坚决不会同意"G2的这种想法。而且,在2009年11月美国总统奥巴马访问中国期间签订的《中美联合声明》中的个别条款值得特别注意,除了两国之间的互相要求和继续推动两国关系的发展得到了重申以外,还明确表示,中国和美国"在解决地区和全球安全性问题上拥有共同责任"。

尽管在中美关系中一直存在着一些长期的严重问题("台独"问题、"藏独"问题、"疆独"问题和人权问题等)并间接性的出现一些紧张局势,例如,发生在2010年的最初几个月里未超出界限的一些摩擦。这主要是由于当时经济上的客观复杂关系,以及双方立场中的一些其他实际因素造成的。

中国将其与欧盟的关系看作是战略关系,不断扩大与欧盟的经贸联系,但是希望欧盟对于涉及人权问题和自己国家在西藏及新疆的政策等内政问题方面不要参与干涉。

中国特别注重与周边国家关系的发展,努力营造围绕中国的安全带。特别是在最近的十年里,中印关系得到显著发展。双边贸易增加了近两倍。正在实现多方面的合作机制。双方不断宣称,现存的问题(边境问题、"藏独"问题和其他一系列问题)不应阻碍双方在各个领域关系的发展。中国在整体上针对南亚问题贯彻均势政策,努力避免出现像近期所说的那种对巴基斯坦一方的偏向,但是巴基斯坦在该地区仍是中国的一个主要盟友。

中日关系也正在发生显著的变化,2008年中国国家主席十年来首次访问日本,对于中日关系的向前发展具有重要意义。双方加强在各个领域的关系,包括一定程度上的军事合作,促进在多方论坛(中日韩多方论坛、东盟10+3会议)中的相互合作。一直令中国担忧的问题是日本军国主义的抬头,日本与美国正逐步加强军事和政治联盟。在整体上,中日关系在亚太地区带有在经济和政治影响力上客观竞争的痕迹。

中国积极参与亚太地区(APEC,东亚共同体)和东南亚地区在经济和其他领域的活动,自2010年年初开始中国—东盟自由贸易区开始启动。

近年来,中国越来越多的关注与非洲和拉丁美洲关系的发展。中国加强对非洲国家的经贸渗透,尤其是原材料领域,正在日益受到西方国家的关注。

中国是上海合作组织的主要发起人和成员国之一,在其中扮演重要的角色,参与组织的建设性工作,同时积极推动与中亚各国之间的双边关系。

总之,中国的外交政策是全方位的外交政策,其主要目的是创造一个和平的周边环境,为改革的进行和全面实现中国跻身世界强国行列创造一个良好的外部环境。这一政策正在积极稳妥地实现中。难怪在中国外交部的发言中强调到,60年来北京与许多国家积极地建立正式外交关系,数量已经从18个增加到171个。

中国与俄罗斯:战略协作伙伴关系

现阶段中国内部的发展特点和它迅速崛起的进程,以及它外交政策的重中之重要求它必须要考虑中俄双方对当前状态的影响以及中俄关系的发展前景。因此,以下一系列主要状况应该得到考虑。

首先,谈一下俄罗斯在中国外交政策中的整体作用。俄罗斯在中国的国际关系体系中占有特殊地位。对中国来说,与俄罗斯的伙伴关系以及在政治、经济和文化关系上的发展具有重要的现实意义,它是加强中国在与西方国家的关系中的地位的最重要因素。对于中俄关系的加速发展中国十分开心,这一关系使得双方领导人之间建立了坚实的互信关系。由于中俄双方在主要的国际问题上都持有相近观点,所以中俄双方在国际舞台上的相互协作正在扩大。2001年7月16日签订的《俄中睦邻友好合作条约》是两国关系史上的里程碑,加强了双方之间平等互信的战略协作伙伴关系。最近几年俄罗斯和中国之间的双边关系所达到的水平实属理所当然,双方在国家根本利益上的相似性是这一关系的基础,北京称这是两国有史以来最好的双边关系。这一点在针对中国外交部部长就新中国成立60年以来外交活动的发展问题上所进行的采访中得到印证,采访中称中俄关系的发展获得了比中美关系发展更高的评价。于是有人断言,"中国和俄罗斯建立了战略协作伙伴关系,双方将会在较高水平上保持持续、健康、稳定的发展。"

在双方关系中,与西方国家政策不同的是,俄罗斯和中国彼此之间互不干涉内政,不针对对方进行颠覆活动,这促使他们之间的相互信任不断加强。正如中国专家表示的那样,中国对于俄格冲突期间俄罗斯所采取的行动以及俄罗斯站在自己立场上在给予美国和北约的有计划的反击中所展现的坚定决心持理解态度。

整体上,在与俄罗斯的关系发展中关乎中国利益的因素主要有以下几点:

- 对于北方邻国,这一与中国边界线长度超过4000公里的国家,中国有兴趣与其建立稳定、和平和友好的国家关系;
- 与俄罗斯的战略伙伴关系有助于中国在发展与美国、日本和西方国家的关系中保持和加强独立自主的外交政策;
- 作为少数几个可以宽容对待中国国内政治制度的国家之一,俄罗斯客观上有利于维护中国所选择的社会发展道路;
- 俄罗斯在维护国家主权和领土完整(如"台独"问题、"藏独"和"疆独"问题)上给予中国的支持具有重要意义;
- 考虑到双方在经济结构上的互补性,俄罗斯是中国重要经贸伙伴,有利于提高中国的能源安全水平和国防水平；
- 作为上海合作组织的合作伙伴，中国和俄罗斯在反对民族分裂主义、宗教极端主义和恐怖主义中互相帮助，共同开展打击贩卖毒品的斗争，维护中亚极端重要地区的战略稳定；
- 中国和俄罗斯在推动类似基本国际优先事项上展示出了共同的兴趣，其中包括建立多中心的世界秩序，防止世界事务中的独裁统治，加强联合国的核心作用，以及遵守国际法的普遍规范。中俄双方在双边基础和主要国际组织形式（诸如"G20"、金砖四国和区域执行委员会）之上推动这些目的的达成。
- 俄中双方各自代表世界上规模庞大的独立文化文明区，在促进世界文化多样性和打击企图将国际社会置于类似于"西方自由社会"的严格标准之下的努力中互为盟友；

俄罗斯与中国发展伙伴关系的动机和利益点在很大程度上与中国是类似的，并且是能产生共鸣的。这为双方在睦邻友好、积极务实、长久稳定和共同繁荣的原则上发展战略协作和互信互惠的伙伴关系创造了基础。

在双方稳定的基础下所进行的不间断的发展中的联系对于进一步加强两国之间的关系具有非常重要的意义，这包括在双方规定的框架下所进行高水平的独特的多层次和多边合作机制。在这一机制框架下签订了大量的文件，以期在投资、能源和一系列其他领域所签订的大量合同得以实施，并在全球和区域政策的问题上达成进一步合作上的相互信任。

然而，在俄中关系中也包含了一系列现实的或潜在的挑战。

首先，两个国家的经济领域的整体发展，特别是在全球金融危机的条件下，明显不平衡，在中国的全球政治中俄罗斯方面的地位和作用具有一定的减弱。

在双方的某些个别领域，仍然能够感觉到由历史根源所引起的对彼此的疑虑和敌意的扩散。在俄罗斯尚未消散的"中国威胁论"值得我们注意，其中包括担心中国向俄远东移民，同时保存在中国大众意识中的所谓中俄双方之间所签订的不平等条约也值得我们注意。换句话说，双方国家领导人所建立的高度互信机制在社会和广大人民群众中正在塌陷，这显示了双方合作的社会基础并不充分。

然而，俄中合作伙伴关系的良好机遇与前景毫无疑问将会会战胜一切问题和挑战。这些问题和挑战并没有敌对性，只是具有某种关键色彩：它们可以通过建设性的和有目的对话机制得以成功解决。恰恰相反的是,双方在国家根本利益上也存在有重合和相似或平行之处,这就不仅为广泛的双边合作和文明的共同发展创造了可能性,同时这也决定了这是双方的直接的迫切需要。在中国和俄罗斯的权威专家之间也达成某种共识:维护世界上最长的俄中边境线的安全是双方最关键的任务,出于国内建设发展的考虑这将是双方不二的选择。当中国正越来越多地参与到世界政治的焦点问题当中时,美国和西方国家大大提高了对中国的关注,意图明显地想要将中国拉入西方政治体系中并进一步加强与中国的关系,这对于我们国家具有重要意义。

为了集中解决现代化和发展过程中的问题,俄罗斯和中国需要一个和平、友好的周边环境,他们的建设性合作是新兴的多极化世界的中心支柱之一,也是国际稳定与安全的最重要因素之一。有一系列的对我们有利的良好因素,如地理位置上的接近和两国经济上的互补性,在双方关系中积累的坚实的条约法律基础,俄罗斯和中国彼此之间相互日益增进的感情,以及在建立一个公平、稳定的世界秩序上的共同利益。必须要考虑到当前中国国家领导人与俄罗斯发展关系的愿望,并要充分利用与此相关的各种机遇。

出于对俄罗斯国家利益的考虑,在可预见的未来,维持与中国的长期关系仍是俄罗斯在中国方面的发展策略的基本因素,应将其作为俄罗斯在平衡的多区域政策框架下外交政策的重中之重。这是由俄罗斯经济发展利益,主权和领土完整利益,以及在世界舞台上实施独立自主的政策的任务决定的。合作发展的关键在于积极推动政治互信,经济和人道主义合作,以及在国际事务中的战略协作。因此必须要有效解决过去和现在新出现的问题,特别是由全球金融危机引起的问题。这克服了在2009年发生的危机影响下贸易的衰落问题,防止了两国实力差距的拉大。在相互投资、科技、技术、农业领域和劳工移民领域提出了许多合作的具体任务和议事日程。这些领域的突破需要政府机构发挥决定性的促进作用。

俄罗斯必须理解、接受和考虑到中国向新的世界大国发展的动态变化事实。保持对中国的尊重和睦邻友好的态度,并能够真实地评估复杂的发展过程中时时存在的差异的意义显得尤为重要。对于俄罗斯而言,采取的任何"遏制"中国的政策都将会是适得其反的。利用与中国合作的机会实现亚太地区经济、政治和文化空间上的一体化符合俄罗斯的利益。难怪2009年5月俄罗斯总统梅德韦杰夫在哈巴罗夫斯克举行的会议中将俄中关系置于俄罗斯发展的重中之重,并强调说,"中国,当然是我们最重要的、经济上最有前途的合作伙伴之一。"

与中国全面合作和共同发展符合俄罗斯利益。在这方面特别值得注意的是,由两国领导人批准的将西伯利亚和远东地区的发展与中国相邻地区的发展实现对接的计划。因此,在充分考虑俄罗斯利益的基础上,这些计划的改进和实施将不仅成为两国关系发展史上的新阶段,也会在战略上促进国家重要的远东地区的加快发展。因此,这一项目以及中俄关系的前景与质量在很大程度上取决于俄罗斯的政策和经济现状的质量。

总的来说,俄中关系方面暂时没有出现严重的复杂状况,也没有出现尖锐的问题。在权衡利弊的基础上,保持不同领域合作的积极性对双方具有共同意义。除此以外,在俄罗斯存在对俄中合作的重要性认识不足的问题。在国家层面上纠正这一现状是我们的任务之一。同时,对目前中国国家领导人积极致力于与俄罗斯关系的发展的这一事实的广泛认识同样重要。俄罗斯的战略目标就是正确评估这一观点,并利用好与之有关的一切机遇。

从苏联解体的教训中看中国经验

我想在此与大家分享一些我自己的观点和见解,包括在俄罗斯如何从苏联解体这一历史悲剧的背景下看待中国所取得的成就,与之相关的社会主义思想未来又会如何,以及实现和平发展、建设公正的中国社会的经验的国际意义有哪些。

西方价值观的附庸和社会主义的敌人认为苏联解体是必然的同时也是一件好事,因为这符合自由主义的假设。除此以外,这次事件还被解释为文明冲突中自由主义的胜利以及"历史的终结"。

无论是在俄罗斯还是在前苏联的许多诚恳的人一直深处阵痛并寻找着由世界社会主义体系的崩溃、国际共产主义运动和世界超级大国——苏联的解体所带来的一系列原则性问题的答案。甚至连苏联解体后上台的重要领导人也承认苏联的解体是20世纪的一大悲剧。有关苏联遗产的强大与丰富,大部分前苏联加盟共和国的领导人依然认为他们现如今在经济、文化、科学领域所取得的主要成就是当时苏联时期累积的成果。许多分析人士也表示说苏联解体不存在客观原因。

苏联走的是一条未知的道路,在其政治和行动中并非一切都是顺利的、成功的和准确的。但它的存在,苏联人民的英勇事迹以及国家解体的悲剧将一直都是人类历史上新的亚特兰蒂斯传说。按照马克思说法,苏联的发展及其成就是"天空发起的突破星际的猛攻"。而事实证明它也的确是世界上第一个登上太空的国家。

苏联的行动留在人类记忆中的许多负面形象也正在消逝。最明显的例子就是苏联人民为了寻求正义,在帮助他国人民争取自由解放的战斗中自我牺牲,展现出英雄主义精神,为粉碎德国法西斯主义和日本军国主义做出了伟大贡献,同时在冷战时期面临入侵势力也展现出了高超的谈判技巧和艺术。现今那些苏联为之奋斗的诸多事业,首先便是社会主义理想的实现,已经成为中国和其他进步力量的使命。

中国已经采取了明智而又有远见的措施,对世界社会主义的危机和苏联解体的原因和教训进行了研究和学习。据我们所知,中国社科院和中共中央党校的研究团队在这些方面做了诸多工作。俄罗斯科学院和俄罗斯科学院远东研究所的名誉博士、中国社科院副院长李慎明博士出版了许多有关这一议题的著作。

诚然,苏联解体和社会主义体系的崩溃导致了社会主义的下降和衰弱,但是,这并不意味着社会主义科学的死亡和腐烂。她还会持续向前,社会主义的事业也将继续存在。中国这一例子就是很好的见证。对于那些继续坚定不移地遵循社会主义道路的人士来说,研究苏联解体的起源和原因,弄清导致这一悲剧的社会因素和智力因素是他们一项具有重要意义的任务。

列宁生前不久也曾呼吁大家重新思考为社会主义斗争的经验。生活也再次将这一任务摆在我们的面前。在苏联经验和苏联解体的教训的批判性分析上,经历过资本主义世界体系危机的国家为这一历史任务的解决提供了丰富的素材。但是,我认为在这个关键的反思过程中极可能轻蔑地忽视掉苏联及其人民所取得伟大成就,而滑向对其英雄历史的诋毁。需要强调的是,西方和资本主义制度中具有远见的代表们已经从苏联和社会主义经验中学到了很多。他们为了革新和改革资本主义制度在涉及社会领域、科学技术领域和外交政策、经济规划领域,以及如何防止和克服危机等诸多方面从社会主义经验中借鉴了许多。

今天请允许我简短地介绍自己在一系列被社会科学人士甚至是普通

百姓所激烈讨论的问题上的观点(也许仍需要进一步的论证)。苏联解体是否意味着社会主义思想和共产主义思想的破产和灭亡呢？马克思列宁主义的普遍真理与各个国家的民族特点之间存在怎样的关系？如何将国际社会主义国家和执政的共产党的职责与生活在这个国家不同民族的人民的责任联系在一起？马克思主义者如何在多民族的国家里解决多国关系问题？

在我看来,在讨论资本主义和社会主义的命运问题时,必须要考虑到有关理论和实践的一系列新事实和新结论。

- 在发展内部充满尖锐矛盾的资本主义制度的同时仍表现出很高的适应强大的社会对手——社会主义国家出现的能力,这表现在汲取苏联社会保障的经验以及缓和工人和资本家之间的尖锐矛盾。中国也从资本主义那里学习到了经验,如将包容性作为制度间互相关系的一种形式。
- 在科学技术革命和社会需求发展的条件下,劳动人民的"绝对贫困化"理论不通过实践得到证明。
- 发达的资本主义借助科学和技术成果在使他们自己国家的工人成为对大自然疯狂掠夺的帮凶的同时,也让他们成为了发达国家和发展中国家不平等交流的成果的消费者以及资本主义全球化的成果的消费者。
- 现实的生活和实践也没有证实《共产党宣言》中"工人无祖国"的论断。现实实践已经证明民族认同感,爱国主义和国家主权原则思想的维护切合实际且具有重要意义。
- 理论家和苏共领导人也高估了在苏联和西方发达国家以及东方发展中国家的劳动人民在克服殖民主义的传统和摆脱对于西方世界的依赖上意识的国际化程度。经验表明,不能使仿若生活在中世纪的埃塞俄比亚、安哥拉、马里和阿富汗的人民变得幸福,也无法把他们拉入到社会主义的轨道上。
- 对劳动人民和工人阶层能力的重新评估非常重要——"使他们自主发展到社会主义"。还有一些经典作品中说,无产阶级只能发展到"工会意识"这一水平。
- 低估了系统教育的作用,缺乏对工人运动的教育的重视,对于知识分子、所有劳动人民和中间阶层在社会主义思想精神和共产主义思想精神中的作用的认识也不足。
- 在我看来,在当代马克思主义者的著作中高估了将社会主义作为一门学科的成熟度和从乌托邦理论转型到科学理论的完成度。从乌托邦到科学这一社会主义思想的解释仍未完成,显而易见,这一过程将是永久的。乌托邦主义的元素很可能将与科学社会主义共存。
- 社会主义作为一门学科和新知识正在不断地发展中,一边摆脱过时的体制的束缚，一边用新的思想自我丰富。
- 共产党的意识形态和教育活动在推动社会主义思想深入民心这一过程中扮演了重要的作用，共产党及其领导人与广大劳动人民和科学之间有着千丝万缕的联系。
- 生活中一再表明，普遍的真理必须要具体化，并要随着时间和地点条件以及历史特点的转变而不断适应和调整。这一点在《共产党宣言》中也曾有提到。

所以，第一，苏联的解体和社会主义制度的崩溃并不意味着马克思列宁主义、科学社会主义理论的完全塌陷，也不意味着他们已经过时和缺乏活力。苏联解体主要是由于当时的领导人存在重大的策略错误，管理体系混乱，脱离了人民群众，同时一大批党内高层领导人出现直接的叛变和堕落，以及外部力量进行的颠覆活动。马克思主义的科学思想依然活着，并由现实生活得到了证实，如中国、越南和古巴所取得成就。社会主义思想虽然是一种理想，但却是近 20 亿生活在亚洲、拉丁美洲甚至是欧洲的人民的政治目标。苏联解体和苏共的垮台只是 20 世纪 70 年代末到 80 年代被命名为"成熟的社会主义"的这一具体政策和实践的破产。

在特殊的科学含义上来讲社会主义作为一种制度从未在苏联存在过，不过是存在过一些社会主义的元素，宣布过一些社会主义的目标和理想，但是实践往往与它们产生冲突并搞臭了它们。

其次，什么是社会主义？怎样建设社会主义？这些问题在历史的每一个转弯处都需要被赋予新的含义，在为实现新社会的理想而斗争的过程中需要制定新的战略和策略。

对于这些问题中共中央领导人可以给出明确而又充分令人信服的答案，但在此之前有一个重大的工作便是理解"文化大革命"的教训，理解毛泽东的遗产并为了"思想解放"进行长久的斗争，研究马克思主义理论并肯定"实践是检验真理的唯一标准"的这一论断。在中国共产党第十一届中央委员会第三次全体会议（1978 年 12 月）的文件中以及随后中共中央领带人的讲话当中，党的代表大会一致决定，中国别无出路，除非建设"具有中国特色的社会主义"，并且宣布中国目前正处于社会主义建设的初级阶段。

邓小平在会议闭幕式发表讲话，号召全党"解放思想，实事求是，团结一致向前看"。邓小平指出，"为了向前看，必须要不断研究新情况，解决新问题"。同时确立了"四项基本原则"，这是中国共产党的思想核心和政治路线，"这些原则是实现四个现代化的基本前提"，1979 年 3 月 30 日邓小平在讲话中提到。

改革开放政策的实施使得在中国形成了带有混合所有制经济的社会,并导致了复杂的社会划分过程和社会分层。新的社会和经济状况的出现,需要改变党的建设理论和建设实践,必须要制定新的形式来实现党的领导作用并且要确定党与国家和新兴的公民社会的关系。

为了应对新的挑战中共中央提出了"三个代表"的重要思想,它的首次提出是中共中央总书记江泽民在庆祝中国共产党成立 80 周年的大会(2001 年)上的讲话中,随后在中国共产党十六大和十七大的决议中得到确认。"三个代表"重要思想确立了中共共产党在解决现代化建设的根本问题中的中心地位,必须要通过最大化的发展生产力,推动新文化,提高人民群众的福祉,充分发挥"中国特色社会主义"在物质、文化、思想道德领域的优越性的方式实现中国的复兴,同时还必须强调,中国共产党代表最广大人民的根本利益。

接下来,增强中国的综合实力,实现经济的全面发展,达到生产关系尤其是分布关系的多样化等将增强经济实力的综合方法问题摆在了中国共产党的面前。所以,为了实现经济的发展不应该仅仅追求生产总量的上升,更要最大化的满足社会和公民的需求。在筹备十七大的过程中,以中共中央总书记胡锦涛为领导的党中央第四代领导集体提出了新的战略思想和政治观点,其核心内容是新的"科学发展观"。

在中共十七大会议上胡锦涛指出:"中国的发展不仅给中国人民增添了走向繁荣、富余之路的信心,同时也为世界经济的发展和人类文明的进步作出了贡献。"

在政治层面,新的科学发展观为适应中国国内发展趋势提出了构建"和谐社会"的口号,以及全面解决经济发展问题,提高人民的收入和文化水平,对外关系层面提出了世界关系和谐发展的思想。

第三,在现今条件下从对中国经验的世界意义的理解角度出发,我想谈谈包括俄罗斯在内的世界各国对为了积极应对风云突变的国际社会和内外挑战中国共产党和国家将改革开放政策作为战略方针的几点认识。

当谈及这一政策的成功原因以及它对中国威望的提升所产生的影响时,我认为一下几个方面值得关注。

1. 中国共产党领导能力和团结能力的完善。8200 万中国共产党党员是主要的政治驱动力,是中国统一、稳定的核心,也是实现中国沿着社会主义方向发展的主要力量。当然,在中国依然没有建成完善的社会公平正义和社会主义建设的物质、经济和社会条件,以及文化意识形态条件。但是中国共产党依然始终不渝地坚持自己的政治目标,即构建中国特色的社会主义。中国的政治家和理论家将其命名为"具有中国特色的社会主义"。令人遗憾的是,许多国外分析家并不愿意承认这一事实,而仅仅将中国共产党与个别不同类型论断相联系,如"极权主义""民主模式"等。

由于社会主义的物质和精神文化条件仍处于初级阶段,中国领导人在将其政策目标——即实现社会主义的全面发展作为理想目标的前提下,在实际政治活动中解决欠发达的资本主义国家尚未解决的问题,并按照实事求是的态度,创建多种形式的社会经济基础,努力构建社会主义的物质和精神基础,加强国家公有制经济的主导作用,同时采用企业融合的策略。为了社会主义的威望并考虑到社会主义建设的初级阶段社会关系的不完善性,在中国逐渐开始出现"小康"这一说法,即"构建小康社会",来作为初级阶段社会主义的另一种表述。

事实上,这一实践已经成为理论中国化的一个典型例子,是在道家辩证法思想的指导下将两种看似不协调的元素结合在了一起,所谓"合二而一"。从其本质来讲,就是将资本主义元素和社会主义元素的趋同共生。然而道家辩证法思想的另一种观点——即"一分为二",也作为一种战略思想被保存了下来,当二而为一的社会主义成分发展到成熟阶段时就会出现这种状况。在上世纪50年代的中国这种思想还得到著名的马克思主义哲学家杨向臣教授的发展。

很多包括俄罗斯在内的国外的政治学家并没有看到或者说忽视了中国共产党政治战略的这种特点和中国理论家及其辩证法思想中的策略特点。他们借助报刊对当前事件和政治的描述,就断然判定说,中国"正在建设发达的资本主义类型的市场经济"。并把它作为社会主义思想和实践崩溃的证据。当然,从对当前事件的解释和中国共产党的实践的某些方面来看,由于市场机制的相似性和经济上中国经济与西方发达国家的经济的紧密联系,这种说法还是有一定的基础的。但是从理解中国共产党的行动战略上来讲这种论断是错误的。

2. 中国所取得的伟大成就,特别是近三十年所取得成就,不仅使中国获得了世界的广泛关注,同时也使得广大的中国人民群众产生了对自己的祖国油然而生的自豪感。鉴于从 19 世纪中期到 20 世纪中期中国经受了西方发达国家和日本的屈辱和歧视,在中国人民中,尤其是年轻人和知识分子群体中伴随着爱国主义情绪的增长,往往也会出现一些远远超出爱国主义的情绪。这体现在对中国地位以及中国对世界政治影响力的过高评价上。对美国推行霸权主义和强权政治,主张领导世界,肆意干涉别国内政,并将自己的价值观强加于别人等行为的表示谴责和不满的同时,也宣称说,"中国更加有资格领导世界",他们主张应该不仅通过经济手段,"更要用武力去捍卫自己在世界以及在市场扩张和资源争夺中的利益"。

从事政治和新闻事业的青年知识分子的激进立场与中国和中国共产党的官方声明和政策存在原则上的不同,这一点是可以理解的。

官方的声明更加谦逊,节制和具有权衡性。他们认为,应将中国在经济、金融、空间探索、工业化和国家整体现代化领域所取得伟大成就的绝对数值与中国近 15 亿的人口联合起来进行评价。中国领导人认为中国仍然处于"发展中国家中相对发达国家"的行列,也就是说中国仍然属于第三世界的国家。

在中共中央和中国政府的官方文件中一直在敦促将工作重点放在解决国内复杂的经济和社会问题上。由此可见,中国领导层已经非常清楚地认识到,过度粉饰自己的大国角色以及过度强调中国参与解决世界问题的作用将被迫使北京绝大部分的关注重点以及大量的物力和国家资源从解决许多严重而又紧迫的内部问题上转移开来。强调优先解决中国自己发展的内部问题,维护中国在世界舞台上的国家利益,是当前北京的战略路线的一个共同特征。

举一个具体的例子便是,中国领导人拒绝了华盛顿方面提出的"G2"建议,即中美联合共同管理世界。

3. 还有一种观点便是,从广义上来讲,中国迅速崛起的速度,其工业和文化的发展规模以及中国影响力的增强和综合国力的提升对中国本身和世界具有如何的影响。这绝不是一个简单的问题。两极世界格局瓦解和以苏联为首的社会主义阵营崩溃之后,中国作为其政治和经济伙伴在解决众多全球发展问题,维系全球力量平衡和维护国际安全方面的发挥的作用越来越重要。某些西方的政客希望中国成为苏联的某种代替品,一方面发挥"强有力的威胁"作用,另一方面作为制衡美国霸权主义政策的积极因素而存在。中国成功利用发达国家和发展中国家对廉价商品社会消费的巨大需求促进了自身的发展。中国巧妙而灵活地利用了世界全球化发展过程中向他们敞开的种种机遇。在中国能够出现机遇学这一政治思想学派也绝非偶然。

还应该强调的是中国领导人即便不是发挥了关键的作用,那也是发挥了特殊而又重要的作用。他们能够从"文化大革命"中积极汲取经验教训,以科学为基础提出了实现中华民族伟大复兴和构建小康社会这一贴近民众且简单易懂的思想目标。这其中包含了改革开放政策和构建"和谐社会"思想的强大动员力量。

必须要指出是中国共产党的领导能力以及其思想和组织原则会随着社会政治条件的转变而不断适应和调整。主要表现在,中国共产党在社会意识中不是纯粹的工农联盟的阶级组织,而是凝聚全体社会和全国人民的国家政治力量。

在这一方面首先表现在,新的科学发展观的提出,它提供了一个将经济改革和社会改革并行的方法,找到了解决城市和农村社会问题的方法,防止社会的两极分化,并提倡与贪污腐败行为作斗争。其次,中国的发展并没有摆脱世界发展的大趋势。由此也可以引申出包容性发展的理念,按照俄罗斯的说法便是,在考略到全球趋势和中国的伙伴的发展利益的前提下实现国家的发展战略,即共同发展。

从国外层面上看,中国的迅速崛起以及国际影响力的迅速提升同样引起了不同的反应。真诚的朋友们对北京所取得的成就感到高兴,并乐在其中。然而也有一些中国的伙伴怀着恐惧的心理注视着迅速发展的中国。随着中国综合实力的增强,在一些国际政治问题专家中也存在着一些对中国政策的改变而作出的过高而不真实的评价。那些与中国保持紧密的经贸联系的国家或者被中国提供以经济和文化援助的国家,对中国都存在有过高的期许和要求,然后作为合作伙伴,中国在当前不受损失的前提下根本无法满足他们的要求。这反过来还有可能导致一定的摩擦。中国领导人站在制定自己的策略和战术的立场上已经表明了自己的真正的政策立场。

下面对未来做一下展望。

按照许多专家的客观观点来看,中国实施和平发展的阶段性战略方针以及在经济上实施改革开放的政策,会使得中国在本世纪中叶彻底解决在社会经济领域的伟大战略性任务——正如北京方面一再强调的那般，实现全面的社会主义现代化建设。中国将为过渡到构建"中国特色的社会主义"的高水平、全方位的发展阶段，即在中国建设一个物质文明、精神文明和政治文明高度发展的"和谐社会"。

以上列举的各种观点，使得我们不得不去思考中国为了自己的国家和未来世界社会主义的命运在解决社会主义革命问题，实现国家和平发展和构建"和谐社会"，即建设"具有中国特色的社会主义"等方面所体现的经验具有怎样的意义。

如下种种体现了中共共产党为了人民的幸福所进行的90多年的不懈努力所具有的丰富历史经验。为了反对内部敌对势力和外部力量的干涉以及反抗日本帝国主义的侵略，通过武装、政治或其他手段所进行的斗争，同时还有为了解决中国新经济的建设，提高人民的收入，发展民族文化和构建"中国特色社会主义"在政治、思想和社会领域所进行的形式多样的斗争。

20世纪30年代中国共产党人对当代马克思主义理论的一大贡献便是将爱国主义思想和为民族解放而斗争的思想与国际主义原则结合起来，并将马克思列宁主义的基本理论与中国具体实践相结合。马克思主义思想，包括马克思著作《共产党宣言》里的论断："工人没有祖国"，如上所述，是不成熟的。现实实践已经证明保持民族的特性和爱国主义思想以及维护民族国家的独立主权具有极高的现实意义和重要性。

至于国家和国际关系，在1921年苏联成立时有关赋予俄罗斯国家边疆地区以权利的条文占据了上风，即赋予他们不仅在民族文化自治上的权利，同时还可以以国际主义的名义，在不需考虑居住在本地区的其他民族的广大人民的利益前提下高度的自我决定权，甚至是决定分离的权利。

在中国，中国领导人处于国家建设模式的考虑审慎地看待苏联模式。他们拒绝照搬苏联模式而是建立了一个单一制国家，在这一国家体制下，在只有一个中国的前提下少数民族获得了民族和文化的完全自治权。中共及其领导人做出了将马克思列宁主义的普遍原理与社会主义建设的国际经验相结合的决定，提出了有关马克思主义理论中国化和社会主义建设实践中国化的理论，即构建"中国特色的社会主义"理论。苏联解体70多年的历史证明国际主义因素过分强调片面性和不合时宜性不利于本国人民的国家利益。

中国共产党人创造性地发展了列宁的观点,认为仅仅成为社会主义或共产主义革命人和追随者是不够的。必须能够时刻牢牢掌握链条的每一个特殊环节,以此掌握好整个链条的完整性并顺利过渡到下一个环节。需要指出的是,在抗日战争的艰苦时期,面临中国生死存亡的现实问题,中国共产党的领导人明确提出将爱国主义精神与国际主义精神相结合的观点。1938年毛泽东在中共中央六届六中全会上指出:"……中国共产党员应该将爱国主义精神与国际主义精神相结合……中国粉碎帝国主义的入侵,取得革命的胜利可以帮助其他国家的人民。所以爱国主义精神是国际主义精神在民族解放战争的实践中的实现形式之一。"进一步发展这一思想,他提出:"当代中国是过去中国发展的成果。我们作为马克思主义看待历史的方法的支持者,不能对我们的过去置之不理。我们应该总结我们过去的种种——从孔夫子到孙中山——并汲取他们中宝贵的遗产。这对于指导我们当前伟大的革命运动具有巨大的帮助。共产党员是国际主义学说——马克思主义思想的追随者,但是我们可以结合中国的具体实践并通过一定的国家形式来实现马克思主义。"

世界社会主义体系在欧洲的崩溃,苏联的解体以及世界共产主义运动和工人运动的受挫带给我们惨痛的教训,一方面,在中国共产党的带领下中国的改革开放政策取得了巨大的成功,另一方面,实践也告诉我们,在有关将爱国主义精神和国际主义精神相结合的争议中谁才是正确的。20世纪发生的历史事件证明,无产阶级和工人阶级绝对不可以在革命中及其成功后抛弃自己的国家以及自己的民族文化和民族传统。

根据前苏联和中国的实践我们可以看出这一初始的转型阶段将会是一个漫长的过程。在这一个阶段确定我们的社会主义成熟与否是不合时宜的。企图借助政治运动和思想上的高压政策推动历史和社会的发展,忽视经济和文化发展的现实问题以及劳动人民的政治思想的觉悟水平,人为地跳过社会主义发展的各个自然阶段,必然会导致悲剧的发生。分别以邓小平和江泽民为核心的中国共产党党的第二代和第三代领导集体以及以胡锦涛为总书记的党的第四代领导集体所取得伟大成就,在我看来,主要在于他们都立足实际、有根据地提出了建设新社会和实现国家复兴与现代化的政治方针。

在这三十多年的时间里中国共产党在理论工作中取得重大突破。经过实践检验过的理论成为了国家每年高速(9—10%)和平崛起和发展所取得的伟大成就的理论基础。中国在实施国家政策和解决国家统一问题上所取得的划时代的伟大成果保证了国家各个民族的团结和政治上的稳定。在国际舞台上中国的国家威望也取得了显著提升。

中国创造了不同社会政治体制的国家之间关系的新形式，赋予这一关系和平共处、互利互惠、平等合作的特点，甚至有时还带有战略协作发展的特点。

因此，中国共产党积攒的九十余年的丰富经验不仅具有国家意义，也具有伟大的国际意义，特别是对于那些摆脱了殖民历史，努力实现社会的现代化发展并积极构建现代文明社会的国家来说更加具有意义。中国共产党在寻求国家现代化发展之路上的经验是极其丰富和宝贵的。

我们谈论更多的已不是一个半世纪以来科学社会主义的发展历史，而是1848年马克思和恩格斯出版的《共产党宣言》这一社会主义的一般科学理论的出发点。

马克思主义的创始人从一开始便提出了将从乌托邦和剥削阶级代表人在意识形态操作领域脱胎而来的社会主义和共产主义思想改造成科学理论的任务，这一科学理论必须要在总结和思考劳动人民具体的社会实践以及社会生产力发展要求的基础之上得到不断的发展和丰富。理论落后于实践，也就是说，随着国际形势的变化，对于实践的反思过程落后于社会主义发展的新阶段将会导致社会发展的停滞不前和建设新社会的目标失败以及社会危机出现。上个世纪的历史以及过去发生的事情或者自认为自己已是社会主义的国家的实践在这方面给了我们不少的教训和经验。

实践证明，在《共产党宣言》里所提到的"共产主义的幽灵"拥有自己的发展过程，并富于发展和变化；从"幽灵"到科学理论和政党行动指南的转变，社会主义成了广大人民进行创造性活动的强大推动力。但是，如果科学理论脱离了具体的实践，得不到反思和总结建设新社会的经验基础上总结的新思想的滋养和丰富就会转变成教条，社会主义思想就会变得僵化，成为某种空洞的骨架或者说是凶恶的"社会主义幽灵"。在《共产党宣言》里对非科学的社会主义形式的批判并非偶然，马克思和恩格斯指出："批判的空想的社会主义和共产主义的意义，是同历史的发展成反比的。"

在总结和分析自1949—1979年30年间的社会主义建设初级阶段的

经验,分析深化改革开放政策的下一段实践,经历了世界社会主义危机,深化经济全球化进程的同时,中国共产党提出了一套完整的新的理论系统,并指明了出路,即在全球化趋势和一大批东欧国家及蒙古国脱离苏联社会主义系统以及国际共产主义运动和工人运动受挫的条件下对社会主义现代化建设的理论与实践按照自己的方式进行重新思考。

苏联解体和世界社会主义体系崩溃后,中国共产党在某种程度上也陷入了如同二战前苏联所处的境况。那个时候,众所周知,苏联在单一国家的条件下解决了新社会的建设问题,由于苏联与其他社会体制的国家处于同一链条之上,因此一些国家便酝酿了很多关于苏联的不友善的计划,并与苏联进行了激烈的斗争。因此对于中国来说,为了自身的发展和建设,在外交政策任务中创造一个友好、和平的国际环境具有关键而决定命运的作用。与当时的苏联不同,中国在自改革开放以来的三十多年间成功营造了一个与资本主义世界和平竞争、相互依存的友好合作环境。中国在和平共处五项原则的基础之上制定了独立自主的外交政策和改革开放政策,与其他国家发展合作,抵制霸权主义政策,坚决推行世界关系和谐发展的政策——所有的这些都使得中国受到别国的尊重,促进了中国国际威望的提升。

为了实现中国的统一,中国共产党提出了"一个国家,两种制度"的"一国两制"方针,这一方针的实施成功解决了香港和澳门的回归问题,并推动了与台湾地区的建设性对话和合作。在这里,我们再次看到了辩证法思想的实际运用,即"合二而一"。

实事求是地评价苏联解体后的境况,中国在与俄罗斯和其他独联体国家的关系中采取了积极的建设性立场。

对于从上个世纪90年代中叶以来的俄中关系,则获得了富有成果的发展,成为了不同政治体制国家之间发展关系的典范。在俄中两国的共同努力下,双方的关系发展到了战略协作伙伴关系的高度,这一关系是建立在2001年7月16日于莫斯科签订的《俄中睦邻友好合作条约》这一坚实的法律基础之上的。

如我们所见,俄罗斯作为中国的伙伴,以理解和尊重的态度对待中国在解决国内问题上的经验,并在平等互利的基础上积极推动中国和平发展方针的实施。中国对俄罗斯也遵循了这一相同路线。

俄中双方互不干涉内政,尊重彼此的选择是俄中关系和两国领导人在政治上相互理解取得重大发展的重要条件。如果这一方针作为两国制定互相尊重的政策的基础,并长期延续下去,则我们可以大胆预测俄中关系发展的前景。在相互尊重基础上构建的关系获得了协同一致的特点,并为实现经济的共同繁荣和发展以及在高效解决各类问题上的自我竞争创造了条件。对于未来俄中关系发展的最大风险在于,将中国国际地位的上升错误地评价为对俄罗斯利益的威胁,反之亦然。俄中两国几百年以来共存的经验证明,两国之间互为伙伴,互相协作,睦邻友好是确保两国彼此之间领土和主权完整的重要保证。坚定落实《俄中睦邻友好合作条约》的文字和精神符合两国及其人民的根本长远利益,不仅是地区和平与安全的重要保证,也是维护世界和平与安全的重要因素。

互为友邻、团结合作之路上的中俄人民

今天的庆祝大会具有与众不同的特点。这种不同寻常性表现了欢聚在此的俄中友好协会的积极分子和我们的中国朋友之间的深厚情谊,这些朋友有的是来自以我们的老朋友陈昊苏会长为首的中俄友好协会代表团的,也有来自以俄罗斯科学院远东研究所名誉博士、中俄商务部香港部长黄晓东为首的中国商人代表团。

同时请允许我对代表团当中伊万诺沃国际儿童院的受教育者——李敏、刘爱琴、刘元、瞿独伊、肖立昂、高毅、李世华、李多力等伊万诺沃人表示欢迎,作为俄罗斯科学院远东研究所的所长,我想对我们的老朋友、俄罗斯科学院远东研究所的名誉院长胡德平的到来表示荣幸。

代表团中有很多都是杰出的社会和国际活动家,我们的国家曾经在中国人民为了光明的未来和自由而进行英勇斗争的艰苦岁月里为他们提供了庇护,这一历史为我们今天的会议增添了一分特殊的色彩。所有俄中友好协会的积极分子和成员都很高兴见到你们,我亲爱的朋友们。我们为我们的中国朋友、好邻居在建设伟大中国的历程中取得的宏伟成就而感到高兴和自豪。我们相信,你们一定会将我们两国和民族之间的代表友谊的接力棒传递给中国新一代奋发有为的年轻人的手中。我们相信,在上世纪60—80年代的艰苦环境下共同作出的"世代友好,永不为敌"的决定会像我们两国和人民互为友邻的人生箴言一样一代接一代的传递下去!

此次会议的不同寻常性还在于,它是为了三个光荣的周年纪念而举行的——中华人民共和国成立 60 周年,中俄建交 60 周年和中国第一个外交团体——中俄友好协会成立 60 周年。

所有的这些事件之间都存在着一定的联系,因为在中国人民多年的反封建、反侵略、反日侵的艰苦抗战时期苏联人民并没有充当冷漠的旁观者或好奇的观察者。

那些被中国人民完好保存的 20 世纪 30—40 年代为了保护中国领空免受日本侵略的苏联飞行员志愿者的墓碑,以及把中国东北从日本侵略者手中解放的红军士兵的烈士公墓都是我们两国人民兄弟般的友谊的强力见证。"浴血兄弟情"这也正是在某一个苏联外交官的纪念碑上写的,他于 1927 年广东公社起义时死于广州。

另一个可以证明苏联人民与中国人民之间深厚友谊的证据便是在新中国的开国大典举行后的次日苏联政府便以公告的方式承认中国政府。苏联政府这一光荣的使命正是由此次会议的主席、俄中友好协会的名誉主席、尊敬的谢尔盖·列奥尼多维奇·齐赫文斯基院士完成的。那个时候他还是苏联驻北平总领事(在 1949 年 10 月 1 日之前北京称为北平)。

不过苏中人民之间深厚友谊和互相信任的最有力的见证当属于 20 世纪 50 年代两国之间开展的在历史上前所未有的、大规模的合作。我们很高兴地看到,我们的中国朋友在那段岁月里谦虚而又坚忍不拔地向苏联和其他国家学习先进技术,熟练掌握别国人民的经验和智慧,并创造性的利用到自己的专业领域。简而言之,正如古话里说的那样,"青出于蓝而胜于蓝",优秀的学生应该超越自己的老师。

一、

1949 年 10 月 1 日中华人民共和国的宣布毫无疑问是中国几千年历史上一个伟大的里程碑,是中国发展的新纪元,同时也是 20 世纪中叶世界历史上的重大事件。

新中国的成立改变了 20 世纪下半叶的世界发展趋势,民族解放和社会进步开始占上风。民主的民族解放革命在中国的胜利以及中华人民共和国的成立在极大程度上促进了民族解放运动在广大的亚洲、非洲、拉丁美洲以及大洋洲的高潮,并最终导致了殖民体系的瓦解。

实现中华民族的伟大复兴一直以来都是全民族的重要任务。"中国人民从此站立起来了。"——这是毛泽东主席在中华人民共和国成立那天宣告的。建立新中国之时制定的基本原则成为了未来中国困难又复杂的寻求之路上的出发点——即独立自主地建设具有中国特色的新中国。中国人民和中共领导人将新中国60年的风雨历程看作为一个完整的探索和创造的历史之路。

中国国家发展的新阶段与经过深思熟虑并且目标明确的改革开放政策息息相关。经济改革和对外开放被作为各项政策的基础，是当今所取得的巨大成绩的指路灯。

当今的新中国依靠自己空前的经济发展和上升速度以及现代化交通系统，并借助自己在航空航天领域和大众教育以及其他社会领域所取得的成就成为了发展中国家甚至是发达国家的学习榜样。

首先我们可以看一下中国发展中取得的非凡指标。改革开放30年以来中国依靠深思熟虑的指导政策的指引在短短的时间内便跨入了"世界最具发展活力的发展中国家"的行列，这使得他成为各国的榜样。改革开放政策使得之前还处于贫穷落后的中国集聚了巨大的发展动力，在60年的时间内中国国内生产总值的绝对总量提高了近80倍。令人震惊的是，新中国也在自己发展历史的进程中第一次按照当前的条件以最合理的方式解决了居民的穿衣、饮食和居住等问题。中华人民共和国的国内生产总值也跃居到世界前三。

20世纪90年代在中国的发展历程中具有阶段性的意义。中国的纺织品产量在1995年之前的三十年里一直占据世界首位，如果说1995年之前中国的出口产品中占据首位的是纺织品，那么再看1995年之后，其对外出口的产品中资金密集型和技术密集型的产品已经占据主要位置，尤其以机器制造业和电子产品制造出彩。这预示着中国经济已经实现了跨入工业化高级阶段的第一步以及实现向知识经济的部分转化。

对外开放政策是中国发展的最重要的刺激因素。以下指标都可以说明国外投资在中国国民经济的发展中扮演了重要和巨大的作用。2008年，中国企业中含有境外投资的企业的数量仅占中国企业总数的3%，在这一比例中29.7%是工业生产，21%是税收，以及55.3%的出口额，但它却有四千五百万人，或者说将近三分之一的城市工人和职员处于这一比例中。

中国成为世界经济的巨大主体的新特征在于中国转向大规模的对外

投资,积极参与到一些重大的国际项目中去。同时中国还提出了建立自由贸易区的建议,其中包括中国—东南亚国家联盟自由贸易区,以及中—日—韩自由贸易区。

城市化进程和公路建设的高速发展在中国经济加速发展的过程中扮演了重要的角色。如果在 1949 年城市居民仅占中国居民的 10.64%,在当今中国这一比例已经将近达到 50%。在 1949 年中国的公路里程仅有 11000 公里,而现在已经超过了 25 万公里并以每年 3000—5000 公里的速度持续递增。

当今中国保证了世界国内生产总值 20% 多的增长率,也难怪美联储主席艾伦·格林斯潘评价说,未来世界经济的命运如何将取决中国如何扩展其在世界市场中的份额。美国财政部长亨利·保尔森的评价也颇具特点,他说,美国和国际社会都将从中国与世界经济的成功一体化进程中分得一杯羹。中国作为世界货币金融市场的稳定因素之一,事实上将成为带领世界摆脱经济危机的领头羊。

中国所拥有的在克服世界金融危机的消极影响方面的经验具有重要的意义。值得指出的是,中国在克服危机上主要有四个方面发挥作用:重要的工业政策、对科技和技术的扶持、社会保障体系的完善和对农民保障的扩大。所列举的这些方面的实施基础和保障因素在于国家投资的急剧增长和国内需求的鼓动。在应对危机是中国政府更是拨出了四万亿人民币(将近 5850 亿美元)。

中国在经济和文化领域所取得的伟大成就并没有使其摆脱复杂问题和不同挑战的困境,这些都是需要发动全体人民的力量来解决的。生态和能源匮乏问题,符合国家特点的消费系统的经济价值体系的制定问题,可行的保障广大居民现代生活条件的问题,所谓的差距问题(发达城市和落后乡村之间的差距,沿海和内陆地区的差距等等)。所有的这些都需要我们严肃的对待和巨大的投入。意识到这些问题的尖锐性和重要性,尤其是在社会领域,中国共产党的领导人将在接下来的时间里提高对经济的社会定位和质量指标的重视。制定新的科学发展观作为解决矛盾的综合策略与和谐政治及构建和谐社会的理想基础,其核心观点是人及其合理需求,并将其作为一切政治决定的基础。

北京在全方位发展国际合作。尽管取得了巨大的进步和成就,中国领导人们仍然一再强调说,中国仍处于发展中国家的行列。现代商品中主要类型的平均消费量仍然落后于世界发达国家和一些中等发达国家。中国的领导人们还坚定不移地表示将奉行和平政策并与世界各国开展合作,因为中国的发展离不开一个稳定祥和的世界环境以及世界各文明社会的团结合作、互相扶持。所以在当今的新说法中这一思想被表达和引申为"世界关系的和谐"以及构建"和谐世界"。

从中国政府的一贯努力,即落实综合性、必然性和平衡性的策略以实现国家的和平崛起和发展中可以看出其内外方针的和谐性。

俄罗斯社会人士,作为中国在俄罗斯的朋友,将满怀期待和心怀祝福地密切关注中国的巨大发展。俄中双方在发展自己的基本战略性利益上绝不会发生冲突,如促进经济和文化的发展,确保双方的国家安全。除此以外,俄中还在很多方面保持一致,如为了长久共同发展策略的制定和在国际舞台上的友好互助创造良好的条件。为了实现全方位的共同合作俄中两国在2001年7月16日签订的《俄中睦邻友好合作条约》是国际法的基础。我们双方已经连续多年共同致力于现存合作趋势的实现。

俄中高层领导人的会面次数在很大程度上促进了我们双方在投资政策领域的合作,并加快双方期待已久的合作事宜的落实工作,以促进俄罗斯远东地区、西伯利亚地区和中国关外地区——中国东北老工业基地的发展的计划得到实现。除了国家外交以外,民间外交在加强双方相互理解和睦邻友好的合作中也发挥了举足轻重的作用。俄中友好协会和中俄友好协会是民间外交的领先者。我们很高兴地看到中国最早的民间外交社团中俄友好协会已经走过了60年的风雨历程。让我们热烈地祝贺我们的朋友中俄友好协会成立60周年,并祝愿他们百尺竿头更进一步!

二、

2009年在中俄两国都举行了广泛而隆重的不仅是中国历史上也是俄中关系历史上的周年纪念活动。我们很自豪的是,苏联是第一个中华人民共和国成立后的第二天便发表公告承认这一年轻共和国的合法地位的国家,并与其建立了外交关系。

在2009年6月17日中华人民共和国国家主席胡锦涛在莫斯科对俄罗斯进行国事访问期间举行了隆重的庆祝晚会,以庆祝中俄建交60周年。在晚会上,俄罗斯联邦总统梅德韦杰夫基于2001年7月16日双方签署的《俄中睦邻友好合作条约》对俄中关系作出了高度的评价和肯定。

对于俄中友好协会的各项活动总统评价说:"我们两国的关系发展已经从传统的职业政治家和外交家领域转移到了民间关系上。"

20世纪50年代我们国家和中国的合作和各方面的相互关系是世界政治和亚非拉人民共同争取平等竞争、消除殖民体系的重要事实。这种合作促进了苏联和中国的全方位经济发展,为彼此营造了广大的市场空间,使得彼此可以突破美国及其盟友的经济封锁,并确保了彼此的安全。1950年2月14日中华人民共和国国家主席毛泽东在莫斯科进行正式访问期间两国签订的《苏中友好同盟互助条约》是苏中两国全方位的平等互利的合作的重大开始。在这一条约的基础上我们两国和人民之间形成了在历史前所未有的牢不可破的关系和真挚的友谊。正如那个时候歌曲《莫斯科—北京》和《俄中人民永远是兄弟》里唱的一样。这些过往的岁月是我们两国共同发展、维护和平和共同安全的见证。

在中国的156个大工业项目所进行的全方位工业化以及构建基础科学、国民教育体系和培养特殊高级干部是这段非同寻常的友谊所结下的硕果。在新中国成立之初苏联便转让股份公司的股份给中国以期使中国在建国初期可以积累合作经验,苏联士兵还撤出了旅顺口,并将该基地的所有基础设施和武器留给了中国。

然而令人遗憾的是,在20世纪50年代末到60年代初的一段时间里我们两国在国家关系上出了一些问题,这导致了20世纪60年代中期两国的严重对立和在边境地区的流血冲突,以及在意识形态和政治立场上激烈的"反唇相讥"和两国领导人的联系中断。1969年9月11日在苏联部长会议主席阿列克谢·尼古拉耶维奇·柯西金的大胆倡导下,在北京机场与中华人民共和国国务院总理周恩来进行了会见,使得紧张的苏中对立升级局势得以规避,恢复了边境谈判,一定程度上缓和了外交关系。

从今天来看,20世纪60—70年代苏中两国在意识形态和军事上的对峙给两国的发展带来了巨大的损失。同时需要指出的是,在这一时期苏中友好协会并没有中断彼此的友好活动,致力于寻找一条可以迅速恢复相互理解、睦邻友好和团结合作的道路。

20世纪80年代中期双方高层领导人在经过深思和犹豫之后意识到了两个大国之间睦邻友好、互相合作的关系的破裂给两国利益带来的沉重后果。1989年苏中两国的关系再次走向正轨。

苏联解体之后中国是首先承认俄罗斯合法地位的众多国家之一,并支持俄罗斯联邦在国家义务和权利方面对苏联的继承性。在和平共处的原则和互相尊重人民的选择的基础之上中俄关系获得了迅速的发展。

20世纪90年代中期两国领导人意识到必须要在平等互利、战略协作的伙伴关系基础上构建国家关系,这符合两国人民的根本利益,有利于促进世界环境在整体上健康发展,并可以巩固两国在国际舞台上地位。1996年4月25日两国领导人签署的联合声明是新型俄中关系发展史上的重要转折关头,也是他们建立不针对任何第三方国家的高水平的互信协作机制的标志。2001年7月16日中国国家主席江泽民在莫斯科同俄罗斯总统普京签订的《俄中睦邻友好合作条约》为俄中两国发展平等互信的新型伙伴关系奠定了坚实的法律基础。这一具有历史意义的革新性条约给世界关系的实践做出了巨大的贡献,以全新的原则和范畴以及具有不同政治体系的两个大国之间发展国际关系的全新经验丰富了国际法。这项条约为在实践中实现真正的平等和考虑到彼此的共同利益创造了条件。双方共同声明彼此之间没有领土纠纷。这种方式可以使得双方在互相关切、睦邻友好、互谅互让的基础上彻底解决两国在某些地段依然存在的领土界线问题。

为了把该条约的精神和文字落实到实处,2004年10月14日俄罗斯总统普京和中国国家主席胡锦涛在北京签署《〈俄中睦邻友好合作条约〉实施纲要》,其中一些重要举措便是将在2006年于中国举办俄罗斯年以及在2007年于俄罗斯举办中国年。国家年的举办将切实扩展和加强两国关系的社会基础,增强和加深中俄两国人民之间的彼此理解。同时还拟定了在俄语年和汉语年的框架内实施的举措。在当今的俄罗斯社会正在兴起一股学习汉语的热潮。

众所周知,俄罗斯总统梅德韦杰夫首次访华是其出访的第一个独联体以外的国家。梅德韦杰夫的此次访问也表现出了莫斯科方面对于同中国关系的优先考虑,同时表现出了两国战略性协作伙伴关系的高水平和高强度的特点。访问过程中两国元首一致同意继往开来,共同努力,推动俄中战略协作伙伴关系更好地向前发展。

2009年6月中国国家主席胡锦涛对俄罗斯进行的国事访问以及《俄中元首莫斯科会晤联合声明》的签订不仅可以保证双方对落实友好合作方针的坚定信心,更能推动双方的合作走向新台阶。一个有力的见证便是在出访期间签订的条约中,中国国家主席胡锦涛强调中俄关系取得了前所未有的大发展。他指出,"双方取得的最大成果就是将始终不渝地继续保持对彼此的好感以及在战争年代结下的战斗友谊。"按照中国国家主席的讲话,俄中战略协作伙伴关系的关键启示在于,"只有相互尊重、相互支持,才能有效维护在涉及对方核心利益的问题上的共同利益;只有求同存异、友好协商,才能保证两国关系长期健康稳定发展。"

在北京举行的新中国成立 60 周年阅兵庆典和群众活动不仅仅是一场盛大的节日活动,更是具有符号意义的事件,见证了中国国际地位的提升及其逐渐跃身世界大国的行列,秉持和平发展方针,在共同发展的基础上与其他国家开展合作,同时中国将坚决反对霸权主义和强权政治。

俄中两国的战略协作不针对任何第三方国家,它是建立在俄中两国实现共同发展和寻求根本利益的一致和相近的基础之上的。

三、

当下正值俄中政治关系发展的高层次阶段,民间外交在这一过程中也扮演着重要作用。值得指出的便是首先在两国成立的民间外交友好协会——俄中友好协会和中俄友好协会做出的巨大努力。我们的协会作为俄中民间外交的先锋队加深了两国社会人士互相理解。

自从由刘少奇、宋庆龄、郭沫若和其他一批国家和社会的杰出人士领导的中俄友好协会在 1949 年 10 月 5 日成立以来,依靠其自身在经济、科学技术和文化建设上的经验,以及在苏联这一曾经多年帮助中国人民夺取战争胜利的朋友的帮助和支持下,中俄友好协会举行了一系列向中国人民展示和介绍苏联生活的群众活动。

自 1957 年 10 月 29 日在我国苏中友好协会成立以来,两个友好组织之间进行了积极的合作,组织了各种代表团的交流和信息资料的交流。

中国的"文化大革命"期间由于众所周知的原因,我们同中国伙伴的合作中断,苏中友好协会则单方面继续进行积极的交流活动,以期维护苏中人民之间的友好合作传统。协会的活动促使在苏联社会人士中保存了对中国人民传统而又深厚的尊重之情,为世界文明的发展做出了卓越的贡献。

而以下的事实则有力地证明我们两国之间对彼此的历史、文化和习俗抱有好感和兴趣。

整个苏联时期以及从 20 世纪 90 年代开始印刷并出版了一系列有关

中国的历史和哲学的经典著作,这些作品上自 12 世纪,下至当代中国历史学家和哲学家的著作;出版了 17 世纪以来有关俄中关系历史的诸多卷本;制作了从古至今的十卷本的中国历史书;出版了各种译文:《诗经》《尚书》、周公、老子、孔子、墨子及其弟子、管子、庄子、孟子、韩非子等的作品;出版了中国历史编纂学家司马迁的多卷式著作《史记》。

在俄罗斯多次再版过中国的文学经典名著,如《三国演义》《水浒》《红楼梦》,蒲松龄的短篇小说,屈原、李白、杜甫、李清照、郭沫若、艾青的诗,以及其他一些中国文学大家的散文和诗集。

"文化大革命"期间的 1971 至 1972 年间出版了《中国古典哲学》的两卷集,翻译了孙中山、康有为、鲁迅、巴金、老舍、赵树理、闻一多、瞿秋白、李大钊、王明、丁玲等人的作品。

在俄罗斯举办中国国家年时在我们国家呈现出了真正的中国文化热。展现出了对学习汉语、传统养生、武术、太极拳、中医、茶艺、国画和音乐的极大兴趣。为庆祝新中国成立 60 周年,由俄罗斯人民演员戈尔杰耶夫担任编导的中国经典芭蕾舞剧《小河流淌》在莫斯科上演。俄罗斯联邦国防部交响乐团演奏了晚会中的中国经典曲艺音乐。

在阐明俄中合作的意义和宣传中国人民生活及其所取得成就等方面的客观信息时,不仅俄中友好协会的总部起到了重要作用,在以下地区的分部也发挥了不可磨灭的作用:符拉迪沃斯托克、乌苏里斯克、纳霍德卡、哈巴罗夫斯克、雅库茨克、赤塔、伊尔库兹克、布拉戈维申斯克、比罗比詹、新西伯利亚、托木斯克、巴尔瑙尔、鄂木斯克、叶卡捷琳堡、彼尔姆、沃洛格达下诺夫哥罗德、圣彼得堡、加里宁格勒、斯摩棱斯克、科斯特罗马、卡卢加、伏尔加格勒等。

我们的中国同事和朋友们在过去和现在也进行了大量而又有意义的工作。在中国光荣的 50 年代数以千万计的俄罗斯科学和文化作品被译成中文。中国国家主席胡锦涛在第一次访俄期间曾说,奥斯特洛夫斯基的著作《钢铁是怎样炼成的》和母亲对苏联英雄卓雅和亚历山德拉·科斯莫杰米扬斯卡娅的回忆,以及其他俄罗斯和苏联文学作品都在他的青年时期留下了深刻的印象。

当然,现在的情况已经有所不同。但是依然可以从一系列的事实中一窥在中国对俄罗斯文化的尊崇态度。歌曲《喀秋莎》《草原骑兵歌》《莫斯科郊外的晚上》已经成为脍炙人口的歌曲。根据小说《钢铁是怎样炼成的》和《这里的黎明静悄悄》在中国翻拍了一系列电影。普希金诞辰200周年之际在中国的十个城市出版发行了这位伟大俄罗斯诗人的诗集。在众多的剧场里上演了许多根据普希金的著作原文或根据作品的情节改编的音乐作品。在纪念柴可夫斯基诞辰纪念日时也举办了类似的活动。比较具有代表性的还有在新中国成立60周年之际,在北京的中国大剧院这一中国主要的舞台之上俄罗斯亚历山大红旗歌舞团进行了巡回演出。新年之际不仅在俄罗斯,在北京的中央电视台里也会播放俄罗斯的电影《命运的捉弄》和《办公室的故事》。

今天我们双方能够保持如此成功的联系和合作在很大程度上要感谢中国人民对外友好协会及其主席,我们尊敬的朋友陈昊苏所开展的一系列积极的活动。他连续将近二十年担任中俄友好协会的会长,他和他的同事为俄中社会关系的发展做出了巨大的贡献。更值得一提的则是为了庆祝新中国成立60周年、中俄建交60周年和中俄友好协会成立60周年所举行的群众性活动。陈昊苏不仅仅是中国人民对外友好协会的会长,在中国有充分的理由称他为民间外交和中俄友好协会的领导人,同时他还是一位著名的诗人和中国作家协会的成员。借由周年庆祝周年之际,并配合两国举办的语言年,根据陈昊苏和其副会长李建平的提议,并在中国著名作家、翻译家、文学家高莽的强烈支持下出版发行了中俄双语诗集《俄罗斯抒情诗60首》。

借助这一高层次的论坛,请允许我以俄中友好协会领导人和积极分子的名义向对我们的同事提供了巨大支持和帮助的中国人民对外友好协会和中俄人民友好协会的领导人、中国企业界的代表、中国开发银行的行长陈元先生,中国著名发明家、中俄商务部香港部长黄晓东,以及著名中国学者和外交家李敬泽、吴恩远、杨杨、李铁映、张德广、吴涛、李凤林、刘古昌、李辉表示真心的感谢,向政协委员徐之明、瞿伟、朱佳木一直以来的不懈支持表示感谢。

我还想告诉大家的是,在俄中友好协会的倡导下同时也是俄罗斯举办了一系列庆祝新中国成立60周年和俄中建交60周年的纪念活动,中国学者和莫斯科社会人士,以及从符拉迪沃斯托克和哈巴罗夫斯克到圣彼得堡这些位于俄罗斯其他中心区域的俄中友好协会的分部都积极参与到了这些活动当中。

俄罗斯汉学家,包括俄罗斯科院远东研究所的学者们,为使俄罗斯社会人士得到有关分析中国和俄中关系的客观公正的材料做了很多的工作。研究所在最近不到十年的时间里平均每年出版 30 本文集或学术论文,内容都是与中国社会生活的方方面面以及我们两国之间的关系有关,比如《中华人民共和国:政治、经济、文化年鉴》(年刊)。每月还会出版一份《快讯》用来介绍在中国发生的有意义的事情。俄罗斯科学院远东研究所还出版了《远东问题》这一杂志。

新中国成立 50 周年之际我们研究所还出版了影音书籍《中国在现代化和改革的征途上》,而在今天的 60 年之际则出版了中国学者的鸿篇巨制《中国 60 年》,详细介绍了中国社会生活的各个方面以及俄中关系的发展变化。大量出版的《远东问题》这本杂志也为我们的周年纪念增添了光彩。

历时十四年之久出版发行的六卷本《中国精神文化大典》是我们远东所和俄罗斯汉学家们的巨大成就和骄傲,它是世界汉学界绝无仅有的出版物。我们还出版了《哲学》(2006 年)、《神话·宗教》(2007 年)、《文学·语言·文字》(2008 年)以及在 2009 年这一重要时刻出版的第四卷《历史思想·政治·法律文化》和第五卷《科学·技术·军事思想·医学·教育》。在 2010 年计划出版第六卷《建筑和艺术》。该套丛书每卷都有 80—90 页的作者名单,每一本都是按照中国传统图书出版的风格带有精美的平面设计加上上千页的高品质的彩色插画。

《中国精神文化大典》不仅是俄罗斯汉学家献给本国人民的礼物,也是献给我们的近邻——中国的礼物。这一鸿篇巨制也是我们俄罗斯汉学家对中国及其悠久历史和文化敬意的见证。总之,它是我们两国人民经久不衰、世代相传的伟大友谊的见证。这次四卷本的出版得到了我们中国朋友无私的财政支持,这包括中国开发银行及其行长陈元先生的帮助,包括中国文化部给予的一次资助金——那是第一卷出版时经由时任中国驻俄大使刘古昌的申请而得到的。

我们不会忘记列宁的那句话,他说,只有当人民掌握了思想时,它才会转化成物质力量。这也是我们当前所面临的主要任务。

根据在俄罗斯和中国进行的一项社会调查显示,两国公民中的大部分人都认为俄罗斯和中国是最友好的国家,认为发展双边合作是非常重要的。然而我们的公众对于我们邻居生活的了解依然很薄弱。在相当多的人的惯性思维中依然存在着对于我们两国国家政策目标的形形色色的偏见和无解。

在宣传有关中国及其成就和发展中遇到的困难,以及俄中双边合作的巨大意义时,俄中友好协会及其分布于俄罗斯二十多个边疆地区、州和城市的分部也做出了努力。俄中友好协会每年在中国大使馆和中国同乡会的参与下举办不少于30—35场次的不同性质的群众活动,许多的老兵和年轻人都参与其中。

因此,在周年纪念日时我们隆重庆祝了《俄中睦邻友好合作条约》签订八周年,以及巴金和老舍的诞辰纪念日,同时举行了刘爱琴的新书《我的父亲刘少奇》的发布会。2009年开始举办了郊区新年会,在刘古昌大使的带领下七十多个中国使馆代表和中国同乡会参与其中。九月份俄中友好协会举办了由专业群体和儿童共同演绎的中国音乐晚会。为庆祝新中国成立60周年俄中友好协会还在俄罗斯科学院远东研究所举办了协会积极分子和俄罗斯汉学家的盛大集会,10月份举办了为庆祝周年纪念而进行的国际会议。来自9个国家的190位学者,其中包括俄罗斯的120多位学者,35位来自7个社会科学院和5个中国大学的学者。

俄中友好协会是当今具有群众性和代表性的公共组织,其活动的组织是建立在自身成员和俄罗斯社会各级代表的积极性之上的,从中小学生和大学生,企业界代表,和科研、创新领域的积极分子,到白发苍苍的老兵——他们是把中国从日本侵略者手中解放出来并建设中国的人,汉学家和中国文化的爱好者都是这一组织的参与者。我们在平等、友好、合作和战略协作的原则之上本着发展和加强彼此之间的互相理解和互相信任的精神这一关乎双方利益的基础上团结在一起。只有这样才可以实现在2001年7月16日于莫斯科签订的《俄中睦邻友好合作条约》中所倡导的关系。只有加深俄中人民在意识和生活中的俄中关系,使双方人民意识到俄罗斯离不开强大的中国,中国也离不开强大的俄罗斯,并且只有在共同发展中才可以解决未来我们国家和人民的问题,只有这样,才能使得我们两国保持"好朋友、好邻居、好伙伴"的关系。我们俄中友好协会将一如既往地秉持我们的口号:"世代友好,永不为敌!"

俄国汉学家在俄中文明对话中的作用

俄中关系有近四百年的历史。但是,两国在国家层面上探寻互相理解与合作之路起步较晚,始于 18 世纪初期。1700 年彼得大帝颁布了学习东方语言的法令。根据此法令俄国驻北京东正教使团奉命培养汉语、满语、蒙语和藏语翻译。

众所周知,俄国东正教使团成立于 17 世纪 90 年代,是经康熙皇帝同意为满足当时镇守阿尔巴津(即雅克萨)的俄国人的精神需求而建,这些俄国人是在被康熙皇帝俘虏后收入军中的。实际上,俄国东正教使团自成立之日起至 20 世纪 50 年代关闭的三百多年里始终是培养汉学家和全面研究中国历史和文化专家的重要中心之一。它培养了大量优秀的学者,包括 А. Л. 列昂季耶夫、И. К. 罗索欣、Н. Я. 比丘林、В. П. 瓦西里耶夫、П. И. 卡法罗夫等在内的俄罗斯帝国科学院的第一批院士,以及大批研究中国历史、经济、文化、医学和语言学的专家。

俄国汉学作为大学的理论学科是在历史编撰学和史料学基础上发展起来的,而奠定这一基础的是 19 世纪上半叶的比丘林和他的追随者们。1855 年圣彼得堡帝国大学开设东方系,成为培养精通汉语、满语、藏语和古蒙语的汉学家的主要大学中心。与此同时,喀山大学开始培养汉学家,随后在库伦(今乌兰巴托)、伊宁建立了翻译学校,1890 年在符拉迪沃斯托克市成立的东方学院也开始培养汉学家。这些建立在俄国西伯利亚和远东地区的汉学家培养中心担负着重要的使命,为发展俄中两国经贸和边境关系服务。

19 世纪下半叶俄国形成了汉语教学和研究的学派,并处于世界领先水平。俄国人编写了第一部汉语语法书,他们研究的汉语拼音体系至今仍具有重要意义。与其他欧洲语言相比,北京方言的汉语拼音体系能够更加准确和全面地体现汉语的特点。俄国汉学家还编写了权威的汉俄、俄汉词典,19 世纪末—20 世纪初俄国东正教使团长卡法罗夫编撰了独一无二的两卷本《汉俄词典》,该词典至今仍具有重要的理论和实践价值。在这部词典中首次准确地翻译了中国儒教、佛教、道教思想中的许多概念。

俄国汉学研究的特点是它始终保持着对中国、对勤劳的中华民族和中华文化的尊敬之情。曾经形成了关于中国的理想化形象,以及符合"礼、仁、孝、忠"等儒家规范的君臣关系和官员选拔制度的形象。"君君、臣臣、父父、子子"。这种中国形象被俄国知识分子用来间接地批判沙皇专制和对宗教的狂热信仰。作为追求理想化的中国文化的例子之一,伟大的俄国作家列夫·托尔斯泰积极宣传儒学思想,把它们作为新教育体系的基础并证明了他的"不以暴力抗恶"的观点。列夫·托尔斯泰利用在国家管理和文化发展中占统治地位的儒家道德规范来批判沙皇制度、现代主义和19世纪末20世纪初的颓废派文化。托尔斯泰甚至透过儒家学说对贝多芬的音乐和莎士比亚的戏剧进行"道德清洗"。这足以让人回想起他的小说《克鲁采奏鸣曲》。

在20世纪20—30年代的苏联时期,汉学研究才真正在俄国社会科学中占据主导地位,并成为最流行的科学之一。苏联许多教学和科研机构都研究汉语、中国历史、文化、哲学和现状等问题。20世纪俄国著名汉学家、科学院院士B. M.阿列克谢耶夫写道:"对于汉学家的需求已远远超出封闭的大学课堂,招聘信来自各行各业:有《世界文学》出版委员会,国立歌剧和芭蕾舞剧院,国立戏剧剧院,青年剧院,中小学校,政治学院等等。整个社会对中国文化产生了浓厚的兴趣……并将它带到校园之外更广阔的世界。"

20世纪俄国汉学研究的突出特点是在理论定位上与欧亚主义相呼应,欧亚主义产生于19世纪末期,形成于20世纪20—30年代。欧亚主义将中国的政治、物质和精神文化作为除波斯—突厥因素、印度因素以外最重要的亚洲因素,俄国早在12—14世纪蒙古鞑靼人时期就已经接受了中国文化,这也成为俄中文化观念内在联系的客观前提。俄中文化内在联系的理论和思想基础在于:欧亚主义认为世界文化是具有同等价值的多种文化的融合,各种文化之间的关系是建立在互相影响、互相学习、共同发展和繁荣基础上的平等关系。按照欧亚主义的理论,世界文明和各个民族发展的重要条件是承认多样性的统一,承认文化发展和传承的连续性以及各民族不同的信仰和历史发展的独特性。这种观点与2500年前孔子提出的中国文化发展的观念相同。《论语·子路》一章中记载了孔子的重要思想:"子曰:君子和而不同……"

在《论语》中所表达的"多样性的和谐统一是一切事物发展壮大的条件"的思想正是中国文化的精神基础。

从上面所讲到的来看,可以肯定地说,俄罗斯汉学无论是在其早期形成阶段,还是在19世纪末20世纪初的成熟阶段,还是现阶段,都会一如既往地积极推动俄中两国文化交流、促进两国互相学习和共同发展。两国睦邻友好,科学、文化和政治往来,经贸关系都需要深入地互相理解并且熟知对方发展的特点。在俄中关系发展史上可以从各个方面找到大量实例证明,汉学研究在两国互相理解和友好对话中起到至关重要的作用。

1930年代俄国汉学家 B. H. 罗戈夫出色地翻译了鲁迅的小说和随笔,使俄国社会了解了这位优秀的中国爱国主义作家及其作品。鲁迅成为苏联最受欢迎的东方作家之一。他的作品在苏联发行了上百万册。

由于 B. M. 阿列克谢耶夫院士翻译了大量的作品向俄国社会介绍中国戏剧的特点、中国的国画和中国的美学观念,后来中国著名的京剧演员梅兰芳、杰出的画家徐悲鸿出访莫斯科和圣彼得堡,20世纪30年代中期这些友好交流转变为苏联全民族对抵抗日本军国主义的中国人民的声援。

20世纪30年代还出色地完成了具有重要科学价值的译著,翻译了中国的两部经典《易经》和《诗经》。

在1942年伟大的卫国战争期间,著名的苏联东方学家 H. И. 康拉德翻译了《孙子兵法》。

俄国历史学家、哲学家、经济学家介绍中国发展和中国人民抗日战争的作品成为苏联政府采取积极支持中国人民抗日解放战争这一战略的重要道德政治因素。

俄罗斯的汉学家和历史学家通过研究俄中两国四百年的关系史得出了重要的结论:俄中两国人民的根本利益非但不发生任何冲突,反而存在着共鸣,可以在睦邻友好的理性政策的指导下,推动两国经济的共同发展和互相补充,促进两国文化的共同繁荣。

当然,在两国关系发展的悠久历史上矛盾也不可避免。但是,短暂的利益冲突和矛盾总是由外部环境的变化引起的,而不是因为两国根本利益和安全问题。

基于对俄中关系发展史的基本理解,俄罗斯积极回应中国提出的关于签订《俄中睦邻友好合作条约》的事宜,该条约于2001年7月16日在莫斯科顺利签署。该条约是对两国关系发展的历史教训的总结,它为发展两国长期、稳定的联系,进行广泛的战略合作、促进两国政府和人民为实现共同繁荣、国家安全与世界和平的目标奠定了坚实的基础。

与此同时,回顾历史,可以说20世纪50年代苏联的汉学界过于热情且不加批判地接受成立初期的中华人民共和国,因此(作者认为需要承认这一点)导致苏联时期形成了不符合实际情况的中国兄弟形象。很多老一辈人仍然记得曾经在苏联和中国广泛流传的《俄中人民世代是兄弟》《莫斯科—北京》等歌曲。然而,苏中友好的"伏暑"很快被长达四分之一世纪的"冰期"所取代。

尽管苏联汉学家关于中国做了大量热情洋溢的论述,但遗憾的是,这些论述并不是对中国建国前十年发展现实进行科学分析的结果,而是受到意识形态的干预。中国政府领导层,对苏联汉学怀有极度的偏见并予以否定,把它看作是科学领域的"殖民主义残余"。迫于压力,苏联政府于20世纪50年代中期(从中国历史学家的著述中得知,这时恰逢毛泽东开始对苏中全面战略关系进行根本的修订)关闭了全国所有的汉学研究中心,甚至包括汉学人才培养中心。1956年不仅关闭了苏联科学院东方学研究所及其杂志,还关闭了东方学院——这是一所具有悠久历史的教学机构,其先进的教学方法培养了大量高水平的国情学家,不仅有研究中国的,还有研究其他东方国家和亚非国家的专家。这种轻率的决定所产生的不良后果对俄罗斯汉学的影响深远,直至今日。

缺乏对1950年代苏中关系发展的客观科学分析和对中国发展进程的客观信息的了解直接导致苏联社会和领导层对苏中分歧和分裂的产生,以及中国领导层在许多原则性问题上改变战略方针的做法表现出吃惊和意外。显而易见,这就是赫鲁晓夫对毛泽东提出的声明反应激烈的原因,并直接导致苏中关系急剧恶化和紧张,以及将意识形态的分歧扩大到国家层面。

苏中关系破裂后我国领导层意识到,必须恢复对我们这个伟大的东方近邻进行客观、系统的研究。因此,1966年在苏联科学院的框架下成立了远东研究所,它在研究苏中关系破裂的原因、探寻平衡两国民族利益的途径、恢复两个大国之间正常的关系中起到建设性的作用。

俄中在文化、科学和经济领域合作与相互影响的历史与俄罗斯汉学的积极作用密不可分。感谢俄罗斯学者们的辛勤工作,他们从中国文化和文明宝库中借鉴来的许多成果丰富了我国的科学、文化和社会生活。

在此对由上千名学者、汉学家组建的团队所做的巨大工作量不做详细的说明,但仍想指出的是,借助于他们的著作才得以把中国经典的哲学、文学和历史作品译成了俄语。从这些出色的译著中,俄罗斯读者有机会学习《易经》《诗经》《尚书》《论语》《春秋》《墨子》《荀子》《孙子兵法》《孙膑兵法》《庄子》《管子》,研究汉朝和宋朝的哲学家,欣赏杜甫、李白、白居易的诗作,研读孙中山、毛泽东、鲁迅、茅盾、郭沫若、老舍、王蒙以及其他中国现代作家、政治家和哲学家的著作。中国文化丰富了俄国文化,比如中医、针灸、按摩、武术、气功等都受到俄国人的广泛欢迎。俄罗斯许多政治家和重要活动家为显示自己思想的深度并影响听众,常常引用从孔子到邓小平等中国智者的话。

近年来随着俄中两国间互信的不断加深,双方在政治、科学、文化方面的交流不断扩大,俄罗斯国内对中国及中国的文化和语言表现出越来越浓厚的兴趣。20世纪80年代末苏联培养汉学人才的高校和科研机构只有十几家,而现在俄罗斯这种类似的机构超过50家,其中占首要地位的当属俄罗斯科学院远东研究所。仅在莫斯科就有超过10家科研机构和学术机构教授汉语、研究中国。很多俄罗斯人都对中国感兴趣。现在俄罗斯大部分的高校都设有汉语系或汉语部,成立了中国文化研究小组、中国音乐爱好者小组以及中国保健养生小组——武术和太极拳。

我们认为,汉俄文化、东正教和儒家思想的相互作用可以通过两国少数民族文化的对话得到补充。

许多俄罗斯科研机构在新中国成立前就已开始对中国的语言文化和历史进行研究,其中最大的科研机构要数东方学研究所及其圣彼得堡分所,那里保存着独一无二的、珍贵的藏语佛经手稿。

远东研究所是研究现代中国、400年的俄中关系史、中国的文化、哲学、经济和政治的重要中心,这里拥有独一无二的中国档案馆——汉学图书馆,馆藏图书三十多万册。研究所主要负责两项国家文献出版任务:一是发行从17世纪至今的俄中关系史料,一是发行共产国际和总统档案中关于中国革命的资料。出版发行了4卷6本早期的秘密文献——《联共(布)、共产国际与中国》。此外,研究所对俄中关系的发展和预测进行跟踪调查,向俄罗斯社会介绍中国的经济改革和现代化进程,以及中国人民所取得的成果。1994年俄罗斯科学院远东研究所的学者们出版了第一部欧洲语言的《中国哲学》百科辞典。目前,该团队即将完成多年研究成果——五卷本的《中国精神文明》百科辞典。

在对中国文明进行比较研究的视角下,远东研究所的学者们出版了一系列关于中国哲学史和文化史的奠基之作。Л. С. 佩列洛莫夫教授完成了儒家经典《论语》的翻译工作,并附有中国、日本、欧洲和俄罗斯研究者的注释。已故的 Р. В. 维亚特金教授做出了巨大的科学贡献,他翻译了中国历史之父司马迁的作品。我本人翻译了墨子及其弟子的著作，В. Ф. 费奥克蒂斯托夫翻译并详细注释了《荀子》。

俄罗斯汉学家通过译文使我们了解中国古代和现代作家及诗人的作品。俄罗斯作家对中国诗人作品的翻译也十分认真谨慎，诸多俄罗斯著名的诗人都参与到诗作的翻译中来，如 A. 阿赫玛托娃、Б. 帕斯捷尔纳克、A. 苏尔科夫、K. 西蒙诺夫等，足以证明这一点。已故的俄罗斯科学院通讯院士 Н. Т. 费德林为把中国人民丰富的文化遗产引入俄罗斯社会做出了巨大的贡献。此外，20 世纪 40 年代 Н. И. 康拉德院士译注了《孙子兵法》一书。В. М. 阿列克谢耶夫院士的学生 Л. З. 艾德林教授出色地翻译并研究了陶渊明的作品。

Н. Я. 比丘林创建的俄国历史学派拥有丰富多彩的传统。俄国汉学史研究的权威著作当属杰出的历史学家 П. Е. 斯卡奇科夫在 20 世纪 40 年代出版的《中国图书索引》，书中记录了俄国汉学三百年历史中所有研究中国问题的出版物。他还著有《俄国汉学史概要》。

С. Л. 齐赫文斯基院士六十多年间富有成效的科研活动为俄罗斯中国史学研究做出了重大贡献。他翻译了孙中山的很多作品、对康有为的创作进行研究、并对中国历史发展的基本趋势给予了综合分析。《1898—1949 中国的统一与独立之路》（根据周恩来的传记资料）是 С. Л. 齐赫文斯基晚年最重大的著作之一。他的许多学生在研究中国历史和俄中关系方面也取得了丰硕的成果。俄罗斯汉学对发展与中国同行及西方研究者间的合作表现出浓厚的兴趣。2003 年在莫斯科举办了第 16 届欧洲汉学家联合会国际研讨会，吸引了来自全世界 55 个国家的 400 多名汉学家参会，这很好地证明了全世界对中国的兴趣正不断提升。

远东研究所和其他的东方学研究中心定期举行关于中国研究的学术会议。东方学研究所定期举办全俄会议——《中国的社会与国家》，其圣彼得堡分所定期举办全俄中国史料研究会议。

俄罗斯科学院远东研究所定期召开的《中国、中华文明与世界：历史、现实、前景》（已经召开 16 次会议）和《中国哲学和世界文明》等国际学术研讨会享有盛誉。

最后，我还想再次强调，我们对俄中关系发展的前景总体上持乐观态度。我们认为，全面深入俄中合作会使双方受益，要加强两国经贸与社会联系，并在此基础上实现两国共同发展的模式。其优势在于：它将为西伯利亚和远东地区的发展带来期待已久的、巨大的推动力,并加强俄罗斯在东北亚和亚太地区的地位,使俄罗斯能够在世界经济全球化中获得现实的利益。

最近十年的重点应该放在全面发展俄罗斯的优势资源上:丰富的能源、开发广阔的领土、实现过境运输,这些方面也是中国所需要的。吸引中国对远东和西伯利亚地区的大规模投资以及吸收俄罗斯企业家参与解决中国东北和西部地区的发展问题将有力地促进俄罗斯机械制造业的复兴——首先在创新方面,随后是大规模生产现代产品。

俄中文明间的互相作用和影响不仅体现在 20 世纪 50 年代科学教育和文化联系的传统上,同时双方更加深刻地认识到在价值观方面与西方的不同,两国领导层都拒绝盲目接受国外社会改革的方法。

俄中文明对话拥有良好的语言基础,并且规模很大。在中国有 65 所高校开设俄语专业,在俄罗斯有 30 所高校开设汉语专业。

不断扩大两国在欧亚大陆的西伯利亚和阿尔泰地区开展社会经济和语言文化领域的联系具有重要的意义。这方面值得一提的是 1998 年和 2002 年在北京、莫斯科、伊尔库斯克、符拉迪沃斯托克和巴尔瑙尔召开的国际学术研讨会,会议的主题是政治和社会文化对话,主要探讨两国社会经济、文化和政治问题以及文化中的语言因素和语言中的文化因素。

俄罗斯的许多研究所还在北京、哈尔滨、长春、大连、沈阳、天津、上海、武汉、南京、重庆、乌鲁木齐、广州和其他城市举办过类似的国际学术会议和研讨会。

俄中在文化、科学和经济领域合作与相互影响的历史与俄罗斯汉学的积极作用密不可分。感谢俄罗斯学者们的辛勤工作,他们从中国文化和文明宝库中借鉴来的许多成果丰富了我国的科学、文化和社会生活。

当然,这种发展的方案不是自动保障的。它需要俄中两国领导人有强大的政治意志力、坚持不懈的工作、互相让步和考虑对方利益、反对外部势力企图直接或间接地制造两国之间的现实的和想象的矛盾和冲突。然而,如果俄中关系按照这一方案发展将会得到加倍的回报。可以说,俄罗斯复兴最有效的可行之路正是在中国方面。

2001 年两国签署协议,肯定了过去俄中关系发展的积极成果,确定了未来深入发展两国战略合作伙伴关系的基本方向。协议为两国寻求共同利益和新的合作增长点提供了广阔的前景。

目前,中国不仅最终确立了地区强国的地位,并有机会成为亚太地区的领导,而且有充分的理由作为新的全球力量出现在世界舞台。正因为如此,在实现俄罗斯的国家利益过程中中国占有优势地位。

在国际政治全球化背景下俄中两国利益在很大程度上是一致的,全球化也为两国合作提供了广阔的空间。中国是全球化条件下一支比较新的力量,需要积累经验并获得支持,而俄罗斯是最有能力提供给中国支持的国家。此外,两国有着共同的战略目标,即建立多极世界和国际新秩序、发展文明的多样性和开展建设性对话。

中国经济的快速发展和综合国力的提高常常引起邻国和竞争者的担忧。这一点也被西方的某些集团所利用,也被日本和俄罗斯的某些人用作所谓的"中国威胁论"的依据。中国领导人正式声明,坚决与霸权主义政治划清界限,并在中共第十六次全国代表大会上强调:中国国力和影响的增长符合世界发展的利益并成为共同发展的因素。的确,1997—1998年的亚洲金融危机证明,中国愿意为东南亚国家发展的共同利益和经济稳定做出一定的经济上的牺牲。众所周知,当时中国没有屈服于外部势力的压力,没有宣布货币贬值,从而预防了泰国、印度尼西亚、越南和整个东亚地区经济的崩溃。当时美国、日本和东南亚一些国家的领导人都对中国的做法表示感谢。

建立美好的中国形象的思想哲学基础是儒家的人文、忍耐、合作与传统的爱好和平的思想理念。孔子的"和而不同"的理念得到广泛的发展(论语第13章23条)。

这一理念具有重要的意义,用途广泛。它使中国成为文明融合和对话的拥护者,并主张保留文化的多样性。目前,中国正积极学习西方经验,建立中国文化和展览中心。计划建设25个中国文化中心,其中2个将建在俄罗斯。这是一个非常有益的想法,并将取得丰硕的成果。我们希望,这些中心开展的宣传中国优秀传统文化的活动将不以商业利益为主要目的。

毋庸置疑,优秀的中国文化成果的推广将丰富世界其他民族的文化,并将巩固积极的、爱好和平的、人道主义的中国形象。

中国对以下现实问题的逐步解决,如克服贫富差距悬殊、城乡差距过大、改善生态环境、提高农村居民福利和文化水平,以及在解决现代化和发展进程中复杂问题的综合经验,其做法本身将有助于中国国际地位的巩固和提高。

　　毫无疑问,总体上俄罗斯社会是积极对待并大力支持中国的现代化思想。我们期待中国的繁荣,并将中国视为共同发展的重要合作伙伴。2004年10月俄罗斯总统普京访华期间签署了《关于实现俄中睦邻友好合作条约具体措施的方案》,其中特别强调将中国西部和东北地区的发展规划与俄罗斯西伯利亚和远东地区的社会政治发展规划进行协调与配合。

文章的主要内容为作者于2007年1月7日
在黑龙江省社会科学院所做的报告

（董玲 译,刘宏 校）

中国：文明与改革*

生生不息的文明——中国改革和现代化的条件**

从马克斯·韦伯开始，西方社会确立了欧洲中心论的观点。从本质上看，他们认为作为民主社会发展的基础的现代文明仅仅与欧洲文化存在联系。韦伯认为："正是在西方，也仅仅是在西方，至少我们倾向于这样认为，出现了这些具有普遍意义的文化现象。"

的确，现代社会的民主和自由的价值观在西方得到了更完整的体现。但是，像新加坡、韩国、中国台湾、中国香港（所谓"亚洲四小龙"）等属于不同东亚文明类型的国家的现代发展又提供了另外一种可能。这些国家和地区的发展表明传统社会的现代化发展既可以借鉴西方的价值观，也可以在保存民族文化同一性和文明独特性的条件下，将西方技术统治文化和东方精神传统相结合。东亚国家和地区的经验开辟了快速发展和现代化的新道路。

---

　　* 本篇选自：М. Л. 季塔连科，《中国：文明与改革》，俄罗斯科学院远东研究所，莫斯科：共和国，1999。（Титаренко М. Л. Китай: цивилизация и реформы. -М.: Республика, 1999. —240 с.）
　　** Востоковедение и мировая культура. М., 1998.
　　《东方学与世界文化》，莫斯科，1998年。

因此,关于向工业社会和后工业社会过渡的观点还存在着争议,该观点是建立在西方现代化模式和西方价值观体系具有普遍性和独特性基础之上的。我们绝不是轻视西欧和美国在现代民主社会和高水平的市场经济建设方面的经验,我们现在只是讨论民主建设和市场经济发展道路的多样性。该观点的支持者认为,发展会促使世界结构和世界文明出现多极化,并证明现代化建设和向后工业信息社会过渡存在多条道路。因此,他们强调世界文明必然是在统一中的多样性。日本、韩国、中国、新加坡、一些东盟国家以及中国台湾地区这些属于所谓"儒家文化圈"的国家和地区经济和政治的发展可以作为后一种观点的论据。

儒家制定经济发展战略的方式是将人力资源看作是经济进步的决定性因素。我们可以在当下中国领导层制定的战略中看到这种方式。之前新加坡和中国台湾地区也采取了这种方式。

中国的领导层在解决人口问题时将提高人口质量、完善人力资源作为重要任务。当下的中国领导人不再死守毛泽东"人多力量大"的旧观念。他们强调调节出生率、控制人口增长速度,同时也关注巩固家庭关系、完善卫生和教育条件、提高人民文化水平、改善生活环境等问题。这些措施的基础是1994年中国政府制定的长期稳定发展计划《中国:21世纪议程》。这份文件是中国在政治策略和对待中华文明传统态度上取得重大进步的见证。这就将儒家的道德原则和提高人们的社会责任感创造性地与西方的管理、市场调控、提高职业责任和义务的经验有机地结合起来了。

显然,包括中国在内的亚洲国家形成了现代化建设的新模式。在这种模式中政治和经济关系的民主化特点与西方体系不完全一样。著名中国哲学家、哈佛大学中国研究中心主任杜维明强调:伟大的孔子学说首先在于加强民众对政权的尊崇,以及在建设富强的国家和民族的任务中民众对政权的支持。"当掌握政权的人把人民的利益完全放在心上,并且他们是明智的、公正的、有权威的,那么一切都会变好。"——杜维明如是说。

这种观点得到另一位美国政治学家尼古拉斯·克里斯多的支持。按照尼古拉·斯克里斯多的观点,中国将会向"市场经济的列宁主义"方向发展。用邓小平的话说就是"构建社会主义市场经济"或者是"建设中国特色社会主义"。

像中国这样拥有五千年历史的大国,其古老的文明不仅得以保存,而且在变化发展。因此,中国传统社会的现代化建设问题引起了学者和政治家的热烈讨论。其意义远不局限于单纯的学术研究,在预测中国未来发展、中国对亚洲和整个世界命运的影响方面也具有现实意义。

一些极端激进的中国学者认为,21世纪不仅会成为亚洲的世纪,而且会成为中国的世纪。由此可见,他们认为中国将在世界舞台上扮演至关重要的角色。这种观点的间接表现可以在塞缪尔·亨廷顿教授提出的观点中看出,塞缪尔·亨廷顿认为,21世纪中国文明和西方文明可能会发生冲突。一些俄罗斯学者也指出了中国文明和俄罗斯文明发生冲突的必然性。

关于中国和中国文明的未来学界存在着各种不同的观点。这些观点的争论和探讨使我们意识到,中国和中国文明在21世纪的快速和稳定发展是亚洲及整个世界安全和稳定发展的重要因素。

我们认为分析以上问题的基础必须建立在综合分析现代中国文明及其几千年的精神传统对现代化建设和工业社会、后工业社会要求的适应能力的基础上。

本文作者使用的"精神文明"这一概念指的是包含社会、精神、文化价值观体系行为和道德准则在内的一个体系,它决定一个民族生活方式和经济、社会文化发展水平,还包括传统及其形成和发展的历史、对自然的态度、对其他民族和民族文化的态度。

中国的多种经济在第三个十年中得到了迅速和稳定的发展,年平均增长速度达到10%到12%。非公有制经济和混合所有制经济的业务范围不断扩大。对外经济的活跃度也大为增加。中国在世界经济关系特别是亚太地区的一体化程度不断加深,中国同世界经济发达的国家和地区特别是日本、美国、韩国、东盟国家、俄罗斯以及中国台湾地区的相互依赖度扩大。

按照国际复兴开发银行和国际货币基金组织主流专家的观点,21世纪前25年中国在主要经济领域的发展规模大概会达到甚至超过美国和日本经济发展水平的绝对指数。亚洲现代化建设的理论家和实践家、新加坡前总理李光耀也指出,在25年内中国将会成为现代化的工业国家。中国官方人士出于战略的考虑反对这些观点,但同时这些观点也加强了中国领导人的对于自身实力的自信心。

然而,不仅在西方,而且在俄罗斯的学术界中也存在着不少对中国未来发展持消极态度的学者。一系列西方政治学家预测,中国在21世纪初的命运将会同南斯拉夫和苏联相似。在这种情况下中国大陆将会再次深陷国内战争和混乱的泥潭,这也不可避免地反映在中国台湾地区的命运上。按照普林斯顿现代中国研究中心杨沫教授的观点,"今天中国确实存在着大量的支撑这种悲观预测的潜在因素。"杨沫认为这些因素包括:

——新疆和西藏地区破坏民族团结的民族分裂势力;
——先富起来的东部沿海省份和贫困的内陆地区在经济富裕程度和发展水平上的巨大差距;
——农村大量闲置人口(超过2亿人口)以及他们向城市移居和找工作的问题;
——多种经济体制和开放政策脱节。

除了杨沫教授指出的上述问题外,还应该再加上三个挑战。这是当今中国遇到的三个挑战,也是在选择未来的战略时应该考虑的三个问题:

——保证大规模人口的生活质量和水平(中国在2000年将超过13亿人口,尽管在中国实行了严格的计划生育政策,但到21世纪中叶预计人口达到18亿—19亿)。
——在工业化高速发展的同时保护自然环境(为保证动力供给烧掉了十亿多吨低质量的含硫煤);三大河流——黄河、长江和珠江流域人口过于密集,并过度开发自然资源,导致这些地区的周围环境已经丧失了自然再生的能力。
——在可耕地面积急剧减少以及60%—80%的水域被工业和城市污水污染的情况下解决粮食和饮水问题。

当然,针对上述复杂的问题中国领导集体做出了总结。但在目前的条件下,如果从这份保证国家稳定发展战略的政府报告《中国:21世纪日程》的内容来看,我们认为这份报告过于乐观了。形势迫使我们寻找以下问题的答案:

——中国经济目前的稳定增长能够持续多久?这种增长能否牢固地根植于中国的精神文明之中?
——市场关系的发展是否会破坏中国社会的稳定?
——在对外开放和与西方密切合作的条件下,中国和中国文明是否能够保存独特性和同一性?
——如果充满着传统主义思想的中国文明不仅能够适应,而且能够应接受改革和现代化的挑战,那么这个独特的文明有哪些因素使其具有强大的生命力和稳定性呢?

关于这些问题学界存在着各种各样的观点。但在总体上可以分为两类：第一类——乐观主义观点，第二类——悲观主义观点。对中国的现在和未来持乐观主义观点的学者们认为（尽管他们的观点也各不相同），在面向社会的市场经济原则的基础上，中国在21世纪将总体上继续保持稳定的发展并成为真正的世界超级大国。

解决以上问题时需要考虑以下情况：中国和平发展的政策和以国防为目的军事实力的发展要符合国家利益和繁荣发展的需要；受内部条件的限制，中国领导人必须集中精力优先解决国内问题，而不是国外问题：

——调节庞大的人口数量的增长问题并提高人民的生活质量；
——克服工业化发展和保护环境之间的深刻矛盾；
——在城市化高速发展的条件下保护耕地和土壤，保护粮食、水和新鲜的空气；
——制定符合本国国情的向后工业化社会过渡的战略；

如果采取乐观主义观点来看待中国的现在和未来，那么国际社会应该与中国密切合作，共同解决中国的问题，帮助中国进一步融入全球一体化进程。

持悲观主义观点的学者们认为中国文明早已经陈旧过时。过分拘泥于传统、民族中心主义、追求集权统治形成了中国在遵循西方民主模式进行现代化建设的道路上难以克服的障碍。从这种观点出发，他们认为由于当今的中国无法采用西方的价值体系，因此，如一位俄罗斯自由主义者加·哈·波波夫教授指出的，国际社会感兴趣的是"中国按照苏联的模式分裂和瓦解"。另一些对中国持悲观主义观点的学者认为，"中国的分裂"将成为论证自由民主价值观"历史终结论"（弗朗西斯·福山）在全球范围内的最后环节之一。还有一些更为极端的观点认为，中国人对传统价值的依恋和不愿意接受西方价值体系迟早会导致第三次世界大战的爆发——文明之间的战争（塞缪尔·亨廷顿）。

本文作者总体上支持对中国未来的发展和中国的地位持乐观主义的观点。促使作者采取乐观主义立场的前提条件是中国采取的以下举措：

——制定和实施经济改革的长期战略；
——在保持国内政治稳定的前提下实行开放的政策；
——同世界各国合作，保证中国在21世纪稳定发展的战略；
——坚持一贯的和平解决国际问题的方针政策。

我们认为，中国文化所具有的高度自我认同、学习更新和适应新形势的能力是保障中国统一、不断发展和独特性的条件。中国文明的价值体系和生活方式正逐渐由农业社会过渡到城市化社会，在城市化社会中占主导地位的是现代科学、技术、文化，包括西方文化的成果。近五十年来中国的精神文明发生了巨大的变化，它挣脱了传统的民族中心主义和闭关锁国的状态，开始实行对外开放的政策，同时保存自身的独特性和价值观体系并吸收其他文明的成果。

中国文明拥有独特的适应和吸收其他文化成果的机制。这种机制的基础就是将外国文化中国化，使外国文化适应中国的条件并融入中国的精神传统中。在与其他文明和民族交流的几千年里，中国人民形成了"化西"的观念，外国文化中国化是中华文明利用其他文明成果的主要方式。例如，佛教早在公元1世纪就已经由印度传入了中国，然而却经过几个世纪的"融合"才为大众所接收，在这一过程中佛教与中国传统文化、儒家和道家思想紧密结合在一起。

在新时期西方民主制度和自由主义思想在中国也艰难地开辟了道路。伟大的中国民主主义者、革命家孙中山先生曾在为此做出过巨大的贡献。孙中山先生在20世纪初曾经写道："中国很有可能超过日本……思想正飞速地发生变化，按照这个速度，十年到二十年后中国将很容易理解并完全掌握西方文明，而且可能超越西方文明，这不是不可能的"。

孙中山先生运用西方的自由民主主义、社会达尔文主义、社会主义原理来解决中国复兴和现代化建设的问题，这集中体现在著名的"三民主义"思想上：民族主义、民权主义、民生主义。即使在今天，中国也依然保留着"化西"的原则或者西方文化的中国化原则。关于这一点《人民日报》写道："自鸦片战争以来，中国的进步人士从中国的国情出发，将西方的文化成果根植于中国传统文化的土壤中，即坚持化西的原则——西方文化中国化，而不是西化的原则——中国文化西方化。孙中山先生的'三民主义'思想是在中国国情的基础上将中国文化和西方文化有机地融合在一起。无论外来文化有多么优秀，要想在另一片土地上生根发芽，必须与该国的具体国情紧密结合起来"。

谈到中国传统哲学、精神文化和国家现代化之间的关系时，中国学者们强调的是：仁爱、忠诚、自我牺牲、谦虚、孝敬父母和长辈、修身、助人为乐和顺从。这是所有中国古典哲学流派，包括孔子、墨子、荀子等公认的"完美的人"（君子）的最高道德准则。"君子应该遵循三个原则——立德、立功、立言"。

另一个西方文化中国化的例子是建设"社会主义市场经济"和"中国特色社会主义"。中国的现代化建设道路是"中国特色社会主义",中国的理论家认为这是不同于西方现代化建设道路的另一种选择。中国的理论家试图(而且不是没有成效)将现代化建设的方针和中国传统文化的价值体系结合起来。他们认为,中国传统文化和现代化并不冲突:严格遵守家庭美德和职业道德、对科学持细心严谨的态度等儒家思想在很大程度上有助于现代化建设。现代化建设并不提倡世界文化的统一,相反,它有助于世界文化在多样性中不断繁荣和发展。有一种观点认为:"与欧洲和美国的'新教资本主义'模式不同,日本、新加坡、韩国和中国台湾地区等发达的亚洲国家和地区选择的是独特的'儒家资本主义'模式并取得了巨大的成功"。

在利用和吸收外国文化为本国利益服务的原则上日本与中国持相似的观点。我们认为,这更加证明中国方法的有效性和实用性。

我们认为,未来中国必将会遭遇诸多困难和危机。然而,中国将继续保持作为世界历史和世界政治中统一的、强大的主体地位。而且,21世纪中叶有可能出现某种新的经济文明共同体(类似于欧盟),它或许可以称为"大中国"。这一共同体中可能不仅包括中国大陆和中国台湾地区,而且会以各种形式吸引一系列东亚、东南亚和中亚国家。

新加坡前总理李光耀曾经指出,中国大陆和中国台湾地区有不断趋同和恢复统一的可能性。"地理和历史将会促进中国的统一。任何一个强国都无法永远保证台湾地区分离的状态……如果中国没有解体(解体的可能性几乎没有),三十年后中国将成为巨大的工业强国"。

总的来说,中华文明悠久和稳定的因素主要体现在以下几个方面:

中华文明源远流长的一个重要原因是民间文化和哲学之间存在稳定的相互作用。中华文明的这一特点首先是因为传统哲学思想、民族认知与道德伦理和政治之间不可分割的关系。在中国精神价值系统中,政治和统治国家的艺术一直被认为是最高的智慧。由此产生了对智者和圣人的崇拜,最受尊崇的智者当属孔子。

中华文明发展并完善了关于理想的社会组织的理论——社会有机论。同时,哲学、科学、政治、伦理都包含在整体论之中,即不可分割的有机文明统一体之中。社会有机论和思想整体论赋予了中华文明和中国精神文化高度的统一性和稳定性。这种精神因素的历史意义由于中国民族的同源性而加强。从总体上看,这就保证了中华民族高度的自我认同和民族自觉。

西方文化和东方文明精神价值观的融合为文明的发展提供了新方向,也为东方文明的发展注入了新动力。当前东亚国家的现代化建设就是其中之一,它包括社会和周围环境之间的和谐发展问题。其现代化建设的基础是中国哲学中的两个重要公理,这两个公理也被东亚国家普遍接受:

第一个公理——"天和人是统一的整体,天和人相互影响(天人合一)"。

第二个公理——"知识和行为是统一的整体,知识和行为相互丰富(知行合一)"。孔子言:"知之者不如好之者,好之者不如乐之者。"著名的哲学家张岱年强调:"中国哲学将天人合一、知行合一视为最根本的原则,这个学说从整体上对中国文化产生了深远的影响。"

众所周知,在中国哲学中存在着两种流派。一种流派是道家—佛家的思想,主张用消极旁观的态度和顺应自然的态度来对待生活和自然;另一种流派是儒家—墨家思想,主张用积极的态度处事。这一流派提出"自强不息、厚德载物"的观点。《易传》(《易经》的注释)中有言:"天行健,君子以自强不息。"因此,张岱年指出,"《易传》中提出的'自强不息的精神',在中国历史上产生了重大而深远的影响。这种精神深深地鼓舞了中国古代和当代的政治家、思想家和学者们坚定不移地探寻发展的道路……成为中国文化发展的重要原则"。很多中国人都受到墨子思想的鼓舞:"日夜不休,以自苦为极……赖其力者生,不赖其力者不生"。

中国人口的民族构成相对稳定且具有很高的同源性。在中国13亿人口中汉族人占92%以上,其他民族人口仅占了8%。而且由于长期受汉族文化的影响,大部分少数民族文化在很大程度上已经与汉族文化接近了。

汉族人具有高度的民族认同感,他们热衷于大中国的思想,并保留着强烈的民族自豪感。难怪持不同政治观点和意识形态观点的人们,不论是共产主义者还是民族主义者,都始终把民族自豪感和大中国的思想放在首位。还有一种现象也并非偶然,海外华人在很多问题上不赞同中国领导集团的某些意识形态观点,但他们都支持建设强大的中国和实现中国的现代化。在改革开放初期的外国投资中有80%都属于华裔投资。

民族内部的团结稳定是悠久的传统。绝大多数的中国人都对伟大的、古老的中华文明有着强烈的归属感,这种归属感成为中国人自我认同和自尊自爱的重要条件。中国人具有强烈的历史感和对祖国的眷恋。任何一个在某领域取得伟大成就的中国人,不管他身在何处,只有当他的个人成就得到祖国的认可,他才能获得对自己的尊重。所有杰出的中国学者、社会活动家在美国、法国或者俄罗斯取得成就之后,都致力于祖国的发展来获得同胞对自己成就的认可。

地方主义的离心趋势在中国各地虽然存在,但并非主流。中国的政治、经济体制能够保障中央对各省主要干部的绝对领导,以及对地方经济和能源强有力的控制。

在与其他文化的关系中,中国文化具有很高的适应性和自我更新的能力。这在很大程度上是由于自孔子以来,中国就将学习和自我完善看作是道德和修养的主要标准。

中国文明具备一套独特的从外国文化吸取经验的方法和机制。它不仅保留了中国文化的独特性,而且使外国文化的先进成果得以在中国的土壤上生根发芽。我们上文说过,这一套方法是建立在外国文化中国化的基础上(化西)。

维护中华文明和国家体制稳定的强大根基在于中国悠久的军队参与政治体制的传统。在中国的任何一种政治体制下,军队都是保障国家稳定的安全系统。

中国因素和中国文明的经验未来将在文明间关系中发挥更为重要的作用。中国的经验以及日本和其他亚洲国家的经验表明,以"全盘西化"为基础构建世界文明的思想正不断成为欧洲中心主义的幻想。这种西化的观点严重阻碍西方国家与亚洲和其他地区的国家在完全平等的基础上开展合作。

基于中国文明、日本文明和俄罗斯自身的经验,并追随俄罗斯传统欧亚主义者尼·谢·特鲁别科伊、列·普·卡尔萨文、彼·尼·萨维茨基、格·弗·维尔纳茨基、列·尼·古米廖夫等人的观点,我们坚信:未来的世界文明将不是单一化的文明,而是多样文明的统一;世界文明之间的关系将不是基于高低之分的垂直从属原则,而是建立在平等和多元化原则的基础上,所有文明都将保留自己的独特性,即使最小的文明也将在世界文明的交响乐中演奏自己的乐章。回顾一百五十年来中国探索现代化道路的历程，不得不提到中国如何让西方改变对自己的看法并获得世界的尊重。

在19世纪以及20世纪前25年，中国被认为是"东亚病夫"。中国数百万的人民失去了创造的潜力，他们被看作是"一盘散沙"。众所周知，黑格尔对中国哲学持轻视的态度，他将中国哲学看成是绝对精神的低级阶段。19世纪末到20世纪初，许多学识渊博的中国人将儒家学说称为"精神的枷锁"甚至是"吃人的精神"。但是随着形势的发展，特别是在第二次世界大战，不论是中国共产党还是国民党都高高举起了民族文化的旗帜。1938年，毛泽东提出不仅要将马克思列宁主义中国化，并且要将马克思列宁主义与中国文化（从孔子到孙中山）的优秀成果紧密结合起来。

中华人民共和国建立之后，中国台湾地区依然保留着原来的体制，中国两岸——大陆和台湾地区之间展开了前所未有的角逐，不仅在军事方面，在经济、文化建设和教育方面也出现了激烈的竞争。可以认为，在一定程度上，中国台湾地区在经济和文化建设领域的成就（在美国和日本的大力支持和帮助下）激发了中国共产党领导人重新审视国家建设和发展的战略并坚决地走上改革开放的道路。中国历经磨难终于创造出了今天的现代化发展之路，它既可以保持自身的独特性又能够充分利用外国的经验、既可以实施对外开放的政策又能够逐步深化国内的改革方针。

中国现象[*]

任何一个国家或任何一种大文明通过各种形式与中国和中国文化产生关系时都应该确定它将以何种立场对待中国这个独特的现象。这对于我国来说更加重要，因为我国与中国有着绵长的陆地边界，而且自1618年以来我国就与中国开始了直接的联系和文明间的对话。

毋庸置疑，俄罗斯人民需要更深入地理解"中央之国"的精神来源，从而与中国建立建设性睦邻友好伙伴关系。因为，它决定着中国和俄罗斯两个当代大国以及这两个伟大文明的生死存亡与繁荣兴衰。

---

[*] Год планеты（Политика, экономика, бизнес, банки, культура）. Выа. 1995 года. М., 1995.

杂志：《地球年》（政治、经济、商业、银行、文化），1995年出版，莫斯科。

中国古代圣贤孔子在回答学生的问题,能否用一个词来形容君子的行为,他回答到:"其恕乎",他又补充到:"己所不欲,勿施于人。"在后来的谈话中孔子又发展了这个观点,将推己及人和仁爱待人结合在一起,子曰:"己所不欲,勿施于人。在邦无怨,在家无怨。"我们认为,政治家们都应该以推己及人和仁爱待人原则为指导,从而使自己的行为符合道德准则和国家利益。

这里我们想要强调只有一点:俄罗斯的民族国家利益要求我们以自己的观点看待中国,五千年的中华文明和世界观决定了十几亿中国人的行为,这也要求我们形成自己对中国的理解。我们认为当前流行于西方的一些政治理论和预测是错误的,他们认为:"紧随苏联帝国解体的脚步,中华帝国也必然会崩溃""邓小平时期之后的中国将会发生剧烈的动荡",甚至会导致国家的分裂和国内战争的爆发。这些观点都是危言耸听,错误地使用了"类比",把西方殖民帝国的解体模式强加在中国的现实之上。一些俄罗斯学者的观点也让我们惊讶不已,他们认为,"中国的分裂是符合俄罗斯利益的……中国重蹈20世纪其他帝国的覆辙是符合国际社会的利益的。这个大国的现代化是不均衡的,因此未来它会分裂为一些小国。这一问题需要得到重视和来自各方面的支持"。

此处,我们需要解释一下什么是中国现象。中国的独特性是多方面的,是现实存在的,并且是巨大的。中国现象指的是中国在漫长的历史发展中、在现实和未来的国家建设中所具有的历史和文明的独特性,以及中华文明惊人的生存能力和应对挑战的能力。在这里我们没有使用"奇迹"这个词,因为这种特殊性可以用中华文明的特征来做出科学的解释,而理解其特殊性的精神基础和关键就是中国哲学。

因此,中国现象的重要组成部分包括以下方面:五千多年来持续不断的中华文明,贯穿始终的稳定的中央集权制度,高度发达的农业和手工业文化,能够适应严峻生活环境的大量人口等。

历史上曾经不止一次发生过这样的情况,匈奴、女真、契丹、蒙古鞑靼人、满族等许多善战的部落和民族都试图征服中国,他们有的占领了中国全部的领土,有的占领了部分的领土。然而,经历了两三代人之后,这些占领者都被中华文化同化了,并成为中华文化的忠实信徒。而且,正是满族占领者建立的清王朝(1644—1911)对中国领土的统一、中华文化和文化遗产的传承做出了巨大的贡献,并编纂了五千多卷中国文化的纲目性书籍。从这一点也可以看出中华文明和中国文化的强大生命力。

中国对西方国家、日本和其他亚洲邻国的态度也同样具有稳定性、战略和策略的灵活性和远见性。中国与这些国家交往的历史从18世纪开始至今充满了戏剧性。即使是在中国分裂的状态下,中华文明也一直保持着完整性和同质性。我们只要看一看北京人、上海人和广州人的生活方式,然后将他们的生活方式与新加坡的中国人、纽约、旧金山、巴黎、曼谷或悉尼唐人街的中国人的生活方式比较一番,就会发现,不论这些地方是大还是小,这里都是中国。

尽管中国经历了国民党和共产党多年的解放战争,尽管日本曾经占领了中国大面积的领土,然而,在二战之后中国作为统一的、拥有完整主权的国家,以大国的身份成为联合国的创始国和安理会的常任理事国。这体现了中国政治文化的一个重要特征,即能够在不利的环境下保持自己的尊严和民族优越感,捍卫自己的权力和利益。

经历了数十年的经济贫困、技术落后,中国承受住了来自美国乃至整个西方世界,以及后来苏联的抵制。顺便说一下,苏联和中国的这种对立严重削弱了苏联的力量,并成为导致苏联解体的一个原因。但是,北京却能够把自己的弱势变成力量,迫使两个超级核大国为争取中国的支持而展开激烈的竞争。而当中国领导集体刚一表明自己的立场,其他国家的元首就立刻确定了自己访问北京和会见"红色皇帝(красный император)"的日程。任何关于破坏民主和人权、支持恐怖主义和侵犯邻国的论断都没有构成外国领导人访问北京的障碍,不论是美国总统尼克松,日本首相田中角荣,英国首相撒切尔夫人,还是前苏联共产党中央委员会总书记戈尔巴乔夫,以及时任俄罗斯总统叶利钦,都顺利地访问了北京并会见了中国领导人。这里包含了理解中国现象的一个重要因素,即拥有对国家利益的清晰认识和在不利条件下调动人民群众、集中力量做大事的能力。

中国精神文明的创造性同样举世瞩目。在数千年的历史中,中国拥有最庞大、最高效的灌溉系统,拥有长城、大运河、火药、造纸术、印刷术、罗盘、丝绸、瓷器、中医、中国武术、气功、象形文字以及现在作为所有计算机运行基础的二进制计数法。

按照历史学家的观点,中国是世界物质文化和精神文化在73个关键领域的开创者。在当代,大部分的中国人都要求改变自身的贫困和落后的现状。结束了十年"文化大革命"动荡后,毫不夸张地说,中国在邓小平的领导下开始了一场史无前例的经济改革。1979年到1989年的十年时间,中国的工业和农业产量实实在在地翻了一番,一些方面甚至增加了两倍。这是近两百年来中国第一次能用自己生产的食物和工业品来保障大部分人口的最低生活水平。近十五年来中国经济的飞速发展确保了中国在世界经济中的重要地位。最近十年,中国的国内生产总值年增长率从未低于9.8%,这远高于世界平均水平的2.9%。大部分中国和外国的专家们都认为,在未来的15—25年内即使中国的国内生产总值年增长率降低到7%,到2010年中国仍然有可能超过日本,到2020年赶超美国。目前,中国在煤开采量、谷物、水泥、棉布、丝绸、棉花、鸡蛋的生产量方面已经位居世界第一,肉类、生铁的生产量居世界第二,轧件、化学纤维的生产量居世界第三。

积极推行开放和吸引外资的政策让中国成为领先的商业大国之一。从1993—1994年的对外贸易额(2367亿美元)来看,中国稳居世界第11位,到20世纪末中国将进入世界七强。1997年,中国的外汇储备已经达到1400亿美元,这还不包括中国香港庞大的外汇储备。

当然,困难也确实存在。在两千多年的时间里,中国一直拥有最为庞大的人口。到20世纪80年代末,中国的人口已经超过10亿。1995年4月,在北京隆重庆祝了第12亿个公民的出生,这意味着中国的人口已经占到世界总人口的五分之一。中国传统思想中的祖先崇拜已经根植于中国人的潜意识之中,他们追求人口的增长,特别是男性人口的高增长率。因此,中国的计划生育政策很难动摇这一传统,尤其是在农村。

尽管如此,中国在发展现代化经济和推行改革方面的成就是毋庸置疑的。由于我们分析的目的是阐释中国现象的文明特征,因此,我们有必要关注中国在这一方面的发展。显然,这一方面既是中国领导人和学者,也是外国观察家和政治家研究和关注的对象。这体现在北京制定的官方文件《中国21世纪议程——中国人口、环境与发展白皮书》:"目前中国还在沿袭传统的经济发展模式,需要消耗大量的资本、能源和劳动力,经济发展方式非常原始。这不仅会给周围环境带来巨大的破坏,而且为经济自身的稳定发展造成困难。因此我们要改变发展策略,从传统发展模式转为依靠科技进步来发展,这是保持中国经济发展高增长速度的唯一正确选择"。按照该议程编写者的观点,要想消除中国的贫穷和落后,提高广大人民群众的生活水平,形成确保经济稳定发展的基础,就必须在较长时期内保证国民生产总值年增长率不低于 8—9%。

在当前中国经济高速发展(在保留传统东方社会文明价值体系的条件下)的同时,各种流派的外国文化和道德观在开放政策和广泛的交流中大规模侵入中国,这对中国文化的适应能力来说是一个巨大的挑战。中国现象正在经历非常困难的时期。诚然,就像道家思想的创始人老子教导的那样,成功中包含着失败的危险。中国人的精神道德体系中包含着丰富多样的观点以及不同文明交往的行为模式。这些观点和行为方式融合了儒家、道家、法家、佛教的观念和道德准则,其特点在于它具有高度的忍耐性和承受力,并能够在选择中保持自己的独特性和自主性。

任何外来文明的观念或者准则要想在中国的精神文化和现实生活中生根发芽,都必须经过"教化"和"通过中国道德和传统的考验",即"中国化"的过程。儒家的宗旨是学习一切不违背仁爱原则的知识,这些知识有助于履行责任,有利于国家、统治者、家庭及个人的强大,这种思想直到今日仍然在中国人的生活中起到重要的作用。在学习外来知识的过程中有一个重要的问题,就是如何选择知识以及如何将这些新思想应用于现实生活中,在这个问题上,中国的传统思想,特别是儒家思想要求完全地、毫无保留地服从老师,服从国家的最高权威——统治者。

这些简单的道理拥有巨大的动员力量,它们体现在"君子"的行为之中,而且对于任何一个中国人来说,不论他身在何处,都是必不可少的。因此,上文所说的那种经济、社会生活、家庭生活方式和人际关系的骤变造成了中国文化内部的超负荷,使中国文化的适应机制"过热"和"超载"。这种情况下就会引发中国文化的保护性反应,排斥外来文化并且向民族传统价值观回归。这种现象最明显的体现是反对文化的扩张,即使中国文化和其他东方文化完全西方化。

综上所述,中华文明现象在国家现代化的过程中有能力展示并且已经展示出强大的号召力和适应同化的潜力。但是,文明系统的"超载"和急剧的变化会导致社会、国家和个人的巨大危机。

在中国这种转折性的事件在过渡时期是极有可能发生的,即当受到人民尊敬的伟大导师和最高权威离开政治舞台的时候。在传统的儒家观念中这常常与"命运的变革"(革命)相联系。许多分析人士认为,中国在未来可能会发生"命运的变革",按照他们的观点,这种局面会导致国家的深刻危机和政治方向的改变。是这样的吗?

我们认为,邓小平吸取了苏联后斯大林时期以及中国"文化大革命"时期的教训。他为保证政权的平稳过渡和政策的连贯性做出了多方面的努力,为党、军队和国家提拔了一大批优秀的新生力量。当然,这批新生力量想要成为人民心目的民族和国家的导师还需要时间的考验。从官方公布的材料来看,当代中国领导集体十分清楚地意识到国家发展过程中存在的困难与挑战,为此他们正在积极探索解决这些问题的方法。他们能否取得成功——让我们拭目以待。

传统哲学和中国的未来^{*}

在第三个千年到来之际,全世界的人文学者都越来越关注东方文明,关心东方文明对于人类精神发展产生的影响。这也与构建全新的、对等的、建设性的文明交流模式密不可分。学界热烈讨论文明稳定性的因素,讨论世界文明和区域文明的相互关系,讨论各种文明的特点和历史前景。在这些讨论中最受关注的问题是中国的未来以及中国在全球社会文化进程中的重要作用。

学者们之所以如此关注以上问题,其原因在于现代历史充分地证明了精神因素在人类发展中的重要作用。而精神因素自古以来就是中华文明体系中最重要的组成部分。这正是为什么近十年来学界对中国传统问题的研究开始聚焦中国古典哲学,并将其视为"中国文明的镜子"。

中国哲学和中华文明是一个有机的整体,二者密不可分。对于任何民族而言,哲学作为精神文化的一部分,是人类社会全部智力活动不可或缺的组成部分。中华文明从一开始就是社会所有精神经验的总和,哲学也因此成为人类思维活动和物质活动的重要依据,同时也是协调人与国家、社会与家庭等关系的准则。中国哲学是所有社会的、精神的、道德体系的调节器,它涵盖了人与宇宙的关系(天与地)、人与国家和统治者的关系、人与不同社会阶层和家族之间的关系。正因如此,研究过程中的首要任务是伦理-政治问题。

中国哲学最重要的特点是周围世界的人本主义化和人类行为的归化。中国哲学形成了独具特色的"天人合一"以及"天-地-人"三位一体

---

* Китайская философия и современная цивилизация. М.,1997.
《中国哲学与现代文明》,莫斯科,1997年。

的思想。天与人之间的关系是通过伦理道德形成的,并符合人在社会结构中的社会作用,而社会作用是由社会分工、自然分工以及其他功能决定的。"天"是最高的标准,是最高的道德规范和最高的评判者,它决定了个体要符合自己在社会等级制度中的位置。中国文化古老的丰碑《诗经》包含了关于"天"的一整套观点,这些观点决定了中国秦朝之前所有哲学流派的基本观点。这些流派的思想基础都是"仁","仁"是理解人与"天"和正义之间关系的具体化标准。举例说明,有一次孔子的弟子问他,能否用一个词解释"仁"的内涵,孔子回答说可以,这个词就是"其恕乎",并补充道,"己所不欲,勿施于人"。关于"仁"的思想道家的阐释则更加抽象和宽泛。道家的"道法自然"的原则,从本质上说,目的在于保证个人与其在宇宙中的位置相协调。

中国古代哲学家墨翟进一步发展了类似的观点,即关于"天"是公正、仁爱和使他人获利的最高标准,并具有决定性和定向性的作用。他提出的十点原则呼吁人们按照"天的意志"(天志)做事,他的最高准则是"兼相爱、交相利"的原则。

同样的要求和准则在法家那里表现为更加严格的法律。按照法家的观点,在保证皇帝强权的基础上,人人都必须遵守法律,只有这样才能保障国家的强大和繁荣。法家理解的"恕"是从人性本恶的观点出发的,因此,社会、国家和体现国家最高意志的统治者应该克制住人性本恶的缺点,努力为国家的利益奋斗。与不同的关于人类本性的观点相应地衍生出了不同的哲学和政治思想。在这里我们无需赘述包罗万象的哲学在中华文明的形成中所起的巨大作用。

古希腊的哲人认为,哲学是一门科学。中世纪时欧洲和中东地区的人民认为哲学是神学的附属品。中国哲学的独特作用在于,它在中华文明五千年的历史中促使社会的所有成员成为最高智慧的追随者,正是最高智慧决定了公正、虔诚的准则,还决定了处于等级社会中的任何人都必须遵守该社会的价值体系。这种社会规范和准则是包罗万象的,同时也是强制性的。在这种规范和准则中最高的标准是"天",而一切不符合该规范的行为都将遭到严厉的惩罚。这一点很清晰地体现在中国哲学的传统主义上,与传统主义并行不悖的还有革命的决心。如果皇帝的行为有违"天的意志"(天志),他就要被推翻。通过这种方式国家的"命运"(命)就会被"改变"(革)掉,这就类似于欧洲"革命"的概念。

总之,中国哲学区别于其他文明的哲学的首要且最主要特点在于,中国哲学积极参与政治和社会道德之中,中国哲学与政治有着密不可分的联系,它服务于政治,并为国家的巩固和强大提供了思想上的保障。由此,中国这一国家也具有了思想统治的特点,这种特点延续了几千年。与此同时,它也决定了中国哲学的另一个特征——严格遵守中国经典学说和道德行为规范,这些学说和规范构成了20世纪以前中国智慧的重要内容。而且,这些关于经典的学说(经学)也构成了中华文明的精神核心。

中国哲学的这一主要特征又形成了它的另外一个特点:二位一体的结构——纵向结构和横向结构。从纵向结构来看,中国哲学是精神和政治最高智慧和道德规范的集合。该纵向结构形成了价值观和道德的严格规范和等级从属关系,而这些价值观和道德的最高标准是"天",人通过道德存在来追随"天",并最终实现"天人合一"。

中国哲学的横向结构反映在中国社会的精神生活和物质生活的所有方面。这个横向结构立足于一个伟大的概念"多样性的统一"。多样性建立在方法论和唯理论统一的基础之上,即必须符合天命、礼数、自然、理智和传统。

分析上文指出的中国哲学主要特征产生的原因,我们认为这在很大程度上是源于中华文明在总体上具有的特征,即中华文明是大陆性的农耕文明,其文明的主要特征是:哲学和其他领域的精神活动一样,都服务于相对封闭的大陆空间中的农耕文化。中国哲学是"农业政治和皇权的附属品",因此,它的任务就在于保证以灌溉农业为经济基础的国家的稳定发展。这种情况不仅明显地反映在中国哲学的结构中,而且反映在中国哲学的内容中,决定了中国哲学的一些重要特征。在这些特征中我们可以发现中国哲学与中国人的经济生活方式之间存在着直接的联系(例如,根植于农耕者意识中关于时间和空间的概念)。不同于古希腊和古罗马,在中国没有形成独立的时间和空间的范畴。这两个范畴在中国与农历中的四个季节和东西南北四个方向紧密联系在一起,原因在于宇宙的中心是作为农耕者的人。关于这个道理中国哲学的阐释集中在"天人合一"的学说当中。

中国哲学体现的是农耕者对世界的看法:它通过农耕者的利益和行为看待并解决最基本的本体论问题。这充分地体现在中国人关于时空与"五行"、阴阳两极与气之间的相互关系和相互作用的观念上。这里我们需要重述一下,儒家学说早在公元前 3 世纪到公元 3 世纪就提出了用历法作为管理国家的标准,并且决定国家的政治、文化和思想。

人类测量中时间和空间的具体性决定了古代中国自然科学发展的独特道路,形成了研究自然的独创方法。其本质可以总结为以下几点:

——不关注某一个个体,而关注整体性、普遍性和综合性;
——不关注静止的状态,而关注过程、时间的流逝、气的变化以及客体的运动。
——不关注具体的结构和个别物体的构成,而关注物体的可能性(应用价值)和特性。用变化的观点看待事物,认为事物是在不断地由一种状态转变为另一种状态;
——不关注事物的个别特性,而关注其在整体中的适用性,关注其在宏观世界中对其他整体的反作用。
——不关注事物运动的不同模式、不同形式和不同道路,也不通过大量的测量和计算使知识和信息系统化。而关注的是用类比的方法研究思想、论断发展和变化的趋势。

中国哲学的另外一个显著特征是承认周围世界的存在,用综合的象征性的名称来指称——"天""天下""地""万物",而且一切物质和存在都要遵循特定的道路("道"),要符合特定的秩序("德""礼")。西方哲学中的"存在"和"不存在"在中国哲学中获得了另外的意义——"存在"和"非存在"。因此,是否存在外部世界?外部世界是否是人类知识的起源?这些问题在中国文化中通常不会成为争论的焦点或是哲学思考的对象。然而,中国哲学思考的是另外一些问题:这个世界发展的道路,世界存在和不存在的辩证法,构成世界的物质的特性,存在的永恒与限度。

自古以来中国智慧的规则决定了其另一特征:在中国物质生成、发展、转化为其他物质和消亡的辩证法都可以用符号数字占卜体现出来,这种辩证法是以数字的组合关系出现的,主要的形式是《易经》中的六十四卦画。另一个极具中国特色的概念是宇宙万物的周而复始:按照中国先哲的观点,世间万物都是相互关联、相互依存且相互从属的,"五行"之间、阴—阳两极之间相生相克,物质和精神的起源"气"是自我发展的。因此,由于世界的最高统一体是"天",那么万物发展的最高极限就是"太极",当万物发展到"太极"之后就会开始新的发展周期。

中国哲学和中华文明的有机联系还清晰地体现在思维方式与思维文化的特点上。这二者在很大程度上是由象形文字决定的。象形文字包含了附加的符号信息成分,并展示了各个概念和词语的本质属性。在欧洲语言中,词语是代表某种事物或本质在形式上的一种符号,它是通过不同社会民族和文化共同体长期形成的传统或者不成文的"社会约定"确定下来的。与欧洲语言不同,汉字除了具有符号意义之外,每个复杂或者简单的语言符号还带有一定的形象的信息,这个信息是对该符号的解释。汉字从一开始就是描述某一种物体或关系的极具表现力的象征性符号,即使在今天,包括翻译词和抽象的专有名词在内的概念词汇依然在象形文字的基础上保留着对某一概念的解释力。此外,中国的文字和"中国的思维方式"还与中国人分析事物和现象的独特的方法论紧密相关,中国的这种方法论与欧洲的方法论有着很大的区别。

经过几个世纪的发展,中国哲学在中国文化中确立了整体论的观点,这种观点不仅将整个宇宙视为有机的统一体,也将人类共同体视为有机的统一体。从总体来看,社会有机论和思想整体论使中国哲学和中国精神文明具有高度的内部同质性和稳定性。正是这些因素的历史性作用保证了中华民族文化高度的同一性,这就有助于保持高水平的民族自我认知和民族自我意识。

中国文化的命运与国家和民族的命运息息相关。一百年前,西方文明世界看到的是被帝国主义列强征服、被内部矛盾削弱的中国,他们认为中国哲学是精神博物馆里出来的奇谈怪论。然而,经历了痛苦的抗日战争和改革之后,中国终于在1949年开始恢复国力。遗憾的是,20世纪60—70年代发生的"文化大革命"又给中国文化带来了巨大的打击。直到改革开放政策的实施才为文化的发展提供了真正良好的条件,同时也向传统文化提出了严峻的挑战。显而易见,中华文明在未来的一百年里仍将继续保持自己的独特性和同一性,因为它与中华民族繁荣和发展息息相关。

我们可以描绘出以下情景(可能有些简单化了)。中国、新兴工业国家以及属于中华文明圈的亚太地区经济增长的潜力有助于提升中华文明在世界的影响力。我们可以预测,亚太地区将在21世纪成为世界经济的领导者,这也将刺激人们更加关注"大中华"和"大西方"之间在政治经济领域和文化领域的相互关系问题。很多西方政治家认为,最好的发展方案是让中国接受西方文明的价值观(自由市场、政治和经济的自由主义、个人主义)。而在实际上,人为地压制中华文明的价值体系只会导致更深层的危机,并减缓中国经济的发展。西方世界不仅不会从中国内部的混乱中获益,反而会招致更大的外部政治威胁。然而,从另一方面来看,如果中国传统文明的内核得以保存,那么西方就会担心中华文明世界影响力的与日俱增,因为中华文明是建立在与西方文明完全不同的价值观基础上的。这样就出现了两难的局面,西方的价值观进入了死胡同:"毁掉迦太基"的愿望将不仅给地区的稳定造成破坏,也会给世界的和平带来重创。然而,西方世界仍然将中华文明的发展和强大看作是对西方文明的一种威胁。这种观点发展到极端的表现就是塞·亨廷顿的悲观假说"文明的冲突",该观点认为中国将很有可能加入到"反西方的"战争"同盟"当中。

然而,如果西方世界在实际行动中真正相信他们声称的多元化和自由的原则,那么对于未来、中华文明以及整个世界的看法就会变得更加积极和乐观。因为,中华文明是保持中国完整和独特性的重要条件,也是维护中国的稳定发展与和平的对外政策方针的坚实保障。中华文明在保留自我更新和吸收外来文明成果的独特能力的同时,它正向现代化、工业化、都市化方向变革,并掌握了科学和民主的新理念。中国哲学也为世界文明做出了积极的贡献。我们赞同哲学家朱伯昆先生的观点,他认为,中国哲学思想的特点在于它将人类学和自然主义学说结合在一起,这就有助于克服西方世界自然科学和人文科学相隔绝的缺点,并将二者结合到一个新的高度。西方文明中的极端个人主义和享乐主义也可以通过中国关于人与人之间和谐共处的思想进行调整。相生相克、阴一阳相互转变的观念有助于改变西方世界观中典型的强弱对立、强控制弱的观点。而且在逻辑科学思维遭遇危机的条件下,中国形而上学的转化思想也将起到积极的作用,这一思想旨在探寻宇宙万物之间的共性和联系。当然,其他文明不可能直接吸收中华文明的社会观、道德观和人类观,却可以将这些观点作为自身文化发展的方向标。

有一种错误的观点认为,中华文明是自我封闭的、民族中心主义的。中华文化对待所有外来文化的原则是,外来文化只有在经过改造和"中国化"之后才能被吸收到中国文化之中。这种"中国化"(化西)的方法不仅体现在中世纪中国接受佛教的过程中,也体现在新时期中国接受西方社会理论的过程中。

毛泽东和邓小平关于中国现代化的思想是将西方思想中国化的最新例证。过去有一种观点认为,毛泽东的中国化理念是一种以中国为中心的"沙文主义",这种观点无疑是片面的。这是因为那些人对毛泽东的思想理解得不够全面,毛泽东是要利用西方文明的成果为中国的国家利益服务。而邓小平则把中国化和开放的政策结合在了一起,这不仅对于经济改革,而且对于中国现代文化文明的发展都具有不可估量的意义。

西方文化与中国精神价值观相结合确定了中华文明发展新阶段的本质,有力地刺激了中华文明的积极发展。以中华文明的价值观为基础,20世纪末在东亚地区产生了新型的现代化模式。这种新型的现代化模式已经呈现出其在保持社会稳定和推动社会高速发展方面的高效性,也显示了其在解决未来人与环境和谐共处问题上的能力。中华文明价值观以自然的态度对待生命和大自然,并深刻地认识到人与天互为一体且相互作用,这些观念极大地增强了积极进取和"自强不息"的崇高社会理想。

毫无疑问,东亚国家的现代化发展模式对于重新探寻国家复兴和发展道路的俄罗斯而言具有重要的价值,与此同时,现代儒学家们的精神哲学追求也对俄罗斯的发展具有现实的意义。全面的"西方化"(通常称之为"融入世界文明")将会削弱民族的独特性,破坏民族的价值观,导致民族的灭亡。因此,当前的首要任务是构建新型的文明世界观,它必须建立在当今现实条件的基础上,并强调文明之间的相互影响、相互渗透和相互尊重,在保留民族独特性、民族习惯以及独特的价值观的同时互相吸收先进的文明成果。

每当遇到西方模式的瓶颈时,俄罗斯的学者常常会想起欧亚主义原则:文化的开放性,在具有本质区别的东西方文化之间开展积极的对话和融合。欧亚主义为文明的发展提供了另一条道路,它不主张一种文化吞并和同化另一种文化,欧亚主义为世界文明新秩序奠定了基础,它能保证文化和文明的生态,保护民族和文明的多样性。新欧亚主义使俄罗斯在世界文明之林中占据特殊的地位,它抛开了以往本土的斯拉夫派和自由主义的西方派之间的争论,一方面摒弃了极端的集体主义,另一方面摒弃了极端的个人主义。20世纪上半叶,在中国也面临非常类似的克服非传统思想和西方化思想相对立的任务。梁漱溟、熊十力、贺麟、冯友兰等著名思想家都在自己的著作中探寻解决这一问题的方案。20世纪儒家思想家们将中国哲学和文化的传统与西方的传统相结合为中国当代文明的发展提供了宝贵的经验。

追求真理的道路是在不同观点和学派开展建设性对话的基础上不断

丰富和发展起来的。这也符合发展道路多样性、世界观和文化多样性的原则。只用承认文化和文明的多样性与和谐交融,世界精神文明才会迎来真正的繁荣。而古老的中华文明以及作为该文明精神基础的中国哲学,理所当然将在世界文明的交响曲演奏重要的乐章。与过去相比我们今天更加清楚地意识到:在现代化的进程中保持文化文明的同一性,继承悠久的文化传统所包含的人道主义内容仍然具有重要的理论和实践价值。

"中国特色社会主义"理论与实践[*]

苏联解体后俄罗斯经历了巨大的危机,经济、文化、教育等领域均受到重创,而与之形成鲜明对比的是,中国自1979年起迅速崛起并为世界所瞩目。中国所取得的成就要归功于邓小平提出的切合实际的方针,即改革开放的政策。

我们只需要列举出几组数字就能说明这一点。在1997年3月1日召开的第八届全国人民代表大会第五次会议上,中华人民共和国总理李鹏强调:"中国的国民经济持续高速增长,有效控制了通货膨胀"。他还指出,中国城市和农村的居民生活水平进一步提高。就城市居民而言,满足人民日常生活所必需的人均收入增长了3.3%,达到每年4300元(近700美元)。农村居民的年人均纯收入超过1900元(近250美元),即增长了9%。

1997年,中国国内生产总值达到74772亿元(约为9200亿美元),较前一年增长了8.8%。截止到1997年初,中国的外汇储备已经超过1400亿美元。1997年7月,中国的外汇储备又增加了近900亿美元,即香港的外汇储备量。

1997年,中国生产了超过4.92亿吨粮食(位居世界第一),超过1亿吨钢材(位居世界第一)。固定资产投资总额超过25300亿元(超过3000

---

* Объединенный и переработанный вариант докладов и выступлений на бюро Отделения проблем мировой эконмики и международных отношений РАН, клуба "Реалисты" и Ученого совета ИДВ РАН, ноябрь-декабрь 1997 года.

俄罗斯科学院世界经济与国际关系研究所"报告和发言合并修订版",现实主义家俱乐部和俄罗斯科学院"远东研究所"学术委员会,1997年11月—12月。

亿美元）。仅 1997 年全年，直接投资到中国的外国资本就超过 453 亿美元。对外贸易额超过 3250 亿美元，其中，1997 年俄中贸易额达到 60 多亿美元。

仅国际旅游一项，中国的收入总额就达到了 120 多亿美元。中国居民的个人存款总额超过了 46280 亿元（超过 5700 亿美元），这一数字比 1996 年增长了 7700 多亿元（约合 950 亿美元）。

中国经济高速发展的主要动力在于高储蓄率（1996 年储蓄率为 40.5％）和高水平投资相结合的系统。1997 年，实际利用外国资本总数为 640 亿美元，增长率为 15.7％。

中国领导集体在管理国家内政方面的思想理论基础是中国特色社会主义理论。自然，这个理论引起了政治家和学者们极大的兴趣。围绕这个理论，中国国内外展开了热烈的讨论。本文作者认为，有八个关键性问题值得与读者们商榷，作者还尝试对提出的八个问题做出简短的回答。首先，我们需要明确哪些问题值得我们进一步讨论：

邓小平提出的中国特色社会主义理论的历史来源和思想来源是什么？

邓小平拒绝了马克思主义关于未来社会的哪些观念？他还拒绝了苏联经验的哪一部分？

这种社会主义模式的特色是什么？中国社会改造的独特之处是什么？

改革开放政策在何种程度上是建设中国特色社会主义理论和实践的结构性因素？

围绕邓小平的理论展开的争论其本质是什么？

毛泽东和邓小平所确立的中国共产党人的战略目标有什么相同和不同之处？

我们可以从中国成功的经验和失败的教训中学到些什么？

俄罗斯应该如何看待中国的发展？"中国威胁论"是神话还是现实？

接下来我们就具体分析上述讨论的八个问题。

一、邓小平提出的中国特色社会主义理论的历史来源和思想来源是什么？

邓小平提出的思想和政治方针确定了他在看待中国现代化和建设中

国特色社会主义问题上的立场,是落后的半封建、半殖民地社会经过长期、艰难地探索寻求改变自身落后状况的最终结果。中国仍然保留着作为一个伟大富强的国家的记忆,并且以自己古老的、高度发达的文明而骄傲。实现中华民族的伟大复兴、建设现代化的中国,使经济和政治体制符合当代发展的需求,建立现代化的农业、科学、文化、教育和国防事业,这些始终是中国的仁人志士坚持不懈追求的目标和最高任务。从太平天国运动的领袖、孙中山、毛泽东、刘少奇、周恩来、邓小平以及江泽民为核心的中国第三代领导集体,都是这类人士的代表。

中国共产党在解放斗争中取得了胜利,在这一过程中苏联给予中国共产党的支持起到了非常重要的作用。因此,新中国初期,中国共产党就提出了这样的口号:"苏联的今天就是中国的明天",并将这一口号作为中共领导集体一切活动的准则。这种情况一直持续到 20 世纪 50 年代中期。然而即使在这一时期,中国领导人在自己的政治实践中依然考虑了中国的民族特点。众所周知,早在 1938 年毛泽东就提出了马克思主义中国化的任务。毛泽东在 1938 年写的文章《中国共产党在民族战争中的地位》中,首次提出要将爱国主义和国际主义相结合,并使马克思主义具有民族形式。

毛泽东指出:"学习我们的历史遗产,用马克思主义的方法给以批判的总结,是我们学习的另一任务。我们这个民族有数千年的历史,有它的特点,有它的许多珍藏品。对于这些,我们还是小学生。今天的中国是历史的中国的一个发展;我们是马克思主义的历史主义者,我们不应当割断历史。从孔夫子到孙中山,我们应当给以总结,继承这一份珍贵的遗产。这对于指导当前的伟大的运动,是有重要的帮助的。共产党员是国际主义的马克思主义者,但是马克思主义必须和我国的具体特点相结合并通过一定的民族形式才能实现。"他接着写到:"洋八股必须废止,空洞抽象的调头必须少唱,教条主义必须休息,而代之以新鲜活泼的、为中国老百姓所喜闻乐见的中国作风和中国气派。把国际主义的内容和民族形式分离起来,是一点也不懂国际主义的人们的做法。"毛泽东提出的马克思主义中国化的任务是遵循了中国吸收外来经验的传统,即重新理解外来经验的内部结构并使外来经验适应于中国的国情。

我们认为,谈及中国特色社会主义的首要源泉应该指出的是毛泽东在 1945 年中国共产党第七次全国代表大会上提出的"新民主主义"思想,这一思想在后期得到进一步的发展和官方的阐释。中国共产党领导集体提出的"新民主主义"思想一方面表明,中国共产党对中国文化传统的忠诚;另一方面表明,中国共产党意识到不利用多种经济结构、不建设新型民主的大众文化,就不可能在半殖民地半封建的废墟上改变国家落后、人民贫穷的面貌,建立起与社会主义制度相符合的公正、和睦和安康的社会。

毛泽东在第七届中共中央委员会的政治报告中指出:"中国在新民主主义国家体制下,国有经济、劳动人民个体所有经济和合作社所有经济并存,为了社会的未来发展,必须在一定范围内允许私有经济的发展,但不能让私有经济掌握国家和人民的经济命脉。"在这份报告中毛泽东还指出,不可能"一步跳跃到社会主义"。

但是,在新中国成立的第四年,毛泽东的态度发生了 180 度大转弯,开始急剧加速国家现代化的步伐,并提出了"建设社会主义,加快社会主义改造"的口号。1953 年 6 月,毛泽东放弃了"新民主主义"的思想,提出了新的过渡时期总路线,即在 5—10 年或者略长的时间里,基本实现国家的社会主义工业化和国家对农业、手工业和资本主义工商业的社会主义改造。

同时,毛泽东不指名地攻击自己过去的战友——刘少奇、陈云等人,原因在于他们"没有理解革命性质已经发生改变,还坚持继续建设自己的'新民主主义'而不是进行社会主义改造,倡议'坚定不移地建设新民主主义的社会秩序''从新民主主义过渡到社会主义''保护私有财产'"。

与此同时,刘少奇及其支持者依照中共七大的路线,在与工商业和金融业代表的多次谈话中反复提醒他们不要"急于求成"。而且,刘少奇等人还引用了毛泽东本人在中共七大上的讲话。刘少奇等人认为,社会主义改造还是一件非常遥远的事情,当下依然要"保护企业家的资产",在保护劳动力和资本的利益的基础上扩大生产。与此相反,毛泽东则坚持在尽可能短的时间内建设成社会主义,他提出的短期目标是工业发展水平先要赶超英国,继而赶超美国和苏联。

俄罗斯的中国史学家至今没有研究清楚,毛泽东的思想对苏联 20 世纪 50 年代的领导人产生了什么样的影响。我们有一定的根据认为,正是毛泽东的这些思想以及他与苏联大使尤金在多次谈话中表达的苏联在社会主义阶段原地踏步时间太久,才促使赫鲁晓夫加快了步伐——苏联共产党通过了新的方案,即要在20世纪80年代之前建成共产主义。

众所周知,在1956年秋天召开的中共八大第一次会议上曾经讨论过防止"冒进"和"快速取得胜利"的问题。然而,一年以后毛泽东提出了"三面红旗"的方针,其目的是要在3—4年内建成社会主义。当时还确定了行动的口号,"三年辛苦,万年幸福""只怕想不到,不怕做不到"。而且,还明确了当时的任务是要在尽可能短的时间内在钢产量上超过英国。因此,出现了"大炼钢"运动,"大跃进"(在经济的总体发展方面),还建立了"人民公社"。

持续的"左"倾政治演变成了"文化大革命"的动荡,把中国引到了巨大危机的边缘。在这种条件下,1978年12月召开的中共中央第十一届三中全会成为探索国家现代化建设和发展的真正转折点。在1982年召开的中共十二大上,邓小平提出了三个全民族的任务,这三大任务构成了中国特色社会主义理论和实践的基础,即:"80年代是我们党和国家发展的重要历史时期。我国人民在80年代的三大任务是:加紧社会主义现代化建设;争取实现包括台湾在内的祖国统一;反对霸权主义、维护世界和平。这三大任务中,核心是经济建设,它是解决国际国内问题的基础"。

提出建设中国特色社会主义思想首先需要全面认真地重新思考并克服"左"倾错误。这是在邓小平倡导的研究哲学思想的活动中发展起来的,其思想核心在于"解放思想""实事求是""实践是检验真理的唯一标准"。1982年9月,邓小平在讲话中指出:"把马克思主义的普遍真理同我国的具体实际结合起来,走自己的道路,建设有中国特色的社会主义,这就是我们总结长期历史经验得出的基本结论"。

从本质上看,建设中国特色社会主义思想在很多方面都体现了对新民主主义思想的回归。两者的共同点在于都努力从中国的实际情况出发,坚持多种经济成分并存的方针,保证社会主义和资本主义因素的长期共存,并在经济建设中保护并加强国家的宏观调控作用。

二、邓小平拒绝了马克思主义关于未来社会的哪些观念?他还拒绝了苏联经验的哪一部分?

邓小平提出的"解放思想"是对经典马克思主义提出的社会主义观点的重新评价。

首先,从正统的马克思主义观点出发,中国的社会主义思想需要参照《共产党宣言》的第三章第四节的内容。我们知道,这一节的内容是对各种类型的社会主义和共产主义的文献和观点进行批判。实际上,今天的中国特色社会主义不论是从思想还是方法上,都对《宣言》中的一些原则性观点进行了重新审视。在《宣言》中居于首位的观点是阶级斗争和无产阶级的领导作用。与之不同的是,1978年12月召开的中国共产党十一届三中全会上提出,发展生产力是中国的动力。而严格意义上与马克思主义相符的阶级概念被视为生产力发展的结果。正是生产力的发展打破了旧的社会生产方式,而各个阶级在社会中的位置取决于他们在生产中的功能。

第二,《宣言》强调国际主义思想,提出了"工人没有祖国,决不能剥夺他们没有的东西"的观点。《宣言》中还阐述了这样的思想(遗憾的是,这一思想至今没有被任何一个宣称或被宣称为社会主义的多民族国家在国家建设的实践中所证实):"随着资产阶级的发展,随着贸易自由的实现和世界市场的建立,随着工业生产以及与之相适应的生活条件的趋于一致,各国人民之间的民族分隔和对立日益消失"。这被视为是共产主义学说的重要立场。

中国的社会主义更为冷静且现实地看待无产阶级的国际主义,并深刻理解民族因素在当今世界和社会中的重要意义。建设中国特色社会主义的理论虽然也提到了要支持被压迫民族和人民的正义斗争,然而,其主要任务、主要目标和主要环节是发展中华民族的物质文明和精神文明。与之相应的,民族的发展利益和民族安全被视为重中之重。

与此同时,中国看待历史、传统和继承历史遗产的问题也与《共产党宣言》有所不同。《共产党宣言》中提出的是:"共产主义革命就是同传统的所有制关系实行最彻底的决裂;毫不奇怪,它在自己的发展进程中要同传统的观念实行最彻底的决裂。"

但是,中国共产党人吸取了苏联的历史经验和本国"文化大革命"的教训,选择了另一种立场:继承历史、继承文化,用自然历史(按照马克思主义)的观点看待社会经济体制和文明的发展与变化。难怪在中国,人们常说"推陈出新"。中国的理论家特别推崇马克思的以下观点:"人应该在实践中证明自己思维的真理性,即自己思维的现实性和力量,亦即自己思维的此岸性。"

因此,我们要重新评价苏联的经验。这种评价首先涉及以下因素:

——不使用普世的国际主义的方法对待社会主义和社会主义国家在国际社会中

的作用,不自认为是所有被压迫世界的救星。重新审视现代资本主义的发展状况。拒绝关于资本主义是"腐朽的""空虚的"和"垂死的"论断。重新看待资本主义和正在建设的社会主义将长期共存的事实;

——自 20 世纪 60 年代初开始,苏联和美国的相互关系和对抗不再被视为是两种制度的斗争,而是"两个超级大国争夺世界霸权的斗争";

——积极评价列宁的新经济政策;

——批判地看待斯大林的农业政策,反对其轻视农业和农民在国家生活中的作用。中国认为:"农业是根本,工业是先进的生产力"。中国的改革正是从农村开始的,实现了新的家庭秩序,保留了土地和矿产的国有和集体性质;

——批判地看待斯大林关于在苏联和世界范围内开展阶级斗争的理论和实践("随着社会主义的胜利阶级斗争会加剧");

——按照中国理论家的观点,苏联共产党在工业建设问题上采用的方法过于单一,即依靠重工业,对轻工业不够重视,忽视服务业和贸易领域的发展。整体上说,中国认为苏联共产党在工业和农业的发展问题上选择了错误的路线;

——中国的社会主义理论家们认为苏联共产党在财产公有制、发展商品生产、发展市场经济问题上的理论和实践是不正确的,犯了"左"倾错误,因为,苏联的做法违背了价值规律,忽视了经济核算制和经济效益;

——在中国,人们认为,苏联共产党对科技革命在社会生活和生产中的作用重视不够,同时夸大了意识形态因素和阶级斗争的作用。

从 20 世纪 80 年代开始,"建设中国特色社会主义"的思想开始发展为具体的政治立场和各种理论研究。在这一方面 1987 年召开的中共十三大迈出了重要一步。在十三大的文件中形成了重要的新思想和新观点,即关于在经济和文化落后和人口庞大的条件下建设社会主义。这一思想的前提是中国将长期处于社会主义发展的初级阶段以及存在多种经济成分的共同发展。在这种理论的框架内,发展生产力、实现现代化被视为是社会主义初级阶段的首要且长期的任务。实现社会主义现代化的必要条件是保持国内稳定,扩大对外联系,实行对外开放。

在 1997 年 9 月召开的中共十五大上,邓小平关于"建设中国特色社会主义"的思想、言论和政治立场在一定程度上得到了系统化的阐释,并提升到理论的高度。江泽民在十五大报告中指出:"中国共产党要以邓小平理论为指导,形成社会主义初级阶段的基本路线。它是贯通哲学、政治经济学、科学社会主义等领域,涵盖经济、政治、科技、教育、文化、民族、军事、外交、统一战线、党的建设等方面比较完备的科学体系,又是需要从各方面进一步丰富发展的科学体系。"

三、这种社会主义模式的特色是什么？中国社会改造的独特之处是什么？

江泽民在中共十五大会议上强调，"邓小平同志要求我们增强和提高解放思想、实事求是的坚定性和自觉性，一切以是否有利于发展社会主义社会的生产力、有利于增强社会主义国家的综合国力、有利于提高人民的生活水平这"三个有利于"为根本判断标准，不断开拓我们事业的新局面"。江泽民继续指出："邓小平理论坚持科学社会主义理论和实践的基本成果，抓住'什么是社会主义、怎样建设社会主义'这个根本问题，深刻地揭示社会主义的本质，把对社会主义的认识提高到新的科学水平。新时期的思想解放，关键就是在这个问题上的思想解放。我国社会主义在改革开放前所经历的曲折和失误，改革开放以来在前进中遇到的一些困惑，归根到底都在于对这个问题没有完全搞清楚。拨乱反正，全面改革，从'以阶级斗争为纲'到以经济建设为中心，从封闭半封闭到改革开放，从计划经济到社会主义市场经济，近二十年的历史性转变，就是逐渐搞清楚这个根本问题的进程。这个进程，还将在今后的实践中继续下去。"

依据中国共产党的官方思想理论，中国特色社会主义在思想政治层面的基础是四项基本原则：必须坚持社会主义道路；必须坚持人民民主专政；必须坚持中国共产党的领导；必须坚持马列主义、毛泽东思想。人民民主专政由工人阶级领导，以工农联盟为基础。人民民主专政的体现有人民代表大会制度、中国共产党领导的多党合作以及爱国统一战线。建设中国特色社会主义政治体制要求依法治国，以"人民当家作主"为基础，在中国共产党领导下发展社会主义政治民主。中共十五大强调，中国共产党的领导作用是在宪法和现行法律范围内实现的。

在民族问题上，中国的社会主义建设反对在统一国家范围内实行民族自决的思想，而是坚持以平等、团结、合作、共同繁荣为基础发展各民族之间的关系，坚决抵制民族歧视。

在对内政策方面，中国特色社会主义的经济内涵包括以下六个基本原则：

(1) 实现国家现代化，通过全面发展生产力来提升国家整体实力并改善人民的物质和精神生活。这是社会主义的主要任务，我们要坚持这个任务一百年不动摇。

(2) 通过实行改革发展并完善经济和政治体制,并要调整中央和地方、企业和劳动者之间的关系。

(3) 不断扩大对外开放的政策,主要通过发展对外经济联系,吸引外国投资,引进先进的技术,设立自由经济区、科技城和开放区,发展旅游业。

(4) 必须坚持并完善根本的经济制度。并要以社会主义公有制为主体,使多种经济成分共同发展。

(5) 积极发展社会主义商品经济,努力实现国民经济持续、稳定、均衡发展。

(6) "坚持和完善按劳分配为主体的多种分配方式,允许一部分地区一部分人先富起来,带动和帮助后富,逐步走向共同富裕"。

在对外政策方面,要坚定不移地坚持以下立场:

(1) "当前国际形势总体上继续趋向缓和。和平与发展是当今时代的主题"。

(2) "对于一切国际事务,我们都要从中国人民和世界人民的根本利益出发"。

(3) "中国将不同任何大国或国家集团结盟,不加入任何军事集团"。

(4) "坚决反对霸权主义"。

(5) "各国都有权选择符合本国国情的社会制度、发展战略和生活方式"。

(6) "要在和平共处五项原则的基础上,继续改善和发展同发达国家的关系。国与国之间应超越社会制度和意识形态的差异,相互尊重,友好共存"。

(7) "'一国两制'构想是邓小平理论的重要组成部分"。"绝不允许任何势力以任何方式改变台湾是中国一部分的地位。要努力用和平方式实现统一,但我们决不承诺放弃使用武力"。

总之,中国的领导集体认为,建设中国特色社会主义的实践是同时建设社会主义物质文明和精神文明的长期规划。这一建设过程分为几个阶段。第一阶段第一时期(20世纪80年代)的战略计划是建设现代化的基础——建设基础设施、实现对外开放和经济改革。这一时期还计划实现国民生产总值翻一番。这些任务已经顺利完成。

第一阶段第二时期(1991年至2000年)要实现现代化的第二步——将整个国民经济体制提升到新的高度。在这段时间要将国民生产总值再翻一番,保持年增长率不低于6%的稳定发展。实际上,在过去的七年里,年增长率约为9%—10%。

在这个时期内,要使人民生活水平达到孔子提出的"小康"水平,也就是保证全国人均收入达到800—1000美元。这是一项十分艰巨的任务,从国际复兴开发银行的数据中看到:目前在中国有3.5亿人口日收入不到1美元。此外,中国还预计在教育、卫生、生态、基础设施建设领域取得巨大的进步。其中,社会主义精神文明建设占有特别重要的地位。

中共十五大的规划中提出要在2010年前完成整个社会主义市场经济体制的建设。而且,中共领导人还计划到21世纪中叶实现中国的经济水平和人民的富裕程度达到当时的中等发达国家的水平。而到21世纪末中国的主要任务是建设"成熟的中国特色社会主义"。江泽民在中共十五大会议上还指出:"至于巩固和发展社会主义制度,那还需要更长得多的时间,需要几代人、十几代人,甚至几十代人坚持不懈地努力奋斗"。

中国领导人关于国家建设观点中的新意在于他们是从社会发展的自然历史观出发的,认为社会主义终将代替资本主义是生产力发展的必然结果,而不是通过开展思想政治集团和阶级斗争实现的。

1992年邓小平在最后一次南巡讲话中强调,要加快经济建设,利用有利的国际国内形势,用最快的步伐提高生产力和人民的富裕程度。同时邓小平指出,不要急于给孩子起成人的名字(中国的传统)。这个孩子就是中国特色社会主义。当中国特色社会主义建成时,在那个社会生活的人会给它适合的姓名,给它相应的"主义"。邓小平强调,不要急于对中国正在进行的经济发展的实际行动贴上"资本主义"或"社会主义"的标签。邓小平呼吁党和国家不要展开关于"主义"的论战,不要让党和人民的注意力脱离工作,不要把精力浪费在死板的意识形态争论上,而应该集中力量在国家的发展上。

同时他指出,一定要警惕党内的右倾政治趋势,警惕有人试图通过所谓的"和平演变"把中国改造成他们想要的样子。邓小平呼吁不要开展任何思想意识运动,他还认为"左"倾路线是党的政治和思想的主要威胁。

四、改革开放政策在何种程度上是建设中国特色社会主义理论和实践的结构性因素?

中国实行的改革之所以能够取得成功,其重要的条件在于它所确立的目标。这个目标是能够被中国各个阶层的人民所理解和接受的,并能唤起中国人强烈的爱国热情,即发展国家,实现中国民族的伟大复兴,使人民的生活更加富裕。还有一个保证中国经济改革成功的重要因素是,它始终坚持社会主义的发展方向。当然,中国改革带来的效益并不均衡,但是,这种效益却是每个中国人都能切身感受得到的,正因如此,他们成为改革的积极支持者。我们认为,江泽民关于经济改革的评价标准尤为引人注目:

——改革就是要改善大多数中国人的生活水平;
——改革要被大多数中国人所接受,并且是大多数中国人力所能及的。

可见,中国政府坚持的改革方针的重要特点在于其具有渐进性,并且很谨慎,改革的措施都是经过深思熟虑的。

国外的研究者们将苏联斯大林式的工业化和集体化经验与中国正在进行的改革进行对比之后,认为两者使用了不同的方式来解决国家现代化的问题。这些研究者们还注意到,中国改革的延续性是同市场经济发展的历史延续性相符合的。中国市场经济的形成走的是资本主义市场经济形成和发展的道路:农业—轻工业—重工业—服务业。中国领导人这种"布哈林—恰亚诺夫式"的方法从原则上区别于斯大林模式中处理问题的方法:重工业—轻工业—农业。

中国经济改革能够取得成功的另外一个保证是中国的领导人广泛借鉴外国的经验,在运用这些经验时不背离中国的民族特点,从而不削弱民族的自我认知,不损害国家的稳定。在实施一系列改革的过程中,最具特色的是解决从行政指挥向市场体制过渡的问题。该体制的特点在于实现国家和社会宏观调控下的市场。国家对市场的调控是建立在公有(国有)制为主体、多种经济成分并存的基础上。改革的第一步就是改善国家的经济短缺状况。

中国改革成功的首要条件是国家在各个阶段都保留了对市场的宏观调控。目前国家的宏观调控方法既有直接的,也有间接的,同时还有单纯的行政干预。在国家的影响下,市场结构的全部因素得以出现。

1997年,澳大利亚外交部的分析部门公布了一份关于中国改革经验的报告,报告中强调了两个方面。按照报告作者们的观点,这两个方面为保证中国改革的成功起到了至关重要的作用。首先,是改革的目的性,改革的目标是解决具体的经济、社会、政治和人口问题,而不是追求改革理论在思想上的完美无缺:"中国共产党不想借用现代资本主义运作的各种模式"。就如澳大利亚的分析人士所说:"只有现在,在事后,我们才能对当时和现在的中国领导集团的政治远见做出正确的评价。他们推动政治改革深入发展,并将改革的重点放在经济上,尽管经济的改革更为艰难而且不像'民主和公开'那样容易得到'国际认可'"。在这份报告中还指出,"中国和俄罗斯改革取得不同结果的"根源在于不同的政治环境,中国改革的成功是因为实行了正确的政策,而当下俄罗斯的经济状况就是一个鲜明的反例"。

从长远观点来看,摆在中国领导人面前的真正困难是推行政治体制的改革。中共十五大报告中强调,改革应符合国民经济发展的需要,改革必须保障国家的稳定。中国的改革仍然任重道远,未来还有更多复杂的困难和难题需要中国去克服和解决。

五、围绕邓小平的理论展开的争论其本质是什么?

邓小平关于中国特色社会主义的思想和理论并不是从一开始就获得了中国共产党理论家们的一致支持。国外的研究者们也展开了关于这些思想和理论的争论。一部分老一辈中国共产党人虽然在本质上不反对建设中国特色社会主义的思想,但是,他们对邓小平主张"大开国门"、发挥市场的巨大作用而减少国家计划的作用等观点表示怀疑。

还有一些人认为,邓小平在对待市场经济和西方经济发达国家的态度上采取的非政治化方法是向资本主义做出"让步"。他们坚持继续开展之前进行的反对资产阶级自由主义、反对传播西方大众文化、淫秽读物以及其他西方"糖衣炮弹"等意识形态的运动。

从档案资料中可以看出,邓小平耐心听取了这些意见,但是他仍然坚持实用主义的路线。他相信,现代化建设的成功会给一切怀疑者和不信任者以最好的回答。他坚决反对打着任何旗号的阶级斗争。他认为不应该用行政手段和意识形态的运动来抵制文化领域的不良影响,而需要通过现实的工作来解决这一问题,即为人民群众提供更吸引人的思想和更好的文化,保障人们更高的生活水平,成功地建设社会主义物质文明和精神文明。

我们可以从1996年北京出版的《和总书记谈心》(北京,1996)一书中看到这些争论和纠纷的性质。该书的作者是中国社会科学院一批年轻的学者,他们想象和江泽民总书记谈心的场面,从而阐释改革过程中出现的困难、问题和矛盾。他们以全面且详细地解释江泽民言论的形式来回答自己提出的问题。该书内容丰富且具有教育意义。

在我们看来,书中试图回答的最主要的问题是:中国改革将何去何从——社会主义还是资本主义?这一问题成为当前的主要问题并非偶然。为了更好地说明这个问题,我们引用该书中的一大段内容:"改革开放以来,短短的十几年间,中国从一个经济落后的国家一跃成为在21世纪最有发展潜力的经济大国,国民心态也发生了积极的变化,中华民族振兴在望了。但是,在改革过程中也出现了一些新问题,如贫富差距拉大、国有企业处境困难、治安形势严峻、腐败现象增多等,这些又使许多人产生了越来越多的困惑。尤其是党的十四大正式宣布要建立社会主义市场经济体制以来,经济领域甚至部分社会领域的许多东西与资本主义国家呈现出愈来愈相类似的状态,这更引起了一些人的质问:中国是不是在搞真正意义上的社会主义?会不会口头上讲搞社会主义,事实上却放任全社会与资本主义趋同?"

在国外也出现了不少关于中国社会主义的评论,这些评论实质上都差不多:中国是"换汤不换药",也就是说,中国社会主义建设的外部形式虽然保留了原样,但本质却发生了改变。一些人甚至认为,西方没有必要过多地干涉中国的内政,因为如果一切都按照当下的模式发展,那么大约15—20年后中国自然会变成西方想要看到的样子。相反,如果西方过多地干涉,那么中国很可能又会变成几十年前的样子,即恢复到封闭状态。当然,还有一些其他的评论,例如:社会主义市场经济是难以实现的幻想,因此,在建立市场经济的同时坚持社会主义根本就是乌托邦。此外,国外还有一些人高喊道:世界社会主义运动已经破产,中国的社会主义还能够坚持多久?只要所有新问题不断加剧,中国共产党就会倒台,中国的问题也就随之解决了。

按照中国理论家的观点,江泽民的《论十二大关系》全面回答了改革过程中出现的问题和疑虑。之后他在《正确处理社会主义现代化建设中的若干重大关系》一文中详细阐释了自己的观点。江泽民指出,中国的领导人要对十二组关系格外留心。这十二大关系概括来说如下:

——改革、发展、稳定的关系;

——速度和效益的关系；
——经济建设和人口、资源、环境的关系；
——第一、第二、第三产业的关系
——东部地区和中西部地区的关系；
——市场机制和宏观调控的关系；
——公有制经济和其他经济成分的关系；
——收入分配中国家、企业和个人的关系；
——扩大对外开放和坚持自力更生的关系；
——中央和地方的关系；
——国防建设和经济建设的关系；
——物质文明建设和精神文明建设的关系。

中国学者们认为，从表面上"十二大关系"与毛泽东在20世纪50年代中期"大跃进"前夕提出的"十大关系"极为相似。然而他们认为，这两者之间存在着本质上的不同。江泽民的文章中回答了社会主义市场经济发展过程中的实际问题，而毛泽东却为完善社会主义中央集权的计划经济提供了不切实际的方案。

江泽民完善和发展了邓小平关于建设中国特色社会主义的学说，并将其具体化。他强调，该学说与社会主义初级阶段的论断、经济政治体制改革的发展以及现阶段党的建设的理论紧密相连。当下在中国，邓小平的理论被认为是对马克思列宁主义、毛泽东思想在新的历史条件下的继承性发展。中共十五大将这一思想确立为马克思主义在中国发展的新阶段。

同时，完整地阐释"建设中国特色社会主义"理论的内容也是一项十分艰巨的任务，因为该理论是在摸索和错误中的形成和发展起来的，就像邓小平说的那样："摸着石头过河"。关于这一点，当时党的总书记胡耀邦做出了清晰地论述："能不能开出一套什么叫'有中国特色的社会主义'的现成答案来？我们说，这种预先设想好的一套现成答案是没有的，也不可能有。我们只有在正确的理论指导下，不断通过实践来丰富我们的认识"。

在围绕邓小平理论的争论中还存在这样一种观点：建设中国特色社会主义理论实际上是阻止中国全面西方化的最后一次尝试。他们认为，借助中国社会主义可以在西方价值观体系中广泛植入一些"中国主义"的因素，以独特的方式把"欧洲的西服、中国的胶鞋、中国清朝官吏的帽子结合在一起"。

　　一些研究者还将邓小平的理论与美国经济学家约翰·加尔布雷斯 20 世纪 50 年代提出的趋同论进行比较。的确,中国理论家们在对待资本主义和社会主义相互关系的非政治化方法、关于必须平衡市场弊病和国家社会政策力量的观点、中国共产党大力支持中小企业并从国家层面推动中小企业发展的方针——这些都与约翰·加尔布雷斯的趋同论遥相呼应。

　　在加尔布雷斯《经济学与公共目标》一书中,他呼吁通过增加计划经济体制的一些因素和国家的积极干预以克服市场经济体制的弊端。他写道:"必须承认,我们的思想和相应的社会美德并不是我们建立的,而是由计划的体制决定的。如果我们看到了这一点,那么我们还应该看到,成功地组织人们的生活有多种方式,其中最有效的是能够使所选择的方案实现最大化的经济形式。"加尔布雷斯认为,为了克服市场经济体制的缺陷需要实行以下六方面的措施:

　　小工商业者为稳定价格和产量而采取联合行动,在总体上应当不受反托拉斯法令的限制。"我们的目标就是:要通过集体或政府的力量对于收入的决定因素施加影响,以便稳定收入,加强市场体制在谈判中的地位。有些人会对这种改革——这种所谓的"行会的社会主义"感到恼火,这是意料之中的事。这并非因为改革会带来不利的后果,而是由于那些头脑最清晰的人也会受到新古典主义理论的影响"。

　　由政府对市场体制的价格和生产实行直接管理。

　　要给予市场体制的工会组织以坚决的、有力的支持。

　　要普遍而且大幅度提高最低工资。

　　正确认识国际化商业组织所扮演的角色,谨慎地调整市场体制的关税保护政策。

　　有充分的论据证明政府应当满足市场经济体制在人力、资本和技术方面的需求。

　　按照加尔布雷斯的观点,计划经济可以被看成是适应现代科技要求的产物。可以看出,邓小平和加尔布雷斯都没有把社会主义或资本主义的标签强加在计划和市场上。在加尔布雷斯看来,这两种体制之间的矛盾在于,在计划经济体制中占统治地位的是技术阶层,而市场经济体制却反对技术阶层的统治而鼓励小企业之间的相互竞争。他认为,计划经济体制是集体智慧的结晶,这也是计划经济的优势所在。计划经济的组织形式是大型集团以及决定这些集团活动的大批专家。

在方法论上,邓小平提出的对外开放的经济政策和实现中国统一的"一国两制"原则与趋同论不谋而合。按照正统马克思主义的观点,资本主义和社会主义是互不相容的两种制度,而"一国两制"原则正是在考虑到这两种制度将在中国长期共存的基础上提出的。

在这个方法论基础上,中国社会主义理论家们的又一大创新之处在于解决所有制和市场之间关系的新方法。马克思主义认为,市场以及所有相关因素都是资本主义制度的标志。在社会主义制度中这些因素应该逐渐消亡。但是,中国的理论家们认为,市场是经济生活的一种方式。这种方式可以存在于各种不同的社会经济形态下,并为其所利用,不管是封建主义、资本主义还是社会主义。邓小平在20世纪60年代就形成了这种处理问题的非意识形态的方法,他有一个著名的比喻:"不管黑猫白猫,能抓住老鼠就是好猫。是资本主义和还是社会主义并不重要,只要生产能够发展。"当时邓小平支持中国农村存在多种所有制和劳动组织——从集体承包制到家庭联产承包制。衡量它们的标准是经济效益。

通过以上论述可以看出,针对中国特色社会主义理论家的怀疑和抨击是在多种条件下产生的:社会主义因素和资本主义因素和平共存与合作的特殊环境;发展多种经济成分面临的重重困难;多种所有制形式之间的共存和相互渗透;中国积极借鉴其他国家和地区在建设市场经济过程中的经验,如日本、新加坡以及中国台湾地区;对外开放政策的实施;党的领导人拒绝开展过去很多中国人习以为常的反对资产阶级自由主义等方面的政治和思想运动。

作为对偏离社会主义的责难,邓小平多次指出:"中国肯定要沿着自己选择的社会主义道路走到底。谁也压不垮我们。只要中国不垮,世界上就有五分之一的人口在坚持社会主义。我们对社会主义的前途充满信心。"

六、毛泽东和邓小平所确立的中国共产党人的战略目标有什么相同和不同之处?

虽然邓小平理论与毛泽东的战时社会主义有着本质上的区别,但是,邓小平理论仍然是对毛泽东20世纪30—40年代提出的新民主主义思想的继承。邓小平理论在很多方面是对毛泽东"新民主主义"思想的进一步发展,也是对刘少奇、邓子恢关于"大跃进"之后调整国民经济思想的补充,并将这些思想运用到改革和经济发展的实践当中。其主要目的是,建立在中国共产党领导下的由社会各阶层爱国人士组成的民主的联盟,实现中华民族的伟大复兴与繁荣发展。

需要强调的是,关于社会主义的新思想产生于"解放思想""实事求是"的运动中,并以独特的方式与儒家的"正名"思想和毛泽东的"整风运动"结合起来。通过这种方式,毛泽东关于"马克思主义中国化"的思想就转化成了"中国特色社会主义"的思想。

然而,毛泽东的"马克思主义中国化"思想中有相当多的民族主义和"中国中心主义"。相反,邓小平理论去除了这些不真实的自豪感,而是坚持以爱国主义、对外开放、努力学习所有国家特别是经济发达国家的先进经验、发展与其他国家的平等合作为基础。邓小平理论中没有任何关于在共产主义运动和社会主义国家中谋求领导权的言论。

在社会主义思想"中国化"的过程中,邓小平用儒家的社会伦理思想(关于君臣之间的相互信任和责任、尊敬长辈、关心百姓疾苦的重要性、关于纪律和公正的思想等等)进一步丰富了自己的理论。难怪他将中国改革的近期目标用儒家的术语"小康"——中等富裕来表述。当前中国共产党的官方路线也是对马克思列宁主义、毛泽东思想和邓小平理论的继承。这种继承性被写进了中共十五大修订的党章。

毛泽东和邓小平的共同点在于他们都坚持国家调控的积极作用,首先在政治领域国家调控能够保证稳定;同时,他们都强调中国共产党和中国人民解放军是国家内部稳定的保障。

毛泽东在20世纪40年代提出的"新民主主义"思想中(邓小平理论中也同样)指出,成熟的社会主义是遥远的理想。而当下的现实是民族资本主义成分和社会主义成分长期共存,多种经济成分并存,国家所有、集体所有、个人所有以及外资所有等多种所有制共存并相互补充。

毛泽东和邓小平一致认为要坚定不移地走社会主义的道路。两者的理论都立足于在中国建设社会主义制度是可能的,是历史的必然选择,它能带领人民摆脱贫穷落后的面貌,建设繁荣富强的现代化国家。从这种意义上说,毛泽东和邓小平的思想都源于马克思主义关于经济结构的历史性更替和社会主义必然代替资本主义的理论。"只有社会主义才能救中国"是二者思想的共鸣。"只有社会主义才能救中国,只有社会主义才能发展中国"。

对于毛泽东和邓小平来说,社会主义的理想融合了儒家的传统思想和孙中山关于建立富裕、公正社会的三民主义思想。而社会主义的理想就是实现中华民族的伟大复兴、国家繁荣富强的全民的美好理想,这个理想有助于团结和动员全国各个阶层的人民以及世界各地的华人坚持不懈地为国家的现代化而奋斗。

与此同时,我们也必须指出毛泽东和邓小平对待社会主义的态度存在着本质的不同。其不同点在于两种思想对于社会主义内涵的理解,尤其是建设新社会的道路和时间问题上。

毛泽东认为,要想实现社会主义的理想必须首先保证国家经济和军事的实力。这也导致了20世纪50—70年代毛泽东的社会主义思想中最大的方法论错误:唯意志论、忽视建设新社会的经济前提和提高人民的生活水平。邓小平摒弃了"毛泽东思想"中的这些缺陷,他从自己政治生涯的第二阶段(20世纪70年代末起)一开始就指出,一定要冷静分析,以经济条件为出发点建设中国的社会主义。总之,尽管毛泽东和邓小平都谈到一定要首先发展和"解放"社会生产力,但是,他们对于发展本质的理解却是截然相反的。

在毛泽东看来,这意味着实行强制性唯意志论的政策,用行政指挥的手段迫使劳动者投入到"共产主义"改造当中,也意味着实行"突击工作"和"大跃进"的政策(体现在这一口号中:"多、快、好、省地建设社会主义");

而在邓小平看来,建设社会主义是一个相当漫长的过程,首先要保证经济的发展,因为这是实现真正意义上的社会主义理想的保证。

由此就产生了建设新社会的主要因素方面的差异:

毛泽东认为,建设新社会的主要因素是人民,国家(更准确地说是中国共产党)领导人民在社会主义初级阶段建设强大的国家。

邓小平认为,建设新社会的主要因素是经济的高度发展和人民生活水平的提高,这是新社会建设的主要目标和条件。

在这一点上,邓小平的观点与马克思主义理解的社会主义是完全一致的,而毛泽东的理解则与之不同。

此外,毛泽东根据斯大林对建设社会主义的理解,认为这个过程伴随着社会主义力量及其反对者之间激烈的阶级斗争,这就需要加强国家的惩罚和强制职能；

而邓小平把这一时期社会主义建设的工作重心和国家责任从阶级斗争转移到经济建设上来；经济发展和经济政策被放到所有国家活动的重中之重的位置。因此，邓小平摒弃了毛泽东"政治就是政权治理""思想工作是首要工作"等过分强调意识形态的思想。取而代之，他提出了非常实用的方法来评价社会主义建设过程中的各个要素和参与者（"黑猫白猫"的理论）。这就脱离了之前的意识形态评价标准。

在评价资本主义和资本主义的生命力以及资本主义与社会主义之间的关系上，毛泽东和邓小平的观点也不尽相同。有时，他们的观点存在着原则上的差异。例如，与毛泽东和苏联的理论家们不同的是，邓小平认为资本主义并不腐朽。由于社会主义尚未在任何一个地方建成，因此，社会主义面临的任务是要展示自己相对于资本主义制度的优越性。社会主义要向资本主义学习经营和管理国家的经验，学习如何发展生产以及如何实现科学技术的商业化。在邓小平看来，资本主义的主要弊端在于社会财富的两极分化，而社会主义的主要优势是它能够逐步地实现全社会的共同富裕，极大地缩小人民生活水平的两极分化，尽管这一目标并不能立刻实现。邓小平认为，计划性还是市场性都不是区别社会主义和资本主义的主要特征。"资本主义也有计划，社会主义也有市场。"从这种意义上说，邓小平的思想与加尔布雷斯的趋同论是一致的。

对于毛泽东而言，资本主义是人类历史的一个发展阶段，而社会主义是不远的未来（"三年辛苦，万年幸福""大跃进""阶级斗争是主要环节""文化大革命"是快速建成社会主义和共产主义的方式）。

根据邓小平关于中国特色社会主义的理论，中国正处于社会主义的初级阶段。因此，在这一阶段社会主义所有制形式和资本主义所有制形式将在同一国家内长期共存与合作（经济上发挥公有制的领导作用，政治上发挥中国共产党的领导作用），只有这样才能建成社会主义——实现全民的共同富裕。

党和国家活动的中心是发展生产力，坚持改革开放的政策至少一百年不动摇。国家的主要威胁不是阶级敌人，而是经济和文化的落后。因此，主要的危险不是右倾路线，而是支持"阶级斗争"、轻视经济的左倾路线。

毛泽东和斯大林都认为："在我国的经济制度下，商品生产的活动是限制在一定范围内的。关于价值规律的作用,也必须这样说。"

邓小平以及现在的中国领导人支持全面的市场经济的商品生产。中国确定了 2010 年前应该完成的任务,即建成发达的社会主义市场的基础。中国还提出要最大限度地遵循市场的规律,其中包括价值规律。

邓小平摒弃了毛泽东关于人民的贫穷是新社会革命的有利因素以及尝试将社会主义原则归结为平均主义的思想。"贫穷不是社会主义",——邓小平的这一言论是对毛泽东的战时平均社会主义和共同贫穷的思想的完全否定。邓小平从法律上恢复了对劳动的物质鼓励,恢复"按劳分配"原则,允许在社会主义中存在财产的不均衡,而毛泽东对此是完全反对的。这样,邓小平否定了毛泽东在社会主义理论上的"左"倾立场。

邓小平把社会主义建设的工作重心放到经济领域,由此产生了邓小平关于中国社会"全面改革"的思想,其本质是实现社会主义现代化的方针和对外开放的政策。这是邓小平"建设中国特色社会主义"思想中的最重要的观点,也可以被认为是一种理论上的成果。这一观点从原则上与毛泽东处理经济问题以及与世界各国政治关系的方法有所不同,毛泽东采用的是狭隘的意识形态主义和阶级宗派主义的方法。邓小平为中国共产党提供了一个全新的发展对外关系的视角,即通过与外部世界开展合作使中国摆脱落后的面貌。"任何一个国家要发展,孤立起来,闭关自守是不可能的",这是邓小平在 1985 年会见坦桑尼亚副总统姆维尼时的讲话,他还说,"不加强国际交往,不引进发达国家的先进经验、先进科学技术和资金,是不可能的。对内开放就是改革。改革是全面的改革,不仅包括经济、政治,还包括科技、教育等各行各业"。由此可见,邓小平牢牢抓住了当今世界发展的全球主义的本质:在日新月异的世界中存在着相互联系和相互制约。

邓小平还预见到随着"准许"资本主义进入中国,一些不利的因素也会随之渗透到社会和精神生活之中,因此,他制定了一系列机制以消除这些"有害后果"。该机制的重要组成部分包括加强中国共产党和国家的影响力,建设高水平的精神文明。

邓小平看待中国社会主义的政治观点与毛泽东的观点区别不大。主要区别在于对中国政治和精神生活自由化的一些观点。在中国的理论家们看来,政治体制的发展和变革要符合深化改革的要求。中国共产党领导的多党合作机制得以确立。邓小平认为,西方的民主和"人权"不适合于中国,他坚持中国历史形成的、民族传统认识中的"人民民主"和"人民主权"。中国反对三权分立的原则,坚持人民代表大会制度,坚持"共产党领导下的人民民主专政"(1987年6月12日邓小平在与南斯拉夫共产主义者联盟中央主席团委员斯特凡·科罗舍茨的谈话中提出)。可以看出,在这一点上邓小平与毛泽东20世纪50年代的理论和实践并没有很大差异。我们指的不是"文化大革命"的理论和实践,邓小平是完全摒弃"文化大革命"的。

这样,毛泽东和邓小平看待社会主义的观点在方法论和理论上都有着明显的区别。与前者不同的是,后者以现实主义－实用主义的方法看待理论,并且深入考虑到中国具体的历史条件和民族特点。

七、我们可以从中国成功的经验和失败的教训中学到些什么?

中国的经济改革和对外开放政策的经验在很多方面值得我们学习,但俄罗斯不能机械地照搬这些经验:

——改革的社会主义方向;
——建立自由经济区、开发区、科技城等,创造良好的投资环境,健全法律和金融体系,确立保护外国投资者、民族工商业和民族经济的制度;
——积极发挥国家在经济、财政和税收政策以及调整国家和企业之间合作的调控和主导作用;
——通过吸引人民储蓄增加国内贷款数额以推动国内经济的发展,从国家层面保证人民储蓄的安全性;
——发展多种所有制经济、发展大企业与中小企业之间的合作;
——推动军工企业的转化,利用军民两用技术;
——中国与境外华人合作的经验;
——多方面政治协商的经验,建设包含社会各个阶层人士的广泛的爱国统一战线以确保内部政治的稳定、加强国际联系、提高国际威望;

在睦邻友好合作伙伴关系下,中国的发展和崛起并不会对俄罗斯构成威胁,而是对俄罗斯有利的,并且符合俄罗斯的愿望。实践证明:社会政治改革的不同方向并不影响两国之间互补性的合作。中国可以成为俄罗斯庞大的、有利的市场,可以向俄罗斯提供所需的高科技产品和劳动力资源。而俄罗斯不论从国家层面还是企业家个人层面都应该努力进入中国市场,目前中国市场主要被日本、美国、新加坡、中国台湾地区以及欧盟所占领。

20世纪50年代苏联对中国工业基础和科技建设的援助至今被中国

人铭记于心,并得到高度的评价。苏联的援助不仅有利于中国的发展,而且促进了苏联经济和科技的进步。那段时间是苏联发展的黄金时代。同样,俄罗斯发展与蒸蒸日上的中国之间的合作不仅可以巩固俄罗斯的地位,也将成为俄罗斯崛起的动力。

西方大国和日本在对待中国实力的增长和俄罗斯的复兴问题上持有不同的态度。中国对待俄罗斯的态度从原则上不同于西方国家。

西方对俄罗斯作为欧亚大陆上一个民主繁荣的强国而复兴完全不感兴趣。然而,西方对中国的态度却截然相反(尽管中国选择了社会主义道路,而且似乎西方和北京在"民主"和"人权"问题上处于对立)。一方面,他们用"中国威胁论"恐吓包括俄罗斯在内的中国邻国;另一方面,他们非常积极地支持中国的经济崛起,直接或通过中国的境外人士来对中国大量投资,大力帮助中国培养高层次人才和发展科学技术。目前,仅在美国就有12万中国年轻人学习和进修,其中有几万名中国留学生和进修生获得美国政府和各种基金会的奖学金支持。这根本不是在对待潜在的敌人!

中国表面上欣然接受这份居心叵测的馈赠,并认为,中国人强烈的爱国主义、民族主义和民族团结的情感最终必将消灭中国术语所说的西方的"糖衣炮弹"。

与此同时,中国非常谨慎地对待自由主义思想,以及将西方价值观、西方的"民主"和"人权"强加于中国的企图,当然,中国也表示愿意就这些问题展开对话。但是,中国不会就这些问题开展思想或意识形态领域的运动。中国强调将坚定不移地坚持对外开放的政策。今天,中国的大众媒体已经不再有过去反对帝国主义宣传的烙印,而这在20年前是非常普遍的。

在中国有很多人认为,苏联的解体是中国发展和提升中国国际地位的一个良好机会。但是,北京拒绝取代苏联的地位,成为反对西方战线、世界共产主义运动以及民族解放运动的领导者。中国认为,霸权主义是昂贵且不真实的"娱乐"。就像邓小平指出的那样:"中国现在不称霸,将来强盛起来也永远不称霸。"这是北京从苏联垮台中吸取的教训之一。

中国社会主义理论在对外政策方面的目的是为中国的发展和现代化提供最有利的国际环境。为实现这一目标,中国力求通过和平的政治和经济手段来解决与其他国家在政治和经济上的分歧和矛盾,而不是采用对抗的方式通过军备竞赛提高自身的威慑力量。

自1991年起,中国开始多方面展示其对俄罗斯问题的理解,并表现出与俄罗斯开展平等互利合作的愿望。北京还制止了国内一些亲西方分子企图在中国的媒体上损害俄罗斯威信的活动。

中国支持俄罗斯总统叶利钦关于发展两国关系的倡议,两国不仅要成为互补的建设性伙伴,而且要建设面向21世纪的战略合作伙伴关系。重要的是,中国没有给任何国家借口来谴责中国利用俄罗斯内政外交的困境谋求自己的发展。

不仅如此,在俄罗斯处境困难的时间里,中国迎面而上,这就形成了两国之间互信的氛围以及两国通力合作来建立睦邻合作的坚实基础(基本上解决了边界问题,签订了一系列关于核安全问题和常规安全问题的条约,关于边境地区裁军和加强互信措施等多方面的协议,关于经济领域长期合作的协约等)。俄罗斯经济的状况和俄罗斯企业界的短浅目光暂时没有影响两国大规模经济互利合作的开展。误认为市场自身能解决所有问题的立场导致俄罗斯在争夺中国这一巨大市场的竞争中远远落后于别国。在这种"理论"的指导下,俄中之间的经济贸易水平取决于俄罗斯和中国的"倒爷们"。我们必须意识到:如果不与中国以及其他亚洲邻国合作,俄罗斯的西伯利亚和远东地区的发展和崛起即使有可能实现,也必将是十分困难的。

多年以来,俄罗斯科学院远东研究所一直积极关注这一问题,并通过自己的学报、讲座、专著等使中央和地方政府以及企业界重视开展与中国的多方面合作,特别是在西伯利亚和远东地区的发展问题上。我们完成了一项深入的研究,即《俄罗斯在东亚的利益以及通过与亚洲邻国的合作促进西伯利亚和远东地区社会经济的发展》。遗憾的是,我们的研究至今没有得到应有的反响。

在讨论中国的成就和成功时,我们一定要看到中国正在经历以及将来要经历的巨大的新问题和新挑战。这不可能不对俄罗斯产生影响。

到目前为止,中国的改革已经不再具有粗放式发展的潜力。中国的改革进入了一个新阶段,为了沿着既定的路线取得成功就必须启动集约式发展——技术密集型、资源保护型科技,采取一系列措施保护环境,改变大量生产企业的组织形式,依据中国的具体国情和资源来选择需求结构和城市农村的生活方式。高速的城市化进程以及许多大型城市的出现导致交通、供电、住房、休息、卫生、教育、就业等方面的尖锐问题层出不穷。

今天,随着中国市场关系的发展和经济发展的不平衡状况,中国出现了严重的两极分化,即沿海地区快速繁荣和发展,而内陆地区日益贫困和落后。这不仅导致了严重的经济问题,也引发了社会政治领域的尖锐问题。这些问题具有民族矛盾的色彩,因为大部分的少数民族(在中国少数民族人口约为一个亿)正是居住在这些内陆地区。

中国所面临的困难和挑战远不止我上面提到的这些。我们只能对中国领导人的乐观态度表示欢迎,1997年5月江泽民发表讲话时指出,中国特色社会主义能够解放和发展生产力,"中国解决所有问题的关键在于依靠自己的发展,改革开放是发展的强大动力"。

我们可以清楚地看出,中国需要一个有利的国际环境来实现自己的崛起。北京明白,树立外部敌人的传统战略是无益于问题的解决的,只会加剧已有的困难。与此同时,中国问题的解决是符合全世界的利益的。如果中国的形势不稳定或者中国出现危机,任何国家,尤其是中国的邻国都不可能从中获利。由此我们可以得出一个结论:中国需要与别国进行合作,而不是对抗。

八、俄罗斯应该如何看待中国的发展?"中国威胁论"是神话还是现实?

"中国威胁论"旨在限制中国、抑制中国发展同邻国的关系。从战略战术上看,这一观点只对那些能从恢复"冷战"、对抗和军备竞赛中获利的力量有好处。现在中国能威胁的只有自己,因为成为别国的威胁会损害中国自身稳定发展的基础。

通过上述分析可以看出,西方和俄罗斯一些媒体宣传的"中国威胁论"是极为有害的,它会损害中国和邻国之间的互信,播下不友好和对抗的种子。

在我们看来,俄罗斯的舆论界也一定要"解放思想",即不带成见地评价俄中合作的意义和前景。

是的,如果中国放弃"独立自主的政策"或脱离中国特色社会主义为基础的国家发展理念,那么它可能成为俄罗斯和其他邻国的威胁。因此,鼓吹"中国威胁论"、阻碍中国的发展、限制中国在发展经济和改善近15亿人口的生活方面付出的努力都是不理智的。毫无疑问,俄中发展面向

21世纪的长期战略伙伴关系是符合俄罗斯国家民族的根本利益的,也是符合俄罗斯融入亚太区域一体化需求的,并且有助于加强俄罗斯在国际舞台上的作用。

我们可以对该章节做出以下总结:邓小平的建设中国特色社会主义思想是现在中国的官方思想,如今已不仅停留在理论层面。它是中华民族伟大复兴、发展中国文化和文明的全民族的思想。它是面向未来,面向长期发展的,具有巨大吸引力的思想。在西方和一些俄罗斯政治学家中间流行着这样一种观点,他们认为中国必然灭亡,他们预言等待中国的将是苏联的命运。这种观点无非是一种不切实际的幻想罢了。北京有能力形成中国发展和实现现代化的思想并努力付诸实践,这是中国人民巨大生命力的又一次证明,它还证明了中国人民有能力实现地球上最悠久、最丰富的文明——中华文明的自我发展。

(董玲 译,刘宏 校)

欧美汉学家眼中的亚洲价值观和亚洲危机***

20世纪60年代到90年代期间,欧美汉学家开始在比较哲学和中国精神文明的基础方面开展深入的研究,这就消除了外界对于欧美汉学家的指责,即他们只忙于"收集古物",而"不去研究中国的文化生活及其根源,也不研究富有生命力的民族的发展"。今天,不论是中国的、西方的还是俄罗斯的学者们都不否认,中国传统文化与中国以及整个儒家文化圈国家的发展存在着密切的联系。这一结论产生的基础是20世纪80年代开展的大规模的、综合性的跨文明研究,其研究的重点在于东亚地区的现代化模式、儒家文明价值观在转变中国和东亚经济政治结构中的作用。所有这些研究的目标是清楚地认识到中国和东亚国家的过去、现在和未来与该地区不断演变的传统文化存在着密不可分的联系,是一个不可分割的整体。俄罗斯汉学家也积极地参与到了这些研究当中。

20世纪中国的社会政治生活发生了重大的变化,开始关注于现实并用"现实主义的方法"对待历史遗产的歪曲问题。当

---

* Выступление на международной конференции "Запад и китайские ценности". Торонто, июль 1998 года.

国际会议《西方和中国价值》发言稿,多伦多,1998年7月。

** 本篇选自:М. Л. 季塔连科,《中国:文明与改革》,俄罗斯科学院远东研究所,莫斯科:共和国,1999。(Титаренко М. Л. Китай: цивилизация и реформы. -М.: Республика, 1999. —240 с.)

然,对中国(广义上来说是亚洲)文化的解读是由人们对当前形势的主观评价所决定的。在这种情况下,中国的历史和文化传统虽然没有离开研究者的视线,但对它的解读却取决于当时的具体情况。这使我们有理由相信,目前我们还没有对东亚和东亚文化传统在当今世界和未来世界的位置做出准确的评价。关于这一点,我们可以从大量报纸杂志上刊登的关于东亚、南亚金融经济危机和东亚发展模式破产的文章中看出。

一、亚太地区当前的发展危机和重新评价"亚洲价值观"

近十年来,关于亚洲价值观的争论常常围绕西方民主模式和西方人权观念在亚洲的适用性。很多东亚国家的领导人认为,在国家政治生活发展中社会大多数成员的福利要比西方观念中的民主更加重要。而且,为实现人民的福利应该确保国家在整个社会生活中的宏观调控力,借助宏观调控在市场主体间合理分配市场利润。我们认为,亚洲国家要想实现政治现代,应该逐渐由规范和道德榜样的权威转变为依法治国,从以道德规范为标准(人治)转变为以统一的法律法规为标准(法治)。在这些国家中居于首要地位的是爱民如子的权威领导人。传统观点认为,人民是国家的根本,人民的信任是最重要的。从这种思想出发,国家在保障整体的经济利益和保护改革和现代化路线的社会方向上发挥了积极的作用。

20世纪80年代,在亚洲的官方价值观中最重要的是发展经济、稳定政局、支持教育、与贫困和腐败作斗争。这些观点在过去和现在都受到很多西方政治家和学者的指责,认为这违背了民主和人权观念的普世性。如果说1997年夏天以前东亚经济取得的显著成就减少了"亚洲价值观"反对者的数量,那么突如其来的金融经济危机瞬间改变了力量的分配。变化莫测的社会观极大地影响了如何评价亚洲新兴工业化国家现代化建设和经济发展的原则。然而历史不会忘记,受主观言论驱动的社会观可以把恶棍说成英雄,而把智者和善人说成坏蛋。今天看来,耶稣和苏格拉底的悲剧就是非常鲜明的例证。

在危机加重的影响下,卷起了私下的幸灾乐祸和公开的悲观主义的浪潮,他们忘记了不久前韩国、中国台湾地区、新加坡、中国香港地区的快速发展还被称为"百年奇迹"。在20世纪80年代,东亚新工业国家的发展模式对于"第三世界"国家具有广泛的意义。而且,出现了关于建立新型市场经济——"儒家资本主义"的想法。不仅如此,尤其是20世纪90年代中期,很多分析人士都非常谨慎地看待东亚的发展。这种担心产生的原因在于:随着该地区国家的经济发展到一定程度,他们将会向西方国家要求重新分配世界经济收入的发言权。1997年在毁灭性的金融危机的冲击下暂时消除了这些危险。要知道,"亚洲四小龙"等多数国家和地区都在请求西方政府和国际金融组织的援助。"我在亚洲未来问题上的认识有90%是错误的。唯一的安慰是其他所有人都错了150%",——美国经济学家保尔·克鲁格曼如是说。他长期怀疑"亚洲奇迹"的基础是否稳定,现在他惋惜自己低估了地区金融危机的规模。危机出现之后,在很多出版物上出现了关于"亚洲奇迹"崩溃、东亚经济发展模式解体的言论。一些评论员认为,一年前流行的曾经是无可争议的观点——世界正处于"亚太世纪"完全是一种"幻想"。针对这种趋势,《经济学人》周刊强调:"对于'亚洲价值观'的破产,西方政治家和评论家总要幸灾乐祸一阵,他们不住地唠叨一定要进行经济和政治改革,在自己的教程里加入给人好感的成分"。这种情况下,关键不在于危机的数据和受危机影响的国家的经济状况,而是分析危机产生的环境和危机的来源。很多学者开始怀疑亚洲价值观在该地区国家经济快速崛起中的推动作用。而西方政治家和政治学家则利用这次危机来"有力地摧毁亚洲奇迹",并证明以此这种地区现象是没有任何前途的,未来的发展将是全球化的,而且是以西方的发展模式作为全世界的统一模式。

我们再次强调,东亚的现代化道路表明传统社会的现代化基础不仅可以是西方的价值观,而且可以是对西方的技术统治文化和东方的精神传统的综合。对这种发展方案的批评似乎想要表明,东亚国家的经验远没有打开现代化快速发展的另一条道路,也不是现代化建设的新道路。换句话说,这再一次证明西方价值观是别无选择的、普遍适用的选择,西方的现代化模式也是唯一可行的模式。

阿迪·伊格内修斯等西方一些研究亚洲的分析人士认为,东亚国家的快速发展只是纯粹的经济、市场因素相互作用的结果。伊格内修斯指出,"地区奇迹将会持续,直到资本和廉价劳动力的增长与出口的减少之间的矛盾达到危险的水平"。伊格内修斯还坚信,亚洲奇迹的崩溃发生在西方市场体制的框架内,其原因是亚洲的货币与美元挂钩并受制于美元和日元的汇率。亚洲国家没有外汇储备以保持本国货币的稳定,这就给

"毁灭性的投机攻击"提供了可乘之机。最后一任英国驻香港总督彭定康写到:"从没有过亚洲经济的奇迹"。亚洲成功的原因不过是在不断繁荣的世界市场中遵循贸易的自由化而已。彭定康还指出,"亚洲人民生活水平的飞跃不是地区价值观体系的成果。如果孔子活到今天并继续写作,他也许会被认为是一个持不同政见者。在西方,许多人都用亚洲价值观作为指责这些国家破坏人权的方便借口,而亚洲价值观的支持者只是想为自己的专制制度辩解。孤立反对者和限制具有批判倾向的报刊杂志与良好的经济管理模式没有任何相同点"。在彭定康看来,摆脱危机和恢复地区经济正常发展的出路是在发达国家的帮助和支持下,依据西方价值观的标准进行改革和重建。那么,他所认为的危机的原因又是什么呢?首先,"亚洲四小龙"的行为太过于自信,并拒绝经济发达国家的协助,甚至试图与这些国家开展竞争并向他们提出挑战。其次,正如另外一位分析人士伊格内修斯指出的那样,"商业领导人的自恃过高"产生的消极影响,他们过度追求企业活动的多种经营。"他们为了满足自己的虚荣心",建立了大量的高层办公楼、大型的工厂来生产无用的东西等。第三,在彭定康看来,亚洲问题的直接原因是1994年人民币的贬值和美元汇率的上升。这就导致了亚洲出口市场的激烈竞争,有巨大债务的国家的信贷费用大幅度增加。但彭定康认为主要的原因是道德层面的一些消极"价值观"——自傲、虚荣、花费资金用于大型项目和"以自我提升为目的"的个人挥霍。当钱收不回来时,外汇就会受到冲击。不难发现,所有这些结论以及针对"亚洲四小龙"的指责归结起来就是对西方的态度过于"傲慢",没有完全遵从西方的全球化模式。

在批评"亚洲价值观"的同时出现了其他的观点。有人产生了"零方案"的观点,即亚洲传统价值观既与亚太国家不久前取得的成功无关,也和当下的危机无关。亚洲自身采用国际金融家撒拉尔的诡计和抵制亚洲经济的"西方阴谋论"来解释当前面临的种种困难,这也成为一些激进的西方学者发表声明指责亚洲领导人和亚洲价值观的镜像反映。《经济学人》杂志中就此指出:"在最好的情况下,亚洲的衰败是美国全球统治偶然的、但毁灭性的附带后果。在最坏的情况下,这是以美国为首的富裕世界的一次蓄意行为,旨在强迫亚洲开放市场,按照美国的规则运行"。

二、21世纪的危机和亚洲价值观

建立在亚洲价值观基础上的经济发展模式是否能够承受住失败的挫折？我们要从东亚危机的文化文明视角来分析这个问题。我们可以通过对比"年轻的亚洲四小龙"不稳定的经济与那些受金融经济混乱影响较小的国家和地区——中国大陆和日本的部分地区弄清危机的某些原因。这些国家和地区之所以能够在危机中坚持下来，是因为他们积极实现全球化，但不是简单地全盘西方化，而是认真地学习西方和其他国家的先进经验，同时保护并发展自己的民族价值观。它们没有破坏本国经济的民族同一性，没有让自己在经济上单方面地受制于发达国家的市场和银行，而是保留了大量的外汇储备，非常谨慎地对待从国外贷款问题，在自己的偿还范围内使用外国贷款。

日本和中国的经验就是用这种方法解决自身经济全球化和文化国际化的例子。在总结走过的道路时，日本前首相中曾根康弘写道："40年前，日本遭受了战争的失败，但保留了君主制作为民族统一的符号。日本在努力壮大劳动力和发展科学技术的基础上做出了如下选择：通过建立独特的日本管理国民经济的方式来赶超欧洲和美国。为了实现这个目标，日本在工业上实行了关税保护政策，日本人民以难以置信的高强度劳动全身心投入到工作之中，正因如此日本人被称为'工作狂'，同时，日本严格遵守与美国签署的安全条约，大量借鉴外国的智力成果，并尽量不参与国际政治。日本正是以这种最大化的全民牺牲和放弃为代价，国家才走上了经济快速发展的道路。"中曾根康弘强调把西方经验、美国经验和日本文化结合起来的重要性。他写道："毫无疑问，日本经济取得成功得益于两个因素——忠实于技术统治主义（'平均主义'）和日本特有的集体主义（如果认为'相互依存的个人主义'是集体主义的变体）。但是，这些观点与西方的价值观并不完全一致。西方大国主张'个体高于集体'的观点。鉴于这一点，西方社会正在讨论的是，西方与日本的经济摩擦实际上是文化秩序的摩擦。显而易见，承认文化的多样性是本世纪下半叶国际社会的必然规则。西方对日本的指责常常转变为将自己的文化强加于日本。从这种意义上看，这种指责是民族中心主义和自我中心主义的表现"。中曾根康弘还就西方评论家对日本人的指责予以回应，西方指责

"日本的集体主义"压制并时而破坏个人的权利,似乎言论自由在日本有时也模糊不清。中曾根康弘严肃而且不是毫无根据地批评西方的民主,他认为,西方民主有时会退化为"大众的民主"和庶民政治。他说,正是这种"大众的民主"产生了专制系统这种怪物和"庶民的社会体制"这种错误的现实。中曾根康弘承认日本在工业化道路上取得的成就,同时也指出,促成这些成就的重要因素是"超级美国化"、工业主义和技术统治主义。然而归根到底,正是它们导致日本人在问题面前失去了自尊,成为技术主义和消费主义的牺牲品。为了抵制这种状况,日本人陷入了虚假价值观的羁绊中。卡·雅斯培说过,"那些盲目相信科学是万能的人会停止独立思考,当突然遇到科学无能为力的情况时,他们就会迅速转弯,背对着科学,投靠骗子"。中曾根康弘援引奥·斯宾格勒的观点,认为这些现象是西方文明及其应用于日本产生危机的标志。

现代国际政治环境的变化必然对亚洲产生影响。在"冷战"之后,中国和其他任何国家和地区都无法再"坐山观虎斗"。过去那种利用矛盾最小化来壮大自己的时代已经一去不复返了。中国拒绝成为"准超级大国"并与美国对抗,不仅如此,中美两国的领导人还提出两国建立面向21世纪的战略伙伴关系。这就使一些发展中的国家失去了从两方对立中获利的机会。

我们认为,亚洲经济危机的一个主要原因是政治和商业的领导人脱离了自身文明的价值观。这里我们要再次引用中曾根康弘非常有说服力的说法,他认为日本发展中面临的困难和内部矛盾的原因是很多民族传统在战后的日本遭到了破坏。这是非常具有说服力的观点,因为这正是目前"新兴工业国家"和中国正面临的问题,他们在许多方面都借鉴了日本的经验。

我们同意中曾根康弘的以下观点,他认为,造成现代日本文化发展内部困难的原因在于"它过于直接地吸取了西方文化的外部形式",这就"必然会破坏日本民族文化的根基……毫无疑问,需要重拾对优秀传统的忠诚"。我们认为,这位日本政治家和学者的立场对于我们讨论东亚现代化模式危机的原因是十分有益的。

总之,我们认为,西方评论家指出的"新兴工业国家"企业界和政治家们的虚荣、自傲、过度的物质追求和消费主义都是不加批判、不加思考地接收西方消费社会的价值观的结果,破坏了亚洲国家经济运行的动员因素。

　　归根到底,现代东方和西方价值观体系的差异在于,东西方对精神和道德在价值观体系中的优先地位持不同的态度。在西方,占统治地位的是实用功能主义、利益、个人的富裕、工作上的成就以及表面上的中规中矩。这些方面东亚和俄罗斯的精神传统并不反对,但是居于首位的是个人与家庭、村社、社会国家或"集体主义的"价值观在精神道德上的统一。个人和君子的富裕和成功不能与家庭、家族、国家之间发生冲突,不能损害他们的利益。只有将个人的精神道德价值观和整个社会的价值观和谐地结合起来才从道德上成为君子,类似于英国的绅士。

　　盎格鲁—撒克逊文化的立场是非常积极且多变的。个人应该改写世界。务实的理性主义在欧美文明中表现为"左""右"两种发散式思想政治流派:从新教、加尔文主义、胡斯教徒运动到托·霍布斯、法国启蒙者、卡·马克思、斐·拉萨尔、弗·列宁、约·斯大林以及弗·尼采、希特勒等——不可胜数。西方人希望统治一切——社会、人、自然,甚至神。与之相反,在东亚文化以及部分俄罗斯斯拉夫文化和欧洲传统文化中表现出适应自然的观点,认为生活节奏要符合自然环境的节奏。正如马·海德格尔指出的那样,欧洲思想需要两千年的时间才认识到,如同人的活动要和世界一致一样,人和自然也要一致。而这一点在东方,在中国的儒家思想、佛教哲学以及神道教中早在耶稣诞生之前就已经意识到了。人类正在面临着严峻的生态危机,其产生的原因在于人类对大自然索求无度并试图将人类的法则强加于大自然。正是在这种情况下,西方社会思想中开始出现人类与自然共存的观念。

　　总的来说,西方价值观和亚洲价值观没有好坏之分。追求个人的财富、健康和社会成功,维护自由、法制和秩序,重视生活的舒适、家庭的美好,在互利共赢的基础上发展和朋友伙伴间的和谐关系,这些都没有什么不道德的。但是在西方基督教精神文明之外,在几百年西方民主和市场体制下形成的价值观,单独使用这些价值观可能是有害的。

　　希望一跃超过西方,希望一夜间暴富,希望通过建立巨大的但任何人也不需要的摩天大楼来战胜自己的邻国,希望靠"运气"获得短期贷款——这一切都是亚洲文明和西方文明某一特征扭曲的反映,并导致了狂热的"亚洲四小龙"的破产。但是,如果我们再一次不带成见和主观愿望地分析亚洲在西方化进程上的滞后,就可以看出,上述现象和真正的亚洲价值观没有任何关系。美国财政部长罗伯特·鲁宾1998年6月在泰国说出了事实，他指出，强大的劳动道德、高额的存款和对教育的高度重视将是经济增长的首要因素，亚洲的复兴将建立在这些价值观之上。

三、关于儒家价值观

我们首先来看处于该地区价值观体系核心位置的儒家行为准则。其本质是责任和义务的典范。在儒家道德体系中，首先强调道德模范的作用，而不是有钱的败家子的作用。这种道德体系是严格制定而成，建立在由个人社会地位决定的清晰的权利和义务的等级制度之上。每个人的行为和道德品质都要与自己所处的地位相符。孔子曰："君君、臣臣、父父、子子。"破坏了这些规则就是破坏了天的秩序，需要"正名"。

尊重传统、尊重已经形成的规则和规范能够保证儒家价值观体系内社会和家庭关系的稳定。对学习的热爱、对道德完善的追求、对道德鼓励的敏感、对共同成功的关心成为民族、家庭、个人稳定发展的基石。儒家价值观强调家庭的作用，重视家庭的价值和家庭的商业，然而这一观点在关于尧和舜的传说中得到平衡，他们传位给了天下最有才能的人，而不是自己的亲人。这种高尚的道德典范和苏哈托以及亚洲其他国家的一些政客的"任人唯亲"完全不同，这些政客把国家的权力交给亲人和亲信从而获得好处。儒家文化形成了人们服从规则、遵守等级和从属制度、随时准备自我牺牲、忍耐和节俭的习惯，这些习惯可能成为国家进一步现代化取得成功的重要因素，但是只有当这些因素不再是政客们滥用权力的掩护才能实现。人的行为取决于传统的道德价值体系，传统的价值体系决定了社会秩序——礼节和不同等级的社会体系。由此看出，儒家学说认为人的行为和举止必须符合道德规范和主体的社会地位，这一点具有特别重要的意义。

在儒家学说的发展模式中表现出崇尚自然、从容不迫、等待时机的成熟以及耐心。与此有着紧密联系的是人们随时准备为了社会、国家更重要的长远利益而牺牲个人和小团体的暂时利益，并准备好建立道德政治基础以克服儒家文化圈遭遇的危机所带来的影响。不久前发生在印度尼西亚的事件就是另一种场景，它表现了人们缺乏耐心和情绪爆发带来的不良后果。

东亚的经济奇迹包括三个因素——政治法律因素、经济地缘因素和社会文化因素。我们认为,社会文化因素在该地区国家取得成功中起到了根本性作用。当危机使亚洲很多居民回到贫困线以下时,我们没有理由指责财富。可是,在很多国家却发生了这样的情况,在人民的生活水平蒸蒸日上的同时,人民和社会在道德和精神上却没有准备好接受和消化这种发展。一般来说,生活水平提高一倍至少需要两代人的时间,但中国自1980年起,每十年就会翻一番。

我们需要指出,中国乃至整个亚洲的知识分子的思想都具有矛盾性。他们认为理性是迷人的、解放的个性,是人对西方文化的喜爱,但是在道德心理上要反对个性,要遵守民族传统。约翰·内斯比特这样总结亚洲广泛流行的对西方化的担忧和对现代化的追求:"如果是我们喜欢的,那就是现代的;如果是我们不喜欢的,那就是西方的"。

总的来说,针对当下危机的争论可以总结为围绕"中国的是基本,西方的是实际"的模式展开的长达一个世纪的讨论。如何使自己不处于国际政治和经济的边缘,保障人民应有的生活,保护自己免受外来侵犯?与此同时,如何避免自我毁灭,保存自己的根本,不在匆忙中破坏自古以来的"道"?要想正确地回答这个问题就必须掌握打开21世纪大门的"金钥匙"。但是,解决这一问题并不比19世纪的改革家寻找20世纪中国发展道路的任务容易多少。

我们认为,"亚洲金融危机刺激了关于全球化"以及东西方文明关系的观点是合理的。因此,我们必须寻找对于全球化的普遍的理解。在西方的理解中,"正确的全球化"在于国际贸易的无限制自由化,以及亚洲市场要向西方商品和资本开放。出于自身利益的考虑,亚洲国家坚持过渡性的全球化形式,在这种形式下,这些国家的商品进入西方受到最小的壁垒,而在国内则通过立法和关税壁垒来保护尚且虚弱的经济。但是我们上面说的仅仅是全球化产生的诸多困难中的一小部分,是冰山一角而已。很多问题都隐藏在这座冰山的水下部分,不为我们所见。

首先是西方的文化、物质和精神价值体系与本民族独特的价值体系之间的相互关系问题。

第二是全球化带来的西方化的速度和人们对西方化的接受力问题。

第三是内部稳定问题。亚洲危机加剧了人们关于全球化和经济快速增长会带来不稳定因素的担忧。

第四是全球化中相互交往问题、国际竞争问题和生活水平问题。在亚洲很多人提出了这样的问题：发达国家的政治家是否担心亚洲竞争对手的快速发展会给美国和欧洲人的生活水平带来打击？不难理解，这个问题的答案很大程度上取决于东西之间关系的友好程度。

第五个问题是如何削弱全球化的负面影响。在"冷战"之后人们的生活中又出现了新的挑战，世界贸易和投资的不断扩大在促进经济发展的同时也造成了环境的恶化、过度的移民以及犯罪和腐败现象的增多等。除此之外，跨国金融集团作用的加大让我们日益关注民族政府的独立程度及其独立解决内部问题的能力。

当然，东亚"儒家文化圈"各国发展的精神基础各不相同。中国和越南在文化中保留了很多马克思主义的成分。而韩国、日本以及中国台湾地区的儒家价值观受到了西方思想特别是美国的影响。从今天的立场来看，很难把朝鲜的金日成主体思想看成是儒家文化的一种转变形式。

显而易见，中国希望避免社会急剧变革带来的危机，因此，中国利用从孔子到孙中山等各种民族价值观强化马克思主义思想。这些思想的共同之处在于把学习和关心人民的疾苦放在首要位置。这样，儒家思想和马克思主义思想逐渐相互适应。儒家思想要求人们遵守社会关系、崇拜祖先、仁爱、孝敬父母和长辈、履行义务等规范，这完全符合阶级斗争和无产阶级专政的思想。同时，西方民主作为封建专制制度毁灭者的历史任务在亚洲已经完成。儒家思想给亚洲民主增添了社会至上主义、集体主义和人文主义，这是此前的社会主义无法保证的。儒家思想认为"四海之内皆兄弟"，但更强调人与人之间存在着差异并且不同的人在社会中发挥着不同的作用。儒家思想应当吸收人文主义的法制规则——人和权力在精神上是平等的，将法律作为调节社会关系的工具。"礼"和"法"应该调换位置。我们还要指出，不同于欧洲人，中国人和日本人从来不崇拜法制的假象。他们认为居于首位的是正确性和自然的公平，而不是法制的诡辩。

四、汉学——控制谣言、恐慌和"文明冲突"的手段

东亚危机促使人们开始思考并积极讨论这样一个问题：在东亚国家现代化模式的两种成分中——民族的和西方的，究竟哪一种成分是导致

危机爆发的原因呢？答案中出现了两种完全对立的观点——"一切都是亚洲文化的错"和"一些都是西方的错"。这就给我们提出了一个艰巨的任务，即阻止谣言和恐慌的出现，防止它们广泛渗透到大众的意识中从而造成损失。汉学有助于东方和西方在多极化世界里，从文明间关系发展史的角度形成正确的经济、政治、多种形式合作以及新型文明间关系的全球化思想。

汉学和东方学即使不能完全克服，至少也有助于缓和西方在亚洲的文化扩张造成的消极影响。西方文化扩张的消极影响主要表现为拥有传统文化的国家过度西方化。从另一方面看，汉学有助于儒家文化圈内各国自身的传统文化适应全球化世界的新情况。同时，汉学还能帮助西方文化更清晰地看到中国文化的长处以及中国接受西方文化的限度。

我认为，直到近期中国、日本、韩国和越南的部分地区开始认识到欧洲东方学对增加民族文化开放性的意义。这些国家过去的主流观点认为，欧洲和美国的东方学是西方对亚洲进行精神和文化扩张的武器，今天这种观点也时而出现。

东方学作为一门科学的积极作用在于它保证了不同社会和文化从接触和对话向相互理解和平等合作的过渡。东亚危机不仅表明了解亚洲文明特征和与之相关的地区主义、民族主义形式的重要性，而且有力地证实必须准确理解亚洲文明的内部本质以及亚洲文明和西方文明在不发生冲突的条件下相互作用、相互合作的界限。在我们看来，学者们应该积极支持政治家开展文化间的合作，充分考虑彼此的利益。

总的来说，深入研究中国精神传统和亚洲价值观的不变因素可以成为经济和政治外推法的一种平衡，这种外推法是建立在分析当前形势的基础之上的。日本目前面临的经济问题让我们想起，在十年前很多学者都认为日本的经济增长是无止境的，而日本的经济模式也要比盎格鲁—撒克逊模式更优越。然而现在情况恰恰相反，日本经济的衰落被解释成是受制于现有的经济模式，而且毫无复兴的希望，而盎格鲁—撒克逊模式的前景则看上去是一片光明。因此，对于亚洲价值观的理论研究十分必要，它可以使主观的、情绪化的评价更加趋于稳定。

在理解东西方观点和文明本质的基础之上，学者们还应该继续努力探寻孔子的思想和道德学说在现实世界的影响到底有多大，包括对个人和整个社会的言行举止、对整个地区国家经济和政治体系的发展等方面。

当然,我们不能简单地从孔子的思想体系中总结出中国或者地区现代化的规律。因为,"东亚国家的现代化是东西方文化相结合的产物,是传统、儒家思想和西方文化相互交织的产物。如果没有来自西方文化的刺激,而只依靠儒家的价值观,那是不可能实现任何现代化的。准确来说,二战之后的东亚经济奇迹并不是仅仅建立在儒家传统上的,而且是建立在多种政治、经济、社会、地缘因素相互交织、相互作用的基础上的"。同样,我们也不能简单地仅仅在西方寻找亚洲的未来。

如果说,西方的现代化是建立在新教道德基础上的,而东方的现代化是建立在儒家思想基础上的,那么我们不禁要问地球上其他地区的发展道路又在何处呢?比如俄罗斯,在经历过艰苦的摸索和错误之后,俄罗斯意识到西方模式并不是万能的,也不是肯定或者否定"亚洲价值观"和任何其他价值观的唯一原点。遗憾的是,在探寻"俄罗斯价值观"的艰难过程中,俄罗斯过于重视过去失败的经济和政治教训的作用,而对科学理论研究的意义重视不够。

东亚的学者们应该致力于将儒家的经典著作翻译成本国的语言,特别是儒家思想中关于忍耐、风度、行为规范的言论。在经济全球化的进程中,在宗教、文化、种族等方面存在差异的情况下,人类需要寻找共存和发展的合理的方式。儒家思想有能力帮助全人类,既包括西方也包括俄罗斯,在多样性统一的精神中建立多极的世界。

亚欧大陆桥以及俄中合作的前景*

首先,请允许我祝贺亚欧光缆干线顺利建成并投入使用,这是世界通信史上一项史无前例的伟大工程!亚欧光缆干线是一条贯穿法兰克福到上海的"新丝绸之路",它成功对接了亚洲和欧洲的用户。借此机会,我要向参与此项工程的中国和其他国家的同仁们、工程技术人员、设计师和工人们表示衷心的祝贺。同时,我们也高度评价中国政府对该项目的大力支持。亚欧光缆干线全长 2.7 万公里。亚欧光缆干线的贯通将可以承载欧洲和亚洲之间大量的中转业务,据专家们预测,其年业务量将达到数十

---

* Доклад на международной научной конференции «Торгово-экономические отношения Европы и Азии в 21 веке». Пекин—Циньхуандао. Ноябрь 1998 г.

国际学术会议《21 世纪欧亚经贸关系》报告,北京—秦皇岛,1998 年 11 月。

亿分钟。与此同时,该项目的建成也为欧亚大陆桥的建设做出了重大的贡献。亚欧光缆线路有助于我们有效地管理整个铁路干线及其沿途地区的货运和客运。然而,令我们十分不解的是,俄罗斯竟然没有参与这一项目。而且,俄罗斯在实施自己项目的过程中也明显地落在了后面。

现在,有很多人都在谈论欧亚主义,也有许多关于这方面的著作。欧亚主义已经成为耳熟能详的名词了。与此同时,在整个人类的历史上只存在一个欧亚国家,那就是俄罗斯。然而,尽管我们世世代代都生活在这片土地上,在这里生儿育女,修建道路和输油管线、建设工厂和学校;但是,我们却没有思考过,我们生活在欧亚空间内。这片广袤的欧亚空间借助统一的电气化铁路网络、统一的能源系统、统一的石油天然气管道运输系统以及精细的劳动分工与合作紧密地联合起来。而且这一综合体还包括了东欧国家和一部分西欧国家。这样就在欧亚空间内聚集了一百多个民族、种族和部落。现在专家们一致承认,这些非常重要的技术经济体系完全符合当时的国际标准。

在欧亚大陆桥项目的说明中明确指出,该项目的宗旨是以一种新的联盟方式,即为了发展的联盟将欧洲和亚洲的人民紧密联合在一起。按照项目设计者的想法,新联盟的直接目的是通力合作建立从大西洋到太平洋沿岸地区的超现代化交通(铁路和公路)、能源(输电、输气、输油)以及通信的整体基础设施。这样,它将成为整个欧亚大陆快速发展的重要保障。

欧亚大陆桥项目应该连接四十多个国家的 22 亿人口,这些人来自不同的民族、种族和部落,拥有不同的信仰和宗教,他们生活在 3970 万平方公里的土地上,处于不同的经济和文化发展阶段。而且,一些民族长期处于敌对状态,甚至有些民族之间战火不断。

铁路干线将成为"新丝绸之路"的主要连接轴。全程从起点连云港市(离上海不远的一座城市)到终点鹿特丹市最短距离是 10900 公里。在中国境内,这条干线是沿着连云港——西安——兰州——乌鲁木齐——阿拉山口延伸,在阿拉山口与哈萨克斯坦的铁路网连接起来。之后的运输可以分为几个方向:1)哈萨克斯坦——俄罗斯——白俄罗斯——波兰——西欧;2)哈萨克斯坦——俄罗斯——乌克兰——罗马尼亚——南欧 3)哈萨克斯坦——乌兹别克斯坦——土耳其——南欧。

我们高度评价中国社会科学院和以海·策普—拉鲁什(德国)为首的

席勒学院诸多学者们的观点。他们在欧亚大陆桥项目的研究中全面考虑所有国家的利益,包括俄罗斯的利益。在我们看来,这种研究方法是富有成效的,为相关国家之间开展互利合作开拓了广阔的前景。

同时,中国政府对该项目的大力支持也应该得到各界的应有评价。正是由于中方的积极参与该项目才得以顺利实施。为此,中方采取了各方面的措施,一方面是纯技术方面的措施——改造中国的部分道路(开辟第二路线、电气化、技术现代化等),扩大并改建连云港、日照港,从而将它们成为具有自由港功能的国际集装箱港口;另一方面,中方还采取了一系列金融手段来保护干线及其辐射区域的发展。

其中,以下事件至关重要,可以被称为是历史性的事件:

——1990年9月12日,哈萨克斯坦"友谊"站和中国阿拉山口站之间的铁路线成功对接。这实际上连接起了太平洋和大西洋,连接起了中国东部的港口和西欧的港口。太平洋和大西洋的港口之间的距离比西伯利亚铁路干线缩短了2000公里。

——1996年5月13日,横贯亚洲的铁路干线麦什德——谢拉赫斯——捷詹段铁路在伊朗境内成功对接,沿着这条线路可以从中亚直接抵达伊朗阿巴斯港。这样,中国东部沿海的连云港就通过铁路与波斯湾的阿巴斯港连接起来,途经乌鲁木齐、阿拉木图、塔什干和德黑兰,为内陆的中亚国家提供了出海口;同时,经过德黑兰、伊斯坦布尔,然后到欧洲,通过铁路抵达鹿特丹。土库曼斯坦和伊朗铁路的对接为中亚国家进入波斯湾提供了最便捷的道路,而对中国而言,相对于苏伊士运河和地中海的水路,从中国东部沿海的连云港到伊斯坦布尔的货运时间缩短了25—30%。

目前,在"新丝绸之路"南线建设的宣传中竟然没有人提及苏联人民、苏联工程师为此做出的贡献。比如,1927—1931年修建的土西铁路等。从本质上看,今天"新丝绸之路"的建设能够取得如此快速的进展,是因为此前建成的铁路线已经具备了所有必需的技术设施(维修和供应基地、水塔等)。

建设第二欧亚大陆桥(第一欧亚大陆桥是西伯利亚铁路干线)能带给其参与者什么好处呢?

当然,中国是最大的赢家。首先,中国可以直接进入广阔的亚洲中心地带。从这里,中国的商品,特别是工业品可以直接进入欧亚大陆所有国家的市场,包括欧盟国家在内,而欧盟是中国的主要贸易伙伴。中国还将努力占领其他国家的市场。同时,欧洲的最新机械、设备以及现代化的技术等也将流入中国。

其次,中亚国家现在是中国潜在的石油、天然气及其他原料的供应源,而在未来几年将成为中国实际的能源供应者。没有中亚国家的能源供应,中国将无法完成2010年前的发展规划。

第三,中国可以从日本、韩国和其他东南亚国家的商品进入欧洲的过境运输中获取巨额的经济利益。整个干线的三分之一(4131公里)都处于中国的境内,这使中国可以从货物的转运中获得很大的收益(参考数据:从韩国、日本进入中欧的一个集装箱的运输费用为1550—1750美元)。

第四,中国的西北地区和北部地区拥有3亿多的人口,借此机会可以改善该地区的交通状况,提高该地区的经济和对外关系发展水平。铁路干线途经自然资源丰富的地区:仅在其线路控制范围内(宽度为200米以内的地带)就集中了全国63％的煤炭,40％的石油,50％的天然气,30％—70％的铝、铜、金和其他矿物。

第五,铁路干线经过中国的11个省份。这条干线是加快中国内陆地区经济发展、积极融入世界经济一体化的重要因素,它有助于缩小国民经济发展中出现的区域不平衡状况。干线应该成为其辐射区域内经济发展的纽带,促进沿线自然资源的开发、石油天然气管道和现代通讯线路的建设,并加快旅游业和国际文化交流的开展。

中亚国家一些经济学家发表声明指出,建立"新丝绸之路"对该地区的经济形势起到了积极的作用。"欧亚铁路的对接,"——哈萨克斯坦经济学家乌·科协诺克写道,"是具有时代意义的大事,它标志着自古以来连接欧亚的'丝绸之路'的复兴。在其影响下,哈萨克斯坦作为大型的欧亚中转站的地位和意义将得到提高"。随着欧亚大陆铁路干线的贯通,中亚国家的发展增添了新动力:国际贸易不断扩大、旅游业积极发展、外国投资持续增长。而且,所有中亚国家都通过邻国获得了出海口,并不断扩大本国的经贸联系。

由于哈萨克斯坦位于欧亚大陆桥最有利的位置,因此,哈萨克斯坦希望通过货物过境运输和服务游客以获得大量的外汇收入。目前,中国是哈萨克斯坦最大的贸易伙伴之一。

欧盟国家希望从欧亚大陆桥中获取巨大的经济利益和其他方面的利益。首先,欧盟国家获得了从中国西北部直接进入中国市场的机会。欧盟国家是除日本之外中国最大的贸易伙伴,而且欧盟国家常常能够获得大量的盈余。此外,大陆桥使欧盟国家有机会占领中亚国家的商品和原料市场,并在这一地区建立多种战略储备等。

综上所述,第二欧亚大陆桥已经实实在在地活跃了中亚地区的经贸关系,使这一地区的经贸联系更加紧密。与此同时,中国、欧盟国家、土耳其以及中亚国家对第二欧亚大陆桥的未来发展也寄予了厚望。

当然,建设"新丝绸之路"倡议者的主要动机还是经济利益。我们不认为这有什么不好的(生活就是生活),只要这些利益的实现不会破坏社会关系,不会加深可能毁灭世界的生态危机。但是,针对这些问题的讨论还是必要的。然而,一些政治学家并不是这么做的,他们给自己枯燥无味的工作穿上华丽的外衣,远离了经济的现实。如果盲目追寻短期的经济利益,而不采取相应的保护环境的措施,就可能出现严重的生态后果,而这些政治家们却忽略,甚至无视这种可能的生态后果。我想提醒大家的是,连云港至中国西北省份的"新丝绸之路"南线经过的就是生态灾难区域,那里有危险的风蚀和水蚀现象,过度砍伐森林和荒漠化问题,水资源严重短缺。对于全世界人民来说,最大的灾难就是用肥沃的农业耕地来修建道路、住房、工厂、输送管道等。按照官方数据统计,中国每年有60万—80万公顷的稻田、麦田、玉米田都用于这方面的建设。

接下来围绕"新丝绸之路"的建设我们要讨论的问题是:谁是"世界经济发展的火车头"? 直到不久前一些专家还认为这个"火车头"是经济稳步增长的东亚和东南亚,他们证明了,"21世纪将是亚洲的世纪"。然而,正是在东亚和东南亚的土地上发生了毁灭性的金融危机,这无疑动摇了这一观点的可信度,但并没有完全否定它。中国的金融系统就因采取了明智的政策而成功应对了危机。我们认为,中国能够避免东亚危机的主要原因在于以下几个因素:封闭的资本市场,在小额有价证券投资中保持外国直接投资的优势,短期债务数额较小,国家货币人民币不能自由兑换,保持较高的外汇储备水平(超过1400亿美元),不断增长的对外贸易顺差。但是,危机也不是完全没有影响到中国。危机造成中国向东南亚国家的出口大幅度减少,带来了明显的损失。尽管如此,考虑到中国经济的飞速增长,国外"新丝绸之路"的研究者们一致认为中国可能成为世界经济发展的火车头,它将为萧条的西欧经济的发展带来动力,并帮助其摆脱经济衰退、危机和失业等问题的困扰。

我们认真地研究了中国的改革和经济建设的经验,并高度评价中国所取得的成就以及中国领导人的智慧和远见。我们也认真听取中国经济学家们的友好建议。中国是一个矛盾的国家。一方面,中国到处都在建设(譬如三峡工程、北京至上海的高速铁路、南水北调工程等),生产着大量的商品,保持着高速但不均衡的发展。另一方面,中国的经济和社会又承载着诸多严峻的问题,有新问题也有老问题。中国积极建设"新丝绸之路"是刺激内陆地区的经济发展和吸引外部投资的重要举措。

那么,我们对"新丝绸之路"持什么样的态度呢?当然是最积极的态度!换句话说,这条路的基础和核心环节是中亚和外高加索地区的铁路——超过2.5万公里电气化双轨铁路。当然,俄罗斯将利用这些铁路来发展俄中关系,加强与中国中部、西部和北部省份的联系。

最后,在围绕"新丝绸之路"的讨论中,一些参与者认为,西伯利亚铁路干线的使命似乎已经完结。要知道,这是世界上第一座连接欧亚、大西洋和太平洋的桥梁,它为世界文明的发展做出了巨大的贡献,也为中国、东南亚和中亚国家的发展起到了积极的作用。但是,它并不愿意成为毫无用处之物。它经历过最艰难的时期。但残酷的竞争迫使我们寻找生存和发展的道路。为此,俄罗斯政府也采取了一系列的行动。近期相关部门的负责人在总结工作时表示,只有保证稳定的运输时间、有竞争力的运输费用、保障货物的安全和优质的服务才能够实现西伯利亚铁路干线的复兴。相关部门也采取了一系列解决问题的颇有效果的措施,为吸引发货人相关部门采取的措施包括:

——降低运输费用(降低港口货物装卸和运输价格);
——提高速度(投入使用高速列车、简化海关手续以及缩短海关办理时间)。东部港口至布列斯特线路的示范性火车行程只有9个昼夜,而这条线路的平均运行时间为16—17个昼夜;同时,铁路员工也将保证货物的抵达时间在12个昼夜15个小时内。
——实行统一的直达运价(已与白俄罗斯达成协议);
——采用货物跟踪的自动化系统;
——采取措施以提高货物的完整性。

以上措施很快就收到了良好的效果:仅在1997年10月的一个月内货运量就翻了一番。但是,第二条铁路干线的铺设使所有的努力付之一炬。在专家们看来,西伯利亚铁路干线有能力承担亚太地区和欧洲之间三分之一的过境运输量。西伯利亚铁路干线的作用借助贝加尔—阿穆尔干线得以加强。同时,我们也没有忘记北部海上线路。欧亚大陆并不仅限于"新丝绸之路"的区域内,它需要更多的友谊之路、希望之桥。我们认为,俄罗斯与中国在第二欧亚大陆桥建设中的合作应该成为两国政府和相关部门讨论的对象。

俄罗斯融入亚太地区的前景[*]

20世纪90年代,在俄罗斯建设国家机构、保证国家的完整、发展国家的经济、形成国家的区域政策、维护国家的安全等首要问题中最重要的问题是俄罗斯融入亚太地区的经济和文明一体化。俄罗斯远东地区的发展离不开与邻国开展积极的合作。努力寻求这一发展的前景正是俄罗斯东方学所面临的迫切任务。

俄罗斯积极进入亚太地区的必要性是由四个因素决定的:地缘因素、经济因素、文明因素和人类因素。

苏联解体之后,俄罗斯处于全新的地缘环境之中。与苏联时期相比,独立后的俄罗斯更加称得上是一个亚太国家,因为其三分之二的领土位于亚洲地区。随着俄罗斯失去了黑海和波罗的海的港口,远东港口的作用得到显著的提高。除此之外,俄罗斯不仅继承了苏联的义务,而且从新的国际条约中获得了新的义务,它在维护地区的安全中承担着重要的责任。然而,地区形势由于一系列问题变得更加复杂,如俄罗斯与日本的领土争端悬而未决,与中国的部分边界问题尚未完全解决,朝鲜半岛的局势持续紧张等。同时,俄罗斯融入亚太地区并成为该地区国家的伙伴,积极参与到多极世界的建设以及"通过合作保障地区安全"思想(代替了之前联盟间的对抗思想)的实施当中。另一个重要的问题是,亚洲有苏联最主要的经济、政治盟友和伙伴,俄罗斯从苏联继承了他们的贷款债务。这些国家是蒙古、朝鲜、越南和印度。

俄罗斯减少在亚太地区的政治存在其后果是什么?过去科济列夫外交时期已经表明,俄罗斯已经失去了参与调解朝鲜半岛局势的地位(尽管,众所周知,苏联在20世纪50年代曾经是和平解决朝鲜半岛局势的主

---

[*] Выступление на "круглом столе" Совета Федерации Федерального Собрания РФ в Санкт-Петербурге 17—18 июня 1998 года.

俄罗斯联邦会议联邦委员会"圆桌论坛"发言稿,圣彼得堡,1998年6月17—18日。

要调解方之一)。在美国、日本和中国的政治家以及政治学家设计的新的国际安全结构中,过去的四方结构变成了三方,这里已经没有俄罗斯的位置了。直到叶利钦宣布"进军亚洲",并访问了中国、日本和韩国,举行了一系列"不戴领带的会见"之后,三方结构又变回了四方结构,并重新考虑到俄罗斯的作用。

从经济层面来看,利用亚太资本、市场和一体化收益不仅有助于发展俄罗斯的经济,特别是西伯利亚和远东地区的经济,而且有利于俄罗斯融入亚太地区的经济一体化。遗憾的是,我们不得不指出,俄罗斯仍然徘徊在东北亚国家经济崛起的进程之外。由于俄罗斯联邦政府无法扩大中央投资以推动远东地区的经济发展,俄罗斯总统签署的远东和外贝加尔地区的发展方案也被束之高阁。因此,在保证俄罗斯国家统一经济空间的条件下,大力吸引外国投资以刺激该地区的经济发展具有十分重要的意义。

从文明层面来看,俄罗斯客观地存在于亚太地区,是具有欧亚文明特征的国家,它为世界文明的发展提供了另一种选择,它不是在欧美标准的基础上强化世界文明的统一。欧亚文明模式是建立在承认每个文明的独特性、文化之间互相补充与和谐共生的原则之上的。从另一方面看,欧亚文化有助于建设多极的世界,并在多样性统一的思想上建立统一的文明空间,而俄罗斯将在这一过程中起到建设性的作用。一些亚洲国家的政治家和文化活动家越来越高声呼吁,必须保证俄罗斯文化在该地区的存在。

从人类的利益来看,俄罗斯的民主改革服从于公民社会的利益,服从于保护人权的目标。因此,俄罗斯国家和俄罗斯公民在亚太地区的存在符合推动人文主义思想、国际关系民主化、深化该地区民主传统等任务。

目前,俄罗斯融入亚太地区既存在有利的条件,也存在不少内部和外部的障碍。其中,有利的因素包括巨大的自然资源潜力(已探测出的和未探测的多种自然资源)和现有的经济潜力,特别是现代化的军工企业。在合理的军转民政策的指导下,这些企业将会在区域经济发展以及与邻国开展合作中发挥积极的作用。该地区还存在巨大的科研潜力,如俄罗斯科学院远东和西伯利亚分部以及众多一流的大学和研究院。

此外,俄罗斯融入亚太地区积极的因素还包括:近年来俄罗斯与中国、蒙古、朝鲜在边境问题上取得了很大的进展,而且俄日关系也在明显好转。同时，建立经济区、科技城和经济合作区等多方合作项目也为俄罗斯在次区域层面融入一体化进程提供了有利的条件。

然而，俄罗斯融入亚太地区所面临的困难也是显而易见的。俄罗斯融入亚太地区的障碍之一是中央和地方在处理上述大型项目中的相互配合十分薄弱。另外一个困难具有社会经济特征，即俄罗斯政府没有足够的财政资金开发远东地区的自然资源。目前，俄罗斯联邦政府的政策实际上导致了总统签署的远东地区发展规划陷于停滞的状态。俄罗斯的资金不对该地区进行投资，劳动力资源也由于拖欠工资而不断减少。

由于缺乏积极的科学技术政策以及大规模削减基础科学和教育的财政投入，导致生产的最重要支柱——科学技术知识遭到破坏。很多专家都认为，俄罗斯想要克服包括国家财政赤字、投资减少、拖欠工资、易货贸易的限制等在内的所有困难，必须采取宏观的经济手段，包括投入资金以满足经济发展的需求、调整军工企业转为中小型民用商业、增加商品的生产量等措施。为了能够赶超先进的科学技术，占领世界和亚洲市场，俄罗斯应该优先在人员和科学领域加大投资力度。如果做不到这一点，那么我们讨论的关于俄罗斯融入亚太区域一体化并构建健康的经济基础只能是一个美好的愿望。

对于整个俄罗斯、西伯利亚和远东地区而言，在融入亚太地区道路上遇到的又一个阻碍是政府现行的地区政策，这种地区政策是普遍存在的。俄罗斯的地方自苏联时期开始就高度依赖于中央的经济、财政和行政管理。这种管理机制在90年代曾经被破坏或严重弱化，然而，取而代之的新机制却没有形成，即没有中央财政拨款，也没有从欧洲部分供应制成品。同时又出现了另外一个问题：交通和通讯费用急剧增加。这无疑加剧了西伯利亚和远东地区与俄罗斯中央地区的离心力，并成为导致国家分裂的重要因素。目前，西伯利亚和远东地区的经济正面临着十分严峻的危机。

从短期和中期的前景来看，俄罗斯融入亚太地区的外部障碍应该包括亚太地区发展中存在的消极现象。首先是亚洲金融危机，其爆发的主要原因在于亚洲新工业化发展模式的错误以及西方大型金融机构的干预，危机导致该地区国家的发展处于更严格的控制之下。日本经济的萧条对恢复处于水深火热之中的亚洲经济和区域一体化产生了不利的影响。如果东京通过的经济恢复计划不能实现，那么大多数亚太国家的经济增长将不可避免地进一步减缓。

其次,亚太地区经济不稳定的重要根源是中国经济增长的脆弱性。尽管,众所周知的是中国的经济改革在近二十年间取得了巨大的成功,但是问题依然存在。北京坚决表示,将保持人民币汇率稳定。但是,很难预测中国能够保持人民币汇率稳定多久。

第三,朝鲜半岛局势持续紧张、印度和巴基斯坦进行核武器和热核武器试验导致亚洲军事政治形势恶化以及军备竞赛的增长,这将对俄罗斯融入亚太地区产生消极的,而不是积极的影响。

此外,还存在一些从历史继承下来的传统不稳定因素,这些因素使俄罗斯与该地区国家的合作复杂化。这些问题包括俄日领土争端、朝鲜半岛复杂局势、台湾问题、中国与部分东盟国家关于南海领土主权争端、由境外华人引发的中国与该地区国家之间的纠纷、这些国家对人民币贬值可能性的担忧等。

综上所述,通过对比分析俄罗斯融入亚太地区的有利和不利因素,我们得出了以下结论:从总体上看,俄罗斯融入亚太地区的形势不容乐观。因此,为解决这些问题,俄罗斯需要制定出全面、缜密、长期的外交战略。

俄罗斯科学院远东研究所的学者们认为,为了保障我们国家未来的战略目标的实现,当前俄罗斯及其对外政策必须适应亚太地区的具体条件。俄罗斯融入亚太地区的首要任务是要开展经济外交,其宗旨是通过对外政策实现俄罗斯的经济复兴。因为,经济实力才是加强俄罗斯国防力量、巩固俄罗斯在亚太地区政治地位最主要的因素,经济实力还能够保证俄罗斯以平等的身份参与到亚太地区正在进行的一体化进程中,并在解决区域安全问题中发挥建设性的作用。与此同时,俄罗斯也必须保证在远东地区合理的、足够的国防力量,并阻止远东地区俄罗斯武装力量的衰弱,特别是俄罗斯海军的衰弱。

俄罗斯在亚太地区的经济外交应该包含以下几个方面:

——为俄罗斯吸引外国资本提供良好的内部和外部条件;
——通过外交手段促进俄罗斯资本、商品以及公民进入亚太地区;
——在力所能及的范围之内参与亚太经合组织和其他地区组织,积极开展多方位经济外交以实现俄罗斯在亚太地区的定位;
——吸取亚洲金融危机的教训并借鉴发生危机国家的经验。

俄罗斯融入亚太地区的条件和手段是实际的、积极的、均衡的经济外交。如果说经济外交的积极性和实用性主要取决于莫斯科,那么均衡性指的是俄罗斯联邦中央和远东地区在理解俄罗斯融入亚太地区的目标上保持一致。为了实现这一目标,中央和地方必须共同认识到俄罗斯在亚太地区的利益。这种相同的认识不仅符合远东地区经济的发展和需求,也符合亚太地区经济和政治发展的趋势。

中国哲学研究的新方向 *

我们已无需赘言,中国的精神文化对现代俄罗斯文化和科学的重要性。俄罗斯和中国在双边政治和经济领域的合作呈现出广阔的前景,两国已经建立了长期战略伙伴关系。这再一次提醒我们肩负着重要的责任——深刻且准确地理解我们东方邻国的精神文明。

遗憾的是,现代俄罗斯社会的弊病动摇了部分知识分子的思想,影响了中国文化研究的方向和论调。社会上出现了也越来越多的出版物,这些出版物大多水平肤浅,过于强调神秘主义和占卜活动。当然,这也是中国文化的一部分,但只很小的一部分,并不是最重要、最具代表性的部分。我们不能不对这种汉学研究上的新尝试表示担忧。

类似的文献一般是面向"精英群体"的,但是,根据读者的需求也可以面向"大众读者",这些读者都希望在中国哲学中寻求摆脱日常琐事的烦扰。可以确信,这种寻求解脱的想法间接地反映了国内知识分子的恐慌和精神的混乱,丧失了对自身文化文明前途的感知。类似的情况在今天的中国也同样存在着。对传统文化进行近似科学的阐释在中国已经形成了稳定的需求。而我们国家出版的很多刊物只是简单地翻译中国不久前刊登的文章。

但是,对于专业研究中国哲学和文化的学者们而言,他们的任务却不在于此。他们的任务是正确认识中国现在和未来的发展道路。在中国,研究中华文明的精神基础已经成为国家的优先计划,旨在重新评价民族文化的财富、破旧立新。在传统中国文化的基础之上,现代中国形成了中华民族同一性的哲学思想。我国的学者们也正在进行这方面的尝试。但

---

* Выступление на конференции "Китайская философия и современная цивилизация". Москва, май 1995 года.

《中国哲学与现代文明》会议发言稿,莫斯科,1995 年 5 月。

是，在我国这些研究还没占到优势地位。

正如我们所见，现代中国的科研工作正在不断加强，有大量的刊物问世。不仅出版了针对专业读者的大量科学专著和原始文献，还编写了面向大众知识分子阶层的关于传统智慧的辞典和文集概论。需要特别指出的是，在中国人们认为传统文化与人的自我学习、自我完善等价值观的形成紧密相关。刘少奇著名的文章《论共产党人的修养》可以看成是这种联系在现代中国的具体表现形式，文章是把新旧道德伦理标准结合起来的一种尝试。

我国的研究者应该重点研究中国文明自我更新、自我发展的原因。我们也需要思考，俄罗斯是否可以向中国的智者学习文明长盛不衰的秘密以及如何使俄罗斯的传统精神适应现代化的挑战。我们知道，1917年俄国十月革命之后中国与俄罗斯文化的密切交流对中国哲学原则的转变做出了一定的贡献。中国哲学开始摆脱内向的封闭状态，并不断接受外部世界的影响。对外开放——有时候可能做得有点过头——也是俄罗斯欧亚文化的本质特点。通过分析现代中国改革的经济和政治根源，不难发现中国当前"开放"的来源是苏联20世纪20年代的新经济政策。俄罗斯文化的欧亚视角对中国的影响可以成为未来研究的一个有趣方向。从本质上说，我们研究的是自我发展的机制，因为文化的和谐共奏可以深化开放的趋势，并由此扩大欧亚主义的影响力。

在俄罗斯政治生活混乱的背景下我们不得不提出这样的问题：是哪些因素帮助了中国的政治精英在近乎绝望的形势下保留颜面？我们认为是他们依据民族的利益形成自己的路线并遵循改路线，同时深深扎根于中国传统的哲学精神。中国精英从长远角度出发，形成了对内和对外问题的战略性观点。和谐统一的精神使中国领导人能够在学习和继承中华文明的同时，成功地将国家带入世界文明的轨道上。这种把全世界和民族利益结合起来的趋势具有普遍的意义，学者应该严肃认真地对待这一趋势。可以确定地说，在中国和俄罗斯普及大众消费文化的尝试不仅会对经济、政治、生态以及其他"外部"因素带来致命的影响，而且它将破坏中国和俄罗斯的内部构成，破坏其独一无二的精神文化，以及在这种精神文化基础上形成的人们对于幸福和人生意义的理解。总之，其结构将导致精神文明更加贫瘠，致使整个人类更加不幸。

然而，精神文化传统不仅存在于全民族意识的层面，而且存在于个人意识的层面,包括个人对人类存在问题的理解,如:探寻生和死的本质、对宇宙和对其他人的态度,以及所有哲学和宗教所探寻的根本问题。人类对生命与死亡的态度是每一种文化传统的精华之所在,因此,在这一领域科学研究不应该让位于科普和入门读物中关于"中国智慧"的理解。

关于这一问题,中国所有哲学流派都区分出了三个本体——宇宙本体、伦理本体和政治本体。在中国思想对生命的理解中,生与死之间没有不可逾越的界限:万物生成,万物繁衍,一切都处于"生生"的过程之中。出生、成长和死亡都是世界变化过程中的片段。因此,在中国的传统中没有对死亡的恐惧。在汉语中"生命"和"命运"是近义词。当我们看见,在中国观看死刑不仅是一种恐吓仪式,而且是一种表演节目时,我们不应该用基督教文明对生与死的理解做出评价。中国传统中一切都体现在统一的宇宙中,每个参与者都发挥着独立的作用。生命被理解为一种道德现象,它不仅与社会政治的地位结构("父""子""君""臣")有关,还与宇宙的秩序紧密相连。破坏生命的节奏就会遭到惩罚,而与宇宙和谐共处才是一切事物和谐共生的基础。这就是中华文明的价值核心,它也对其他文化具有一定的借鉴意义——道德经济和道德政治的思想是中国传统道德政治因素的基础。

中国传统文化认为,最值得尊敬的死是舍生取义(孟子),死后其名字将永垂不朽。因此,自杀在中国的传统中是不受尊重的。但是,如果自杀的动机是为了履行自己对国家的职责或保全自己的名誉,那么这种做法就是完全正确的,甚至会得到人们的支持。我们可以想起历史上不少忠臣集体自杀的例子。这种对待死亡的态度可以与东正教复活节祈祷词"用死亡战胜死亡"相提并论,但还是存在着本质上的区别。在中国个人为职责而死"压制着"为名誉之死,为职责而死的美名会保留在社会历史的记忆之中。

儒家思想中"义"和"利"的不可兼得也反映在生与死的问题上,其具体表现为:最高的"利"是履行职责,而最可怕的是毫无道德观念的生命和死亡。同时,道德的标准是为社会服务和自身的劳动。当一个人脱离道德时,那么"死亡的力量(死力)"就会战胜道德的力量。中国古代哲人荀子说:"人之所欲生甚矣;人之所恶死甚矣。然而人有从生成死者,非不欲生而欲死者也,不可以生而可以死也"。墨家发展了这些观点,他们强调,有道德的人生是建立在个人劳动的基础之上的(赖其力者生,不赖其力者不生)。孟子也阐述过同样的观点。中国的传统中普遍存在的为共同利益而自我牺牲的精神具有强烈的感情色彩。我至今记得1958年在北京大学听过陈伯达的演讲,他说要搭建"人桥"通过台湾海峡以实现登陆台湾岛的行动,为此,即使牺牲3亿人口也在所不惜。当然,这个行动并没有付诸实施。但是,在武汉发生大洪灾时,地方守卫部队的士兵们确实用自己的身体搭建起了一座大坝。

个人永生的思想是随着佛教和基督教而传入中国的。佛教和基督教在中国的传播恰逢中国社会遭遇衰落和危机的时刻。与此同时,中国自古以来就有祭祀祖先的传统,这具有明显的道德伦理特征,但是,这种仪式只与姓名的永生有关,而不是灵魂的永生。然而,灵魂在人死后也不应该不知所措地游荡。所有这些都可以称为中国人对于"死后"的认识。中国人并不关心"死后"是什么样子,完成祭祀仪式已经是子孙的事了。研究这些问题非常重要——因为只有准确地理解这些最基本的问题才有可能在文明之间展开内容丰富的对话。

汉学和现代生活[*]

帕·科拉迪尼在圆桌讨论上提出的问题具有十分重大的现实意义。来自欧洲、亚洲、美洲不同学术流派和方向的学者们就现代汉学的地位和作用问题达成了共识,这对准确评价中国在现在和未来世界的作用具有格外重要的学术和实践意义。同时,这对预防思想和政治谣言、恐慌来说也非常必要。19世纪和20世纪的历史已经多次见证了这种谣言和恐慌,它导致国际社会爆发了严重的冲突,破坏了世界不同国家和民族合作的基础,用对抗代替了文明之间的对话、相互影响、相互丰富与合作。

过去汉学在每个国家的功能因所处的历史阶段不同而不同。但总的来说,除了最初的政治目的之外,汉学也为各国与中国建立联系做出了巨大的贡献。不论如何,通过学习中国的语言、历史和民族文化,汉学最终为西方文明和中国文明之间的对话开辟了道路。需要承认的是,这种对话的方式并不总是恰当的。直至20世纪中叶,这种对话通常带有不平等的特征,主要是来自西方的压迫。

---

* Выступление на «круглом столе» профессора П. Коррадини. Нордвикерхут (Нидерланды), июль 1998 года.

П. 卡拉吉尼教授"圆桌论坛"发言稿,诺德韦克豪特(荷兰)1998年7月。

与之不同的是,苏联与中国之间的文化对话和政治交流则是建立在完全不同的基础之上的,即团结、相互支持和平等的精神。但是,20 世纪 50 年代—80 年代苏中关系破裂的历史悲剧表明苏联对中国的友好态度并不是真正的平等。因为,苏中关系被定义为"兄弟"关系,然而,拥有悠久帝国传统以及强烈的民族自我认同的中国却是"小弟",尽管中国当时在经济和军事方面处于弱势。

苏联汉学界在 20 世纪 20—30 年代以及第二次世界大战之后都对中国的民族解放运动提供了思想上、道义上和物质上的支持。俄罗斯社会科学院远东研究所与柏林自由大学东亚中心共同出版了来源于共产国际和苏共中央政治局的档案文集《共产国际、联共(布)和中国》(1—3 卷)。该文集充分地证明我国汉学家的优点和缺点对共产国际、联共(布)最高领导人以及中共领导人(尤其是在莫斯科学习过的中共领导人)的战略制定、思想形成和政策决定产生了一定的影响。

那么,汉学是否推动了两国之间的相互理解呢?答案是肯定的。而且,汉学在促进两国的相互理解中还有巨大的潜力。我们对此确信无疑,因为,这是通过认真分析俄中两国近五十年交往的经验得出的结论。从长远考虑只有科学的汉学研究才能促进两国达成真正的相互理解。五十年代我国汉学界曾经受到意识形态的影响,并将中国理想化,而且不加批判地研究中国的发展和双边关系,后来到赫鲁晓夫时期汉学研究严重背离科学研究的原则——所有这些都造成了莫斯科和北京之间愈加不理解对方,并最终导致了苏中关系的破裂。关于苏中关系破裂的原因经过了三十多年才或多或少形成了相对客观的评价。对中国在国际舞台上的作用和利益的正确理解帮助我们在平等和睦邻共存的基础上成功制定出了苏中关系正常化的思想。苏中关系正常化的真正实施是在勃列日涅夫生命的最后一年开始的,戈尔巴乔夫继续了这项事业,由叶利钦最后完成。两国最终签署了建立面向 21 世纪的建设性战略伙伴关系的协议。在新形势下,俄罗斯汉学也为发掘两国合作的潜力并克服双边关系中存在的障碍做出了巨大的贡献。

众所周知,一些政治学家怀疑汉学在促进西方文明和中国文明发展中的作用,他们提出"历史终结论"的观点。但是整体上说,大多数的知名学者都认为汉学在推动文化之间相互丰富和开展建设性的对话中起到了协同作用。这里需要指出的是,传统汉学和现代汉学具有同样重要的意义。重要的是保持汉学在学术上的独立性和思想多元化,同时避免意识形态和政治的过度参与。

在我们看来,汉学在现代世界中的作用是多方面的。首先,汉学具有将中国作为世界历史的主体进行系统研究的丰富经验,它有助于从文明间关系发展史出发,制定最合理的政治和经济全球化的思想,创新合作的形式,在多极世界中建立文明间关系的新秩序。

最近发生在东亚和东南亚地区发生的金融经济危机表明,思考文明的特征以及建立在其基础上的地区主义和各种形式的民族主义具有重要的意义。从整体上看,汉学和东方学即使没有完全克服,至少在很大程度上缓和了西方对亚洲文化扩张产生的诸多不利后果。这种文化扩张的表现是使传统文化的国家全面西方化。汉学有助于儒家文化圈国家的民族文化不断适应全球化世界的新现实。同时,它也使西方国家能够更加清晰地看到东亚文化的优点,并意识到东亚文化接受西方文化的界限。因此,掌握这些国家的国情知识必不可少,这对不同文明之间开展建设性对话,深化文明间的相互影响和长期共存起到重要的调节作用。总之,我们认为汉学的积极作用在于,它有助于"不同社会和文化之间从对话和交流深入到相互理解与平等合作"。

是否可以把汉学与人文知识的其他学科区分开呢?关于这一问题存在着不同的观点。我们不仅是世界一体化和全球化的见证者,也是关于这个世界知识一体化和协作的见证者。从这一点看,将汉学作为一门独立的综合性科学可以认为是屈从于旧的传统。然而,在现实的科研过程中存在着两种趋势,二者相互作用,任何一种趋势都不应该被忽略或打压。一方面,汉学转变为更加广泛、更加深刻、更高水平的总结性和抽象化的知识。这时汉学内所包含的全部知识就成为其他科学的一部分——经济学、生态学、历史学、社会学、人类学、文学、宗教学等。另一方面,中国是一个特殊文明的国家,拥有悠久的历史、传统和文化,研究这样的国家需要综合的研究方法,掌握专门的语言、文化和历史知识。这种情况说明有必要保留汉学作为人文科学特殊学科的地位。离开其他人文科学取得的成果或者将汉学与普遍的人文知识相对立,可能导致汉学知识的贫乏和边缘化。同时缺乏对中国历史文化和语言特点的认识也将导致汉学脱离自己的研究对象,产生抽象的知识(也就是丢失了中国作为特殊文明的知识)。

我们要单独讨论一下国外的汉学与中国学者的研究之间的关系。中国国内以及中国的海外人士都逐渐认识到，国外的汉学知识是有价值的，能够帮助中国和中国文化向世界开放。这是对国外汉学研究的重新评价，告别了过去那种意识形态的恐慌，不再认为国外汉学是"殖民主义者和帝国主义者的科学"。现在，中国出版了一系列关于海外汉学研究的杂志和手册，简要概括国外学者们的著述。在中国还出版了关于苏联汉学研究的专门刊物和索引。1998年初出版了《世界汉学》第一卷，其中介绍了西方主要的汉学流派。

基于俄罗斯科学院远东研究所的工作经验，我想指出，中国大陆和中国台湾地区都很有兴趣与俄罗斯学者合作研究中国近现代史、中国哲学、中国宗教、人口和生态问题、经济改革问题、市场经济建设等问题。总之，过去的成见已经成为历史，取而代之的是相互尊重和开放对话。今天，真正实现了"百花齐放，百家争鸣"的原则。遗憾的是，我们也必须承认：我们无法保证不会出现冒名的"园丁"，他们按照自己的意志决定哪些花是好的、是香的，哪些花是有毒的。

随着中国和整个亚洲在世界舞台地位的变化也产生了巨大的挑战，为了应对这些挑战，我们认为，应该综合性地研究东亚现代化模式、儒家文明价值观在改变中国和东亚国家经济和政治结构中的作用、中国社会主义市场经济和政治体系的转变等问题。俄罗斯科学院远东研究所每年召开两次国际性的会议。其中一次是跨学科的国际会议，主题为"中国、中华文明与世界：历史、当代与未来"。目前，此类跨学科的国际会议共举办了八次，每次会议都有一百多位学者参加，其中参会的外国学者人数达到35位。

考虑到中国哲学和儒家思想在中华文明价值观体系和社会伦理规范的形成中具有特殊的作用，中国哲学国际协会俄罗斯分会和俄罗斯科学院远东研究所东亚文明比较研究中心每年春天都举行题为"中国哲学和中国文明"的学术会议。通过整理会议发言人的报告我们共出版了两本论文集。会议上还讨论了《中国精神文明》百科字典中的关键性问题。《中国精神文明》百科字典计划于2000年问世，这是远东研究所与中国学者和俄罗斯其他研究中心的汉学家共同合作的成果。

有人提出要在某所大学或者研究所建立一个研究中国或亚洲的"中心站"，这里将汇集欧洲和全世界各个图书馆的图书资源数据。我们完全支持这种提议。俄罗斯收藏了大量罕见的中国文献手稿、中国古代百科全书、敦煌出土的手稿和藏文的手稿等。这些珍贵的藏品集中在俄罗斯科学院社会科学情报研究所的汉学图书馆中,共有三万多件分别收藏于圣彼得堡、新西伯利亚、符拉迪沃斯托克、乌兰乌德、克孜勒、喀山和其他城市的东方学院分部。

自1998年底,俄罗斯科学院远东研究所在自己的网站上扩充了俄语和英语的信息。并计划在网站上刊登我们研究所关于中国、日本和韩国问题研究的主要著作以及《远东问题》杂志上的论文。除此之外,我们学院还建立了"中国大厅"和"中国"文化信息中心。在"中国大厅"陈列着与中国文化相关的展品,在"中国"文化信息中心可以直接接收北京的电视节目,还有关于现代中国和中国台湾地区的电子数据库。我们还与中国和欧洲的许多研究中心进行书籍交流活动,只要国外的同仁提交申请,我们可以将俄罗斯出版的有关中国的著作翻译成英语提供给他们。

最后,我想对俄罗斯汉学的历史和现状做出简要的总结。18世纪在耶稣会传教士的推动下在欧洲形成了理想化的中国形象,这对俄罗斯也产生了重要的影响,即对中国、中国历史和文化的敬意。俄罗斯汉学研究的特点是它具有独特的欧亚主义精神,强调以平等的态度对待中国和中国文明,追求文化之间的相互理解、相互丰富与和谐共奏。

当然,四百年的俄中关系风云变幻。与我们上文提到的趋势并存的还有政治汉学(我们指的是与政治局势有关的著作)中所谓的"黄祸论"思想。目前这种论断主要表现为两种形式,并具有一定的国际性影响。这里我想指出的是"中国威胁论"和文明冲突论,前者是基于中国整体实力的增强而提出的,后者强调中国儒家文明不断扩张、不愿在民主和人权领域接受西方的价值观体系。因此,我想强调的是,俄罗斯汉学的欧亚主义方法使我国的汉学成为俄罗斯和中国之间开展文明对话的重要因素。我们认为,一方面,这种文明间的对话有助于丰富,并且已经丰富了俄罗斯文化的亚洲内涵,改善了人与人之间和民族间的关系,促进了文化、医疗、健康和饮食等方面的发展。另一方面,这种文明间的对话还打破了封闭的传统和中国中心主义的思想。换句话说,这种对话扩大了中国精神文化和政治文化的开放度。这一点清晰地体现在俄罗斯文学和苏联文学对中国文学的影响上,同时,俄罗斯政治发展史和思想体系对孙中山、毛泽东、邓小平等中国革命领袖的政治运动和解放思想也产生了巨大的影响。当然,这并不意味着这种影响总是具有建设性的和积极的特点。

我认为，俄罗斯的汉学形成了优良的传统，即以历史的方法和对比分析的原则全面研究中国。与此同时，研究的重点是所有一手的汉语资料，并吸收国外汉学研究的全部成果。从这一点看，可以说俄罗斯汉学在世界上具有最高的科学对话开放度和信息度。俄罗斯科学院远东研究所和俄罗斯科学院社会科学情报研究所定期摘录所有国外学者的重要研究成果，包括汉语、英语、德语、日语、法语、意大利语、西班牙语和斯拉夫语的文献。此外，我们还定期出版《汉学》杂志，该杂志由我们研究所与俄罗斯科学院社会科学情报研究所联合发行。由于财政困难，近三年来该杂志没有定期发行，但是，远东研究所始终坚持对国外出版物进行摘录。

目前，俄罗斯科学院远东研究所用俄语和英语出版学术杂志《远东问题》，由此可以看出，俄罗斯汉学研究的开放性，俄罗斯汉学家也愿意与国外研究中国和亚洲问题的同仁们进行对话。以前这本杂志还有日语版和西班牙语版。我国汉学家出版的著述通常都附有英文摘要。遗憾的是，西方同仁对俄罗斯学者的成果知之甚少。该杂志只有150名左右的国外订阅者，尽管国外读者对该杂志的评价很高。

当今俄罗斯的科学正经历着困难的时期。商业文化和政治文化还没有发展到能够理解科学对它们成功的重要性。因此，近五年来预算拨款缩减了近六成。学者们也被迫处于十分贫困的状态。

近年来，学者们的研究工作被排挤到次要的位置，在这个社会政治转型的复杂时期首要的任务是寻找生存之路。最令人担忧的是，研究人员年龄老化严重，而年轻人又无法接受微薄的工资。为了生存，学者们不得不寻找各种额外的收入或打理自家的菜园以添补家用。

我国的汉语研究面临的一个重大问题是，科学已经从过去意识形态的框架内解放出来，如今它需要面对全新的、有时是残酷的政治和思想规则。执政者需要的不是知识和客观的科学研究，而是为政权辩护的思想，这些思想通常来自于研究所或者科学院内部的某些研究中心。

尽管俄罗斯政府和社会承认俄罗斯东方学家和汉学家对于俄中关系正常化，两国关系的全方位发展和俄罗斯融入亚洲起到重要的作用，然而，用帕·科拉迪尼教授在欧洲科学基金会亚洲委员会上的话来说，俄罗斯政府对于汉学研究的资金支持远远不够。在这种条件下，中国大陆、中国台湾地区和韩国慈善基金会的大力支持以及欧洲汉学家联合会同仁们的鼎力相助对我们来说意义重大。我的同事们请求我转达对国外基金会和欧洲汉学家联合会最诚挚的谢意,感谢各位在精神和物质上给予我们的大力支持。

(吴扬 译,刘宏 校)

俄中友好关系是保障东亚安全及实现跨文化对话的重要因素[*]

实践证明,《俄中睦邻友好合作条约》(2001年7月16日)的签订符合两国人民的长期利益,并为双方的发展创建了安全有利的外部环境,有利于维护亚洲乃至全世界的和平、安全与稳定。

近年来,俄中两国形成了全方位、多层次、高质量的合作格局,建立了两国国家元首和政府首脑定期会晤机制,并在此基础上解决双边合作发展中面临的问题。

在坚持《俄中睦邻友好合作条约》的基础上,2004年普京总统对中国进行了国事访问,进一步巩固了俄中两国的友好关系、深化了两国的战略协作伙伴关系。此次访华期间,俄中边界问题得以最终解决;就俄罗斯加入世贸组织的问题进行了磋商;双方批准了《〈俄中睦邻友好合作条约〉实施纲要(2005—2008年)》;拓宽投资合作领域;在能源、经济和教育领域发展长期互助的合作关系。双方就共同反对毒品走私、非法倒卖武器、非法移民以及经济领域犯罪的行为达成共识,并表示在上海合作组织的框架下加强双方的合作。

此次访问表明,俄中两国合作的进一步深化发展将成为促

---

[*] 本篇选自:М. Л. 季塔连科,《远东的地缘政治意义:俄罗斯、中国及其他亚洲国家》,莫斯科,2008年。(Титаренко М. Л. Геополитическое значение Дальнего Востока. Россия, Китай и другие страны Азии. -М. : Памятники исторической мысли, 2008. —624 с.)

进俄罗斯东部地区和中国西部及东北部地区经济共同发展的有力因素之一。同时,两国间的合作在改善国际形势、消除霸权主义和平衡国际政治力量中起着重要作用。

与此同时,由于中国国内形势的发展变化和国际舞台的变幻,俄方对俄中双边关系的发展并不持盲目乐观的态度。俄方当前面临的任务是——坚定不移地支持中国和中方市场。双方不仅要积极采取有效措施深化两国战略合作伙伴关系,同时要丰富国际政治、经济和人文文化领域合作的内涵。

中国新一代领导集体继承了对俄的传统友好关系,并高度重视发展对俄关系。在这方面,中国政府在推进俄中双边关系发展中始终遵循以下四项原则:增强政治互信;深化两国经济贸易合作;在战略问题上保持密切磋商;拓宽社会交流与合作。

俄罗斯十分关注中国的发展和社会稳定。俄罗斯对华经济出口额实现6—7%的年增长率,这同时扩宽了双方在经济和政治领域的合作。

俄中经济发展可能出现以下三种情况:

情况一:从俄中合作和巩固俄罗斯联邦的世界地位角度看,俄中两国经济并行增长不失为一种积极的发展态势。此情形的实现不仅需要俄中双方的共同努力,同时还需要有利的国际环境和世界经济形势作保障。在此,俄罗斯领导人和俄罗斯社会政治力量团体特别指出从中国广泛吸收劳动力和投资来开发西伯利亚和远东地区的必要性,如开采矿产、发展基础设施,其中包括租让的基础设施等。这就要克服已形成的偏见。

情况二:中国国民经济的快速增长和质的提升并未促进俄罗斯经济发展的结构优化和经济潜力的相应增长。在此情况下,俄中两国的战略伙伴关系将逐渐退居次要地位,而仅仅把俄罗斯看成是中国的原料基地和市场。

情况三:在较长一段历史时期内,俄中两国经济均不能保持快速发展。此种情况下,美国和西方所控制的世界经济和政治格局将会得到进一步的巩固和发展,而俄罗斯将面临大量涌入的中国难民的威胁。

俄中经贸关系

近年来,双边经贸关系呈现积极发展的态势。双边贸易额的逐年增长证明了这一论断。

与此同时,俄中经贸合作的规模有待进一步扩大、贸易结构亟待完善。例如,2004年俄中两国贸易额(包括"灰色地带")要低于中国与其他主要贸易伙伴的贸易额——中美贸易额(1260亿美元)、中日贸易额(1340亿美元)、中国与欧盟贸易额(1250亿美元)。相互投资数额小——总计数亿美元。中国国务院总理温家宝访问莫斯科(2004年9月)时指出,中方计划到2020年对俄投资不少于200亿美元,即每年8—9亿美元。显然,在此种情况下,投资合作质的提升并不会明显地显现出来。俄罗斯对华出口商品结构中以原材料和初级产品为主导,而机械和设备的份额仍持续下降——甚至军事通信技术和设备的供应也在下降。

需要特别注意的是向中国供应原料的问题。俄罗斯国内反对其成为中国原料附属国的呼声不断,而在中国国内面临的首要问题是——能源合作领域的一系列大型合作项目处于停滞不前的状态。这种趋势将对俄方产生一系列潜在的负面影响。首先,中国同俄罗斯在能源领域的合作处于政治经济的优先地位;其次,中国正逐步成为东亚地区的经济大国,因此,俄罗斯加入区域经济和政治组织的可能性将在很大程度上取决于中国政府;第三,中国在实施北部方案的同时,也在积极探寻获取石油和天然气的其他渠道(包括从中亚进口)。在此种情况下,俄罗斯拒绝向中国大规模地供应石油很可能会进一步激化两国之间已有的矛盾,并使俄中两国的全面战略协作伙伴关系陷入僵局。俄罗斯同意通过铁路运输增加对中国的石油供应量,这无疑是一个正确的解决方案,但这只是临时的、折衷的方案。

双边经贸关系的不断发展为俄中两国关系的全面向前推进提供了充分的保障。普京总统在访华期间(2004年10月)再次强调了两国经贸合作的现实目标——在5—6年内使双边贸易额达到600亿美元。

俄中经贸合作的现实物质基础为双边贸易额的增长和经贸合作形式的多元化提供了广阔的发展前景。其物质基础主要表现在:

——中国对俄罗斯出口的一系列主要产品表现出浓厚的兴趣,尤其是石油、天然气、木材、部分有色金属;此外,中国对其产品在俄罗斯市场上的销售也高度重视;

——俄罗斯中低收入者对从中国进口的日用消费品表示出浓厚的兴趣,这些产品在俄罗斯起着重要的社会作用,尤其是俄罗斯东部地区;

——在客观上,俄罗斯积极利用"中国因素"来推动其亚洲部分的经济增长,促进俄罗斯亚洲东北部地区与亚太地区充分实现一体化。

可以说，当今的俄罗斯正处于临界状态：俄罗斯或是表明自己的政治意愿，即在开发西伯利亚和远东地区（俄罗斯同步参与到中国对西部和东北地区的经济开发中）问题上同中国展开广泛的合作；或是屈服于"中国威胁论"的偏见，放弃此次合作机会，在客观上保持俄罗斯亚洲地区的地缘政治敏感性，并接受由此而带来的一切后果。

在此要强调一点，"中国移民"问题被人为地增添了政治色彩，而在俄罗斯的中国人的实际数量并不多——20万—30万。当下重要的是以法律为基础，积极吸引中国的劳动力（俄罗斯需要的劳动力），并培养俄罗斯公民的种族宽容性意识。

俄中军事技术合作是衡量俄中政治互信的重要指标之一。但在该领域的合作中也存在着一系列问题有待解决。如，对俄中全面军事战略平衡可能遭到破坏的担忧；以及大众的恐惧，包括对俄罗斯的科研、技术工艺及知识产权非法或近乎无偿地流入中国的担忧；俄罗斯作为主要的对华武器出口国，在中国政府和中国台北发生武力冲突时要承担潜在的责任；对中国快速缩减从俄罗斯大规模进口武器的担忧。

俄中两国在国际舞台上的合作以及影响两国关系的因素。中国新一代领导人强调，始终坚持"独立自主的外交政策"方针，并在此基础上增加了"以人为本""中国和平崛起"和"坚决打击一切形式的恐怖主义"的新内容。同时，中国政府考虑到不断变幻的国际形势的需要，在国际舞台上的活动表现出透明的民主化，在强化中国人的爱国主义精神的同时，加大对境外中国公民利益的保护力度。

中方强调坚定不移地走和平发展的道路，中方将与世界各国一道，积极开展合作，共同协调发展。从整体上看，现阶段中国政府的对外政策主张以及国际的大环境有利于俄中两国在国际舞台上的合作。但同时，在全球以及区域范围内，甚至是在俄中双边关系框架下仍存在着一些影响两国关系发展的因素，它们既可能促进俄中关系的进一步发展，也可能使两个大国的邻里关系复杂化。

从全球范围看，大国间关系的升温以及新国际威胁的出现为巩固并加强俄中两国关系的积极发展提供了先决条件。俄中两国政府在世界多极化的趋势下共同努力创建国际政治经济新秩序，也面临着共同抵抗国际恐怖主义和太空军事化问题的新任务。

同时，在全球化问题上俄中双方的立场存在着分歧。与在国际市场上仅在烃类原料出口方面保持高竞争力的俄罗斯相比，当下积极参与全球化进程将给中国带来更大的机遇（全球化进程为中国在国际市场上广泛推销商品和劳务提供了非常有利的条件）。在俄中两国从全球化进程中谋求各自具体利益的同时，常会出现与两国政府在该问题上发表的声明相抵触的现象。但在总体上，从世界范围来看，俄中双边关系的发展潜力明显超过两国间立场的不协调性。

从区域环境因素角度——东北亚及东亚——更加复杂。由于近些年来中国在该区域的地位明显提升，中国不再被视为区域性影响因素，而被看作在国际力量中扮演重要角色的大国。有时，这种情形使中国偏离了与俄罗斯共同行动的路线，对俄罗斯的利益考虑不周。俄罗斯经济和军事上存在的弱点导致中国分析家们在地缘政治和地理经济层面对该区域政治力量进行排序时有时会忽略俄罗斯，而出现：中国—美国—日本和中国—美国—日本—韩国的局面。要从根本上改变此种状况，首先要切实解决俄罗斯远东的发展问题。

虽然，俄中两国关系处于稳定发展阶段，但美国的对华、对俄政策在一定程度上影响着俄中关系的"冷暖"和发展程度。

过去十年的经验表明，在中美关系激化的情况下，中国会努力加速发展中苏（俄罗斯）关系以作为补偿。但这种单纯的依附关系并非经常起作用。当下中国政府并不想与美国的关系恶化，两国关系的恶化将会导致中国在经贸和科技合作重要领域中所保持的优势地位发生动摇。2001年春，美国曾把中国看作其在亚洲利益的最大威胁，而在 2001 年 9·11 事件后，美国将力量集中在抵抗包括恐怖主义在内的"非传统威胁"上，并开始把中国视为其致力于建设反恐战线的重要合作伙伴。由此可以看出中美矛盾的根源，双方的抱负以及双方在全球范围内的角逐不可避免。提及长期因素主要是：很大程度上，中美在文明、社会政治以及意识形态、价值体系方面存在着不可调和的矛盾；不断发展壮大的中国在未来可能对美国的霸权地位提出挑战；中国与美国及世界其他国家在能源问题上可能出现竞争。

在众多问题中，台湾问题尤为突出。美国政府把台湾问题作为调整其与中国关系的杠杆。在不愿破坏与西方国家关系的情形下，中国政府应把台湾问题定位为历史遗留问题。显然，台湾问题并不会长久地悬而不决。至于俄罗斯，认为在台湾问题上没有回旋的余地。在台湾问题上，俄罗斯政府的立场可以描述为"三位一体"的模式：台湾问题是中国的内政问题；我们反对将其国际化；支持和平解决台湾问题，确保亚太地区的稳定。中国政府高度评价了俄罗斯对"一个中国"政策的支持。

在谈及美国因素对中国政策的影响时，不得不关注中美关系中美国政府的优势地位，这不仅源于双方在物质—金融上的互补，同时也因为在金融问题上美国在一定程度上可能冻结中国成功实现经济、科技发展的战略目标，甚至封锁中国的对外政策。

事实上，中国政府再次运用经典的中国外交手段——放弃战略主动权来换取对双方有利的中间状态，以使主要的矛盾载体间获得平衡。尤其是近来频繁出现在中国政治刊物上的论题证明了这一点，如"中国不应扮演推翻现有国际秩序的主要领导者""当前的战略任务不是反对霸权主义""中国仍是发展中国家，不应谋求世界第一的位置"，总之，最后的结论是，中国不应企图与美国争夺在世界舞台上的优势地位。对于中国领导人来说，在处理与美国关系时必须始终保持上述的立场。

所有这些都说明，中国领导人在外交上倾向于坚持一贯的"隔岸观火"和"坐山观虎斗"的战略。

美国多次卷入穆斯林世界冲突和朝鲜问题争端中，同时，美国同日本和欧洲矛盾的加深使美国疏远中国，这些都为中国政府提供了契机，使中国可以完成邓小平同志的遗训，把力量集中在制定自强发展及"和平崛起"（"和平发展"）的长久政策上。

中美两国以削弱各自与俄罗斯的关系来巩固中美的战略伙伴关系，这对俄罗斯来说无疑是最坏的情形。因此，消除一切阻碍俄中战略协作伙伴关系正常发展及两国战略发展方向的因素显得尤为重要。

若从军事政治方面看，中国政府认为俄中关系的不和谐主要源于俄罗斯在全球的政策以及俄—中—美的三角关系，但这些问题在2001年两国签署《俄中睦邻友好合作条约》后均已解决。无疑，该条约的签署具有重大的国际意义。中国政府在很大程度上受益于该条约，它是促使美国政府调整对华政策的主要原因之一。但俄罗斯在北约东扩、美国部署国家导弹防御系统和战区导弹防御系统，以及美国退出反导条约问题上的立场在一定程度上触犯了中国的利益。随后，美国又在一向被中国视为稳固的后方且在俄罗斯影响下的中亚地区部署军事基地。类似事件的发展对俄罗斯以及俄中关系的负面影响显而易见。虽然，这些在中国政府的官方声明中没有直接反映出来,但俄罗斯政府在未与中方进行应有磋商的情况下而仓促地做出单边退让的行为,在中方看来俄罗斯已放弃了自己独立的立场并在俄罗斯外交上再次倾向了亲西方政策。很明显,正是由于上述原因,俄中两国在伊拉克问题以及其他一些问题上所持的立场出现了某种程度的分歧。

印度因素对俄中关系的影响不断增强,主要体现在两个方面:欧亚大陆最大国家间的三边合作,以及中印两国政府在调整与俄罗斯的合作关系中所表现出的互不相让的争夺,首先体现在军事政治和国际领域。由俄罗斯科学院远东研究所组织举办的三国学术研讨会已成为巩固和加深俄罗斯、中国、印度三国互相理解和合作的重要因素。

日本因素对俄中关系的影响是单边的。虽然有积极的方面,但日本政府的消极影响因素占据了主要地位。主要表现在:日本政府介入俄中建设安加尔斯克—大庆管道的问题,并阻挠俄罗斯加入亚太地区主要的区域性组织以及参与亚欧峰会;同时,日本加紧与朝鲜政府在一些次要问题上的谈判。此外,日本政府企图回避二战、重新审视二战结果,并向周边国家,如俄罗斯、中国和朝鲜提出领土要求。

上合组织的制度化对俄中合作的发展起着积极的影响。在上合组织框架下成立的反恐中心使俄中两国可以共同对抗双方边境问题地区的恐怖威胁(如:分离主义、极端主义、恐怖主义、毒品交易等)。并在此框架下制定大型经济项目的合作方案。

在此想再次强调一下,总体上看俄中两国间具有广阔的合作前景。对俄中两国来说,全面深化合作,在经贸合作与社会合作的基础上,进一步谋求两国的共同发展不失为一种积极的方案。此方案的主要优点在于:可以给西伯利亚和远东地区的发展带来长久的推动力;巩固俄罗斯在东北亚及亚太地区的地位;使俄罗斯与世界接轨并从世界经济全球化中获得现实利益。

未来十年发展的重点应放在充分运用俄罗斯的比较优势——能源储备、辽阔的疆域和直达交通上,而这些有利条件正是中国所需要的。大规模吸收中国对西伯利亚和远东地区的投资,并联合俄罗斯制造商解决中国东北和西部地区的发展问题,这将促使俄罗斯机械制造联合企业的复苏——首先革新技术,然后大量生产现代产品。

俄中文明间的相互作用不仅在客观上为 20 世纪 50 年代两国的科教

和文化交流提供了传统因素,同时,使两国更深刻地意识到两国的民族精神和价值体系有别于西方,两国领导人都批判性地学习国外社会改革的方式。俄中两国文明间的对话拥有稳固的基础,同时,两国文化大规模地相互传播,在中国有65所高校把俄语作为主要专业,而在俄罗斯有35所高校将汉语作为主要专业。

在欧亚大陆上扩大西伯利亚和阿尔泰地区的社会经济和语言文化联系具有特殊的意义。值得一提的是,1998年和2002年分别在北京、莫斯科、伊尔库茨克、符拉迪沃斯托克和巴尔瑙尔举行了学术研讨会,这些会议主要探讨一些与俄中两国的社会经济、文化和政治形势以及文化中的语言因素、语言中的文化因素相关的政治和社会文化对话问题。由俄罗斯研究所组织的类似的学术研讨会在中国的北京、哈尔滨、长春、大连、沈阳、天津、上海、武汉、南京、重庆、乌鲁木齐、广州等城市召开。

俄中两国文化、科技和经济合作的历史与俄罗斯汉学家的积极活动密不可分。由于俄罗斯学者积极吸收中国文明的精华,使我国的科学、文化和生活变得更加丰富多彩。近年来,随着俄中两国互信的不断加深,以及政治、科技和文化联系的不断扩大,俄罗斯社会对中国、汉语和中国文化的兴趣有了很大的提高。中国文化因素,如中医、针灸、中医保健按摩、武术、气功等在俄罗斯的流行也丰富了俄罗斯人的社会文化生活。俄罗斯的政治家和重要的社会活动家常常引用中国自孔子到邓小平等智者之言来表达其思想的深邃,并试图用它们来影响大众的思想。

俄罗斯文化的杰出代表人物对中国保持着高度的关注和敬意。如,罗蒙诺索夫、普希金、伟大的俄罗斯汉学家比丘林(雅金福)、别林斯基、车尔尼雪夫斯基和门捷列夫等不仅关注中国人民对世界文明做出的贡献,同时对俄中两国人民在精神层面持有的相似的世界观也高度关注。在此层面俄罗斯伟大学者门捷列夫做了如下描述:

"傲慢的中华民族将俄罗斯同其他异族一样一并称为'蛮夷',但我们俄罗斯民族善良的本性使我们不能断绝与中国人民的友好往来,在危急关头我们不止一次地向中国伸出援助之手。恐怕世界上没有任何一个国家能像俄罗斯这样给予中华民族以公正的评价。中国人保持着强烈的家庭观念,并在所有的历史纠纷中遵循其先哲热爱和平的观念。与中华民族相比,其他民族更易于消亡或是与外来民族融合。人们并未真正地了解中华民族,他们只是从现代中国的外在表现来对其进行评价,认为这是一个保守、衰落的民族。然而,他们忘记了正是这个民族早于欧洲人发明了文字、造纸术和印刷术,而且她反对战争、拥有伟大勤劳的农民、不崇尚贵族特权、尊敬先哲和学者,她是一个善良忠诚的民族,她还发明了指南针和天文计数法,以及我们一直使用的棉花织布技术、获取桑蚕丝的工艺、制造瓷器和茶具,发明了火药等等。大多数欧洲人都秉持着一种高傲的态度俯视中国人,而俄罗斯民族并未参与其中,要知道中国人是区别对待'蛮夷'的,他们对俄罗斯人要比其他民族更加友好。当然,这也与俄罗斯人拥有像中国人一样的随和、爱好和平及友善的本性有关。所有这些都是两国同盟的先决条件,然而在历史和未来中还孕育着更大的潜力……

明智的中国人应该清醒地意识到,若没有俄罗斯的鼎力相助中国不可能发展到现有的状态,若不是以俄中同盟为支撑中国会面临很多的威胁,在俄中同盟的框架下一切都可以得到最大限度的保障。如果说现代的中国有充分的理由等待从俄中同盟中获益,那么更不用说俄罗斯了,我们也将大大得益于该联盟。

曾经落后的中国正逐步地发展壮大,与从前的中国相比,我们与这样的中国发展友好关系更加有益。中国和俄罗斯都是爱好和平、有着强烈的家庭观念、随和、坚忍不拔和崇尚教义的民族。俄罗斯的优势在于她早于中国向欧洲开放了门户,而中国要比其他民族更早地开始遵循倡导善良品性的祖辈的教诲,并坚决反对恶行,与其斗争到底。

俄中同盟将是所有和平同盟体的先驱,因为它拥有超过世界三分之一的人口,它是一个和平、保护的同盟体,而且两个盟友相互间有紧迫的国内需求,在资源方面没有任何一个国家能与两国相比,俄中两盟友间不会、也不习惯以武力来威慑对方"。

虽然"俄中同盟"看来可以为两国关系在未来的友好发展奠定基础,但是我们仍需认真思考伟大的爱国主义学者提出的深邃的、具有现实意义的预言。

俄中文化以及东正教与儒家学说间的相互作用,甚至是东正教与佛教、伊斯兰教间的接触填补了两国少数民族文化对话的空白。

当然,俄中关系日益发展的方案并不是两国关系的保障。两国关系的发展需要两国领导人政治意愿的引领,需要坚持不懈的努力并时刻考虑到双方的利益、反对一切在两国间已有的和可能的摩擦中起直接或间接作用的外部力量的干扰。然而,此发展方案的实施将会使俄中两国获益颇多。可以说,以当今中国的发展为导向是增强俄罗斯实力最自然有效的方式。

现在,中国作为区域性大国的地位得以最终确立,使其有机会谋求亚太地区的领导权,甚至中国可能作为一种新的强大的世界力量出现在国际舞台上。正是这些因素使中国在俄罗斯实现其民族利益的过程中扮演着重要的角色。从这个角度来看,正如一百年前门捷列夫上述所指出的那样,俄中双边友好关系的意义受到高度的评价。

从国际政治的全球层面来看,俄中两国的利益可以达到最大程度上的吻合,这为两国提供了广阔的合作空间。在全球层面中国还是一个新玩家,需要积累经验,并获取俄罗斯最有效的支持。此外,两国要把创建多极世界和建立新的国际秩序、发展文明多样性、保持两国间建设性的对话的战略方针结合起来。

(刘宏 译)

俄中战略合作发展的前景及形式[*]

作为21世纪的两个大国——中国和俄罗斯建立了战略协作伙伴关系,这在很大程度上有利于两国共同解决在发展中遇到的相似难题,共同应对全球化带来的挑战和威胁。

中国地缘政治影响力的增强使其成为预测世界和区域政治长期发展的重要因素之一。中国遵循着和平发展、和平崛起的方针,正逐步成为影响世界发展和全球经济潜力增长的最重要因素之一。国际上关于中国未来发展壮大的看法众说纷纭,其中最为极端的是把中国的发展看成是"中国威胁"的增长,另一种极端的看法则认为在不久的将来中国必将垮台。西方的苏联问题专家,现在改称为俄罗斯学家,他们对俄罗斯未来的预测表现出并不特别乐观的态度。

为了公正地评价和定位中国因素在俄罗斯长期发展进程中的意义,至少要先回答以下两个主要问题。首先,关于中国未来发展的推动力和环境,以及阻碍或是遏制其发展的力量和形势。第二个问题是中国能否成功实现其确定的影响其他国家命运和世界形势的目标。重要的是,首先要弄清中国对俄罗斯未来发展的意义,对俄罗斯民族问题的解决、在世界上的准确定位、显

---

[*] 本篇选自:М. Л. 季塔连科,《远东的地缘政治意义:俄罗斯、中国及其他亚洲国家》,莫斯科,2008年。(Титаренко М. Л. Геополитическое значение Дальнего Востока. Россия, Китай и другие страны Азии. -М. : Памятники исторической мысли, 2008. —624 с.)

示两国间的合作与共同发展潜力的意义,以及中国对克服两国关系发展中可能出现的、甚至是不可避免的阻碍和矛盾的重要意义。以俄罗斯科学院经济战略研究所通讯院士 Б.Н.库济科教授为首的学者们制定出了一种预测方法,即通过综合分析法来确立影响中国内外部稳定发展的九点基本因素。这九点因素不仅在衡量中国的综合实力上具有高度的可靠性,同时也适用于其他国家。以下简要列出此种分析方法所得的结果:

1. 行政管理。强大的国家政权和党派政权在成功推进中国全面现代化建设和经济潜力的增长上起着决定性的作用,而国家政权的威信主要依靠国内绝大部分的社会团体和人民的支持。在我们看来,国家政权威信的保持是中国未来"和平崛起"的最为重要的条件。

中国的经验表明,一个既考虑到时代的挑战,又拥有高度适应性的强有力的政权有利于维持国内社会经济稳定,并能提出和处理好社会重大利益问题。

2. 领土。从保障中国领土完整的角度看,恢复国家统一、收复台湾仍是 21 世纪上半叶中国社会活动的主要任务。中国与其邻国在中国东海(日本、朝鲜)和中国南海(越南、马来西亚、菲律宾、文莱和印度尼西亚)的水域划界问题仍十分尖锐,该争端的起因主要在于预测称这两处海域藏有大量的石油和天然气。

在此背景下潜藏着区域性的和全球性的冲突,因此,俄中关于两国边境问题谈判以及边境问题的最终解决,不仅是促进两国战略协作伙伴关系进一步积极发展的重要因素,同时也是巩固东北亚地区安全与稳定的重要因素。在这方面,中国与前苏联范围内的中亚国家关于领土划界问题的条约也起着重要作用。

3. 自然资源。在谈及中国的发展前景时,不得不考虑以下情形,即中国现已探明和开发的自然资源总储量的数据显示,中国自有的自然资源,除烟煤、锡、钨和稀有金属外,已不能保障中国经济增长规模和速度的需求。最为明显的是,在城市化的冲击下农业用地和林业用地大幅缩减,以至出现林耕用地匮乏的现象。同时,在中国北方地区淡水资源短缺的现象也在加剧。资源消耗型经济增长模式加剧了一些原材料和能源的短缺。中国要保持经济的高速增长就不可避免地加强对进口原料和能源的依赖。

因此,中国认为拓宽石油进口区域,包括俄罗斯和中亚地区,可以使石油进口多样化,同时有利于加强自身安全。鉴于上述目的,中国可以调整同俄罗斯和印度在能源领域的合作,在该领域的合作将会成为战略协作伙伴关系的重要基石之一。这也正是2006年3月普京总统访华期间两国领导人签署的《联合声明》所关注的问题。

同时,还应该考虑到中国经济的高速发展对周围环境的影响。遗憾的是,中国经济发展所带来的环境污染问题已经超出国界,正逐步成为区域性和全球性问题,需要全球力量的一致配合来共同解决该问题。

中国以可靠的外部原料和能源来源为基础,努力确保其长期发展战略的成功实施,其中在双边和多边合作框架下,俄中两国在经济和其他领域的合作,以及在亚洲地区、亚太地区及世界范围内的长期双边合作是中国获得成功的重要支撑之一。

4. 人口。中国国家领导人和各社会团体为避免人口危机而高度关注中国人口问题。然而,随着人口数量的急剧增长中国国内的粮食、住房、燃料和就业机会等很难得到保障。因此,中国不得不严格控制人口数量。从上世纪70年代初开始,中国对人口的过度增长问题进行了有效的监督,并把婴儿的数量控制在不少于3亿。在经济仍比较落后的条件下,中国在短期内实现了从历史时期向新型的人口再生产的过度,即适当的出生率、低死亡率和低人口增长率。

在抑制人口增长的同时会伴随产生一些严重的社会人口问题。首先主要是人口老龄化、工龄缩短以及传统的家庭观念和道德评价标准遭到严重的破坏。

5. 经济。在对中国的经济发展前景进行评价时,至少要考虑到以下四点直接影响现代化进程的因素:政治领导效率、技术发展规模、经济发展周期性以及中国崛起引起的外部反应。

从当下的视角来预测未来政治领导对中国经济增长的影响并不可行。但仍可以做出一系列自然的推测。中国现任领导班子正在为实现2020年的预定发展目标而不懈努力奋斗。当代中国领导人很清醒地意识到"左"倾冒险主义和毫无准备的政治改革所带来的危害。

在长期内,很难预测科技进步对经济增长特点带来的具体影响。从原则上讲,中国的技术发展仍处于对引进技术进行模仿和再创新的阶段,在此基础上进一步开展科技创新,形成自己的核心技术、创造出自己的技术成果的能力对中国未来的发展具有十分重大的意义。中国现已把生产自己的世界级品牌产品以及把中国从"世界再加工和组装中心"转变为"研制生产新产品"的世界制造中心的任务列入议事日程。

中国很清楚,外界对中国和平崛起的反应并非总是很乐观。中国政府提出的建立与俄罗斯和世界其他主要经济中心间更深的经济相互依存关系的方针可以看作是一种预防措施,它可以限制这些经济体可能带给中国的压力。但同时该方针也有欠缺的一面,在面临国际市场上可能出现的经济动荡时会削弱经济安全并威胁大国经济。

6. 文化与宗教。

若中国能够保持现有的经济发展速度,则近十年在文化方面中国将成为较有影响力的区域性强国,并向着具有典型特征的世界文化强国发展。中国的成功提升了"中国模式"向市场经济过渡的声望,这使中国政府在发展中国家的影响力远远超出了区域性范围。

中国的传统文化已经成为其民族综合实力的一部分,它不仅为国家对外宣传提供了有力的理据保障,同时又能抵御外来文化的入侵。在保持各种不同力量的多元性和多样性的情况下,儒家思想强调它们的和谐共存,这种思想对在国际事务中不满西方控制的发展中国家具有很强的吸引力。中国国内昔日形成的并已固定下来的文化道德传统使中华文明具有高度的向心力和稳定性。这支稳定剂可以有效地阻止外部"撼动"中国稳定的企图。

在长期对外开放的全球趋势下,中国的政治方针深深植根于其传统文化中,这对俄罗斯来说是一个值得仿效的例子。这种趋势的发展并不会阻碍俄中战略协作伙伴关系的进一步加深。相反,在适当接受彼此的传统的情况下,这种趋势的发展将使两国的伙伴关系具有更为坚实稳定的基础。

7. 科教。在中国的改革进程中越来越关注民族科教体系的发展。在该领域的进步可以被看作是创建知识经济的重要前提。

科学、技术和高科技领域应该成为俄中合作最为重要的领域之一。中方对该领域的合作表现出浓厚的兴趣,并已准备好承担两国学者共同进行科研的大部分资金。对俄罗斯来讲,发展同中国在科技领域的合作可以成为其巩固自身科研开发的物质基础、保持并增强本国的智力潜力和创新潜力以及向中国市场和世界市场推广俄罗斯科技的有效途径。

8. 武装力量。中国在军事安全领域的战略旨在通过政治、外交、经济和军事等预防措施来防止战争的发生。中国人民解放军是国家安全的保障者,而国家安全是实现民族发展战略最为重要的条件。在履行抵御外部危险职能的同时,鉴于历史和体制传统中国人民解放军仍是保证中国内部政治稳定和国家完整的政权支撑。中国共产党对军队实行全面的监督,中国人民解放军是中国共产党的核心支柱。保持当下的良好状态是中国向预定的民族发展目标稳步迈进的可靠保障。

中国军事工业综合体正在落实在所有部门生产武器和军事技术装备的规划,并扩宽产品的生产范围。但很多规划的实施依赖于国外对重要部件的供应。这就使中国与发达国家,如俄罗斯、独联体国家和西方国家等,在军事技术领域上的合作保持长期稳定的发展。

9. 外交政策。在评价国际因素对俄中关系的影响时,不得不承认两国同美国的关系是最为重要的国际因素之一。美国拥有冻结中国内外政策取得的战略目标成果的能力,这使美国政府在中美关系中保有优先权。在中国所制定的战略路线中,中国领导人竭力避免与美国发生任何的对峙,并与其积极发展全面双赢的合作。

对俄罗斯来说,以削弱中美任何一国与俄罗斯的关系来巩固中美两国的战略合作伙伴关系,无疑是一种最坏的情形。不能排除在俄中两国目前的友好关系下,中国国内的亲西方派(虽然现在没有完全地表现出来,但事实上确有存在)企图促使中国领导人把矛头指向俄罗斯,就像当年同苏联的关系一样。

在全球化和区域化进程中,近期内在经济发展方面俄罗斯未必能占据主导地位。与俄罗斯不同,在经济占优势的条件下,中美合作会使两国产生足够的舒适感,中美两国的经贸合作虽有波折,但仍联系紧密、合作内容充实,与同俄罗斯在经贸领域的合作相比,中美两国更容易找到共同语言。在这些条件下,消除一切妨碍俄中相互了解和两国关系正常发展的消极因素显得尤为重要。

俄中双边关系在政治、经济以及信息领域也存在着类似的问题。要使双边关系顺利发展,我们必须清楚两国的各自所需、在不损害俄罗斯本国利益的基础上能在多大程度上满足中国的期望,并清晰地区分出客观性问题和主观性问题。根据两国领导人的倡议而实施的《俄中睦邻友好合作条约实施纲要》在很大程度上有利于上述目标的实现。此外,中国俄罗斯年(2006年)和俄罗斯中国年(2007年)的举办也为上述目标的实现提供了有利的条件。

上海合作组织的发展对俄中关系的发展起着积极的作用。两国共同参与组织工作可以缓和在可能出现的对中亚地区领导权的竞争中两国间的摩擦。上合组织的存在不仅在某种程度上打破了美国在中亚地区部署点式军事基地来设防固守的幻想,也使美国想通过当地国家组建敌对俄罗斯的区域派别的想法破产,这使美国政府处于丧失了决定权的旁观者的地位。最后,在上合组织框架下成立反恐中心可以使俄中两国联合起来共同对抗临近两国边境问题地区的非传统威胁(分离主义、极端主义、恐怖主义、毒品走私等)。在此基础上可以积极发展俄罗斯、中国、印度,甚至与伊朗的多边合作。

综合上述九项参数的结果来审视中国的发展状态和未来发展前景,可以确定地指出,这其中隐藏着巨大的推动俄中两国共同发展的潜力,可以看出两国在发展中的互补性,同时可以为在双边及全球范围内的俄中两国战略协作伙伴关系的发展做出总体评价和预测。

应该着重指出,在安全领域俄中两国民族的根本利益是一致的、相符的,与中国互利合作的进一步加强将成为影响俄罗斯经济发展的重要因素之一,尤其是对俄罗斯东部区域经济发展的影响,同时也影响到俄罗斯国际地位的巩固。此因素也同样适用于中国。俄中两国的合作有利于加强巩固民族安全和国际安全,以及两国的主权和领土完整。两国在利益方面潜在的分歧和矛盾并不带有敌对性,在存有政治意愿和政治灵活性的情况下,以睦邻友好原则为基础,这些问题都能够克服和解决。

新全球威胁的出现是推动俄中关系积极发展的新动因。两国政府在应对一些主要的国际问题上保持一致行动,如创建多极世界、建立新的国际政治经济秩序,以及共同对抗国际恐怖主义、分裂行为和分离主义。

虽然,近些年来在区域范围内俄罗斯的影响力有所加强,但仍不足以成为重要的区域性因素,而在此期间中国以及俄罗斯的其他邻国在亚太地区的实力和影响力的增强表现出令人艳羡的速度。

俄罗斯在东亚及东北亚地区的经济和军事上的不完善主要与俄罗斯远东地区多灾多难的处境有关,而当下的处境无法用外交手段来弥补,有些粗浅的"欧洲主义者"把西伯利亚和远东看成是俄罗斯的负担,进一步加剧了该地区的困难处境。这就导致美国、日本、韩国以及上述提到的一些地缘政治和经济方面的中国分析家们忘记或忽略了俄罗斯在全球和区域范围内的现实地位,而越来越倾向于以下的排序:中国—美国—日本,中国—美国—日本—韩国,有时欧洲的加入会出现多边形的排列。

与上述相矛盾的是,在全球层面俄中两国在俄罗斯—美国—中国三角关系中存在着交叉的利益,与在区域范围层面相比,新的尖锐的国际问题和威胁的出现使两国在双边合作中看到了更多的共同点,发现了更多的现实合作领域。

鉴于上述九点因素的分析,可以对俄中关系在中短期内,即到2050年的发展前景做出以下几种可能出现的假设:

1. 当俄中两国的政治往来足够频繁并将超过经贸、文化和社会联系时,两国关系现存的乐观模式将很容易延续下去。但在这种情况下,两国关系自身存在的尚未解决的问题以及世界主要的力量中心——美国、欧洲和日本的政治侵蚀将对双边关系的质量产生影响。从俄罗斯的角度考虑,此种发展方案潜藏着削弱其地缘政治地位的危机,若更加深层的考虑,它与俄罗斯民族的长期利益不符。

2. 总体来讲,未来15至20年内,在两国领导人缺乏深度理解和信任的情况下,不排除在俄中两国关系中出现冲突的可能。这种趋势可能产生,主要是由于两国关于某个尚未得到完全解决的问题或已产生的问题而引发矛盾的意外激化。俄中两国的亲西方力量可能会在各自国内挑起毫无理据的反对对方国家的情绪。不得不考虑由于20世纪60—80年代的惯性,存在着一些对俄罗斯持有偏见和不友好态度的中国杰出人物。在西方的积极支持下,这些力量可能会利用俄罗斯一些大众传媒和政治团体对中国的偏见来强化反俄立场。当俄罗斯想以"牺牲"同中国的合作为代价来加深俄罗斯同欧盟和美国的合作伙伴关系时,俄罗斯外交和政治的进一步多向发展将会避免和阻止上述情形的发生。

3. 对俄罗斯,同时也对中国有利的发展方案就是全面深化两国的睦邻友好关系,以经贸和社会联系为突破口,向切实实现两国共同发展的模式转变。此方案的主要优势在于——为西伯利亚和远东的发展带来期待已久的巨大推动力,巩固俄罗斯在东北亚及亚太地区的地位,使俄罗斯从世界经济全球化和同远东地区的友邻中国的合作中获得实际利益。

在未来十年内,俄罗斯发展的重点仍应放在具有明显比较优势的能源领域,以及其所拥有的文化、智力和科技潜力,广阔的领土和直达运输的能力上,上述这些条件完全能够满足建立在互利双赢基础上的合作中中国的所需。大规模吸引中国投资并联合俄罗斯企业共同解决中国东北及西部地区的发展问题,将有利于促进俄罗斯机械制造联合企业的复苏——首先进行科技创新,而后大规模生产现代产品。

大规模的发展经贸联系将会缓解当下双边关系中存在的一系列尖锐的问题(移民、反倾销侦查等),甚至有利于解决西伯利亚和远东地区以及与该区域相毗邻的中国省份的居民的社会问题。

当然,现有的发展方案并非一个自发过程。两国政府真正的兴趣点在于该方案的实施是保障两国复兴和强大的最自然有效的途径。

总结上述研究结果,有必要再次强调俄中两国的根本利益和目标是一致的。

中国、俄罗斯,以及印度、中亚和南亚国家经济的加速发展在中期内将为国际经济关系的全球化布局做出重要的贡献,为建立新的、多极的世界经济政治秩序打下现实的基础。

通过我们的研究可以得出以下主要结论:只有继续发展并加深俄中两国的睦邻友好和战略协作伙伴关系,我们才能在两国人民独立选择的共同发展的道路上坚定不移地走下去。

(刘宏 译)

文明对话中的俄罗斯与中国[*]

彼·索罗金认为：社会文化现象是一个无边的海洋，在这个海洋中存在着庞大的文化系统，可称为文化超系统或文明，它们像一个整体一样发挥着作用。文化的界线与一个国家、民族或是任何一个社会团体的地理疆界并不一致。通常这种文化的界线要超出民族、政治或是宗教实体的地理界线。这种对文明的定义进一步明确并发展了尼·雅·丹尼列夫斯基关于地区文明基础的理论。

文明，作为一个超系统，它揭示了社会文化"海洋"表面的大部分变化。每种文明都以特定的哲学观念或宗教体系为基础，它们在文明存在的整个历史时期内都发挥着作用。文明的发展轨迹不是线性的，而是有节奏的、波浪式的、周期性的。每一种文明都遵循着其特有的轨迹，要经过起源、发展、繁荣、衰落、消亡，也可能出现复兴。在丹尼列夫斯基、古米廖夫和汤因比看来，文明的发展已有近两千年的历史。中华文明是个例外——她拥有五千多年从未间断的历史。

大部分文明的规范不归入文化系统，而是包含在以文化意义及精神、道德、宗教和物质财富体系为核心的社会系统中。文

---

[*] 本篇选自：М. Л. 季塔连科，《远东的地缘政治意义：俄罗斯、中国及其他亚洲国家》，莫斯科，2008 年。（Титаренко М. Л. Геополитическое значение Дальнего Востока. Россия, Китай и другие страны Азии. -М.：Памятники исторической мысли, 2008.－624 с.）

明通常是开放的—外向的、封闭的—内向的或是混合的。文明可以划分为以下几种类型：一种是源于在广阔的空间内一些国家因存在着共同的语言、相同的种族起源和共同的民族生存区域而联合起来形成的文明；第二种类型的文明存在于固定的国家联合体中；第三种类型的文明是建立在共同的宗教信仰的基础上；第四种是建立在社会文化混合体基础上的具有语言、国家、经济和物质共性的文明。鉴于上述的分类，俄罗斯及俄罗斯文明带有混合性的特点，属于按照国家联合体原则而建立的欧亚大陆文明范畴。中华文明和印度文明也属于第二种类型，也是独特的国家型的文明。

当下全球化存在着两种模式：

一种是基于巩固以美国为主导的跨国公司在各领域的统治地位而形成的全球化模式。此类组织，如欧盟，它是一个以北约为军事政治基础的国家政治文化共同体。全球化的此种体系同建立在欧美文明等级原则基础上的众文明相互影响，并在西化的基础上巩固区域元文明的单极性和单元化。西化思想渗入的程度和深度，亦即自我特色流失和民族自我认同模糊的程度、以欧美文化价值观替代本民族的精神评价体系的程度，这些已成为全球化框架下该体系中文明的分级标准。由美国亨廷顿教授提出的全球化与文明相互影响的第一种全球化模式理论，将不可避免地导致文明间的对立和冲突。西化问题思想家认为，"把欧美价值体系作为世界文化统一母本"这一观点的提出可看作是历史发展的终点，是人类文化历史进程的终结（弗·福山）。

全球化发展的另一种模式表现为经济的现代化和国际化、以多样性为基础的文化间的相互作用、巩固政治影响中心的多级性、平等合作和共同发展。俄罗斯文明在一千多年艰难的历史进程中吸收了具有欧亚大陆特色的文明，并在近百年间与其融合、取长补短，在共存、互补和相互影响的基础上发展同其他文明间的友好关系。这为创建不同文明相互作用下的意识形态体系结构打下了良好的原则基础。

全球文明危机已经成为一个司空见惯的话题。遗憾的是，它只是部分地描述了事情的真实状况。文明间的对话是解决目前形势的唯一明智的出路，也是寻求应对当今文明危机带来的挑战的唯一方法。文明间的对话有力地替代了亨廷顿提出的文明间冲突的观念。顺便指出，事实上这种冲突早已存在，甚至可以说因文明间的冲突不断扩大和加深，我们正面临着它所带来的危险的、灾难性的威胁。目前形势的加剧主要缘于冲突中的一些参与者有意激化矛盾,以此来巩固其在世界舞台上的优势地位,并借文明间的冲突为其使用武力手段铲除与自身立场和价值体系不同的论敌、竞争对手、社会集团及异己文明开脱。谁都不会忘记南斯拉夫事件和伊拉克事件,还有近东及巴勒斯坦地区的冲突。一个完整而古老的民族宣告破产意味着什么?他们遭受排斥并面临着被试图从世界群体中除名的威胁。

产生于五六千年前的不同类型的人类文明受到其周围环境及自身与其他民族和人类社会关系特点的影响。任何一种文明都包含着某种能够确保人类共同愿望得以实现的基本成分和普遍规范。与此同时,每种文明和每个民族共同体的文明及文化中又都带有自己的特点,这些特点使其最大限度地去适应不断发展的自然历史条件、地理方位以及其他社会集团的环境。从这种观点来看,文化价值体系的多样性是全人类文明生存和发展的必要条件。

人类的文化和意识仍未汲取历史的经验和教训。当今这个科技飞速发展和经济、社会、文化交流全面加强的全球化时期却被用来消除差别、推广统一的价值评判体系和公平健康的文化、社会、政治标准观念等。由此看来,这种毫不顾及社会发展的历史条件,而一味地在全球推广西方和美国民主体系的尝试,是一种极为危险的发展趋势。正是这些举动纵容了恐怖主义、社会内部矛盾和国际冲突的发展。

联合国大会的专门批示中肯定了不同文明间对话的重要性:"不同文明间的对话——这是发生在文明内部及文明融合中的进程,该进程以普遍参与和集体学习、开阔视野、共同钻研为基础,展现共知领域和基本价值观,借助对话使不同的立场达到统一。"

对话——不只是纸上谈兵,而要真正的付诸实践。对话旨在解决矛盾、预防冲突,进而在相互谅解的情况下协同行动。这种不同文明间的对话无需那些仰仗势力的国家和领导人的参与。

为了强调现存的地区性文明在根本利益上的一致性,联合国秘书长科菲·安南提出"全球文明"这一术语。若考虑到地区性文明间存在的重大差异,显然这种提法是十分适宜的。

不同文明间的对话隶属于地区性文明,它是不同文明在历史发展的某阶段形成的众多相互影响形式之一。对话——从其自身来看,它是地区性文明间积极的、和平的、富有建设性的相互影响形式。然而,存在着一些破坏性的、消极的影响形式阻碍对话的顺利发展,如意识形态的对立、政治冲突以及最为极端的表现——文明间的武力冲突,它总是以其中一方的失利而告终,按彼·索罗金的说法,随着大规模毁灭性武器的使用和自杀式冲突的发展,人类正在核战争的火焰中自焚。对话——是发展合作的必然选择,也是在解决全球性问题上不同文明间建立伙伴关系的最高形式。

全人类文明危机或全球文明危机(科菲·安南)的产生和加深主要在于西方文明价值体系的强硬观念企图将所谓的全球性对话纳入到其框架下。上述这种现象称不上是"对话",引用海德格尔的话来说就是"全球和人类的全盘欧化"。

以俄罗斯文明为主线的俄中文明对话积极拥护全球化和不同文明间相互作用的对话模式,鉴于在原则和目标上的相似性,印度文明也可参与其中,这将合理健全地替代西化模式。

首先,看一下中华文明和俄罗斯文明的特性和共性,在此有必要强调另一个与不同文明间相互作用的全球化进程相关的重要事件,即基于伊斯兰价值体系的宗教原则共性,由众多民族共同体联合而逐渐形成的穆斯林文明。从这个角度来看值得注意的是,俄罗斯文明和中华文明以及某种程度上的印度文明,它们拥有丰富的、建设性的跨文化和跨文明对话的经验以及寻求与穆斯林文明共存的丰富经验。这增强了当今全球化进程中占优势地位的北约组织模式的文化意识形态潜力和不同文明发展的潜力。

在全球跨文明对话中,俄中文明间的对话扮演着重要角色,它是一个多边的问题。试从以下三个方面进行分析。首先,描述一下两种文明的个性和共性。由此会产生这样一个问题,是怎样的一个平台使俄中两国文明间的对话得以实现。其次,要指出在实践中对话是如何实现的以及何为对话的基础和主题。这样一来就能够回答"对话是否是俄中两国及两种文化得以共同发展的必经之路"这个问题。在此要指出,一切的畏惧以及"中国威胁论"的扩散对俄罗斯来说都是一种威胁,同时也给俄中两国关系的发展带来巨大的负面影响,"中国威胁论"的扩散有利于除俄中两国以外的第三国利益的发展,而对俄中两国关系的现实发展前景没有任何意义。最后一点,有必要提及俄中文明对话在全球层面所起的重要作用，它有力地替代了全盘西化和金元帝国的霸权主义思想，使全人类文化连接成一个智力圈的设想成为可能。

俄中文明的共性表现在两种文明都具有广阔性、多样性、自给自足、适应性，并时刻准备着与它文明进行对话，都拥有丰富的与它文明共同发展和相互作用的历史经验。两种文明都注重把传统的精神价值体系同现代科技相结合。然而，中华文明的自给自足性带有深度的自居、高度的自重和民族自尊心。中国文化中，对合作伙伴的选择上要严格遵循自身的利益、努力寻求双赢，用当今在中国流行的说法，即创造条件共同发展。几千年来中华文明以"中国中心论"为基础不断发展，这种"中国中心"的思想直到20世纪才逐渐开始消除。现今的中国在积极向他人学习并总结国外先进的科学、技术和文化的同时，仍清醒地保持着本民族的意识形态特点和高度的民族自尊心。

地理位置上的相邻，俄罗斯文化的欧亚大陆混合性及其开放性为俄中两国的共存、合作和两国文明间的建设性对话创造了十分有利的前提条件。

但现今是另一番景象。事实上，从18世纪开始俄国社会知识分子的高层领导人就已经在很大程度上丧失了或严重地模糊了民族自我认同感。彼得一世制定的向西方学习的方针变成了对本国语言和文化的忽视。西方的价值体系成为文化的评判标准，爱国主义变成了尖刻抨击的字眼，甚至认为爱国主义是"下流的"。在这种情况下，在西方合作伙伴以及邻居的眼里俄罗斯文化和俄罗斯公民顶多被看成是靠西方偶像的宽容和嘉奖而生存的穷亲戚。所有这些导致了民族自尊心的动摇，并使俄罗斯文化代表者丧失了民族自我认同感。正是这些"知识分子"的力量使现代的俄罗斯文化在世界上退居次要地位，变得平常，并带有了模仿的性质。

在我们看来，早在20世纪初门捷列夫就坚定地指出，社会上一部分有较高文化程度的代表者们提出的反爱国主义言论是毫无根据的。他写到："对祖国的热爱或称作爱国主义，大概读者对此并非一无所知，一些推崇现代学说的极端个人主义者企图用一种不好的形式来展现爱国主义，据说，这种对祖国的热爱应该被参与小团体事务表现出的对全人类的博爱所取代，而正是这些小团体组建了公社、城市或总体上来说独立的群体。显然，这种缺乏深思熟虑的学说给爱国主义附上了社会上的很多坏现象，并且吹嘘全体意识已经倾向于该学说，在不久的将来全人类将面临这一情况。在我看来，这种学说的欺骗性表现得很明显，与其说从一些重要的历史功绩来看，人民积聚成庞大的国家单位的过程就是爱国主义自身形成的过程；不如说从另一方面来看，在未来的任何时刻各个大陆和国家都不会融合成一体，种族、语言、宗教信仰、制度和信念的差异也都不会消失，正是这种种差异构成了竞争和进步的最主要原因。虽未提及，但内部感觉已很清楚地显现出来，对祖国的热爱是处于发达状态的人类不同于其原始、野蛮和半野生状态的崇高区别之一。

对于像俄罗斯这样在不久前形成和强大起来，并仍忙于体制建设的民族，也就是说仍很年轻的民族来说，这种学说的荒谬性对爱国主义的危害是显而易见的，甚至不应该提及该学说，既然我提及于此，那我所要强调指出的是那些还没有成为我们同胞的人，关于他们有这样的记载：'最新出版的书中写道，他们从官员到平民都说谎话'，此外，我也认为，他们是在撒谎，但这很快就会平息下来"。

综上所述，我们很难不赞同门捷列夫的观点。他认为，我们国家最终会发展到把自由看成是国家地位提升和发展的必需的水平。门捷列夫认为，参与到这项伟大的事业中是我们为祖国应尽的天职。"我认为，总体看来，俄罗斯需要自由，但不是脱离劳动和履行义务的自由。自由的种类和形式可以直接用法律条文来确定，但仍需要国家杜马通过法律法规鼓励劳动、激发国人自觉履行义务。"

这些思想都是门捷列夫在 1905 年俄日战争中俄罗斯战败后和 1905—1907 年资产阶级民主革命初期提出来的，然而听起来更像是今天提出来的，而不是一百多年前。

从上述观点来看，与中国在文化领域和跨文明对话中的合作有利于俄罗斯文明更好地应对全球化带来的挑战、适应全球化发展的特点。遗憾的是，正是俄罗斯的"西方派"扮演着"中国威胁论"的狂热宣传者，并反对俄罗斯同中国的合作。

现在越来越明显的是，俄中两国文明面临着来自美式全球化的相似的挑战，摆在两国面前的共同任务就是克服困难、应对挑战。这些挑战主要如下：

——制造一切经济障碍和屏障阻挠经贸合作；
——西方政治合作伙伴的双重标准；

——文化和政治扩张;

——企图把西方价值体系和西方民主与人权标准强加于人;

——全盘西化并泯灭文化的民族特色,用西方流行文化取而代之。

只有深化俄中两国的战略协作伙伴关系、加强两国间的相互影响、互相学习、共同发展,才能有效应对上述的挑战。

总的来说,中国成功地抓住并运用了全球化为其发展带来的机遇。中国在有利于其自身发展的条件下加入了WTO,同时也使中国在欧洲、亚洲、澳大利亚、美国、加拿大和拉丁美洲等各国市场上的地位稳固下来。中国获得了规模空前的外部投资。中国贸易顺差数额巨大,达几百亿美元,外贸总额超过1万亿美元。

目前中国存在的最重要问题是经济增长模式的转变,即由粗放型向集约型、创新型转变,甚至是向经济和金融全球化下的"高效经济"增长模式转变。所谓"高效经济",就是从全球化中获益的大小随着不确定性因素和风险的增减而变化(石油价格上涨、利率提高、美元贬值、国际冲突、战争、对中国一系列商品的限制)。

总体上看,西方国家、美国和日本正努力把中国(大规模的投资——15年内超过6千亿美元)吸引到他们的"怀抱",在对待贸易赤字上的态度也相对宽容(在与美国贸易中中国的贸易顺差数额超过2千亿美元),并向中国的大学生和研究生提供高额的资助(在外的中国留学生每年保持在50万人的水平:其中美国——20万,澳大利亚——9万,西欧——10万,日本——10万,俄罗斯——1万),这反映出西方的新战略。苏联解体后,美国的战略任务转向禁止一切可能威胁美国利益或向美国提出挑战的新的强国和国家联合体的出现。

美国对中国采取的行动具有双重性质,但从长期发展的层面来看,这些行动主要旨在削弱和分裂中国,从内部进行破坏。与此同时在某段时期内,若"苏联模式"不能使中国分裂,那么不排除出现某种中美国际共管的模式——通过划分势力范围来操控世界。

似乎中国政府意识到了美国的战略意图,并在中国发展、复兴、和平崛起的战略中都考虑到此因素。中方认为,中美外交须建立在合作伙伴关系和竞赛角逐基础上,至少现在要消除与美国的对抗。当下面临的最大问题就是使美国在中国台湾问题上做出让步。因此,中国不准备公开对抗美国,同时考虑到双方其他的全球利益;不组建、不领导任何反美集团或反美联盟;不谋求世界霸主地位、向美国开放中国市场、建立稳定的经济互存关系;在国际、集团和国家争端中不与任何大国结盟,正如前面提到的,遵循"坐山观虎斗"的策略。

与此同时,美国借助于西化,把自己的民主、"言论自由"和人权标准强加给中国,以此来破坏中国共产党的领导地位,并挑起分离主义情绪、激起中国西藏、新疆、内蒙古、南部省区,甚至是香港地区的民族内部矛盾的计划引起中国共产党及国家领导人的高度警觉。中国政府采取以下措施来应对上述的美国计划:

——巩固中国共产党的地位,扩大党的思想基础和社会基础;
——强化改革的社会方向,聚焦三农问题;
——加强中国共产党和国家机关的纯洁性建设,反对贪污;
——消除社会矛盾和政权与人民分离的问题(调整改革政策,消除五个差距,以建立和谐社会为口号);
——加强对7千万共产党员的领导作用和管理职能(加强党委会的作用;加强基层组织工作的积极性,尤其是私营企业和农村工作的积极性;在统一战线的框架下加强同民主党派的往来合作,在国际舞台上加强对台湾信息文化和经济方面的积极影响;建立孔子学院);
——政治改革:反对官僚主义,加强全国人民代表大会的立法工作,加强地方人民代表大会的作用,用宪法章程巩固中国共产党的领导地位;
——强化思想教育工作和思想工作。新入党同志要积极学习马克思列宁主义、毛泽东思想、邓小平理论以及"三个代表"重要方针和构建和谐社会的重要思想。

中国现阶段的经验是具有全球意义的伟大尝试,探索趋同社会模式,这种社会使社会公平的思想和经济效益(社会主义市场体系)相统一,在组建民间团体时,使国家和个人的责任以及在社会经济和文化文明发展中的利益相统一,并把多层次的政治上层建筑同混合所有制经济结合起来。重要的是没有妨碍中国自主选择发展道路的权力。

为真正理解俄中文明对话的实质、确保对话的效率,有必要弄清楚,尤其是要清楚现有的概念化语言工具要符合预设的目标:在进行对话、洽谈、友好会谈时都要慎重和仔细,要考虑到拼音字母和象形文字在表达思想时存在的形式差异。在欧洲语言中存在着大量能使拼音文字和概念意义具体化的手段,这些手段表明了所选用词语的语义框架。在汉语中也存在这种符号,它们能够限定并使文字的语义场具体化(墨学以及后期墨家学说),但不管怎样汉字都同时带有多层内容:意义、形象结构内容和联想内容。因此,在翻译和会谈时经常会碰到这样的情况,即在把汉语译成俄语时文本会失去某种意义色彩和联想关系。在把俄语译成汉语时也会出现用词不当导致转义的现象。当然,重要的是能把基本思想和主要意思传达出来。在把俄语译成汉语时主要取决于使用哪个词,这个词与其他哪些符号更接近,尤其是所用词的感情色彩,这些经常给翻译带来不确定性。有许多不成功的例子,此处列举其一。

  20 世纪 50 年代中期,大概在翻译的建议下,毛泽东在解释 китаеведение(汉学)时运用了术语 ведение(……学,……科学;……控制)的多义性,将其阐释为苏联借助于 китаеведение 来领导、掌管中国。毛泽东利用了这一点,并同驻中国的苏联大使在该词的解释上发生了争吵。在北京发给莫斯科的电报上赫鲁晓夫拟定了《清理》批示。这导致苏联科学院汉学研究所这个曾促进俄中两国人民友好关系发展和相互理解的机构关闭了。最古老的学校——东方学院,这个培养具有高水平的研究亚洲和非洲国家的东方学家的学院也关闭了。《苏联汉学》杂志也停刊。结果导致苏联社会人士和国家领导人在很大程度上失去了关于中国国内发展的客观的、科学的信息。这使苏联领导人在毛泽东有准备性地断绝苏中关系的事情上没有获得充分的信息。直到 20 世纪 60 年代中期才从上述事件中吸取教训。在 1966 年成立了以客观地研究包括中国在内的俄罗斯邻国的发展进程为任务的远东研究所。随着时间的流逝,现在我们的汉学,不仅仅是汉学,总体上说是东方学,仍要承受当初主观轻率地关闭东方学院和汉学研究所带来的后果。

  在跨文明对话中要记住,在中国的传统文化及中国哲学中存在着很多与宗教、生活哲学、艺术相关的精神定型,它们不同于我们文化中的定型。传统的中国精神可以简要地概述为"道心、佛骨、儒表"。与其说宗教观念和所有的神话体系带有宗教性,不如说它们带有神话主义特点,甚至是带有哲学性。术语"宗教"可以译作学说、思想倾向。基督教中的上帝在中国的神秘主义宗教意识中所扮演的角色并不是惩恶扬善的最高神灵,而是像老子、孔子、佛陀、穆罕默德等最高的精神实体之一。在中国从未发生过宗教战争,这与中国人的宗教宽容性息息相关。中国人可以同时或先后信仰佛教、儒学、道教、祖先以及耶稣基督。这种处世之道使中国人在与其他所有文明和宗教代表者的对话中成为有口皆碑的合作伙伴。

俄罗斯和西方的很多汉学家得出以下结论,尝试通过西方历史的类似现象、律令和哲学训诫来阐释中国文化的特点不仅是毫无成效的,而且具有破坏性,会引起混淆。确实,怎样才能把封闭的、神圣的、有悖常理的、非理性的事物转换成西方逻辑和唯理论的语言?

中华文明最重要的特点之一——她的规范及人们社会生活和个人生活各个方面的仪礼。在这个层面上,中华文明与犹太教摩西五经的规范在一定程度上互相呼应。

人类社会的所有生活情景都可以简略地概括为"规范的转变"(《易经》)。该书中用类型学的方法几乎描述了国家、社会、家庭和个人发展中可能出现的所有情景,并把人们对发展中的世界的看法总结为 64 卦,而这 64 卦是由 8 卦两两相重而得。该书阐释的学说就像棋盘上的 64 个方格一样,以一种"生命棋盘格"的形式表现出来。

例如,在《易经》的第 3 卦"屯卦"中——新事物开始时的困难情形:新轮回的开始。这意味着,你将不可避免地面对自己生活中某领域内发生的改变。曾经看似重要的事物,现将失去其意义;你将对你以前盲目遵循的信念产生怀疑;你会感到惊恐和沮丧。从一个你熟悉的、安全舒适的领域来到一个陌生的地方。这也给你带来很多机遇,以致让你不知该如何选择。这时一个有经验的、对你的处境很了解的人的建议对你来说很重要。但最后还是要靠你自己来决定要做什么。现在你正在黑暗中徘徊,会出现一个人给你指点迷津。比较权威的人士能够帮你缕清你的想法和感受。

或者在情形发展处于转折关头时。第 24 卦"复卦":准备进入新的开始。在经历了停滞或混乱时期后万物有更新之象。事情会遵循自身规律发展下去。不要急于求成。你现在的状态还没有强大到可以让你继续完成自己的事业。转折点在冬至日,在结束了冬日的黑暗后新的光明就会重生。正如爻中所述,所有的状态要经过六个阶段,好似"六日",再往前就恢复到否极泰来,爻及复来,阴极阳来,一阳居下,犹如旭日东升,故有"七日来复"之说,阳气复返,光明灿烂,生机勃勃——七日就是一个循环。自然规律是自然界所有变化的基础:黑夜走向尽头——出现黎明的曙光;冬至春来。你所需要做的就是让自己适应自然规律,因为它一直存在于你的生活中。现在对你来说就意味着放松自己、积蓄力量。

再来看一下最终的结局。第 64 卦,被称为"未济卦"(未完),其中包含了如下解释:一个不简单的时期已来到。存在着向好的方面发生极大转变的重要先决条件,但一切又都不确定。在追求自己目标的道路上你要当机立断。问题在于选择一条正确的道路。你被从一边抛向另一边,你应该从现有情形中总结经验,缕清条理。现在该做出决定了。然而,你仍不具备足够的经验来应对现在的情形,但不要害怕。重要的是,你要十分清楚地知道自己的目标是什么。你要坚信,你现在所走的每一步都在引领你向你所选择的目标迈进。但要十分的谨慎。遵循正确合理的想法。要准备好去运用有益的建议并去适应变化的环境。要留意观察事态的发展轨迹,以确保不漏掉那些能够预报临近的麻烦的信号:可能你的方法不正确。若真是这样,那么就停下来想一想,怎样做才能更加有效。一定要谨慎。如果你不任由事态自行发展下去,那么成功是可以保证的。

人们的行为规范以及社会关系和人际关系规范、中国的礼仪观念清楚明确地记录在儒家经典《礼记》中。"礼"的概念——礼是中国文化、中华文明以及道德行为体系的核心组成元素之一。礼——它是体现在日常生活准则中的适宜的行为、正确的行为的同义词。因此,孔子曰:"君君、臣臣、父父、子子",也就是说社会上的每一分子要各安其位,做事要符合角色要求和社会规范。遵守礼仪是人们的义务,正如孟子的教诲,为了履行自己的义务,人们可以或在必要的时刻应该牺牲自己的生命。孔子强调:"克己复礼,天下归仁焉"。

《中庸》一书记录了人们重要的行为准则、使行为适中和审慎的谋略。《大学》中记录了精神和道德完善的准则。人们精神文明的发展以及人们对周围世界和社会的认识记录在《书经》和《诗歌创作规范》或《诗经》中。一些儒家经典书籍《论语》《孟子》以及其他伟大的教育家的语录集注也记录了精神和道德完善的准则。现在这种传统和形式的生命力体现在《毛泽东语录》《江泽民论有中国特色的社会主义》中。

中国文化的多面性、多元性主要表现在老子《道德经》中所阐述的道家关于自然、关于"道和自由"的学说中,《墨子》中体现的墨翟的博爱和共赢的学说,在《尚书》《韩非子》和《荀子》,以及佛家圣哲的训诫中体现了德治与法治相结合以及惩罚的作用。

与欧洲文明、俄罗斯文明,甚至是印度文明不同的是,中华文明以自己的准则和经验为支撑,历经了几千年连续而独立的发展。同时,她对朝鲜、日本、越南文化的形成与发展起着决定性的影响。"

特别是在19世纪中期以前、中国鸦片战争战败前,在中国国内"中国中心论"的观念占统治地位,自称为"中国",周围各国被称为"蛮夷",它们的文化被看成是低级的,只有在借鉴中国文化和向中国文化学习的情况下,它们才可能强大起来。中国儒学曾强调:"吾闻用夏变夷者,未闻变于夷者也。"

在19世纪中期,英国人屡次遣使朝拜中国皇帝,这些大使无一例外都要行有损尊严的礼节——磕头,并跪着前行接近皇帝的宝座。当时的中国试图用同样的礼节来对待俄国大使,但他们不接受这种侮辱。直到19世纪末中国政府才出现掌管"蛮夷"事务的关系司,这并非偶然。中国的历史记载中记述了英国大使和军事首长访问中国皇帝的情形:"当朝英夷多次前来进贡。他们借用我朝官阶表,他们所有官员都讲汉语!"

1877年身在欧洲的居高位的中国外交家向中国皇帝汇报:"英国的一切都与中国形成直接的对立。在他们国家,臣民的地位高于统治者;在家庭中,妻子支配丈夫,女孩比男孩重要。所有这些都源于英国人居住在地球的下半边,他们颠倒了天和地的位置。因此,他们的习俗正好颠倒过来了⋯⋯"。

在我们高校的教材中常用下面这个妇孺皆知的故事为例来说明中国人在对待外国人的态度上以"中国中心"自居。"1793年,英国马戛尔尼代表团来华以确立中英两国的外交关系⋯⋯清政府将马戛尔尼代表团成员当成贡使来接待。当载有英国人的船只航行到中国的水域时,升起了带有'英国特使进贡'标语的旗帜。乾隆皇帝下旨亲自接见英国国王乔治三世所派使臣马戛尔尼,并在给英国国王的信中写道:'咨尔国王,远在重洋,倾心向化。朕披阅表文,词意肫恳,具见尔国王恭顺之诚,深为嘉许。尔国王表内恳请派一尔国之人住居天朝,照管尔国买卖。此则与天朝体制不合,断不可行。天朝足土俱归版籍,疆址森然。然天朝德威远被,万国来王,种种贵重之物,梯航毕集,无所不有,尔之正使等所亲见。然从不贵奇巧,并无更需尔国置办物件。尔国王惟当善体朕意,永矢款诚。'"

整整五十年后,英国对华发动了鸦片战争,向世界显示了他们是怎样"畏惧""顺从"和"敬重"中国的。

在19世纪,当中国看到外国人的绝对优势,尤其是技术上的优势时,便出现了一种理论,即中国可以借鉴外国的技术,但要坚定不移地坚守本身具有的比西方"蛮夷"高尚得多的道德观和精神价值观。

同时,有必要考虑一下中华复兴和崛起这个口号的历史背景。18世纪末19世纪初的中国是世界上最强大的国家之一。从某些指标来看,如:当时中国的国内生产总值是英法两国国内生产总值和的很多倍,中国的人口数量是整个欧洲人口的好几倍。在那个时期,大部分人口超过百万的大城市都坐落在中国。18世纪中期中国文化传播到欧洲。中国的瓷器、茶叶、丝绸、各种奇巧珍贵的漆器和石器、园艺、石砌花园等开始在欧洲和俄罗斯流行起来。

19世纪中叶英国发动鸦片战争,中国战败后,这个以"天朝上国"自居的国家开始走向衰落。太平天国起义和接下来的中日、中法战争,给中国的统一带来巨大的冲击。20世纪初期,在中国国内爆发的旨在反对外国强权势力的义和团起义受到八国联军的残酷镇压,这其中就包括俄国军队。西方列强企图在中国实行殖民地侵略政策,这使俄国在外交上实施自己的东方政策时面临着艰巨复杂的任务。该任务复杂性的加剧源于俄国在克里米亚战争中的惨败。沙皇俄国并不热衷于瓜分中国,只是根据当时的传统用帝制来维护国家的利益。在阿穆尔沿岸未确定归属的地区居住着俄国的哥萨克和移民,俄国想借此机会尽早把处于共同管辖权下的阿穆尔沿岸地区完全收归到俄国管辖。当时的中国政府同意俄国提出的上述要求,并将其作为俄国支持中国统一和完整的抵偿。但是,那些当时签订的在法律上生效的条约后来被中国称为"不平等条约"。这个标签在中国的政治和历史文化中一直保留至今,这使一些俄罗斯政治家和大众传媒确信,中国正逐渐变得强大起来,并将重新审视已签订的关于边界问题的条约。近些年来,中国领导人曾多次发表官方声明称,当下边界问题已得到最终解决,这其中包括先前签署的谈判文件中的边界问题。

20世纪俄中两国文明对话的重点之一在于相互学习,并把中国中心主义、俄罗斯的国际主义以及聚合性(团契精神)、全人类性和宇宙论结合起来。在这个结合中,中国文化逐渐学会了克服排他性,不再把那些可以借鉴技术经验的其他民族和文化称为"蛮夷"。俄罗斯人教会了中国人平等地对待其他民族。中国文化克服了自我设定的内向封闭的界限,并摒弃偏见、开眼观世界。在谈及俄罗斯文化以及俄罗斯民族时,可以说他们从中国人那儿学会了自尊自重、坚持维护自己的利益、自主学习和自我完善的经验。中国文化的这些特点得到了尼·比丘林、阿·普希金、列·托尔斯泰以及马·高尔基的高度评价。

在很大程度上，20世纪已经成为真正的全面深化合作、相互学习、加强苏中及俄中文化对话的时代。当今两国间的对话仍在继续并不断深化。20世纪20至40年代苏联的政策坚决支持中国的爱国主义力量同反动势力、封建主义制度作斗争，并支持中国反对日本侵略势力。这段时期的特征主要表现为文化间相互作用的加深。中国伟大的作家鲁迅先生、中国杰出的解放运动活动家瞿秋白、伟大的演员艺术家梅兰芳等都是苏俄文化和文学在中国的传播者。中国国内认为，正是苏中两国文化的相互作用与合作对中国现代文化特点的形成产生了很大的影响，并促使中国文化克服狭隘的民族中心主义——中国中心主义和自我封闭，使中国文化变得开放。

新中国成立后的20世纪50年代，苏中两国的合作关系以及精神层面的相互影响发展迅速，这在歌词中得到生动形象的描述："俄罗斯人和中国人永远是兄弟。"遗憾的是，20世纪50年代末60年代初，随着以伟大的思想家毛泽东主导的中国中心主义和民族主义的滋长，以及以赫鲁晓夫为首的苏联领导人所犯的一系列错误，首先主要是对中国的民族特点和民族情感的误解，导致了苏中关系恶化，造成苏中两国多年对立和仇视的局面。这对俄中关系的发展产生了十分消极的影响。实际上，在20世纪70年代初中国领导人差一点就同美国联合反对苏联，而在这之前中国在《与美帝国主义国家秘约》中就指责过苏联。毛泽东的政策迫使苏联重新审视国家内部规划，过高地估计中国方面可能产生的威胁使苏联领导人在20世纪70年代取消了内部发展方案，把可观的物质资源集中到两条防线——西部防线和东部防线的军政实力扩张上。这就导致苏联资源衰竭、国家发展停滞不前、居民福利待遇水平下降，最终成为苏联解体的原因之一。在与中国同僚的谈话中我不得不强调一下，在毛泽东领导下展开的反苏主义政策也为苏联解体"贡献"了一份力量。

20世纪80年代末，中国领导人确信美国正致力于在中国加紧其狭隘民族主义目标，这促使中国领导人对毛泽东所制定的同其他国家关系的政策持怀疑态度并予以重新审视，得出了有必要与邻国关系正常化的结论，其中包括苏联、印度和越南，"奉行独立自主的外交政策"，不参加大国军事联盟。在陈云、胡耀邦和邓小平的提议下，中国领导人总体上采纳了与苏联关系正常化的战略决策。

中国国内对苏联解体评价不一。一些民族主义和反苏主义倾向的中国活动家很高兴地接受了苏联解体这个消息,他们认为这给中国在世界舞台上地位的提升提供了可能,可以使中国走出"苏联老大哥的阴影"。但中国政府没有与美国直接交往的经验,这些年来甚至在苏中两国处于对立的时期,苏联独自应对来自西方世界领导人的所有冲突和压力。这些年,苏联一直坚定不移地坚持承认中华人民共和国政府是代表全中国人民的唯一合法政府、支持恢复中国在联合国的席位。俄罗斯坚定不移地维护中国领土完整的原则,坚持台湾、香港、澳门和西藏都是中国的固有领土。

现在,20世纪末21世纪初形势已发生变化。中国领导人明白,他们需要一个稳定的后方并与我国建立起相互理解的关系,因为他们的主要竞争者和潜在对手是美国。在此基础上,在苏联解体并建立俄罗斯联邦后,中国政府为巩固在西方的地位努力使俄罗斯在俄中关系正常化上保持兴趣。因此,在双边关系正常化以及承认俄罗斯联邦是苏联的合法继承者后,中国开始加速发展同俄罗斯联邦的关系,在6年的时间内两国关系的形式从普通的正常化、友好的关系发展为睦邻、友好、合作和战略协作伙伴关系,并通过2001年7月16日于莫斯科签署的《俄中睦邻友好合作条约》得到了法律保障。该条约是俄中两国文明间对话的法律基础。随着俄中两国合作范围的扩大和在世界舞台上两国相互影响的加深,该文件的潜在意义将逐渐发挥出来。

在继续描述中华文明的特点时,有必要讲一下中国人性格中最重要的品质之一——细致。这个词在俄语中没有等值词汇。汉字细由两部分组成——"丝线"和"田",意味着精巧的织布艺术和辛勤的耕作。汉字致意味着最完美的手艺,也包含两个符号——"边界"和"冲击",即拥有非凡技艺的双手。字典对该词语给出了下列解释:谨慎、认真、详尽、注重细节、非常仔细。汉字细是表示精密的东西和精巧手艺的意思的符号不可或缺的一部分,如细胞——细菌;细工——精巧的、非常细致的活计,精工细活。

举个例子,当俄罗斯人拿到一块猛犸牙或象牙时他们会做什么——杖头、动物的塑像或另一种动物。在中国人看来,这并没有物尽其用,只是简单的处理。那么中国人会做什么呢?他可能会做成一个内部含有

36个旋转小球的大球,并在每个小球上绘出世界的历史、生命的象征、山峦和瀑布、花鸟以及祝愿幸福、吉祥、平安、长寿等的汉字。做这样的一个球需要多年极耐心细致的工作,但只需两样工具——一个是钻孔机,用来在大球上打洞;一个是弯刀,它可以把象牙块变成旋转的小球,在这些小球上就可以巧妙地雕刻出上述的画面。这些小象牙块也可以做成船或是按不同的意愿做成各种不同姿势的菩萨。细致也体现在中国的瓷器、丝绸刺绣、水彩画、书法中。

在中国文化里"人"是生物界和宇宙不可分割的有机部分,宇宙包括3部分:天——人——地,人是中间媒介,他在地上体现了上天的意志。人类的行为和生活准则与大自然的象征相连:山——永恒、稳定;柳树——柔情、生机;柏树——不朽、坚贞;松树——坚定、长寿;李树——持久、温柔。

俄罗斯汉学奠基者尼·雅·比丘林多次谈及在理解中华文明时遇到的困难。他指出,在中华文明中能找到所有与西方文明,包括与俄罗斯文明相似的东西。但在外部相似性的背后隐藏着另一些东西,需要透过外部的表象去挖掘内部的实质,正如孔子所说:"格物致知"。

中华文明,如上所述,她以非凡的稳定性、惊人的适应性以及文化形式的多样性在世界文明之林中独树一帜。有时这种多样性会妨碍旁观者把中国作为一个统一的整体来看待。顺便说一下,第一个发现中国的西方人马可·波罗并不接受中国是一个统一的国家这种看法。但各个区域文化、习俗和宗教信仰形式的不同,并没有妨碍天朝的臣民认为他们是一个统一联系的整体和对其祖先所生活的土地的无限眷恋之情。高度自居和对祖国的眷恋之情——这是中国文化的特点之一。我曾多次指出:中国人无论在哪里、无论加入哪国的国籍,他们的最高理想就是要得到祖国的认可,并最终埋葬在自己祖国这片神圣土地上。

有这样一个问题,中国加入到全球化进程中是否就意味着中国文化与俄罗斯自由民主党所钟爱的某种"世界文明"融为一体?事实上,与此相类似的情形从未发生过。是的,中国不断的借用、不断地向外国学习,但他一直保持着自己的个性、自己的文化类型。中国人移居、走遍世界各地,他们无处不在,他们好像水银珠一样,总能聚合起来并组成一个区域性的小中国——唐人街。他们奉公守法、勤劳、尊重当地的法律法规、忠于家庭并表现出一种政治冷淡的态度。

"对话"是俄中两国文明交流的必然选择。"对话"是唯一的出路,只有对话才是解决全人类文明危机的极具建设性方法。俄中关系正常化、互相尊重各自的选择、对人类社会不同的存在形式的认同、求同存异以及地域间文明的趋同和分歧的典范就是建立在这些原则基础上的俄中关系模式、战略协作伙伴模式、两个国家和两族人民共同发展、相互影响的模式——这是未来世界的模式。这与文明间的冲突及文明间的战争相对立。俄罗斯的宇宙论与中国的道和人、天、地合一的学说为人类文化向统一的智力圈转变、克服西方文明提出的片面的技术统治论的消极观点创建了精神哲学基础。

当然,我们两国开始直接交往的历史源于我国势力向远东地区的推进,在阿穆尔等地修筑了像阿尔巴津(雅克萨)要塞等各种工事。俄中两国第一个正式的关于边境关系的条约是 1689 年签署的《俄中尼布楚条约》。鉴于历史条件,当条约经过耶稣会会士之手时,用满语、俄语和拉丁语签署的条约在细节上各不相同,致使在领土划界问题上含混不清。

由于历史原因,俄罗斯文明一直是不同文明和文化间相互传播的媒介,尤其是在俄罗斯的广阔领土上扮演着调解人、老大哥、保护弱者的角色。俄罗斯文化对其他民族的文化很敏感。但俄罗斯文化的过分开放性和其不断发展的重要地缘政治形势引起高层领导人对西方的羡慕之情,并意欲仿效已成型的西方文明的生活方式。

俄罗斯及其文化的艰巨使命是抵御草原游牧部落的侵犯。俄罗斯当时还没有时间和足够的实力来修筑自己的工事、创建有利于自身发展的条件。客观上俄罗斯扮演着他人的保护者,而她本应该把精力集中在自强、自保、自卫上。源于俄罗斯基督教特有的对他人苦难的怜悯——如陀思妥耶夫斯基所说"全人类性"——她再没有多余的力量去同情自己、怜悯亲人。她不可能与世隔绝、对世事漠不关心,因为每天都要迎接新的挑战,当今那些曾依靠俄罗斯的帮助而得以建立良好秩序的国家反而指责俄罗斯的落后、粗暴、救世论、大国主义以及帝国主义。

德·伊·门捷列夫指出,俄罗斯应选择的理性的道路就是循序渐进的改革,把自己的传统与世界发展的新事物相结合。在这个层面上,他指出了俄中对在远东地区建立工厂的问题上进行和平合作的可能性和必要性。在谈到俄中两国民族性格具有相似性的问题时,门捷列夫指出,两国人民都热爱和平、有很强的家庭观念、性格随和、坚忍不拔、禁欲主义、虚心好学等。

综上,可以说中国的理想是富民强国。而俄罗斯的理想主义者和宇宙论者追求世间的上帝之国、追求超越一切的善行。

苏联解体给俄中两国关系的发展和巩固以及两国间文明对话的加深带来严重的负面影响,也加剧了侵蚀俄罗斯人民的民族自我认同感和民族自觉性的进程。国内的文化和科学成果以及所有的历史都遭受了极度的中伤和贬低。在亲西方派的自由党人和激进爱国主义者中间流行着下列思想:埋葬俄罗斯、预言俄罗斯及其文化的消亡、诋毁并抹去俄罗斯历史在民族记忆中的光辉一页、把俄罗斯国家的历史看成是奴隶制和个人独裁史等。

俄罗斯十分向往西方国家,把自己展现成一种西方现象并把自己伪造成所谓的"世界文明"。这种有损尊严的乞求西方社会的接纳、丧失自尊自重、贬低民族自尊心的做法导致了俄罗斯的科技和文化的吸引力在前苏联民众心中的地位下降,同时导致国家的国际威望降低。很多亲西方的自由党人断定,俄罗斯已别无出路,除了乞求充当西方远郊的寄居者。甚至韩国报纸《朝鲜日报》也称叶利钦政府为"无组织的地理概念"。中国人没有堕落到这种地步。作为对上述诋毁者和中伤者的回应,可以引用在俄罗斯最为困难的时期之一1996年所刊发的《和平与发展》杂志上关于俄中睦邻友好关系的文章。"俄罗斯应仔细分析一下长期规划。她当今的衰落是相比较而言的,她拥有绝对的优势:巨大的科技潜力、实力雄厚的工业基地、丰富的自然资源、强大的武装力量、优越的地理条件,以及高素质的国民"。

在苏联解后,中国第一个与新成立的俄罗斯联邦确立平等关系,并承认其为前苏联在国际舞台上的法定继承者。俄中两国的合作及俄中文明间的对话已经成为促进两国共同发展和维护全世界和平的重要因素。俄中文明对话以及它们与印度文明和穆斯林文明的相互作用是维护世界文明发展的必然选择。在原则和价值观上的同一性,以及所面对的全球化挑战的共性促进了俄中文明对话的发展。俄罗斯不应该对所谓的"中国威胁论"感到怯懦,而应积极向中国学习并与之合作。这种原则性的、具有战略意义的观点在俄罗斯远东研究所的学者们待出版的系列专著中进行了综合详尽的分析。

要制定一套同中国合作及对话的政策,就要努力阐明所谓的俄罗斯精神的秘密,以及在中国和西方对俄罗斯文化产生误解的原因。

在揭示俄罗斯精神和俄罗斯文化的特点——自责性、同情心、全人类性、怜悯——时,陀思妥耶夫斯基当时写道,所有的外国人都惊讶于俄罗斯人特有的自责性。"他们都因此而指责我们,说我们没个性、流浪儿,但他们却忽略了我们拥有可以暂时摆脱土地的能力……这本身就是很强大的能力……"

俄罗斯文化和文学的独特性是其重要的一部分,出现了一些闻名于西方的作家,如彼·雅·恰达耶夫和维·格·别林斯基。恰达耶夫在《疯人的辩护》中写道:"从未有一个民族像俄罗斯这样从不袒护自己……可以说,在这伟大的人类的精神和人类社会的法庭面前,我们用自然的、淳朴的、真正的良心来分辨是非对错"。1835年在给阿·伊·屠格涅夫的信中,恰达耶夫又多次提到俄罗斯文化最高使命,用他的话来说就是"负有解决全人类所困惑的问题的使命"。后来又写道:"上帝把我们创造得如此伟大,以致我们不能成为利己主义者……上帝使我们身处民族利益之外,它把人类的利益赋予我们……我们在生活、科学和艺术中的所有思想都应以此为出发点,并向其靠拢……这正是我们未来所要做的……我们已开始追逐我们伟大的使命"。

1846年维·格·别林斯基在借用恰达耶夫上述思想时写道:"俄罗斯与欧洲的古老国家没有什么可比较的,他们的历史与我们背道而驰,而且在很久以前就已开花结果。众所周知,法国人、英国人和德国人各有不同的民族性,以致他们彼此间不能相互理解,而俄罗斯人恰能够接受法国人的社会性、英国人的实践性以及德国人含混的哲学。一些人从中看到了我们较之其他民族所占的优势,而另一些人从中得出了十分消极的结论,认为这都是彼得大帝的改革致使我们变得毫无个性;因为他们认为,没有自己生活的人才能够轻松地仿效别人的生活,没有自己兴趣的人才会轻易地接受附和他人的兴趣……后一种看法很在理,但第一种看法尽管有些傲慢,却并不无道理……"

欧亚论奠基者之一尼·谢·特鲁别茨科伊公爵把发展这些全人类性思想看作是俄罗斯文明的基本特征,他得出无论民族大小,他们都是平等的以及他们的文化都是等势的结论,他认为高低等级的划分不适用于文化,文化只有历史长短,没有等级优劣之分。在1921年3月7日给雅·雅各布森的信中他写道:"……所有民族和文化都是平等的,没有高低贵贱之分，——这就是我在书中想向读者传达的所有思想"。在其《欧洲与全人类》一书中叙述了以下结论："评价因素应该从民族学和文化历史，甚至是所有进化学中彻底根除，因为所有的评价都基于自我中心主义展开。民族和文化不存在高低等级之分，只有相似和不相似之别……"

综上指出的俄罗斯文化和文明所具有的特点，为其与中国的精神文化和中华文明进行对比分析奠定了基础。从这个角度看，有必要指出中华文明产生和发展的历史不同于俄罗斯，从一开始她就表现出深刻的自我中心主义，这是因为中华文明是在生活于石器时代的民族共同体和部落群体中发展起来的，当时这些民族共同体和部落的经济和文化处于较低的发展水平。中华文明是一种自给自足的模式，她高度自居，有时甚至带有排他性。

中国能够消化吸收所有借鉴过来的外部文化因素——这被称为"汉化"。例如，佛教以及其他外来的学说，其中包括马克思主义。考虑上述情况，可以找到中国人不理解俄罗斯的全人类性和救世论的原因，因为中国人把它们理解为民族优越感、追求霸权主义甚至是沙文主义的体现。

中国共产主义者不能理解苏共的国际主义并非偶然。他们极力寻找20世纪20至40年代以及20世纪50年代苏联对中国提供援助背后所隐藏的图利动机。勃列日涅夫提出的超国际主义在中国被阐释为"社会帝国主义"和"社会沙文主义"。在苏联解体、苏共解散后，中国共产党并没有肩负起毛泽东曾强烈追求的对世界共产主义运动和人民民主运动的领导权。在中国国内也很少提起"全世界无产主义者，联合起来！"的口号。取而代之的是"世界各族人民大团结"的口号。在解决国际事务和国际争端问题上，中国以其眼前利益和中国的发展与复兴的战略目标为出发点。

20世纪50年代苏联在经济、科技和文化方面给予了中国很大的帮助。而从20世纪70—80年代到苏联解体前我国都以超级大国的身份同中国进行对话。

现在，从原则上讲形势已经发生了变化。中国的综合实力远远超过了俄罗斯联邦的发展潜力，与中国相比，俄罗斯仅在军事技术领域、太空以及基础科学领域处于领先地位。但中国对俄罗斯的现状表示尊重和理解，并与其建立了平等、睦邻友好的关系。

俄罗斯汉学和苏中友好协会，现今的俄中友好协会在加深两国的相互理解和加强两国建设性的文明对话中起着特殊的作用。18世纪末俄罗斯汉学开始形成,并在 19 世纪初作为一门科学出现。阿·列·列昂杰耶夫(1716—1786)及一些在俄罗斯驻北京传教团工作的年轻的汉学家是俄罗斯汉学的先驱。俄罗斯传教团在俄罗斯汉学的形成和中国问题的研究中起着极其重要的作用。俄罗斯汉学奠基者尼·雅·比丘林(1777—1853)是第九届俄罗斯驻华传教团团长。他创作了一百多部具有百科全书价值的著作。他的作品具有重要的意义并受到高度的评价,并被选为彼得堡皇家科学院通讯院士。尼·雅·比丘林的很多专著至今仍具有科学意义。瓦·巴·瓦西里耶夫(1818—1900)编写了世界上第一部中国文学史,书中综合分析了中国佛教史。彼·伊·卡法罗夫(1817—1878)与巴·谢·波波夫(1842—1913)共同编写了汉俄词典,翻译了中国哲学的经典作品和一些记载着中国医学和建筑的文献。19 世纪在俄罗斯已经形成了东方学研究中心,其中包括汉学研究中心。在圣彼得堡科学院院士瓦·巴·瓦西里耶夫的带领下成立了科学院亚洲博物馆,并在大学里开设了东方语言系,在远东成立了东方研究所。在喀山大学东方系开设了汉语教研室,随后又开设了满语教研室。在恰克图比丘林创办的汉语学校着手培养汉语翻译和满语翻译。外交部亚洲司积极参与汉学家的著作出版活动。这些中心培养了一代代杰出的汉学家、哲学家、经济学家、历史学家和语言学家。

　　应该特别强调一下中国文明与西方文明对话进程的复杂性。正如前面所指出的,中国中心主义妨碍了中国从客观的角度看待自身文化的优缺点,也使中国不能对其他文化做出适当的评价。在 20 世纪初才发起新文化运动,但它是在旧中国传统的框架下展开的,受到许多规范的限制,外来的新东西重新被汉化,同时在运动中缺乏实践。中国人所坚信的中华文明在精神道德上优于西方的观念一直延续至今。在西方人的眼里,中国曾对西方在日常生活和生态环保方面的文化标准进行研究是一件可笑的事。在中国的历史上留下了一段令人啼笑皆非的抵御麻雀的故事。现在来中国参观的游客都感到惊讶,比如:每日清晨公园里挤满了各个年龄段伴着音乐做传统健身操的人;六七十岁还在舞剑的老人;下班后在街上排起长队扭秧歌或是在饭店、城市街心公园附近跳舞,这些运动都有益于民族体质的健康发展。确实,这个民族变得强健了,男女青年的身高也增长了不少。中国的体育健儿们在各种竞技中取得的成绩也证明了这一点。20 世纪 50 年代,当时中国人的体质不能驾驶飞机和现代坦克,这使在中国军队执教的苏联教官不得不坚持给中国军人专门配餐。

中国人创建了一种真正的、切实可行的、富有成效的可以替代西方文明的技术统治论和单一中心论的模式。

以下两种情况有可能成为未来俄中两国间文明对话发展的主要障碍：

1. 在中国智力潜力提升的背景下俄罗斯却显露出人才缺失的现象。俄罗斯国内出现大规模的"人才流失"现象、教育体系受损、高等教育人才结构失调。近十年有10万多俄罗斯学者离开了祖国移居海外。科学、教育和文化经费缩减了数十倍，并且按剩余原则来使用。当下俄罗斯的基础科学、教育和文化仰仗着苏联时期取得的成果在世界上仍有一定的威望。这样机械地发展下去，科技人员逐渐趋于老龄化。俄罗斯科学院成员的平均年龄接近70岁，大部分的博士已超过60岁，年轻学者的数量急剧缩减。

而中国正与此相反，中国的科学、教育得到了高度的发展，这也促进了文化的发展。中国在扫除文盲工作中取得了显著的成果，不仅扩大了城市居民受教育的范围，也扩大了农村居民受教育的范围，虽然这种教育体制从初中1年级开始带有商业性质。创新推动了科学的发展，中国政府在基础科学研究上的拨款额是俄罗斯在类似项目上拨款额的6倍。中国的中学生、大学生和学者的数量稳定增长。这种异向发展趋势可能会限制文明间对话的智力潜力。

2. 文明发展的内部方针的改变以及俄罗斯的一些杰出人物试图消除俄罗斯文明的欧亚自居性，这都使俄罗斯转向亲西方方针、转用西方文化价值体系，这将导致俄罗斯文明出现分化、分层现象，并普遍削弱、丧失对其他文化的吸引力。

而中国文明与此截然相反，中国加强巩固民族自居性，并努力把借鉴的外来经验深深植根于中国土壤中。"中国威胁论"的传播以及俄罗斯领导者中的排华分子是实现俄中文明间建设性对话的主要障碍因素，此外，这也可能成为俄中新一轮冲突的根源。

在对俄中两国文明对话进行评价时，有必要强调该对话的全球性意义，俄中两国文化为世界文化宝库做出了极其重要的贡献，其影响将一直延续下去。

（刘宏 译）

文明对话中的中国哲学和新欧亚主义 *

深入研究中国哲学以及其他东方哲学遗产，尤其是儒学分布区国家的哲学，是当下研究的迫切课题。正是在此——中国、日本、朝鲜、越南——他们世代承袭着先人的文化，真正实现了世界观同反映在新儒学、中国佛教、印度教、日本禅宗、道教和神道教（日本）等不同形式中的自我意识的完美结合。对这些文化文明现象的研究具有全球性意义。鉴于俄罗斯在欧洲文明和东方文明（主要是东北亚地区）中占据的特殊地理位置和地缘政治地位，对俄罗斯来说，熟知其亚洲邻国的传统文化——既是参与文明间对话的前提，也是实现文化自我认同的重要条件。这就提出了一个重要的任务——研究跨文明交流的新方法。在我看来，这种方法可以是新欧亚主义思想，它能够把俄罗斯的哲学价值观与欧洲的哲学价值观有机地结合起来，并使俄罗斯和欧洲的文明价值体系同东方国家的文明价值体系和思想体系结合起来。同时，这些是怎样发生的，东方国家、俄罗斯和西方彼此间怎样相互影响，他们会彼此借鉴什么、排斥什么，在此情况下的发展前景如何——和平发展或是非和平发展，这一系列问题都需要集中精力去研究。

---

* 本篇选自：М. Л. 季塔连科，《远东的地缘政治意义：俄罗斯、中国及其他亚洲国家》，莫斯科，2008 年。（Титаренко М. Л. Геополитическое значение Дальнего Востока. Россия, Китай и другие страны Азии. -М.：Памятники исторической мысли，2008. —624 с.）

作为跨文明现象出现的新欧亚主义要优于其他文明形式。一方面，欧亚主义有益于民族文化的自我认同，也就是说有助于保持民族特性；另一方面，它能保障文化间的相互交流，确保不同文明和谐共处、互相充实、彼此影响、共同发展。在这种情况下应该指出，新欧亚主义思想可以有力地替代某些力量企图利用其自身在经济、政治和军事上的优势实现全盘西化的思想。全球化，主要是一种经济现象，然而一些西方国家利用全球化来推广他们的思想，并把他们所认同的民主和人权思想强加于人，尤其是美国。理论上——说教性的和预言性的——全球化人道主义部分，如上所述，是由美国著名的政治家、文化学者亨廷顿和福山提出的。

将所有的文化和文明都一概而论是十分危险的。像东方哲学，首先是与新欧亚哲学相关的中国哲学，对上述的这些问题做出了回应。她厚积薄发，为未来的人类发展开拓了广阔的前景。这种前景既带有理性也带有非理性，如使人平静的宗教性（指的是中国佛教），这在远东研究所专家的著作中得到了很好的阐述。但在某种形式上，它是应对现已上升到国家层面和世界层面的恐怖主义思想和暴力行动的良策。尤其是在"预防性外交"理念下，美国所做的一切认证了暴力和恐怖的合法化。很难为此找到另一种合适的称呼，尽管类似的行为打着与恐怖主义作斗争、保护人权和提升"民主价值观"的旗号。

显然，中国、朝鲜、越南、日本及其他一些东方国家的儒家哲学在对抗霸权主义全球战略中起着积极的作用。但同时似乎不能把这些国家的传统、丰富的文化和哲学经验都归结为儒家的价值观。在民族自我意识中除了儒学观念外，还形成了一些在文明层面具有特殊价值意义的新思想。这尤其表现在以德治国方略的实施，即施行仁政，在理论和实践中把道德、仁义同政治结合起来。与其说该观念强调的是儒家思想，不如说是墨子（公元前5世纪）十条五类纲领所直接表现出的墨家思想："兼爱、交利""非攻""平等"等。墨家思想的这些准则有助于理解东方政治体系的内部逻辑和东方的民主模式，它们并不是俄罗斯自由主义者所感受到的神权政治和极权政治。

因此精通道德哲学，阐明它在当下的影响力，对调整和加强俄罗斯同远东地区的邻国，首先是中国的相互理解是十分重要的。在当代以及先前的中国领导人的实践中都明确地遵循着一个已成公理的传统——推陈求新。这并不像"文化大革命"时期进行一味机械的否定，而是在黑格尔理性的否定思想基础上来辩证的扬弃：所有积极的都保持下来，所有陈旧、过时的都舍弃。出现了一系列从传统文化中借用来的现代概念，如传统词汇中的政治、德治、大同现称为和谐社会、小康、道德、和而不同、和谐等，此现象证明了传统和现代之间具有辩证关系。

还有一个问题的解决对理解当代中国的发展进程具有重要意义。我们的很多同事及一些权威的西方政治家和俄罗斯政治家断言，中国国内的社会经济改革就是打着社会主义的旗号在走资本主义的道路。他们认为，中国的社会主义——最多不过是人民起义的委婉说法。因为他还年轻，没有经验，只能先混充到社会主义口号下，而事实上他的所有实践都与资本主义紧密相关。确实，在当下这个过渡时期中国国内出现了一些现象，它们与高呼的社会主义（甚至是中国特色社会主义）口号没能很好的结合或是完全没有关联。但从历史发展规律来看，这种情形的出现是十分自然的，因为中国同时解决了其从未经历过的资本主义生产前期和市场经济带来的许多复杂的资产阶级民主问题。这就需要理解地看待中国领导人和思想家如此谨慎地引用"社会主义"这个术语。他们从古中国哲学中借用术语来指称与公平社会没有太多共同点的实践并非偶然。市场规律残酷激烈，原始资本积累的手段也很残酷，这种积累发展不均衡。在这种条件下，对劳动力的剥削是自然合法的、自由竞争也是合理的、成王败寇也是自然的。当今中国国内所发生的一切在那个时期都是自然合理的。显然，这与平等、公平、博爱、互利、集体主义思想以及未来社会主义范畴所确立的思想不一致。因此我们的中国同僚把这种先进的社会称为小康社会，即少部分人的富裕。在现有情况下，从世界观、意识形态和精神方面来看这是合理的。我认为，这正是中国哲学和中国智慧的体现，它把看起来无法结合的事物联结到了一起。这是最高层次的趋同，在这实现了新与旧、传统与革新以及传统的与全新的政治和文化生活形式的完美结合，它们一起构成了与众不同的统一整体。这绝非折中主义，而是一种适当的方法论理论。它集中体现在哲学家方以智（1611—1671）的"合二而一"的哲学原则中。"合二而一"的思想在语义上还包含了另外一方面——一分为二。例如，从方法论方面，毛泽东一分为二地看待中国历史发展的第一阶段。从20世纪50年代末至70年代，毛泽东呼吁"制造矛盾"并彻底解决它们。结果使非对抗性矛盾发展到敌对的程度，还出现了一些颂扬该方法论的口号，如："美帝国主义是纸老虎""中苏论战万岁"

"将无产阶级文化大革命进行到底"。中国当代领导人取"合二而一"语义上的另一方面——使矛盾得以解决,思想达到统一。中国社会固有的多种成分、中国传统价值观与符合本国条件的西方价值观的结合以及陈旧与创新的结合——所有这一切都正是以老子的道家辩证法为基础——即合二而一与和谐的思想。

在生态危机加剧的情形下,贯穿中国哲学和文化史的"人与自然相统一"的思想不得不引起人们的注意。按照这种观念,在宇宙论中人是处于天地中间的环节:天—人—地。这种观念在世界汉学研究中曾被当作世界体制的个别因素,而现在这种思想成为保护全球生物以及维护人类生存的准则,被作为新的生态伦理学的基本原则。要使这些公理成为现实就需要培养一批新人,正如中国古典哲学所言,需要培养一些能够把社会和自然界有机、和谐地结合起来的智者。完成该任务的方法是未来生态学中要研究的哲学问题。而新欧亚主义理论可以用来应对该挑战。俄罗斯汉学把该任务作为其理论研究的基础方向之一,这是值得给予称赞的。

(刘宏 译)

俄罗斯汉学在发展俄中合作和
加深两国相互理解中的作用*

俄中两国关系已有将近四百年的历史。然而,两个大国真正开始在国家层面寻求相互理解与合作的道路却晚了很久——始于18世纪初期。1700年彼得一世颁布了在俄国开展东方语言教学的相关法令。俄国驻北京传教团奉命培养汉语、满语、蒙语和藏语翻译。

奉康熙皇帝谕令,为满足被俘后编入清朝禁卫军的阿尔巴津(雅克萨)要塞曾经的保卫者的精神信仰,于17世纪90年代出现了俄国传教团。实际上,从形成之日起到20世纪50年代,在这三百多年间俄国传教团一直是为俄国培养汉学研究人员和全方位研究中国历史和精神文化的重要中心之一。它培养了很多高水平的学者,如:第一批汉学家——俄国皇家科学院成员及工作者阿·列·列昂季耶夫(1716—1786)、伊·卡·罗索欣(1720—1770)、尼·雅·比丘林(1777—1853)、瓦·巴·瓦西里耶夫(1818—1900)、彼·伊·卡法罗夫(帕拉季,1817—1878)以

---

* 本篇选自:М. Л. 季塔连科,《当代俄罗斯的中国形象:俄罗斯和国外学者对中国历史和当代政治某些问题的研究》,莫斯科,2007年。

本篇选自:А. Л. 维尔琴科等编,《当代俄罗斯的中国形象:俄罗斯和国外学者对中国历史和当代政治某些问题的研究》论文集,莫斯科,2007年。(сборник статей, Составитель: ВЕРЧЕНКО А. Л.: ОБРАЗ КИТАЯ В СОВРЕМЕННОЙ РОССИИ: некоторые проблемы китайской истории и современной политики КНР в исследованиях российских и зарубежных ученых / Российская академия наук, Институт Дальнего Востока. Москва: Русская панорама, 2007.)

及许多研究中国历史、经济、文化、医学和语言的学者。

以19世纪上半叶尼·雅·比丘林及其追随者纂修的历史编撰学和史料学为基础,汉学作为大学中的理论学科在俄国开始发展起来。1855年圣彼得堡大学开设东方系,该系成为培养精通汉语、满语、藏语和古蒙语知识的汉学家的主要中心。同时,喀山大学也开始培养汉学家,随后在库伦(现名乌兰巴托)和伊宁又创立了翻译学校,之后于1899年在符拉迪沃斯托克成立的东方学院也开始培养汉学家。而在俄国西伯利亚和远东地区成立的汉学家培养中心专门为发展俄中两国经贸联系和边境关系服务。

19世纪下半叶,俄国国内形成了处于世界领先地位的汉语教学和研究的学派。正是在俄国编写了第一部汉语语法书,该书制订了一套汉语拼音转换系统,至今仍具有重要的意义。与其他所有的欧洲语言相比,俄国对汉语普通话的译音能更恰当、清晰地传达汉语的声迹。俄国汉学家编著了内容丰富的汉俄词典和俄汉词典,以及独一无二的、至今仍具有重要的学术意义和现实意义的两卷本汉俄词典。

俄国汉学的特点在于他们从一开始就对中国、对她勤劳的人民和灿烂的文化满怀敬重之情。根据儒家的道德规范"礼、仁、孝、忠"以及上层统治者与底层群众的相互关系体系,甚至形成了理想化的中国形象。"君君、臣臣、父父、子子"这种中国形象被俄国知识分子用来间接地批判沙皇专制和对宗教的狂热信仰。作为追求理想化的中国文化的例子之一,伟大的俄国作家列夫·托尔斯泰积极宣传儒学、老子和孟子思想,把它们作为新教育体系的基础并证明了他的"不以暴力抗恶"的观点。列夫·托尔斯泰利用在国家管理和文化发展中占统治地位的儒家道德规范礼来批判沙皇制度、现代主义和19世纪末20世纪初的颓废派文化。托翁甚至透过儒家学说对贝多芬的音乐和莎士比亚的戏剧进行"道德清洗"。这足以让人回想起他的小说《克鲁采奏鸣曲》。

在20世纪20—30年代的苏联时期,汉学在俄国的社会科学研究中处于前沿地位,并成为最热门的学科之一。当时很多的大学和科研中心都教授汉语,并对中国的历史、文化、哲学和局势进行研究。20世纪伟大的俄国汉学家之一科学院院士瓦·米·阿列克谢耶夫(1881—1950)写道:"俄国对汉学家的需求远远超出了封闭的大学讲堂这个狭小的空间,而是来自社会的各个方面,如:《世界文学》出版社编委会、国家歌剧院和芭蕾舞剧院、国家话剧院、青年剧院、学校、工学院等都需要汉学家。"这个曾对中国文化不感兴趣的社会现在却表现出浓厚的兴趣,而且其研究课题范围广泛,同时也不再拘泥于大学讲堂这个狭小的空间里。

在方法论的主要定位上,汉学与在19世纪末开始出现并于20世纪20—30年代最终形成的欧亚主义相呼应,这是20世纪俄罗斯汉学的新特点。俄罗斯欧亚主义亚洲方面的主要部分除波斯—突厥和印度成分外,就是在12至14世纪通过蒙古—鞑靼人而被俄罗斯文化接受的部分中国政治、精神和物质文化成分,这是俄中两国文化思想遥相呼应的客观前提。这种在方法论和思想上的呼应是建立在欧亚主义观的基础上,欧亚主义把世界文化看成是不同文化平等、等价的交织,各文化间关系的建立以彼此影响、互相学习、共同发展和共同繁荣为基础。按照欧亚主义理论的观点,承认文化多样性的统一、文化间关系的连续性以及文化遗产带有民族共同体的地域信仰特点和历史发展特点,它们是世界文明和各族文明发展的重要条件。这与2500年前儒家提出的中国文化的发展观念不谋而合。这些重要的思想都包含在《论语》的《子路》一章中。"子曰:'君子和而不同⋯'",在《论语》中所表达的"多样性的和谐统一是一切事物发展壮大的条件"的思想正是中国文化的精神基础。

从上面所讲到的来看,可以肯定地说,俄罗斯汉学无论是在其早期形成阶段,还是在19世纪末20世纪初的成熟阶段,还是现阶段,它都会一如既往地积极推动俄中两国文化交流、促进两国互相学习和共同发展。两国间睦邻友好关系的发展以及政治、科教文化和经贸联系的建立,都需要对彼此国家及其发展变化特点有深入的了解。在各领域的俄中关系史中都可以举出很多例子,它们以各种不同的方式展现了作为相互理解和友好对话影响因素的汉学的作用。正是20世纪40—50年代俄罗斯汉学家弗·尼·罗果夫(1906—1988)对鲁迅小说和随笔的出色翻译,使俄罗斯社会了解到中国伟大的爱国主义作家的作品。鲁迅成为苏联国内最受欢迎的东方作家之一。他的作品在苏联发行了上百万册。由于瓦·米·阿列克谢耶夫院士翻译了大量的作品向俄罗斯社会介绍中国戏剧的特点、中国的国画和中国的美学观念,以及后来中国著名的京剧演员梅兰芳、杰出的艺术家徐悲鸿出访莫斯科和列宁格勒,20世纪30年代中期这些友好交流转变为苏联全民族对抵抗日本军国主义的中国人民的声援。

一些杰出的汉学家——历史学家、哲学家、经济学家、语文学家、语言学家——的大量作品使积淀几千年的伟大灿烂的中国文化成为俄罗斯文化和前苏联各族人民文化不可分割的一部分。20世纪20至50年代,很多科研著作和科普读物都在向苏联人民介绍中国的历史和中国的发展特点,其中表达了对抗日战争时期的中国人民的声援。上述这些都是影响苏联做出积极支持中国人民反对日本军国主义、与新中国进行友好合作以及全方位援助新中国的战略决策的重要精神政治因素。

俄罗斯汉学家和历史学家对400年来的俄中关系史的研究结果表明,俄中两国人民的根本利益非但不发生任何冲突,反而存在着共鸣,可以在睦邻友好的理性政策的指导下,推动两国经济文化的共同发展,并在国际舞台上相互支持。

当然,在两国长期的交往中有过各种各样的记忆。但这些暂时的冲突并非是涉及双方发展和安全的根本利益的冲突,而是由这样或那样的外部环境造成的。基于对俄中关系史这样的历史理解,俄罗斯积极响应中国政府的倡议,双方于2001年7月16日在莫斯科签署了《俄中睦邻友好合作条约》。

回顾历史,可以说在20世纪40—50年代,苏联汉学界热情而不加批判地接受了建立初期的中华人民共和国,由此(应该承认)在苏联树立了与现实不符的中国兄弟的形象。正如老一代人记忆中的歌颂苏中友好关系的歌曲,其中有句歌词是:"俄罗斯人和中国人永远是兄弟"。然而,俄中友好关系从"伏暑"进入了25年的"冰期"。

在20世纪50年代末苏联政府关闭了汉学研究中心,甚至是一些培养汉学家的中心也关闭了。俄罗斯的汉学研究意识到这种轻率的决定带来的严重后果一直持续至今。在经历了苏中关系的冷淡期后,我国领导人意识到,必须对我们这个伟大的东方邻国进行客观、系统的研究。1966年在苏联科学院的框架下成立了远东研究所,旨在为苏中关系发生破裂的原因做出科学的解释,寻求平衡俄中两国民族利益的方式,使俄中两国邦交恢复正常化。

俄中在文化、科学和经济领域合作与相互影响的历史与俄罗斯汉学的积极作用密不可分。感谢俄罗斯学者们的辛勤工作,他们从中国文化和文明宝库中借鉴来的许多成果丰富了我国的科学、文化和社会生活。在这里首先要提到的是杰出的学者、苏联(俄罗斯)科学院院士——瓦·米·阿列克谢耶夫,尼·伊·康拉德,通讯院士米·伊·斯拉德科夫斯基，前苏联驻中国大使、中国古代哲学史研究家阿·阿·彼得罗夫，文艺学家、俄罗斯科学院通讯院士尼·特·费多连科（汉名费德林）、阿·彼·罗加乔夫教授、弗·阿·克里夫措夫教授、弗·尼·罗戈夫、列·扎·艾德林、柳·德·波兹涅耶娃教授、历史学教授米·菲·尤里耶夫和杨兴顺，俄罗斯科学院通讯院士、国际历史学家米·谢·卡比察（贾丕才），阿·格·雅科夫列夫教授，阿·阿·莫斯卡列夫、维·菲奥·费奥克吉斯托夫，大使、俄中关系史学家鲍·特·库利克，阿·瓦·梅里克塞托夫、弗·雅·希基赫梅诺夫、弗·尼·尼基福罗夫，叶·阿·科诺瓦洛夫。著名的俄罗斯东方学者、俄罗斯科学院远东研究所院士谢·列·齐赫文斯基为研究中国历史和俄中关系史、中国现代化思想的形成发展史和中华复兴的思想做出了重大贡献。同弗·斯·米亚斯尼科夫院士及其他志同道合的学者一起，谢·列·齐赫文斯基多年来出版了大量的俄中关系史料以及从17世纪开始的苏中关系史料。

在此对由上千名学者、汉学家组建的团队所做的巨大工作量不做详细的说明，但仍想指出的是，借助于他们的著作才得以把中国经典的哲学、文学和历史译成了俄文。从这些出色的译著中，俄罗斯读者有机会学习《诗经》《书经》《论语》《春秋》《墨子》《荀子》《孙子兵法》和《武子》，研究汉朝和宋朝的哲学家，欣赏杜甫、李白、陶渊明、白居易的诗作，研读孙中山、毛泽东、鲁迅、茅盾、郭沫若、老舍、王蒙以及其他中国近现代作家、政治家和哲学家的著作。

学者鲁·弗·维亚特金教授做出了巨大的贡献，他翻译的《诗经》和司马迁的《史记》具有重大的科学意义。在苏中断交的困难时期，在米·列·季塔连科和弗·格·布罗夫的倡议下出版了两卷本的《中国古代哲学》。在这一时期，鲍·利·李福清院士出版了当时独一无二的著作《中国古代神话故事集》，此外，阿·彼·罗加乔夫教授与其同事及来自莫斯科大学亚非学院的学者共同翻译了中国长篇经典名著《三国演义》和《水浒传》。当时还翻译并出版了长篇小说《红楼梦》(弗·阿·帕纳秀克译)、《西游记》以及《聊斋志异》。列·扎·艾德林教授研读并翻译了陶渊明的诗集。这方面的例子不胜枚举，如在瓦·米·阿列克谢耶夫院士的倡导下，由伊·米·奥沙宁(鄂山荫)教授主持编写的4卷本《汉俄大辞典》在我国首次印刷出版；在谢·列·齐赫文斯基教授的领导下，众学者共同编订了新中国史方面的著作；柳·德·波兹德涅耶娃教授翻译了一系列中国古代哲学经典著作；列·谢·佩列洛莫夫教授的《商鞅》一书是俄罗斯科学的宝贵财富，他翻译并出版了孔子的《论语》等一些学术著作。

随着俄中两国间互信的不断加深，双方在政治、科学、文化方面的交流不断扩大，俄罗斯国内对中国及中国的文化和语言表现出越来越浓厚的兴趣。20世纪80年代末苏联培养汉学人才的高校和科研机构只有几十家，而现在俄罗斯这种类似的机构超过50家。仅在莫斯科就有超过10家科研机构和学术机构教授汉语、研究中国。很多俄罗斯人都对中国感兴趣。现在俄罗斯大部分的高校都设有汉语系或汉语部，成立了中国文化研究小组、中国音乐爱好者小组以及中国保健养生小组——武术和太极拳。

许多俄罗斯科研机构在新中国成立前就已开始对中国的语言文化和历史进行研究，其中最大的科研机构要数东方学研究所及其圣彼得堡分所（现为俄罗斯科学院东方文献研究所），该机构的一些罕见藏品举世闻名。

远东研究所是研究现代中国、400年的俄中关系史、中国的文化、哲学、经济和政治的重要中心，这里拥有独一无二的中国档案馆——俄罗斯科学院社会科学情报所汉学图书馆，馆藏图书二十多万册。

研究所主要负责两项国家文献出版任务：一是发行从17世纪至今的俄中关系史料，一是发行源于共产国际的关于中国革命的档案资料。出版发行了5卷7本早期的秘密文献——《联共（布）、共产国际与中国》。

研究所正在出版发行《中国精神文明》百科辞典。此种类型的出版物在俄罗斯和西方的汉学研究中是首发。现已有两卷百科全书问世。对上述带有参考性的5卷本书籍的出版工作将于2009年完成。

此外，研究所对俄中关系的发展和预测进行了跟踪调查，向俄罗斯社会介绍中国的经济改革和现代化进程，以及中国人民所取得的成果。

俄罗斯汉学家通过译文使我们了解到中国古代和现代作家及诗人的作品。俄罗斯作家对中国诗人作品的翻译十分认真谨慎，诸多俄罗斯著名的诗人都参与到诗作的翻译中来，如安·阿赫玛托娃、鲍·帕斯捷尔纳克、阿·苏尔科夫、康·西蒙诺夫等，足以证明这一点。俄罗斯科学院通讯院士尼·特·费多连科（汉名费德林）(1912—2000)为把中国人民丰富的文化遗产引入俄罗斯社会做了大量的工作。此外，20世纪40年代尼·伊·康拉德(1891—1970)院士译注了《孙子兵法》一书。

尼·雅·比丘林创建的俄国历史学派拥有丰富多彩的传统。杰出的俄罗斯图书编目学专家、历史学家彼·叶·斯卡奇科夫（1892—1964）的著作在研究比丘林的文化遗产和保持其传统方面做出了重大贡献。他在20世纪20年代至30年代初开始收集整理所有关于中国的俄罗斯文献，最终出版了《中国图书索引》（M.，1932）一书。这是第一本系统的图书索引，它包含了两百年间（1730—1930）关于中国的文献资料。28年后彼·叶·斯卡奇科夫对原版进行了重新修改并增加了1931—1957年间的资料索引，再版了《中国图书索引》（M.，1960），从本书自身涵盖的范围和内容来看，它是我国出版的大型专业图书索引之一（它包含了19551条图书和文章索引）。在1975年美国（N. Y. : AMS Press）翻印了《中国图书索引》，目前在俄罗斯国内该书已成为珍本。同时，彼·叶·斯卡奇科夫还忙于《俄罗斯汉学史概要》的编著，并于1977年出版发行（科学院院士弗·斯·米亚斯尼科夫编辑）。著名的科学院院士弗·尼·尼基福罗夫（1920—1990）称此事件为汉学家的节日。

谢·列·齐赫文斯基院士六十多年间富有成效的科研活动为俄罗斯中国史学研究做出了重大贡献。他翻译了孙中山的很多作品、对康有为的创作进行研究、并对中国历史发展的基本趋势给予了综合分析。《1898—1949中国的统一与独立之路·据周恩来的传记资料》是谢·列·齐赫文斯基最为伟大的著作之一。在2006年他的五卷本的作品选集也出版发行。谢·列·齐赫文斯基的很多学生也积极投身于对中国历史和俄中两国关系的研究中，并取得了显著的成果。

俄罗斯汉学对发展与中国同行及西方研究者间的合作表现出浓厚的兴趣。2002年在莫斯科举行的第14届欧洲汉学国际学术研讨会，吸引了来自全世界55个国家的四百多名汉学学者参会，这很好地证明了全世界对中国的兴趣正不断提升。

远东研究所和俄罗斯其他的东方学研究中心定期举行关于中国研究的学术会议、东方学研究所定期举办全俄会议——《中国的社会与国家》。圣彼得堡国立大学东方系定期举办全俄中国史料研究会议。远东研究所定期举办的"中国、中华文明与世界：过去、现在与未来"学术年会以及"东亚地区哲学与当代文明"学术会议世界闻名。

同时，在对中国的研究中还存在着另外的立场。

中国经济的高速发展和综合国力的日益增强引起了邻国和竞争对手

的恐慌。在西方、日本和俄罗斯存在着一些团体，他们积极地利用所谓的"中国威胁论"。我想，我们的中国伙伴深知这种论调的实质所在，也清楚它对国际舞台上中国形象的危害性。中国领导人发表正式声明，称中国政府坚决反对政治霸权和大国主义。在中国共产党第十六次代表大会上强调，中国国力和影响力的增长符合和平发展的利益，是促进共同发展的重要因素。

儒家的人道主义思想、宽容忍让、合作与爱好和平的传统思想是树立中国良好形象的哲学思想基础。儒家"和而不同"的思想得到广泛的传播，这种思想有着多重意义。它使中国在积极促进文明融合和文明对话的同时，仍保持着自身文化的多样性。近年来，中国以西方国家为榜样，开始积极地建立中国文化中心和展览中心。中国政府表示将建立25个这样的中心，其中有两个将建在俄罗斯。这对俄中两国是十分有益的。但要提醒我们的中国伙伴，不要让这些中心活动的商业性占据了优势，不要让商业渠道成为宣传优秀的中国传统文化的主导方式。这点很重要，因为在中国国内某些人想通过文化商业化的渠道实现推广中国文化、弘扬中国的优良传统和传播汉语的任务，把中国的传统和遗产（从中国医学到中医保健、健身操、中国传统的民族节日风）打造成独特的"文化品牌"。

我们确信，我们的中国伙伴在推广中国优秀文化成果的进程中取得了新进展，同时这些文化成果也丰富了世界其他民族的文化，并巩固了中国积极的、热爱和平的、人道主义形象。

目前，中国面临着一些问题有待于逐步解决：解决贫富差距和城乡差异，提高农村人口的物质和文化生活水平，积累经验解决现代化发展进程中遇到的问题——这些都将有助于提升中国的国际威望，促进中国和平崛起。这些经验具有重大的国际性和全球性意义，尤其是对正经历经济转型的国家（其中包括俄罗斯）和发展中国家来说意义重大。

俄罗斯积极看待并始终支持中国现代化发展思想。我们对中国的繁荣发展深表关心，并把中国看成是长期的合作伙伴，是在共同发展进程中最重要的战略协作伙伴。

（刘宏 译）

中国精神文明的特点 *

俄罗斯、中国和世界上许多国家的学者都在庆祝俄罗斯汉学家们编著的百科全书《中国精神文明大典》的问世。《中国精神文明大典》在俄罗斯和西方汉学研究中是第一本试图综合描述从古至今的中国精神文明,展现其独特性、内在完整性及丰富多样性的著作。该书兼学术性与教育性于一体,能够满足读者们对中国文化日益增长的兴趣的需求。该书的作者和编者不仅考虑到中国文明对中国周边各邻国文化的形成产生重大的影响,同时也考虑到,中国文化从古至今一直是世界文化宝库的重要组成部分这个事实。此外,还考虑到在实施改革开放政策的进程中快速发展变化的中国正成为世界强国之一,她在很大程度上决定着人类的未来。

《中国精神文明大典》不同于近些年来在俄罗斯和西方国家出版的普通手册和词典,它以大规模的、综合系统的阐述中国精神文明观念及其在世界精神文化中的作用为目标。与《中国哲学百科辞典》(于1994年在莫斯科出版)一样,《中国精神文明大典》是在完成俄罗斯东方学奠基者——尼·雅·比丘林、彼·伊·卡法罗夫、瓦·巴·瓦西里耶夫、瓦·米·阿列克谢耶夫的

---

* 本篇选自:М. Л. 季塔连科,《远东的地缘政治意义:俄罗斯、中国及其他亚洲国家》,莫斯科,2008年。(Титаренко М. Л. Геополитическое значение Дальнего Востока. Россия, Китай и другие страны Азии. -М.:Памятники исторической мысли,2008. —624 c.)

精神遗嘱,这些学者在研究和出版关于我们伟大的邻国的巨著上给我们做出了榜样。《中国精神文明大典》,正如它的编者所期望的那样,它有助于解决文明问题:首先,从广义上讲,它用俄语刊出了大量的资料,向读者展示了中国精神和文化的深层次内容。它再现了"天朝上国"完整的精神面貌,揭去了许多特殊文化现象的不可知性和神秘性的外衣,而这些文化现象通常不被列入西方和俄罗斯的观念及价值体系中。

中国国家体制及文明的形成始于夏(公元前 21 世纪—前 16 世纪)、商(公元前 16 世纪—前 11 世纪中期)时期,它主要以水利灌溉技术的发展为基础。大型的灌溉和调节蓄水工程的修筑,不仅需要集中全国的经济和政治资源,而且需要调动全国各世袭贵族管辖下的大量的人力资源。已形成的"敬天法祖"的祭祀礼仪,把上天看成是国家、种族和家庭中一切最高权力的根源,有利于维护世袭贵族的统治地位。上帝和祖宗神可以看作是有机联系的统一体。敬天法祖是天命论的思想基础。世袭贵族的内部关系、统治者同其下属官员及世袭贵族各阶层间的关系、甚至是不同阶层的平民百姓与国家官员之间的关系都受到严格的原则和规范——"礼"的限制。这种礼仪规范的建立基于对上天的崇拜,认为"君权神授",皇帝代表天神在人间执行权力,这种思想贯穿于国家管理的整个政治思想体系。父权宗法制、尊长敬祖、兄弟相亲等是调节贵族内部关系、家庭内部关系以及家庭间关系的标准。

公元前 11 世纪至前 3 世纪,即周朝(公元前 11 世纪至前 256 年)和春秋(公元前 770 至前 476 年)、战国(公元前 475 至前 221 年)时期的中国精神文明史,与围绕对"礼"的原则和规范的阐释,以及上天是最高权力之源、命——就是履行上天的意志、在对待传统法制的态度上以祖先为榜样、传统礼仪和新法典的优先权问题而进行的激烈辩论和思想斗争密不可分。同时,在新兴地主和富商企图推翻当权者世袭封号权利的问题上也展开了激烈的争论。因此,"调整称号"以及强化世袭贵族的立场、恢复他们的政治地位、利用在现存的受传统礼仪规范限制的政治体系框架下寻求自己地位的新兴农民来调节最高统治者的生活的思想具有现实的意义。在《庄子》的《天下》篇中这种情形表现为:

"天——祖先";

"统治者的美德——本原";

"敬神、酌酒祭天地(祭祀中一定要遵循的礼仪——校作者注)、促进万物生长、天下和谐"。

  人类同天和地之间的所有复杂联系都体现在庄子"气"的辩证法思想中,他认为"气"此消彼长,世界本源的五种物质——木、火、土、金、水相互作用,它们遵循的最高法则是"道"、最大限度是"太极",阴阳二气相互作用。可以借助中国哲学中一系列特殊的范畴和观念来描述它们相互转化、相互影响、蜕变、此消彼长的过程,它们间的相互影响、互相转化的关系甚至带有辩证法性质:天——人,和谐(结合不同的事物)——统一(两个对立面开始走向同一),一(唯一)——多(多数),本真(直)——异端(曲),静——动,古(传统)——今(当下),永恒——无常,(流动的)气——(静止的)法则,有——无,物质——精神,道——物,知识——实践,心——性。

  中华文明,她以世界上人数最多的超级民族共同体为载体,从未间断地经历了历史发展的各个阶段,成为东方文明起源的典范之一,并作为东方文明的代表参与东西方文明对话。在五千年的历史发展中,她表现出异常顽强的生命力以及非凡的自动更新和自主学习的能力。

  中国的精神文明以同一民族共同体(在汉人占多数优势的情况下,内部部落和语言的差异退居次要地位,转而强调统一)为基础形成于一个单一的地理空间内。这促使各族人民对自己的故土产生稳定的热爱之情,并有助于民族内部团结传统的发展。

  从世界观、意识形态和政治上来看,中庸的华夏文明作为统一完整的文化屹立在世界面前。它形成了60年为一轮的时空循环节奏,若其中出现离心的趋势,那么聚焦到社会自然中心的向心力会将其拉回正轨,使它们得以均衡发展。这个中心体现了民族自我认同、自给自足的思想,并制订了促使文明螺旋向心、波状发展的方针。

  中国文明在接受、消化、综合运用其他文化成果的同时,仍保持着自身文化的民族特色。

  中国文明的高度适应性以及自我完善、消化、钻研和开发其他文化经验的导向性,是其能够始终保持自我更新的能力的最重要前提。从孔子时代(公元前551/552年—公元前479年)开始,这个中庸大国人民自我意识的基本常量就体现在"修身""好学"的原则中。

  在中华民族的自我意识中,中国处于世界的中心位置,其外在特点表现为在数百年内,实际上一直到我们的那个年代,中国都在自己的圈子内发展,与其他文明中心——古巴比伦、古埃及、古印度,没有任何紧密的直接联系。

仅仅在秦始皇一统中国的时期,秦帝国才同中亚国家和游牧民族文化发生碰撞。在这之前,汉族只同那些文明发展程度明显高于秦帝国邻国的其他部落和民族交往。秦帝国同这些部落和民族团体进行交易,建立了臣服进贡关系,征服并同化了其中的很多部落和民族。其他的一些部落,如匈奴,断绝了与秦帝国的往来,从亚洲西迁至欧洲。迁移途中他与其他部落不断地融合,最终成为欧洲乌戈尔—芬兰民族的祖先。

公元一世纪,佛教从印度经由中亚传入中国。但在中国大地上佛教发生了很大的变化,它吸收了许多中国民间迷信的成分以及道家和儒家的思想。正是这种发生了变体的中国佛学为朝鲜、日本和越南所接受。在中国的精神传统"修身"的影响下,佛教成为注重精神与肉体的自我调节和自我完善的哲学心理学体系。该体系在中世纪的日本得到广泛的传播和发展。禅宗的名称源于日本,并在欧洲和北美,尤其是在知识分子中间十分流行。9—10世纪伊斯兰教传入中国,部分汉人接受了它。传统的中国文化同伊斯兰文化相融合形成了一个新的统一的民族团体——在中华超级民族共同体的框架下形成的东干族。

上述这样的例子还有很多,例如孙中山的三民主义思想体系,在中国传统精神框架下,它对西方现代化的自由主义思想和维护民意的社会政治思想进行了修改,并把它们结合成一个新的统一的学说。类似的情形还有对马克思列宁主义的发展。这些思想成为争取民族解放、实现中国的伟大复兴和发展中国文明的推动力量。

在中国,该进程从毛泽东的马克思主义"中国化"的思想发展到形成《中国特色社会主义》观念,以及形成新的发展观念——在发展和繁荣下列三种文明的基础上创建"和谐社会":

——物质文明(发展国民经济,提高人民的物质生活水平);

——精神文明(全面发展文化、科学和教育);

——政治文明,即完善政治体系、发展中国特色的民主。

独立于宗教是中国精神文明的重要特点之一。中国人可以同时感受多种宗教的礼仪和仪式——道教、佛教、基督教(及其分支教派)等。因此,中国的精神文明具有多种宗教信仰并存、时刻准备彼此间进行对话的特点。

尽管传统的民族观念和迷信、天神崇拜、祖先崇拜、泛灵论、道教、佛教、伊斯兰教、天主教、基督教、东正教都对中国哲学和社会思想产生过这样或那样的影响,但在中国五千年的历史中,它们从未成为中国社会的主导思想。

国际经济、政治和文化发展的现状和前景表明,中国因素和中国文明的经验对保持文明间建设性的对话发挥着越来越重要的作用。由此可以断定,中国文明的发展、其影响力的加强和发展水平的提升将成为促进21世纪全人类文明共同发展的重要因素。

对中国精神文化的理解

今天,任何一门严肃的人文学科都离不开"文化"这个概念。但每一门学科都根据自身的目标、认知能力和价值取向来定义"文化"。因此,在现代研究文献中出现了数十种对"文化"的定义,但遗憾的是,它们都未能对"文化"做出全面完整的阐释。这种情形也影响到对通过文化而确定的"文明"范畴的理解。人们把"广义的文化""文化的完整性""文化特点和文化现象的总和""城市文化""文化的历史"等称作文明。从而出现了对文明概念的各种不同阐释,它们不但没有相互补充,反而给理论和实践带来了混乱。当精神文化和精神文明现象成为众学者研究的对象时,问题变得越来越复杂。

由此看来,该问题的解决将在很大程度上简化阐释东方文化原则的方法,例如,中国文明中的道、印度文明中的阿育王、西欧文明中的逻各斯或是俄罗斯文明中的格拉戈尔字母。这种对文化和文明的定义方法以文明的结构—功能原型为基础。建立在道家原则基础上的中国文化和文明是体现该方法的一个鲜明的例子。

中国的智者和哲学家详细地描绘了"道"的有机构成和文化功能。据资料记载,"道"是一个生生不息的有机体,其中有物、有精、有象。它激活了宇宙的能量,其中女性的、否定的、虚弱的力量称为"阴",男性的、强大的、正面的力量称为"阳"。根据《易经》说法,正是由此产生了中国文化的名称"道":"一阴一阳之谓道"。而阴阳又各生五阴五阳。从"物"中分离出五种成分——木、火、土、金、水,它们一起被称为"五行"。"精"包括德、仁、义、礼、信,它们被称为"五常"。"象"把十以内的数字分为五奇(阳)五偶(阴):阳数——1、3、5、7、9,阴数——2、4、6、8、10,它们分别被称为"天数"和"地数",合起来被称为"五数"。道中阳性物质纵向叠加排列,阴性物质横向十字形排列(一种物质位于中心,其他四种物质在边缘与其形成十字交错)。这些物质两两成对沿着封闭循环的轨迹运动。在这个完整的系统内它们连接成物——精——像三位一体的螺线。道的结构—功能原型作用体现出它的遗传密码。总体上讲,五常之道的文化本原螺线就是它的精神本原。每一种原型成分——五行、五常、五数——都是宇宙的基础:五行——物质范畴基础,五数(理智范畴)——智力圈,五常(精神道德领域)——精神。

道的本原成分在相互结合的过程中形成了宇宙:"象"生天和理智(智力圈——弗·伊·维尔纳茨基),"物"生地和物质范畴,"精"——中心和精神道德范畴。与此同时,实现了人、物质同存在于宇宙各层次的祖先(民族图腾)的有机结合:居于天上的祖先称为天神、万物终归于土地,而人确信自身处于宇宙的精神中心。由此产生了古中国哲学中杨朱(公元前440年—公元前334年)提出的人本主义准则:"人是所有生物中最高尚的"。在精神中心只要人们对阴阳运动节奏做出哪怕一点点的改变,那么瞬间就会引起整个道法的精、物和象的变化。这就是自古以来中国人如此珍重自我精神、和谐发展的原因所在,并把这五种精神本原称为"五常"。

在此,在本原层面显示出一系列建立在"道"法原则基础上的特点,它们反映了精神文化和文明——"道",它在中国人的观念中是宇宙的最高法则。

首先,道从一开始就表现出人和天的同一性,古籍记载:"天人合一,人和天相生相克(彼此影响)"。这种天人同一性发展成思维的基本模式,根据这种模式,有机的宇宙按与人类相似的模式来思维,而人类按宇宙的自然法则模式思维,二者达到了一直寻求的统一和透明性,这在《易经》中得到了很好的阐释:"子曰:'天下何思何虑?天下同归而殊途,一致而百虑。天下何思何虑?日往则月来,月往则日来,日月相推而明生焉。"

其次,道的本原为文明主体的言行奠定了逻辑基础和行为规范基础:"言行,君子之枢机……言行,君子所以动天地也。"《周易》如此写道,这就证明了宇宙的类人的社会地位,即人类的生活沿着天地间自然形成的社会规律发展。

再次,道法精神实质的载体是人。人是通灵术士,天地的意志在其内部聚散,各安其位。没有人的灵性作为媒介,道的所有和谐结构都将破碎。因此,可以得出这样的结论:道表达了一个发展的精神文化与类人的中心是统一的整体。孔子用自己的话加强了这种思想:"人能弘道,非道弘人。"

随着时间的推移,人们对无限自由和活力的追求,使人们为所欲为并引起混乱,尚未稳固下来的文明间的和谐被打破了。在世界观上表现为,人从宇宙的中间环节消失。他坠落到土地上,在其世界观的认识中他变得与存在于"世间的万物"等同,即万物齐同。人同宇宙的联系中断,精神中心空虚,整个宇宙陷入混沌状态。为恢复昔日的和谐,人们从众生中选出精神领袖——圣人。他们使精神断层闭合,并使其按道的本原模式结合起来,最终发展成与新的社会节奏相协调的自然节奏,创建了新的道的本原模式。他们的创作成果通过阴阳八卦镜像图(8×8)及在此基础上形成的64卦象表现出来。

这是首个反映在《易经》中的复原道的精神的尝试。哲学家们继承了圣人的睿智、预言天赋和诗性。他们占据了圣人的地位并对复原道的精神作了第二次尝试,这为道家和儒家思想奠定了基础。道家的创始人为老子(公元前6世纪),道家学说基于道本原的横向分量。在世界观上它潜隐退守。道家道法以自然为支撑,道法自然——为无为而无不为;方式——坚持一贯的德(精神道德,精神本原表达为五常);精神导师——圣人;终极目标——达到人与自然的和谐统一。道家教义的哲学思想就是绝学,它拥有双重意义:与儒家相对的道家的"弃智"("伪哲学")和关于道家学派自我认识的"绝圣"。

儒家的创始人为孔子,儒家学说基于道本原的纵向分量。在世界观上,它入世进取——直面现实;儒家的道法——人们发挥个体和集体主动性、社会和劳动积极性,按照古代的精神道德模式发展道;方式——人弘德(社会精神道德,精神本原表达为五常);精神导师——君子;终极目标——经过小康构建大同社会。儒家的哲学教义表现为——好学("哲学"),与道家的哲学观念——"弃智"("伪哲学")相对立。

道家和儒家在本土文化的原型上发展了自家的道的本原。它们完整地反映在《淮南子》中——《淮南哲学家》(公元前2世纪)和《白虎通》——《白虎通德论》中,它们总结了古代道家和儒家思想。尽管儒道两家思想在世界观上不同,但在《易经》母本的基础上它们能够达到一种和谐,在中国的历史长河中,儒道双方都曾尝试和谐共存,这可以从出土的郭店楚墓竹简得到证明。

除了道家和儒家,在战国时期还存在着很多其他思想派别,他们各执一说,出现百家争鸣的现象。

诸子百家中,伟大的哲人、中国逻辑学和认识论的奠基人墨翟(公元前479年—公元前400年)及其弟子——"后期墨家"占据着特殊地位,为把墨子所倡导的"兼相爱,交相利"理想原则付诸实践,其弟子创建了特殊的义士勋章。在当时墨家学派是各个不同阶层的手工业小生产者、商人和游学者的代表。

墨翟及其弟子主张以历代"圣王"的历史经验为依据来调节上层统治者和下层人民的关系,而不是以"礼"的严格规定为依据;反对尊崇贵族集团的后裔,提倡尊重人民和圣人,要提拔他们作为国家各管理阶层的执政者和行政官员;人际关系原则的确立要基于"兼相爱,交相利"原则,而非基于传统的礼仪和世袭贵族国家体制规定的原则。墨翟把自己的学说与天命等同起来,认为天意是惩罚那些破坏上天要求的人们的主宰力量,但同时墨翟批判儒家的上天主宰人命运的天命论观点,他确信,人们可以通过努力奋斗、尊崇博爱来掌握自己的命运。

在公元前3世纪与前2世纪之交,墨家丧失了使其继续存在的社会基础和知识分子基础,并最终消亡。在18世纪末,尤其是20世纪上半叶民粹主义原始基督教乌托邦思想的出现引起了欧洲及中国的研究人员和道德家对墨翟的再次关注,如 Л. 托尔斯泰。一些研究人员把墨翟的思想同基督教的社会主义学说相比较。

对道文化和谐的修复——真正的宇宙与人之道——战国时期一些主要的学派消亡后,诸子百家合流为三种道的本原模式——道学、儒学和易学(由《易经》而来),它们部分地吸收了当时中国其他著名学派的精神价值观内容、融汇百家之说,这成为中国文化或文明的精神基础。这种有意识、有目的的修复是一种真正的创作。这种创作把宇宙神话中图腾的花纹(形象地说——龙的图案)变成了文化的文(道的图案),并照亮(明)了她,根据时代发展的需要它具有现代的特点(化),它们具体体现为中国的精神文明(文明、文化)。

通常,精神文化概念及其存在的领域被限定在哲学和宗教范围内,亦即在精神和灵魂起重要作用的理性和信仰领域。我们认为,在《中国精神文明大典》中,该领域的范围变得宽泛得多:这本巨著的每个章节中都反映了精神文明道按照事物自身特点及方式发展。例如,该书以道的祖传神话仪式为出发点,神妙莫测,妙不可言,(《易经》:"神也者,妙万物而为言者也"。),在道的本原模式中将其展开,形成一本关于道的精神书籍(《易经》:"易之为书也,广大悉备,有天道焉,有人道焉,有地道焉。"),它扩大了自己的方向、体裁范围和风格,通过灵像、兽象和神人同形的形象来表现易学之道、道学之道和儒学之道,通过氏族和社会仪式使它们复苏,并以口头和书面的形式将其记录下来扩散到民间和各层次的官僚中,道的本体论体现在人和自然中,道的精神体现在本书中。

在精神转型的关键时期历史意识也起着重要作用。司马迁(公元前145—前86年),中国史学的奠基者之一,他认为历史发展的外在形态是封闭循环的。司马迁利用阴阳家哲学学派代表人物邹衍(公元前305—前240年)提出的论点,把这个循环投射到五种本原物质上(五行),即道本原的物质构成。依照五种本原物质的数量,司马迁以历史上五个朝代的更替为例,大禹属土,夏朝属木,殷朝属金,周朝属火,秦朝属水。而替代秦朝的汉朝以土为属,开启了新一轮历史循环。

司马迁以这种物质本原模式来排列历史朝代。但这只是通过本原结构盲目地把历史的物质形体编入宇宙志中。同时,历史的道德思想表现在五常中,同五行的循环模式类似,各朝代的名称按照道本原的五常关系循环。其中提到直爽、尊老、精神道德文化修养等。在中国人的世界观中,这种历史的原型思维已根深蒂固。它曾被用于建构中世纪的历史观念。这种方式在现代仍在使用。这样一来,历史意识完全可以划为精神文化的组成部分。

至少,读者们可以把中国的经济思想归到精神文化领域,与此同时,自古以来经济原则中的"利"就与精神原则中的"义务/公平"紧密相联。为了平息天下的混乱,儒家提出了两个互相联系的社会观念。其中之一被称为"大同",即"天下为公",天下处于和谐的状态。大同过后是纷争年代,此时"大道既隐""天下为家"。在追求和谐的道路上为克服这种状态提出了"小康"之说。它完全以道的精神本原为基础,《礼记》对此有清晰地描述:

"今大道既隐,天下为家。各亲其亲,各子其子,货力为己。大人世及以为礼,城郭沟池以为固。礼义以为纪,以正君臣,以笃父子,以睦兄弟,以和夫妇,以设制度,以立田里,以贤勇知,以功为己。故谋用是作,而兵由此起。禹、汤、文、武、成王、周公,由此其选也。此六君子者,未有不谨于礼者也。以著其义,以考其信。著有过,刑仁讲让,示民有常。如有不由此者,在势者去,众以为殃。是谓小康。"

当下,中国正由小康向大同过度,但此小康、大同非儒家学说的延续,现今它们作为构建和谐社会和发达社会的文化、政治和经济纲领。在小康的背景下实现构建"中国特色社会主义"的理想,把"小康之家"建设同全民"精神文明"建设结合起来。"精神文明"应吸取道之精华。她的影响力已远远超出了这个中庸大国的范围。对于亚太地区,作为儒家文化影响下的国家,儒家精神文化之道在其社会和经济发展进程中起着重要的作用。这样一来,经济思想问题在《中国精神文明大典》中找到了自己的合理位置。

(任珊珊 译,刘宏 校)

新欧亚主义和文化的交织*

《中国精神文明大典》的编著对中国及亚太地区国家的现代发展进程具有现实意义。首先,它直指文化—文明人类学。中国精神文明建设中教育体系、学者和国家面临的重要任务是培养新型人才,并确立了"人为本"的理念。正如历史表明,古往今来任何一种文明若不能解决上述问题,就无法得到进一步的发展。

古籍《山海经》中记录了由氏族向国家的过渡,提到了两种人——在经济和政治活动中的能者与拙者:"此天地之所分壤树谷也,戈矛之所发也,刀铩之所起也,能者有余,拙者不足。封于太山,禅于梁父,七十二家,得失之数,皆在此内,是谓国用。"

孔子实现了基于精神道德创建文明的思想,并提出了新型完人的典范——君子,君子是"文"与"质"的协调结合:"质胜文则野,文胜质则史。文质彬彬,然后君子。"

道家创始人老子提出"天人合一"的思想,创建了新型的圣人——精神领袖,他们能够自发地运用自身的管理才能:"朴散则为器,圣人用之,则为官长,故大制不割。"

君子和圣人成为中国社会所有民族共同体的典范。

几百年过去了,中国文明进入下一个历史发展阶段,培养新

---

* 本篇选自:М. Л. 季塔连科,《远东的地缘政治意义:俄罗斯、中国及其他亚洲国家》,莫斯科,2008年。(Титаренко М. Л. Геополитическое значение Дальнего Востока. Россия, Китай и другие страны Азии. -М.:Памятники исторической мысли,2008. —624 с.)

型人才成为当务之急。中国邻国的人民都想知道，这种新型的人才将是怎样的。用什么样的方法来培养？他们是否坚信天地间的宇宙中心，即他们的精神始祖的永恒存在，或是他们的这种思想会走下坡路，把精神集中到物质领域，道德沦丧？他们会属于哪类人：仅仅是纯粹的中国人还是新型的世界公民？与其建立联系的精神基础是什么，怎样建立联系？我们相互间会提出怎样的人道需求？由此看来，这并不是一个区域性民族问题，而是一个普遍问题。中国向全球提出了人本主义挑战，而这个问题需要大家共同来解决。

中国的道是一种本土文化。它有自己的原型基础，并在此基础上形成了民族精神价值观。可以以"公民道德"为例——它是一种社会道德规范，其中包含了几千年来中国传统的最高精神价值。它的具体体现可以以中国国家主席胡锦涛提出的《八荣八耻》道德准则为例，这是每个中国公民都应遵守的道德规范，具体内容如下：

一、以热爱祖国为荣，以危害祖国为耻；
二、以服务人民为荣，以背离人民为耻；
三、以崇尚科学为荣，以愚昧无知为耻；
四、以辛勤劳动为荣，以好逸恶劳为耻；
五、以团结互助为荣，以损人利己为耻；
六、以诚实守信为荣，以见利忘义为耻；
七、以遵纪守法为荣，以违法乱纪为耻；
八、以艰苦奋斗为荣，以骄奢淫逸为耻。

在亚太地区国家政治经济一体化、中国参与全球化进程的条件下，中国的民族精神价值观道有可能发展为全人类的精神价值观，并将对其他民族的精神价值观产生影响。怎样来应对这个问题：是排斥还是接受，保持沉默还是探索自己的文化并与之进行对话？它们是否带有"汉化"外国文化的危险，还是会促进民族文化的发展？在地理疆界上它的发展会延伸到哪里，超出国界还是在中国的地理范围内？在国外，中国的道是否依旧保持本色，还是成为另一种文化景观？

中国位于欧亚大陆上，她不可避免地要参与到欧亚主义世界观的形成中来。因此，了解中国的精神文化对俄罗斯这个在最复杂的时期树立民族自我认同感的国家具有原则性意义。从自身所处位置来看，俄罗斯处于世界各大文明的交叉点上：欧洲—日耳曼文明、美国文明、希腊文明、中国文明、日本文明、阿拉伯—伊斯兰文明、乌戈尔—芬兰文明、突厥文明。俄罗斯使东西方文明各自产生和发展的"历史轴"密切结合在一起，她是连接欧亚大陆的有机纽带。历史多次表明，所有大陆文明的精神存在、知识存在和物质存在在很大程度上取决于俄罗斯文明的精神存在，无论是在那些精神存在高于知识和物质存在的大陆，还是在那些知识和物质存在高于精神存在的大陆上都是如此。因此，了解其他文明的精神文化的实质及外部表现形式是实现不同文明相调和——在保持自身特点的同时各文明平等、统一——的必要条件。

对俄罗斯来说，了解其邻国的精神文化并与之相互作用具有特殊的意义。

首先，中国的精神文明深深植根于本土传统文化和民族内部，有很强的传统性，它历经了长期不间断的发展进程，为世界精神文明宝库做出了重要的贡献，并为日本、朝鲜、越南、蒙古等国精神文化的发展提供了动力。在中国精神文明的背后隐藏的是千年的精神经验以及精神共性集体再生产的方式。对这种文化原本面貌的揭示有助于俄罗斯完成精神自省，并使其自身精神文化中的一系列亚洲特色得以凸显。或许，读者会感到惊讶，作为俄罗斯精神品质的人道主义（仁爱）最初拥有庞大的亚洲根系。这种情形的出现主要源于仁爱思想以及在此基础上形成的人与人的和谐、人与自然的和谐、人与国家的和谐——这些基本的世界观价值体系是俄罗斯欧亚主义和我们亚洲邻国的民族思想意识所共有的。在此背景下可以用中国古籍《中庸》里的话语来恰当地表达："仁爱——人性之本"。

其次，俄罗斯的精神自省使新欧亚主义思想具有现实性并使其具体化。应该特别指出的是，现代俄罗斯欧亚主义——一个客观的全球性事实，地理、人文、社会现实。俄罗斯横跨欧亚大陆的地理空间，其文化中包含了欧洲和亚洲文化元素，并把它们综合成人类宇宙最高层次的精神文化。集中体现在新欧亚主义思想中的世界观与俄罗斯的欧亚遗传基因相符。这种思想自俄罗斯诞生之日就存在着，但它只是一小部分思想家留下的遗产，遗憾的是，在民族潜意识层面它们以与自身不相符的宗教形式表现出来，被外来思辨的政治学说所控制，受到片面的西方欧洲中心论的轻视。现今这些学说都已沉寂，欧亚主义思想以新的姿态出现在俄罗斯民族的自我意识中。民族科学和精神文化的杰出代表——杰出的俄罗斯哲学和宗教欧亚主义思想家的继承者,是使欧亚主义得以复兴、最终形成并深深扎根于民族土壤的主体。

对俄罗斯而言,新欧亚主义思想不仅是解决地缘政治问题的关键,也是解决俄罗斯民族自我认同感问题和揭示俄罗斯文明、宇宙目的论和原则基础的精神奥秘的关键,没有欧亚主义就不可能有与其他任何一种文明间的相互谅解。俄罗斯的新欧亚主义思想给俄罗斯文化注入了新的力量,把俄罗斯其他民族的文化吸入到它的领域中,并为它们的共同发展开阔了一片新天地。

俄罗斯的新欧亚主义思想巩固和繁荣了俄罗斯文明的内在聚合体,形成了俄罗斯伟大复兴的世界观基础,并成为其建设伟大强国的精神基础。它集中适当地反映了全民族、社会所有阶层及所有宗教团体的最普遍、最核心的利益,重新激发了俄罗斯民族的激情,确立了世人及与整个历史命运紧密相关的俄罗斯人民的聚合性(团契精神)、互帮互助和合作的原则。

新欧亚主义思想作为欧亚主义的普遍原则不仅带有苏俄的特点,同时具有全球性特色。欧亚主义是多种文化、文明和民族的融合体,它是保障构建未来世界各文明间文化和文明生态环境关系新秩序的元素之一,它能够保持民族和文明的多样性。欧亚主义是促进世界发展的重要因素,它注重对历史发展进程的理解,强调不同文化的平等和互补。

新欧亚主义是俄罗斯文化人道主义传统的继承者、接班人和守护者。它为克服由来已久的东—西两极化和南—北两极化提供了可能性,并为欧亚大陆地理空间上的所有民族开拓了繁荣发展的新道路。新欧亚主义推行独特的工作机制,促使亚洲文化和欧洲文化互相协调、共同发展、共同繁荣,并发扬民族传统,阐明它们的根源,展现它们的异同并使其和谐共生。

在理论和实践层面,新欧亚主义承载着欧亚所有文化的遗传基因,并使其与民族土壤和文明现实相接(文明的发源地和现实发展地),这样一来,它使文明体系精神内核的奥秘世俗化,克服了封闭性,促使各文明对外开放,在这种情况下,确保各民族文化间无冲突、保持自身完整性、共同发展繁荣。

欧亚主义的这些定则在古代中国文化中就清晰地表现出来。例如,它们反映在墨家思想中并通过墨子的五类十条纲领直接表现出来,如"兼爱互利""强不执弱""公平有益（社会）"等。当代，这些原则主要凸显在以下口号和原则中：如19世纪80—90年代的洋务运动（将中国完善的精神道德文化同外来的技术相结合）；20世纪初孙中山制定的创造性地引进外国经验的原则——化西（"汉化西方"）；当下在改革开放和现代化基础上建立的"中国特色社会主义"，以及"社会主义精神文明建设"和"以高尚的精神塑造人"。

所有这些都证明了欧亚主义的客观性和全球性，同时也表明，中国的精神文化与新欧亚主义并非格格不入，相反，新欧亚主义是中华民族文化的变体。

在世界观层面，新欧亚主义构建了一个全球性场所，在这里，首先，每一种文化在与其他文化进行交流时都能明确地找到自己的位置；其次，每一种文化对自身传统的新发现都促进了各民族自我认同感的加强；第三，根据自身特点每一种文化都能找到适合自己存在和发展的道路；第四，每一种文化都与其他文化一道参与创建人类心理词典的工作；第五，所有文化能够和谐统一，避免不同文化间的冲突，各文化相互交织，文化间形成了建设性的对话。

在这个场所内，俄中两国将一如既往地深化两国间的文化对话。从中国方面来看，这里可以塑造具有高尚精神的人，从俄罗斯方面来看——可以塑造新欧亚主义精神的人，他们使用人类心理词典的语言来进行对话。在文化交织战略中，《中国精神文明大典》促进了两国间文明对话的发展。

《中国精神文明大典》涵盖了五千多年的历史长河中灿烂的中国文化的许多重要方面。众所周知，这段历史发展过程本身很艰难，其中不仅包含了中华民族繁荣发展的时期（确切地说是汉朝），同时也有没落，甚至是统一的中国的衰败、手足兄弟间的内讧。曹植（192—232年）著名的《七步诗》的创作背景就是对此画面的鲜明描绘，当年曹丕命令曹植在七步之内作诗一首，若不能完成则处死。

这五卷本的百科全书包含了中国文化中最重要的文明现象和文化主题（最重要的历史建筑文献、哲学、艺术、诗歌和科学文献），中国著名思想家——圣人、政治家、学者、编年史学家、经济学家、文学家、诗人和宗教活动家的传记及其观点的简述。百科全书中囊括了人文社科所有基础领域的知识——哲学、伦理学、政治学、史学、法学、经济学、军事学、艺术学、文学、宗教学、科学、体育学和医学。

  同时,百科全书的编者们十分清楚,这套五卷本书籍无论是从内容上,还是从分析的深度上,都远远不能充分地展示这个最为伟大的、古老的、鲜活的中华民族文化的所有内涵和特点。我们衷心地希望,下一代汉学家能够同中国学者开展更紧密的合作来完善这部著作。

(任珊珊 译,刘宏 校)

中国现代化经验的国际意义[*]

1. 作为迅速走向经济和文化繁荣的世界强国之一,中国对当代世界的发展和人类未来的积极影响正日益增强。分析并研究中国现代化经验的国际意义以及这个拥有近 15 亿人口(超过世界人口总数的 23%)的国家解决复杂的社会经济问题的经验,具有深刻的理论和实践意义。本文试图探讨中国现代化经验的国际意义,并思考中国政府所选择的符合国家历史特性和人民利益的发展模式。

衡量中国现代化的经验及其国际意义的标准包括以下方面:

首先,在现代化和改革开放进程中,中国所解决的社会经济、科学、政治、法律以及军事政治任务的地位、作用、规模和意义。

其次,现代化的战略、策略和具体政策符合提高人民生活水平和福利、保障绝大多数公民的社会利益、创造条件发展个性及保障人权的目标。

第三,现代化的战略和政策能够促进国家民主制度的发展,并有利于循序渐进地完善中国的政治制度。

第四,在现代化进程中保护和改善环境,使人们的生活环境

---

[*] 本篇选自:М. Л. 季塔连科,《远东的地缘政治意义:俄罗斯、中国及其他亚洲国家》,莫斯科,2008 年。(Титаренко М. Л. Геополитическое значение Дальнего Востока. Россия, Китай и другие страны Азии. -М.: Памятники исторической мысли, 2008. －624 с.)

更健康。

第五,中国共产党的战略、策略和具体政策方针符合其在新阶段继承和发展物质文明、精神文明及政治文明的要求,同时,有利于促进世界文明间的对话和全球范围内文化多样性的存在和发展。

第六,中国的现代化及其向当代强国的转变将巩固世界和平与安全,促进共同发展。

最后,中国的现代化经验及解决内部矛盾和国际争端的经验,不仅为发展中国家提供了榜样和可行的现代化发展模式,而且为其他国家同中国合作提供了广阔的空间。以中国的经验为基础可以消除发达的北半球和发展中的南半球间的差距以及世界垄断。

2. 当然,上述远不是衡量中国现代化经验国际意义的全部标准,研究者们还面临着一系列复杂的问题,有待于深入研究。

例如,以下问题常见于国外分析家的文章中:中国实力的增长会不会导致其政策发生根本的改变,像美国一样,转向"实力立场",以"以眼还眼,以牙还牙"为行动原则,重提以前的恩怨,最终导致新的"冷战",或是"热战"的情形?正是这一提法被用来鼓吹"中国威胁"。

中国现代化经验和中国共产党提出的长期目标——首先在中国建成中等富裕的社会,即小康社会,然后是社会主义社会,最终建成共产主义社会,这会不会成为自由主义、个人主义和"历史终结"思潮的有力替代者?

中国的社会经济经验及其旨在争取和平、反对霸权主义、解决共同发展任务的外交方针,是否能够保障各民族文化多样性的继续存在和繁荣,是否能阻断文化全盘西化的道路,是否能防止"文明的冲突"?

在此想强调一点,全面揭示中国现代化经验的国际意义不仅对中国,而且对世界上绝大多数国家具有战略性意义,这些国家在不同程度上都在试图解决那些中国已经解决、正在解决和将要解决的问题。

至于中国国力的增强是否会对邻国造成威胁这个问题,显然,中国政府已经考虑到了。中国在官方文件中多次声明中国的原则立场:即使中国在经济及其他领域成为现代化强国,也不会谋求霸权地位,更不会以实力为基础实行超级大国政策,所有这些都巩固了中国外交政策的道德威信。我们满意地指出,这个正在成为越来越有影响力的世界强国的国家——中国,其反霸权主义原则在中华人民共和国宪法、中国共产党党章及外交政策和军事学说中正逐步制度化。在中国共产党第十六次代表大会的文件中这一政治路线被概述为:"按照冷静观察、克制反应的方针和相互尊重、求同存异的精神处理国际事务。"

中国做出了自己的选择。只有成功地贯彻现代化的各项综合措施、深化改革开放政策、不断增强综合国力、巩固社会的团结稳定、保持人民解放军的高度战斗力,才能排除在建设中国特色社会主义道路上遇到的各种干扰因素。

中国上海的政治学家萧功秦这样描述中国在外交事务中保持冷静克制的必要性:"美国是当今世界上最为强大的国家,中国在经济上与美国合作以及与西方和平共处,是中国实现现代化进步不可缺少的外部条件。"由美国华盛顿政府单方面宣称的政治伙伴关系及其双重标准,并没有消除美国在对待中国问题上的霸权主义倾向,这明显地体现在台湾问题上,以及美国试图将其民主、人权的标准强加于人、支持西藏分裂主义分子等问题上。

另一位中国学者唐世平对中国的国际责任思想做出了现实的解读:"在向负责任大国转变的过程中,中国有必要分担其他国家所承担的一部分责任。但无论如何都不能为了赢得好名声而去承担一些不必要的责任。事实上,只要中国同其他国家履行一样的义务、承担同等的责任,就可以树立起一个负责任大国的良好形象。"

3. 中国领导人正在积极开展工作,旨在使中国成为现代化强国的同时,不被世界,尤其是邻国看作是其潜在的安全威胁。通过细心谨慎和有高度专业水平的合作外交、加深中国与其伙伴的相互谅解、拓宽人文领域合作,使其不仅局限于各级官方间的交流,只有通过这种方式,中国政府才能够与其他国家和民族增强互信、加深相互理解。

中国国内正在对国民进行全面的教育工作,旨在使人民意识到他们的爱国主义情感和自豪感,不仅仅是自己的巨大努力和几代人辛勤忘我劳动的结果,也是同其他国家开展合作、借鉴先进经验并结合中国的实际加以创造性地运用的结果。一句话来概括,即是谋求共同发展和开展广泛的国际合作的结果。这方面,应当给予中国共产党第十六次代表大会所做出的结论以高度评价,大会文件把为和平而奋斗的任务与保障共同发展的条件联系在一起。中国共产党历史经验表明:"始终不渝地坚持独立自主的和平外交政策,维护全世界和平,促进共同发展。"

4. 据预测，到 2020 年中国将成为东亚最大的贸易国。1997 年—1998 年的亚洲货币金融危机表明，中国日益增长的经济实力对保持本国和整个东南亚地区经济的稳定发展具有重大意义。美国和日本呼吁中国采取措施有效预防此次危机的进一步深化，众所周知，这场危机正是由美国的大投机资本所引发的。如果中国仅从自身利益出发并企图从复杂的局势中谋取最大的好处，中国完全可以宣布人民币贬值，这样将使其在与东南亚国家日用品生产商的竞争中谋取巨大利益，然而这将导致东南亚国家的经济蒙受真正的灾难。中国从全局出发考虑问题，认为较之纯粹的经济利益，政治利益——加强世界对中国的信任更为重要，尽管为此中国损失了数百亿美元。

对发展中国家而言，中国适应经济全球化及其利用全球化提供的发展机遇的经验具有特殊的意义。众所周知，在与其他国家和人民的合作中，中国主张保持世界文化、文明和政治的多样性，促进建立多极世界和新的民主、公正的世界秩序。就此意义而言，中国当代文明和社会政治经验在客观上成了"历史终结""文明冲突"等自由主义思想有力的替代者，并为历史发展、向建设性的对话转变和实现全球共同发展的理念开拓了广阔的前景。

西方和中国的一些政治学家利用技术统治论的标准来评估某个国家的综合实力，只考虑经济和军事指标，而忽略了道德政治和文化文明因素。若依此方案，中国充其量算作是有影响力的区域性大国。按此来排行，这些政治家还将俄罗斯、印度和巴西划归类似的地位或者更低的层次。在我看来，按照上面的标准来对国家进行划分，就是要使所有的发展中国家在道德和思想上失去斗志，在意识形态上证明一个超级大国的统治是不可动摇的和永恒的，并贬低其他国家的作用，把整个世界置于唯一的超级大国——美国的控制之下。

13 世纪俄国伟大的政治活动家和统帅亚历山大·涅夫斯基曾说过："上帝不与强权同在，而是与真理同在"。该学说在俄国和苏联的历史中、1812 年的卫国战争和 1941 年—1945 年伟大的卫国战争中发挥了重要的作用。其正确性在各国为争取自由独立、反抗经济和军事强国的斗争中多次得到证实，需要指出的是，这些强国追求的目标与人民的利益和时代需求不相符。

现在，中国不仅在人口数量和领土规模上，而且在综合的经济、文化和军事实力上,以及道德政治榜样的力量和成功解决最复杂的发展问题、摆脱落后的经验,这些都为中国在世界范围内赢得了尊重,中国正沿着迈向新的超级大国的道路逐步成为伟大的发展中强国。

中国摆脱落后的经验给一些小国和人民带来希望和鼓舞,随着时间的推移,它们将从发达国家政治的客体变为拥有平等权利的主体和伙伴。中国摆脱落后的经验的影响力不亚于其经济实力和军事力量的影响力。

发展社会主义的艰难的历史经验表明,科学共产主义的经典作家——卡·马克思、弗·恩格斯、弗·伊·列宁及其志同道合者——急于剥夺无产阶级的民族属性。民族特点和传统、某个民族和某种文化的属性,归根结底是包括工人阶级在内的所有阶级社会生活的不变的常量,它们起着重要的作用,有时甚至是决定性的作用。

与其他任何一种思想一样,社会主义只有深深植根于本民族的土壤,并同时考虑到国家特点及其历史传统,它才会有长久的生命力,成为资本主义的有力替代者。发展中的全球化的客观进程与资本主义世界源流的扩大紧密相联,实际上,它为新旧社会形态的趋同和相互影响创造了经济和国际前提。

在苏联解体后,历经了严峻的危机和社会主义在全球范围内的战略退却,中国把社会主义作为现代化的目标和解决社会经济发展和文明矛盾的最佳模式。该目标确定了其指导思想,即把对马克思列宁主义、毛泽东思想的继承同现代化新经验的总结及在全球条件下贯彻改革开放政策的新经验结合起来。在总结世界社会主义体系瓦解和苏联解体经验教训的基础上,中国共产党探索出克服理论停滞和思想危机的创造性方法,在巩固中国共产党的领导作用的同时,与群众和社会所有阶层保持最密切的联系。

在历经最深刻的危机和社会主义战略退却的条件下,为适应时代发展需求和新的历史机遇中国共产党承担了保卫和发展社会主义的任务。邓小平提出的建设中国特色社会主义的理论防止了社会主义被排挤出历史舞台,为自由主义"历史终结"提供了社会主义的选择。同时,中国同俄罗斯、印度以及一系列发展中国家一道,积极主张尊重世界多样性、国际关系民主化、各文明间进行建设性的对话,这促进了另一种新立场的建立——制定出替代全盘西化进程中文明冲突的方针,以多极多彩的世界替代单极世界。在这个多极世界中无论大国还是小国、无论大民族还是小民族都将拥有选择共同发展和繁荣环境的权利。

改革开放政策中显现出对社会主义的重新思考。过去认为改革是纯粹的进化、政治和意识形态上的机会主义、暴力革命，而中国的理论家提出了与此相对的观点：改革——是和平的革命，它将使社会各阶层及个人的状况发生根本改变、社会政治制度完善、群众的政治文化提高。正如中国著名学者李静杰写道的那样："社会主义和改革——这是具有全世界意义的命题，它将存在于漫长的时期并触及大量的人。"

5. 提到经济方面的现代化经验，即在实施经济改革的进程中把居民对提高生活质量的需求同经济增长速度相结合。中国共产党领导人总结了多年来经济改革的经验和教训，并得出以下结论：若不与解决基本的社会、经济、民族、地区和生态问题相协调、相联系，单方面的经济增长不可能呈现出健康的态势。经济发展和增长速度首先要考虑到人的因素，要符合长期利益、和谐发展，要与人民的生活质量、自然资源及周围环境相协调。只有在改革中遵循上述方针，在未来才能保障中国共产党的政策得到广泛的支持，才能保障在全民族开展改革政策。只有这样才能保障中国的物质文明、精神文明和政治文明全面、稳定、和谐的发展。

将国家的宏观调控同市场相结合理念的提出是对经济理论最为突出的贡献。在中国，这被称为建立社会主义市场经济。邓小平在其生命的最后几年里指出，计划性和市场竞争的关系是国家经济发展的机制，而绝不是区分资本主义或社会主义的原则性标准。资本主义广泛利用计划性，社会主义应该广泛利用市场竞争机制，以刺激经济发展中社会和个人的积极性。市场机制的负面社会因素应该借助于有目的的经济调控政策和来自于社会主义国家的宏观调控加以修正。

中国共产党第十六次代表大会和中国共产党十六届三中全会深化了邓小平关于发展问题、党和国家的领导问题的理论，这对中国具有重要的意义，并为正在解决经济和文化落后问题、寻求经济和社会复兴道路的国家提供了重要的、可借鉴的历史经验。这一经验对俄罗斯和独联体国家都是十分宝贵的。

6. 除了纯粹的经济见解外，开放政策是基于对资本主义和社会主义间有机联系的重新思考和掌握、理解资本主义创造的经济生产文明、政治文明的必要性而产生的。该政策克服了意识形态的偏见。卡尔·马克思、弗·恩格斯和弗·伊·列宁当年也曾多次强调，资本主义为建立新的、更为公正的社会提供了重要的物质、文化和文明前提。然而,在前苏联和中国以往的实践中,对西方发达国家经营管理和文化经验的研究,实际上被反对资产阶级意识形态及其文化的残酷的意识形态斗争排挤到次要地位。

遵循实事求是的观点,邓小平强调:"如果不执行改革开放政策,就是要重新与外部世界隔绝。也就是说,为了达到发达国家水平,至少需要50年的时间。"

江泽民在纪念中国共产党成立80周年的报告中阐述了中国共产党的新观点,即社会主义和资本主义是整个世界文明发展和各国社会经济和文明发展进程中都会碰到的问题。"……文明多样性是人类社会的基本特点,也是人类文明进步的重要动力。世界是丰富多彩的,世界上的各种文明、不同的社会制度和发展道路应彼此尊重。世界不同的文明和社会形态应该长期共存、在竞争中取长补短,在求同存异中谋求共同发展。只有这样,中国共产党才会有应得的发展。"

著名的中国学者、俄罗斯问题专家李静杰教授对社会主义和资本主义相互关系的新论点做出了科学的解释:"过去,在相当漫长的时期内,人们简单地将世界划分为社会主义和资本主义的,白的和黑的(这里不是按肤色划分,而是按正面的和否定的划分——校作者注)。这种划分是不科学的,它不符合世界发展的真实情况。在可预见的未来,社会主义和资本主义之间的相互关系不会是以简单地'谁战胜谁'或'谁替代谁'来描述。"

实际上,这种不同文明和文化相互交织影响的论断,早在20世纪20年代俄罗斯的欧亚主义论和宇宙论思想的奠基人谢·尼·特鲁别茨科伊、列·普·卡尔萨文、康·爱·齐奥尔科夫斯基就已提出,而后在新欧亚主义论者(列·尼·古米廖夫、尼·尼·莫伊谢耶夫等)的著作中得到了发展。本文作者也是这些思想的积极捍卫者。

20世纪二三十年代,欧亚主义论的拥护者对俄罗斯文化全盘西化的危险性给予了特殊关注。机械地套用和不加批判地研究西方经济和国家建构模式会导致本国政治和精神文化价值体系的崩溃,使民族文化和发展模式依赖于自由主义和个人主义框架下的某种"主义"的外国政治模式。新欧亚主义的拥护者揭示了不同文化间平等对话的意义,该对话为所有民族和国家文化间进行相互学习、共同繁荣和共同发展创造了最有利的条件。新欧亚主义的核心思想主要表现为公开一切优秀的科学文化成果、植根于民族的历史和选择发展的道路。

经济改革和开放政策的成果使中国在多种所有制经济结构和地区经济发展水平不平衡的条件下创建了一种独特的现代化发展模式。

邓小平指出,完成在中国建设社会主义的任务需要漫长的时间,甚至是整整一个时代。"虽然现在人们说,我们在建设社会主义,但实际上我们还没有建设社会主义的基础。只有到了下个世纪中期(即21世纪中期——M. T. 作者注)当达到中等发达国家水平时,我们才可以说,我们确实在建设社会主义,也只有到了那时候,我们才能有信心并敢于说,社会主义优于资本主义。现在我们正朝着这个方向迈进。"

20世纪末至21世纪初,这些思想在"三个代表"思想中得到了具体体现和发展。"三个代表"思想是江泽民在纪念中国共产党80周年的讲话中提出来的,并在其基础上对中国对外政策的任务做出了新的解释。在1982年中共十二大开幕式上邓小平的讲话中将这一任务表述为:"反对霸权主义,维护世界和平"。这就有足够的理由认为,中国共产党将自己的国际任务归结为巩固世界安全、保卫世界和平。中共十六大,在江泽民和胡锦涛的讲话中,对中国人民和中国共产党在国际舞台上的基本任务作了更为广泛的说明。任务中被加入了一条极其重要的新内容——促进共同发展。这一结论具有重大的国际意义,是科学社会主义理论的重大发展,是将社会主义从乌托邦变为科学和实践的重大一步。

7. 把社会主义思想同国家特点相结合,这就需要对中国共产党的意识形态和政策体系中的国际及民族成分重新理解。中国国家领导人一致强调民族利益和国家自身发展占有绝对优先地位、"独立自主和自力更生"、禁止损害自身利益。邓小平提出的这些原则,过去是、将来也是我们党活动的出发点。

在这些思想的基础上,中国共产党作为一个代表、捍卫和体现中国绝大多数人民和整个中华民族利益的政党,它的全部活动都得到健康的发展。

在中共十二大开幕式的致辞中,邓小平用简要总结了自1956年中共八大以来中国社会主义革命和社会主义建设的艰难而曲折道路:"我们的现代化建设,必须从中国的实际出发。无论是革命还是建设,都要注意学习和借鉴外国经验。但是,照抄照搬别国经验、别国模式,从来不能得到成功。这方面我们有不少教训。把马克思主义的普遍真理同我国的具体实际结合起来,走自己的道路,建设有中国特色的社会主义,这就是我们总结长期历史经验得出的基本结论。"

在此想再一次强调,揭示中国实现现代化的经验、改革开放政策的国际意义,对预测世界未来发展趋势具有特别重大的意义。主要原因如下:

首先,尽管社会主义遭受了严重的挫折和失利,但由于有中国、古巴和越南这些社会主义国家,它仍作为世界文明的主体而继续存在,并重新审视自己的经验,从过去的错误中吸取教训,在新的条件下形成和实现自己的战略目标和任务。这也是中国共产党理论活动的中心导向之一。

其次,中国作为一个在经济、军事、科技和政治领域占有绝对优势的超级大国,向占世界人口绝大多数的发展中国家展示了一条可供选择的、以绝大多数人民的利益为出发点来谋求发展和共同繁荣的道路,这对现代文明未来的发展具有战略意义。

第三,中国积极促进文明对话、预防"文明冲突"、努力建设多极世界、在国际关系中建立公正、民主的国际秩序。

第四,中国始终坚持和平共处的原则、尊重各民族的自主选择,为与世界其他国家合作创造了稳定的基础,为全面实现开放政策奠定了基础。

正是这一立场为加强俄中两国睦邻友好合作和战略协作伙伴关系打下了牢固的基础。这些原则在两国于 2001 年 7 月 16 日在莫斯科签署的《睦邻友好合作条约》中得到了进一步巩固。俄中关系的模式——是对全球化背景下国际关系理论和实践的贡献,也是对国际法理论和实践的贡献。

(任珊珊 译,刘宏 校)

融合欧亚文明的思想家冯友兰**

  1995年12月是中国最伟大的哲学家和哲学史家之一的冯友兰教授(1895—1990)诞辰100周年。值此机会,促使我们思想中国近代哲学思想发展道路、东西方哲学传统相互影响的途径以及东西方文明发展的共同规律的问题。

  显而易见,当今在世界上,对东方文明探求的兴趣在不断增长,因为人们意识到它可能在人类未来的精神发展中发挥作用。这种兴趣是和当代人文科学的总趋势联系在一起的,即强调深入研究各民族文化、国家和民族、宗教发展中的文明因素。学者们把注意力投向东方时,就不能不接触到中国哲学。在思考文化哲学传统的对话途径时,他们求助于现代中国思想家们留给我们丰富经验,领会文化间相互关系的经验。

  如果有人渴望了解当今世界上中国和西方文化、哲学相互作用的不寻常的途径的实质的话,那么熟悉冯友兰教授的哲学思想一定使他感兴趣。冯友兰教授的创作遗产不仅仅是建立在通晓博在的中西文化基础上的专业哲学经验,同时也是理解中华文明精髓的钥匙之一。

  中国哲学在其历史发展过程中,在中华文明体系中一直是

---

 * 标题"融合欧亚文明"即"学贯中西"之意。
 ** 本文选自:蔡仲德编《冯友兰研究》第一辑(纪念冯友兰先生诞辰100周年)第688—695页,北京:国际文化出版公司,1997年。

一个主要的构架因素。这种统一的一种结果就是:中国哲学具有了极大的影响和意义;不仅在人所有的精神的和物质的活动中,还在人与国家、社会、家庭成员及朋友之间的关系中。哲学决定了并将继续决定人和自己的关系,决定了人如何完善自己的工作,也决定了人和与社会结构密切联系在一起的宇宙的关系。按照冯友兰教授从现代人文科学的理论角度创立的对中国传统哲学和文化的阐释,我们能够更深入地了解中华文化的精神实质。

与西方文化理解世界的方式相比较,中国的传统更注意整体的完整性,注意运动与变化,注意事物的特性以及它运用的可能性,注意事件发展的趋势,而这种趋势主要是在已形成的传统和社会模式的基础上通过类比认识的。冯友兰教授从古代文献中吸收的形象"极高明而道中庸"集中地反映了认知的和伦理的准则统一的理想,反映了人类探求宇宙最高价值和充满世间琐事的个人生活的统一。正是在这种尘世中,人不仅要为社会服务,更重要去体现自己的本质天性。

西方学者知道冯友兰教授首先因为他是《中国哲学史》的作者。这本书被翻译成多国文字,成为一种全球性的文化现象,对各国研究者理解中国智慧产生了影响。但之所以说冯友兰具有现代意义,还因为在其哲学世界观中,他强调在多样性中的协调统一原则:他不是刻意去创立某种新的儒家正统思想,而是努力使儒家学说免于衰落。

我们可以从这位伟大的哲学家那里学到很多,像他这样捍卫文化的多样性,促进他们之间的理解和对话,而不是一致性地认为"历史的终结"和"世界性的文明冲突"似乎不可避免。我认为,冯友兰教授任何时候都不可能同意福山[①]或亨廷顿[②]的观点。因为在他看来,西方文化决不是人类渴望的最终目标,而这种目标是对人类追求自己生存的最佳方式所走过的漫长道路的褒奖。他与那些预测全球性的文明冲突而恐吓人们的人从来都是不可调和的。

这位哲学家知道,中国要加强国力,必须走工业化的道路,并寻求新的生产力。但他从来没有把问题同提高全民的文化水平、发展教育和继承一切传统积淀下来的好的东西的必要性割裂开来。冯友兰教授远见卓识地提出了中国精神的世界性意义以及它对人类发展的可能性贡献的

[①] 弗朗西斯科·福山,美籍日裔哲学家,著有《历史的终结》(1991)等。
[②] 亨廷顿,著有《文明的冲突》。

问题。

　　冯友兰教授的经验和教材对于那些学习中国哲学和东西文明相互作用规律的当代比较研究者来说是大有裨益的。不仅仅是其学术观点，还有冯友兰教授的个人品质和生活原则对现代人产生了并且还在产生影响。在此，我想讲述自己与作为教育家、导师的冯友兰教授交往的一些零散的回忆。

　　1957年，我作为第一批57名苏联学生和进修生中的一员，有幸到了北京。在北京大学居住的第一年，我们用专门的汉语教程强化学习了汉语。通过一年学习，在掌握其基本汉语交际之后，哲学系的任继愈教授和冯友兰教授受指派成了我的老师。因为那时我的汉语水平还不够，不能听懂冯友兰教授给北大哲学系学生和进修生开设的中国哲学课。这时冯友兰教授表示愿意单独辅导我学习中国哲学史入门及史科学。每周我去他家两次。在他的书房，我们用通俗的语言谈论中国哲学。最吸引我注意的是这位学者的外貌，具有典型的中国知识分子、哲人、智者的特征：圆脸、高额、中国式的长灰白胡子。他朗读古典作家的哲学文章时，拖长声调，闭着眼睛。这种闲适的举止创造了一种奇特的、令人惊异的课堂氛围，一种专供中国智慧思考之用的仪式般的氛围。

　　很遗憾，由于最初阶级汉语知识的贫乏，我还不能完全理解和评价冯友兰教授在这些思考课上给他唯一的听众所讲述的深刻的观点。但是很多东西却被授受了下来，不是靠理性，而是靠直觉、感受，靠融合了中国哲学精神的课堂氛围。我形成了这样一种印象：教授的嘴好像是表达着从心灵深处走出来的观点和情绪，表达出他所讲述的事物的独特精神实质。

　　冯友兰教授凭记忆从古书如《论语》《墨子》《孟子》中授引出完整、详尽的段落，然后通俗地评述一番，详细地解释这些古代文献的特点以及它们哲学立场的特殊性。

　　遗憾的是，1958年春开始了全中国性的一系列政治运动：建立"人民公社""大跃进""大炼钢铁"，所有这些中断了北京大学正常的教学秩序，哲学系也在内。

　　1958年夏，根据毛泽东的倡议，决定派送名牌大学的学生和教授到农村向贫下中农学习。北大哲学系决定前往河北省黄村合作社。哲学系所有一流的教授都决定去农村接受再教育。这当中包括任继愈、冯定、贺麟等教授。冯友兰教授不顾自己年事已高，毫不犹豫地也决定去农村。

哲学系主任、办公室干事竭力劝我留在学校,不要去农村,因为那里劳动繁重,物质条件也很艰苦。我回答说:我是在西伯利亚农村长大的,战争年代也在集体农庄工作过,对于艰苦的农村生活,我早已熟知并且习惯了。

总之,在7月的一个大早,我们所有的学生和教授一起出现在一个城郊的火车站——永定门。我们坐火车到达了北京和天津之间的一个站,然后汽车又把我们送到了黄村合作社。中国的朋友们给予我特殊的照顾,安排我和哲学系的教授和老师们一起吃饭。那时候,我又从一个新的角度认识了冯友兰教授;他内心异乎寻常地平静,似乎随时准备接受任何生活考验。对于惯于从事研究工作的中国城市知识分子来说,偏远农村原始的日常生活条件自然引起了生活方式的不适和许多新的问题,但冯友兰教授都能以一种轻松的幽默来对待。我从来没有听到过冯友兰教授对新环境发牢骚或不满。相反,很明显,他努力去适应新环境,去理解、思考新的存在。正是在这里,冯友兰教授及其同事们给我树立了一个榜样,使我吃惊,但同时也教会了我许多;那就是——按生活的原本方式去接受生活,努力为所发生的事找到理性的解释。这正是黑格尔名言"现实的就是合理的,合理的就是现实的"一种独特的实际体现。

按照那时确立的习惯,在繁重的体力劳动后到吃饭前这段时间,午饭后及晚上老师和学生们都在一起谈论当前政治和一些有现实意义的问题。有一次我被邀请参与关于共产主义的谈话。我已记不清那次漫长的交谈的细节以及参加者的意见,但我还记得冯友兰教授坐在农村小屋宽矮的炕上的样子。他那种莲花般的姿势使人联想起正在思考的佛。他谈了自己对共产主义的看法。"什么是共产主义?"冯友兰教授自问道。他略微晃动了一下,半闭着眼睛,慢慢地捋着自己的灰白的长胡须,然后又好像对自己回答道:"我想,这个术语的含义来自组成它的四个字的意义。共产主义意味着人们和谐地共同生活,共同生产,而且这种生活和劳动方式应该使人们幸福,使他们的生活美满。"(在汉语中,共产主义由"共"——共同的,一起的,"产"——生产、财产,及附缀"主义"构成)冯友兰教授所阐释、理解的共产主义,照我看来,正揭示了他作为学者深厚的人道主义精神。

冯友兰教授在其讲座及著作中所阐述的中国哲学发展的基本问题、人道主义、道德、人在社会中的生存及其位置等问题,都证明了他是一个具有高度公民责任感、极其善良以及充满人道主义的人,所有那些有幸与这位体现中华民族优秀品质的非凡的人、杰出的学者、真正的导师交往的人,都将会永远记住他——作为一个人和一位学者的冯友兰教授。从学术角度看,冯友兰教授以一个学贯中西的学者身份出现,正如其同时代的俄罗斯学者特鲁别茨科依①、卡尔萨温②,他试图把本国的文化和欧洲的传统结合在一起。

冯友兰教授及其他新儒家代表的创作对于当今重新站在历史关头,选择复兴道路的俄罗斯具有特殊的价值。走进西方模式的死胡同后,学者们更多地想起了文化开放、和谐对话以及综合本质不同的东西方文化的欧亚融合原则。欧亚融合将替代一些文化、种族吞噬、同化另一些的做法。它预示着未来地球上文明间关系秩序的基础,而这种关系将保证文化和文明的生态,保存种族文明的多样性。

考虑到当今的现实,新的欧亚融合理论应该强调文化间的相互影响、相互渗透和相互尊重,应着重指出在保存种族及其习俗和价值观的独特性的基础上,文化间应相互接受对方的先进成果。"西化",即通常所谓的"融入世界文明",只会导致独特性的消失和国家完整性的严重损害,这是一条种族灭亡的道路。

可见,欧亚融合的基本观点具有全球性的特征。冯友兰教授的创作遗产就是这引起价值世界性的范例。哲学家冯友兰教授的著作,在保持典型的中国价值的基础上,综合中国和西方文化及文明的成果,使其跻身于本世纪最伟大的欧亚融合的思想家之列。与此相关,强调"文化的民族性"这一思想是相当有益的,它好像一根主线,把冯友兰教授各个不同时期的创作联结起来了。

俄罗斯现代的欧亚融合思想家们想要确定俄罗斯在世界主要文明中的位置,以消除过去俄罗斯乡村拉夫派和自由化的西方派,村社、集体主义和个人主要之间的严重对立。冯友兰教授在自己的著作中也提出了非常相似的任务;即克服中国本世纪上半叶出现的新传统主义者和西化者观点的对立。

中国人思考问题的方法论是久远历史的产物,它植根于中国文化和文字的特殊性。这种方法有别于西方,被鲁迅和毛泽东称为"中药店的药

---

① 特鲁别茨科依(1862—1906),俄国宗教哲学家,曾任莫斯科大学校长。
② 卡尔萨温(1882—1952),俄国宗教哲学家和中世纪史学家。

方"。从这里也就生发出中国文化对待所有其他民族的和外来文化的态度;即所有这些文化只能在经过中国智慧的改造和中国化以后,才能被接受。这些汉化的方法在古代汉文化吸收佛教文化时被采用,在近代接受西方社会理论时也表现出来。冯友兰教授的哲学——新理学(关于准则的新学说)也可作为这种接受的一个例子。

这种方法在中国一直保持到现在。"……鸦片战争以来的先进人士对西方文化的吸收,都是从国情出发,在本国文化的土壤上来加以吸收的,即都是坚持'化西',而不是'西化'……外来文化不管多么好,只有和本国的民族特点相结合,才能有这块土壤上生根开花。"(《人民日报》1994年10月19日)毛泽东和邓小平关于中国现代化的思想是对西方意识形态中国化的最新例子。过去认为毛泽东的中国化概念是某种以中国为中心的"沙文主义",这种看法是片面的,它使人不能全面了解毛泽东的吸收西方成果使其为中国的利益服务的方针。与邓小平的名字紧紧联系在一起的中国化与开放相结合的方针,不仅对经济改革有根本性的重要意义,对于当代中国文化的发展也意义深远。

在冯友兰教授的著作中,"化西"的方针也是主要的,它像一根主线贯穿其所有的哲学思考中——关于人的学说,关于社会、宇宙、道德以及认识论、方法论的学说,形成了站在全球高度的对中西文化相互作用的理解。他在一系的中国知识分子的代表中占有一个重要位置,他们都为中国文化哲学传统的现代化以及其与西方传统的沟通做出了巨大的贡献。

在我们看来,探寻真理的道路存在于不同的观点和学派间建设性的对话中。要想做到这一步,就应当承认导致各种各样世界观,各种各样文化形成的途径的多样性。只有确立了各种文化和文明和谐相处这一认识,未来世界精神文明的繁荣才会到来。古老的中华文明及其精神基石——中国哲学在世界文明大融合中理应成为主导之一。今天,我们比以前看得更清楚:冯友兰教授关于现代化过程中保持文化的一致性,关于继承传统文化中的人道主义内容,关于中国哲学成为将来世界的哲学等思想,明至今日仍具有其理论意义。

(徐游 译,李明滨 校)

附录一：
一生为中国而战＊＊＊
——俄罗斯著名汉学家米·季塔连科访谈录

米哈伊尔·列昂季耶维奇·季塔连科（Михаил Леонтьевич Титаренко）——苏联时代最后一位能够为中国学提供重要的、有价值东西的中国学家。他是一位才华横溢的学者，能够表达并捍卫自己得不到公认的观点。下面他将与诸位读者分享俄中20世纪60至70年代（即中俄关系"冲突时期"）深藏于内心的思想。季塔连科的讲述坦诚、勇敢、很有自尊。他是一位凭个人阅历懂得了一切的人，实在令人钦佩。

季塔连科1934年4月27日出生于布良斯克州的拉科马亚布达村。1939年搬到阿尔泰边疆区的舍拉博利哈村。他的父亲很早（1940年）便过世，是母亲将他和哥哥姐姐拉扯大。后来家里仅剩下最小的他和寡母两人。他先在舍拉博利哈村上学，后来去了巴尔瑙尔。1949年考入巴尔瑙尔师范学校学习，并于1953年毕业。同年进入国立莫斯科大学哲学系，1957年大学四年级时到中国学习。1957至1958年就读于北京大学，1958年6月随哲学系一起到农村锻炼。1959年9月起就读于复旦大学哲学系（上海），1962年毕业获得证书。

季塔连科1962年考入莫斯科大学研究生班，三年后以函授形式毕

＊ 本文原载于俄刊《国际进程》（Международные процессы，Том 12，№ 4，2014，С. 128—141），原题为"Мы боролись за Китай, а не против Китая..."译文刊载于《国外社会科学》2016年第3期，本书照录。

＊＊ 译文有删节。

业。其哲学副博士学位论文为《中国古代墨家学派及其学说(公元前 5 至前 2 世纪早期及晚期)》(莫斯科大学,1965 年)。博士论文为《"毛主义"方法论基础及其政策评论》(莫斯科大学,1979 年)。

1961 至 1965 年,季塔连科在苏联外交部驻北京及上海的代表处从事外交工作。1965 至 1985 年担任苏联共产党中央委员会远东及中国问题的顾问。从 1985 年到现在的 30 年间,他一直担任俄罗斯科学院远东研究所所长、俄罗斯科学院通讯院士(1997 年)及院士(2003 年)。曾获得俄罗斯国家奖(2010 年)及俄罗斯科学院塔尔列奖(2000 年)。

季塔连科同时也是多部独著及合著的作者和主编。

2015 年 4 月 2 日,季塔连科同政治学博士 A. B. 维诺格拉多夫(А. В. Виноградов)在俄罗斯科学院远东研究所进行了下述谈话。

维诺格拉多夫:米哈伊尔·列昂季耶维奇,您是当今俄罗斯最负盛名的东方学家之一,也是在中国赫赫有名的俄罗斯中国学家、远东研究所所长,您是怎么与中国学结缘的呢?

季塔连科:这要归功于苏联的学校及教育体系机构,它吸纳了自亚里士多德、卡缅斯基(Я. А. Каменский)、裴斯泰洛齐、乌申斯基(К. Д. Ушинский)、车尔尼雪夫斯基(Н. Г. Чернышевский)、托尔斯泰(Л. Н. Толстой)以前教育制度中的所有精华。

我很幸运,因为从童年起,从阿尔泰边疆区舍拉博利哈村的学校开始,一直有优秀的老师教育我。老师让学生们参与当时国家发生的所有重要的事情——生产建设、卫国战争等等。学生们置身于祖国生活的课堂,而不是仅仅限于自己所在的集体农庄或者乡村。

1940 年,我 6 岁的时候,父亲过世了。也是在这一年,卫国战争爆发,我开始去学校上一年级。我的哥哥谢尔盖于 1941 年 7 月志愿参军,成为一名坦克兵,后来参加了整场战争。他所在的坦克三次起火,我们也三次收到"阵亡通知书",但是经过医术高超的军医的救治,他三次起死回生。1946 年他回到家乡,后来再次入伍,在军队机关工作了一辈子。我的姐姐娜杰日达,十年级时辍学去了巴尔瑙尔一家军工厂上班。

家里只剩下我和寡母玛丽娅·列昂诺夫娜。她在集体农庄工作,每天早上 4 点起床,准备好一天的食物,5 点去工作。所有的家务活,如打理菜园、喂牛喂鸡等,都落在了我身上。家里的一半收成及大部分的牛奶和鸡蛋都作为赋税,送往前线。1942 年春天,我们村来了一批列宁格勒人,他们是从封锁区逃出来的。

我第一次对中国感兴趣是在六年级的历史课上。当时老师给了我们15分钟时间,让我们收集相关信息,关于中国革命的进程、毛泽东同国民党的斗争等。我们向她讲述了报纸上看到的、收音机里听到的和从图书馆里收集到的信息。她觉得我在课堂上的汇报非常有趣。她很会宣传,带我去向集体农庄庄员们演讲。这是我第一次做关于中国的演讲。

1948至1949年,我在巴尔瑙尔第十三中学读完七年级,进入了巴尔瑙尔师范学校。学习很吃力,我获得了一些助学金,后来开始获得冠名奖学金。师范学校培养出了我对于中国、中国哲学和文化的自觉兴趣。

对我影响最大的是俄罗斯功勋教师、教我们教育学的安·奥·瓦基莫夫(Антон Онуфриевич Вадимов)。他曾向我们讲述卡缅斯基、乌申斯基、裴斯泰洛齐的学说,讲列夫·托尔斯泰学派;当然,也曾讲述中国思想家——老子、孔子、孟子及墨子等的观点。从那一刻起,我开始成为一个研究中国文化、哲学、中国特点和中华文明的人。

1953年,我从师范学校毕业获得了红色的(优秀生)毕业证。5月的一天,校长波波夫(Иван Григорьевич Попов)通知我说,学校教育委员会推荐我到莫斯科大学哲学系学习。我寄去了材料,但是晚到了一天。我因为以"全优"成绩毕业,所以不需要考试,但是需要面试。

莫斯科大学校长彼特罗夫斯基(И. Г. Петровский)院士对我很感兴趣,问我是哪里人、为什么选择来到这里等等。他说:情况有点复杂,但我保证会帮你的。随后他给哲学系教授莫洛佐夫(Василий Сергеевич Молодцов)打了电话:"所有表格都填好了吗?如果还有位置,给您推荐一个年轻人,请看一下。"然后我去找了莫洛佐夫教授,他问了我一些问题:我叫什么名字?哪里人?为什么来到这里?对什么感兴趣?等等。最后他说:"名单还没有最终确定,考试委员会将作出最后的决定,你可以认为你的面试通过了。"第二天午饭前,名单挂出,在名单的最后面补充上了我的名字。

二年级时我选择的学年论文题目是《〈道德经〉一书中的辩证法思想》,同时首次接触到了郭沫若的著作。当时我并不知道他是中国科学院院长,但是知道他是中国哲学及历史方面的专家。我决定给他写信,收信地址为:中华人民共和国北京市中国科学院,郭沫若同志。当时是1955年12月。

大概过了四个月,1956年4月,收到了他字迹工整的亲笔回信。中国人将我的信转送给了他。内容是这样的(根据回忆):"亲爱的苏联朋友,非常高兴收到你的来信。你对中国感兴趣,这一点非常好。但必须告诉你——我的苏联朋友,如果你当真想研究中国哲学,那么就需要掌握汉语,但不仅仅是现代汉语,因为中国古典哲学的著作都是用文言文写成的。至于《阴符经》,这是一本有趣的科学著作,成书较晚,约在3—4世纪。"

我开始自学汉语,后来给系主任写了份申请。一周后,系里委派尤·尼·伊萨延科(Ю. Н. Исаенко)教我汉语。

她在语文系教授汉语。我跟着她学了半年多汉语。1956年秋,波兰和匈牙利"事件"发生的时候,周恩来率团访问苏联,就文化和科技交流问题进行了探讨。当时的教育部长叶留金(В. П. Елютин)同志负责组织第一批苏联赴中国学习的留学生和进修生。同志们知道我在学汉语,于是我被列入留学名单中,在第四学年赴中国学习。第一批共计56人,于1957年2月5日启程,2月14日抵达。当时正逢中苏友好条约签订的纪念日,部里的代表们手捧鲜花热情地迎接我们。

前一年半,我一直在中文系学习汉语。直到1958年,也就是学习汉语一年以后,我开始学习古代汉语时,研究论题确定了下来。我接到通知说,可以到哲学系听课,任继愈教授将担任我的导师。

由于我的汉语水平还不足以理解这些课程,所以每次下课后,任继愈教授总是邀请我到他家里去,当时他住在中关村。

1958年我修完了中文系的专业课程,开始在北京大学哲学系学习中国哲学。但是,1958年6月,根据毛主席指示,哲学系搬往农村,向农民学习。我是当时跟随迁往农村的唯一一名外国留学生。

冯友兰、任继愈和冯定等老师也去了农村。我很快成了干农活的"能手"(挖花生、收玉米、谷粒脱壳等)。人们都来参观苏联"米沙同志"如何劳动。我的体质强壮,干活时跟得上,不用歇息。他们由于伙食差,干20分钟就要休息20分钟。我是他们见过的第一个欧洲人。总是处于惊异和好奇的打量中,当然会让人有些心烦和不快。

可以这么说:跟随中国学生前往农村是我作出的正确决定。我看到了贫困的农村生活和中国的实际情况。我触碰到了中国文化的最深层,而这些是一般外国人接触不到的,时至今日依旧如此。但是他们向我敞开了大门,对我充满了信任,我也在努力地不辜负他们,实事求是地讲述现实。我当时感到很温暖,这份温暖不仅仅来自老师和同学,还来自当地农民——人民公社的社员。

苏联大使馆每个月都会召集苏联留学生开会,每一次签到时,我都不在。后来他们给我发了一份电报,让我立即回北京,以免耽误以后的前程。回京以后,尽管我再三向他们介绍人民公社,甚至在《共产党员》上发表文章,都未能避免大使馆对我的斥责。最终我的执着和对于幸福生活的坚定信念占了上风。在农村呆了七个多月后,我成了建立人民公社和阶级斗争的亲历者。

回北京后,我发现哲学系已不复存在,因为北大正在被"改造",而复旦大学哲学系则已经经过了这个阶段。于是,1959年秋我被派往上海继续完成学业。1959年9月30日,我到达上海。复旦大学的条件很好,我被安排在一个有四个榻榻米的日式小房子里,学生宿舍里没有暖气,而对我,他们还是给予了适当的照顾。

我的毕业论文指导教师是系主任——中国著名哲学家胡曲园。他的妻子陈桂如教授是列宁著作《唯物主义和经验批判主义》的首位译者。他们夫妇两个待我如同亲人。

严北溟教授也出席了论文答辩会。在论文中,我大胆地反驳了将我引入这个研究领域的人。我勇敢地表达了与郭沫若先生截然不同的观点,因为他认为,墨翟是一个反动分子、一个法西斯主义者。老师们对我独立自主的研究观点提出了表扬,但对于尖锐的政治因素却避而不谈。

在毕业典礼上,校长陈望道教授宣布:"1号毕业证书将颁发给一名外国留学生、一位苏联公民——米沙同志。"他们误把我的名字当成了姓。大会结束后我不得不作出解释,因为这样的证书于我是无效的。一周后,系主任胡曲园给我补发了姓为"季塔连科"的毕业证。

维诺格拉多夫:您作为科班出身的中国学家,后来是怎么走上职业道路的呢?

季塔连科:我于1962年7月回到莫斯科。莫斯科大学哲学系教授梅利维利(Ю. К. Мельвиль)和索科洛夫(В. В. Соколов)建议我继续攻读研究生。可是,外交部却突然打来了电话:因为在上海我与领事馆有过联系。他们曾请求我运用中国哲学的观点来解释发生在中国的现象,我经常在领事馆做报告。总之,外交部里像我这种能够理解中国发展进程的人不多。当时的总领事是哲学家和中国美学方面的专家克里夫佐夫 (В. А. Кривцов)。领事馆写信给外交部,请求批准我到领事馆工作。

实习了几个月后,我被任命为驻上海领事馆的翻译官。这是一个官方翻译和国情专员的职位,在沙俄时期,这个职位在使馆里仅次于大使。

我作为毛泽东思想及中国现代与传统思想关系方面的专家,成了"热门"人物。1962年3月我主动撰写了关于毛泽东思想的起源,以及中国如何阐释其与马克思主义相互关系的札记。札记的思路是:马克思主义对中国的客观需求、文化及思维方式是有所反映的;中国也在努力寻找马克思主义未针对中国的实践、中国的客观现实给出答案的那些问题的解决之道。主要观点就是要恰如其分地理解中国特点及其发展水平。对于现实存在的偏差,要鲜活地、而不是恶意地记录下来。

克里夫佐夫读了我的札记后将它寄给了北京的苏联大使。后来他们告诉我,斯·瓦·契尔沃年科(Степан ВасильевичЧервоненко)大使在札记上做满了标注,并令大使馆重新打印后连同自己的亲笔信递交给了安德罗波夫(Ю. В. Андропов)。再后来,这份做满了标注的札记被展览在档案馆中。

维诺格拉多夫:短短几年之内,您就能够从另外的角度看待形势,是什么原因促成了您个人观点的转变?

季塔连科:导致20世纪60—70年代苏中关系悲剧的原因之一是受苏中两国社会发展水平不同影响形成的相悖的世界观,以及两国领导人之间对在落后的经济文化基础上能不能建成社会主义的问题缺乏相互理解。

邓小平的功绩在于,他认识到:建立贫穷的社会主义是不行的。他提出,中国处于社会主义的初级阶段。这种认识在当时是没有的。当时两国盛行着另一种观点,即我们可以跨过资本主义建设社会主义。出现了通向社会主义的非资本主义道路发展理论。倡导这种理论的波诺马廖夫(Б. Н. Пономарев)及乌里扬诺夫斯基(Р. А. Ульяновский),基于对列宁思想的断章取义,提出了自己的论说:通过政治动员、思想政治教育手段可以加快和跨越资本主义发展阶段。

这些理论家根据马克思的俄国村社存在有类似于社会主义组织结构因素的思想,提出了非资本主义发展的概念。这一理论造成了巨大的损害,它为对蒙古及苏联的中亚共和国推行特殊政策,为对中国、越南、印度及非洲和拉美国家建立特殊关系提供了意识形态基础。以意识形态概念替代了政治与经济概念,以公式形式替代了社会经济现实。因此,口头上是"马克思主义""列宁主义"及"辩证唯物主义",实际上则是主观唯心主义和唯意志论。意识形态公式成了第一位的,经济则被置于这些公式之下。

维诺格拉多夫:离开上海领事馆之后发生了什么?您接下来的外交生涯是怎样的?

季塔连科:领事馆于1962年9月30日关闭,当时毛泽东和赫鲁晓夫间出现了严重的分歧……当时,一批维吾尔族及哈萨克族人决定逃往苏联。六万多人驾着马车、骑着毛驴、马和骆驼通过阿拉山口边检站、友谊边检站、准格尔门等进入苏联。① 这一行为激怒了北京,中方要求关闭设立在乌鲁木齐的苏联领事馆。

仅在新疆,当时就有4个领事馆。作为回应,赫鲁晓夫想要惩罚中国,迈出了愚蠢的一步。他关闭了苏联设在哈尔滨、天津、沈阳、武汉、大连、上海及广州的领事馆。命令我们在最短的时间内,即1962年9月30日全部撤离上海。需要存档的资料寄往莫斯科,其他材料被全部烧掉。

9月30日晚,副领事图尔恰克(М. М. Турчак)下令打开朝向上海主要街道、黄浦江和苏州河口的门窗,将领事馆录音机的声音开到最大,上海市中心飘荡起了中国人民熟悉的苏联歌曲:《我的祖国多么辽阔》《喀秋莎》《莫斯科—北京》等。当天晚上我们乘火车离开。我被派往北京的苏联大使馆。

位于上海的领事馆被移交给中方使用。领事馆占地面积很大,有俱乐部、网球场、排球场和儿童泳池。后来到了90年代费了很多周折才将这块地收回。现如今那里还是领事馆,可是面积已经大大缩小了,因为旁边建了两个宾馆。

1962年底,我被任命为"随员",一年之后被提为"三等秘书"。我在北京一直工作到1965年。我和同事们的关系都非常融洽,因为我了解中国的意识形态和社会形势,能够从中深刻地感知即将发生的事件。同时这一段经历也有助于我找到中国官方人士或出版物的声明背后意味着什么的问题的答案。我喜欢逛北京的书店。哲学和意识形态在当时的中国

---

① 1962年4—5月苏联在中国新疆伊犁、塔城地区策动六万余中国公民越境逃往苏联。——译注

起着非常重要的作用。我能够通过官方的报纸感受意识形态生活的脉搏。

维诺格拉多夫：您是怎么进入中央委员会工作的？

季塔连科：1962年我考入莫斯科大学哲学系函授研究生班。索科洛夫（С. С. Соколов）教授是我的导师。1965年夏天我需要去莫斯科准备论文答辩。原以为会另外有假期，可是没有。所有的休息日及晚上我都用来撰写毕业论文。1965年我一来到莫斯科，立刻就接到了外交部的电话，让我去老广场的3号入口。

拉赫马宁（О. Б. Рахманин，罗满宁）与我进行了交谈，说有人要我到中央委员会工作。他说："您受到充分的尊重和信任。"我当时才31岁。论文答辩顺利结束以后，我回到了中国，收拾东西，与大家告别，然后重新启程返回莫斯科。

我的妻子加琳娜和儿子安德烈当时也在莫斯科。自1965年11月到1985年7月5日，我一直在中央委员会工作。一开始我被任命为中国处顾问，当时中国处的负责人是拉赫马宁（后来他成了中央委员会联络部的第一副部长）。同我一起工作的还有很多"中国通"，比如拉扎列夫（В. И. Лазарев）、库利克、顾达寿（Р. Ш. Кудашев）、拉希莫夫（Т. Р. Рахимов）、沙巴林（В. И. Шабалин）、安东诺夫（В. И. Антонов）、希季赫梅诺夫（В. Я. Сидихменов）、鲍罗廷（Б. А. Бородин）等。

一开始我的办公桌在412房间，安东诺夫和拉希莫夫也在这个房间办公。安东诺夫负责公文书写培训工作。这一时期在委员会工作的还有国内政治理论精英：亚历山德罗夫（В. Александров）、科利科夫（Н. Коликов）、穆什克捷罗夫（В. Мушкетеров）、布尔拉茨基（Ф. Бурлацкий）、鲍文（А. Бовин）、杰柳辛（Л. Делюсин）、阿尔巴托夫（Г. Арбатов）、希什林（Н. Шишлин）、沙赫纳扎罗夫（Г. Шахназаров）等。两年以后，鲍文提议将我调到他们组当顾问，这是最高的研究职位。他们开始要我这个"上海县城的哲学家"进行毛泽东思想研究、梳理中国研究著述及研究中共的对内对外政策。

对我而言，在中国处及顾问组的工作是非常重要的经历，可以说是我的第四所大学。在中国两所大学的学习，以及在莫斯科大学哲学系的著名教授及教育家阿斯穆斯（В. Ф. Асмус）、奥伊泽尔曼（Т. И. Ойзерман）、索科洛夫、特拉赫坚别尔格（И. А. Трахтенберг）、波波夫（П. С. Попов）、布坚科（А. П. Бутенко）、斯塔尔琴科（А. А. Старченко）、沃伊什维洛（Е. К. Войшвилло）、约夫丘克（М. Т. Иовчук）、伊利延科夫（Э. В. Ильенков）、季诺维耶夫（А. А. Зиновьев）和格奥尔吉耶夫（Г. Ф. Георгиев）的课上打下的理论基础有助于我分析中国复杂的进程。这也使我在参与安德罗波夫及之后的鲁萨科夫（К. В. Русаков）、卡图舍夫（К. Ф. Катушев）、齐米亚宁（М. В. Зимянин）等领导人的"争论"中有了"发言权"。

当需要回应中国的论战文章时，顾问组的任务就来了。原则性的文章以笔名伊·亚历山德罗夫发表在《真理报》上。这些文章表明了苏联领导的官方立场（从斯大林时期延续下来的惯例）。通常由中央委员会书记或部长负责此项工作。自1966年起我有机会应邀前去准备材料。国际专题方面工作由苏共中央委员会书记安德罗波夫与波诺马廖夫领导，之后由齐米亚宁接任。安德罗波夫时任苏共中央委员会书记及苏共中央委员会社会主义国家共产党联络部部长。1967年他被勃列日涅夫派去领导克格勃。我们处由鲁萨科夫负责。针对中苏在意识形态上的争论，我们的目标是维持国家间关系并寻找使其正常化之路。我们拥护中国，而不是反对中国。我用各种笔名发表的文章中都没有批评，没有指责，更没有侮辱中国人民。

维诺格拉多夫：您在新的工作岗位上又经历了些什么？

季塔连科：部门领导制定了发表研究中国著述的审查制度，因此书籍出版总局把要出版的有关中苏关系问题的观点尖锐的书籍交给我审阅。除了正常工作之外，我不得不整晚整晚地读这些书。一方面工作量的确很大，另一方面我也学到了很多，成功地从出版总局及中央宣传部官员们警觉的审视下挽救了不少重要的、有关中国的著作。

有一天，宣传部的宣讲员沃兹涅先斯基（Л. Н. Вознесенский）和本部门的列夫·奥尼科夫（Лев Оников）给我打电话，让我审看一下被出版总局扣发的一些著作，这些著作出自著名的研究欧亚地区历史及地理学的古米廖夫（Л. Н. Гумилев）博士之手。苏联科学院民族学研究所所长勃罗姆列伊（Ю. В. Бромлей）院士组织了一批人激烈地反对古米廖夫，在民族学及地理学杂志上公开攻击他。古米廖夫和沃兹涅先斯基一起来找我，带来了他的著作清样。我对他有关匈奴的著作很感兴趣，其中包含了确认欧亚文化起源、俄罗斯起源的独到的内容，驳斥了欧洲中心论。我支持其发表。

不得不对斯拉德科夫斯基（М. И. Сладковский）、贝格尔（Я. М. Бергер）、格利布拉斯（В. Г. Гельбрас）、克里夫佐夫、尤里耶夫（М. Ф. Юрьев）、波兹涅耶夫（Л. Д. Позднеев）、杨兴顺（Ян Хиншун）、布尔拉茨基、西蒙诺夫斯基（Л. М. Симоновский）、布罗夫（В. Г. Буров）、贝科夫（Ф. М. Быков）、加鲁沙尼茨（Ю. М. Гарушянц）、梅利克谢托夫（А. В. Меликсетов）及其他一些人的著作"亮绿灯"。按照安德罗波夫的指示，调审的不仅是论著，而且也包括那些客观展示中国历史、哲学、文化及现代国情图景的书籍。

中央委员会中，我们部、科学部（В. 伊万诺夫）及信息部（Г. 丘扎占）下达的首要任务是拟定向政治局提交的重建中国学所的申请书。倡议是我们部提出的。拉赫马宁、库利克和斯拉德科夫斯基都支持这一想法。1966年初，苏联共产党中央政治局决定在苏联科学院世界社会主义体系经济研究所中国历史部的基础上成立现代中国问题研究所，由齐赫文斯基（С. Л. Тихвинский）领导该所，后由杰柳辛接管。

因为毛泽东批评汉学（китаеведение）是"殖民主义的表现"，而"汉学"这一术语（因其俄语词汇构成）被解释为想"掌控"、领导中国，所以现代中国问题研究所也被冠以了一个官方的名字——苏联科学院远东研究所。这一决定最初给予远东研究所的工作人员以许多厚待，但后来就没有了，尽管也承认不能将汉学和欧学同等看待，因为掌握汉语和把握中国的特点要难得多。成立的是一个庞大的、独一无二的研究所。

苏联政府决定向那些与中国有联系的大国的苏联大使馆派遣中国学家。在从事维持与中国关系的政府组织里也应该有中国学家。这一原则被采纳。在美国、法国、德国，以及所有的亚洲国家和所有的社会主义国家均设立了"一秘"这一职位。这一体系被保存下来：应该让专家来研究中国。

维诺格拉多夫：您是如何到科学院工作的？

季塔连科：1966年秋，苏联科学院主席团决定成立远东研究所，任命中央副部长、经济学博士 М. И. 斯拉德科夫斯基为所长，斯拉德科夫斯基主要研究与社会主义国家特别是与中国的经济关系。1950—1960年间，他曾任苏联驻上海和北京的商务代表。他有许多关于中俄经济贸易关系史的著述，中华人民共和国成立之前他曾在中国工作多年，对中国十分了解。20世纪20年代，斯拉德科夫斯基在中国曾执行过多项艰难的使命,在上海秘密会见过陈云及其他中共中央委员。他是一位经验丰富、学识渊博、成果卓著的中国学家。他担任所长,任职18年,一直到1985年7月。我们一直保持密切联系,远东所和我们部也有合作。部里与远东所的联系由我负责。

20世纪80年代前后出现了一些变故,1984年斯拉德科夫斯基病重。没人知道接班人是谁,这个职位之争发生在科学部和我们部之间。情况十分复杂。7月1日决定让我接任,但7月3日戈尔巴乔夫在收到一封题为"某些权威人士"的信后,取消了这一决定。在工作方面对我十分了解的苏共中央书记和部领导卡图舍夫(К. Ф. Катушев)、鲁萨科夫,找到了苏共党中央政治局。他们又重新研究了这一决定。7月4日我被正式任命为苏联科学院远东研究所所长。

维诺格拉多夫:中俄关系最近发展不错,两国相互靠近的原因是什么?又有哪些问题和局限呢?

季塔连科:首先两国都从1960—1980年间的苏中冲突中吸取了教训。其次,两国都意识到维持正常的关系对双方有利。中国也看到,俄罗斯领导层没有强国霸权心理,中国可以与其代表的俄罗斯结为伙伴及睦邻关系。

"俄罗斯崩溃"这一命题已不复存在。俄罗斯有强大的军队、发达的科学及高素质的人民——这是中国学者在1994年作出的结论。中国要保持快速发展,需要获得本国所缺资源,从哪里获取资源?在许多方面都要感谢和邻国俄罗斯的合作了。

中国人也看到了,西方试图将苏联的悲剧视为意识形态上的"伟大胜利"。悲剧也可能发生在别的国家,其中包括中国,西方正试图将自己的模式及价值观强加给中国。

维诺格拉多夫:在您看来,现在我们与中国的合作中哪些制约是最为严重的?

季塔连科:在我看来,有三个最严重的制约。第一,欧洲中心论和不了解俄罗斯的地位及其地缘政治作用。俄罗斯能够作为欧亚国家发挥作用,展示潜力。第二,中国恐惧症、偏见及关于"中国威胁论"的无稽之谈。历史驳斥了这些无稽之谈。与中国的合作被低估了,表现出来的是惰性和夜郎自大。第三,权力机构中的亲西派倾向不允许俄中两国相互靠近。这一方针的主导来自双方。在中国"反俄派"正在形成,在俄罗斯也有"反中派"。要明白,中国在世界上恢复大国地位的利益要求与俄罗斯相似。必须要适应的是中国正在恢复作为区域性和全球大国的地位。

维诺格拉多夫:从中方来讲是否有障碍呢?

季塔连科:当然有。苏联曾在中国经济中所占有的领域如今被美国人、日本人和欧洲人占了。剩下的都是他们不感兴趣的领域,宇宙研究是一个,军事技术是第二个,第三个就是原子能了。就给我们剩下了这些。在这些领域里可以发展。可谁是我们的伙伴呢?是大型的中国私人公司还是俄罗斯公司呢?都不是。能够开展合作的几乎只有双方完全由政府控制的公司。

社会主义不能仅是发展经济。一般民众的文化水平不高,想要解决现代化建设及全面构建小康社会的现实任务是不可能的。习近平借助"中国梦"的伟大构想,提出了解决国家面临问题的任务。我们唯有祝我们伟大的邻居实现和平发展的计划取得成功。

维诺格拉多夫:米哈伊尔·列昂季耶维奇,在您看来,什么样的人可以称为中国学家?

季塔连科:中国学专家应该掌握汉语,最好不仅掌握现代汉语,还有文言文,也就是古汉语,了解中国文明的核心,了解中国文化、历史及其民族意识的特点,能够分析中国政治战略、策略及目标。我坚信,当然,不仅仅是我这样认为,中国哲学是了解中国文化及其认同感和政治的关键。可以了解很多事件、事实,但仅片面地了解其意义是远远不够的。正如格奥尔吉耶夫斯基(Георгиевский)所写:中国学家应了解中国存在的基本规则,了解其历史基础,以及该民族的价值体系。

但首先,当然是掌握语言。1956年我曾收到郭沫若的一封信,他在信里写道:"如果您想认真地研究中国文化,而不是出于好奇,不是作为爱好,也不是出于求知欲,而是想严肃地研究中国文化,研究中国哲学,那么首先您应该知道现代汉语及古代汉语。"

中国学家的任务是加深相互了解,深化合作和文化交流领域,即民众及国家间的相互交流。如何消除阻碍两国关系发展的偏见和障碍?如何确立相互尊重价值体系及每个民族选择的原则?

有时同行们会说:俄罗斯文化与中国文化完全不同。是这样也不是这样。中国文化有自己的特点。它的历史更加厚重,特别是某些部分严重分层,就像我们的文化。但该文化中多种因素的发展各不相同,有些部分较为发达,有些就弱一些。

我坚持中俄人民友好及相互协作的思想。坚信这样的相互协作可以保证俄罗斯成为真正的俄罗斯,中国成为真正的中国。它们作为世界历史、文化的主体永世长存。当然,两国关系在发展过程中可能会出现一些问题,但这大部分将取决于俄罗斯的所作所为。

中国从未主动挑起冲突,将来也不会。中国的立场更多的是一种反应。这个国家可以忽视某些行为,韬光养晦。中国有其主要的目标,那就是国家的昌盛和民众的安康。

维诺格拉多夫:祝您精神抖擞,永葆乐观心态!衷心感谢您对我们杂志读者的关注!

(米·季塔连科　安·维诺格拉多夫　著　张冰　孙大满　译)

附录二：
季塔连科主要学术著作年表

1964

《墨子及早期墨家弟子论认识的过程》,《哲学问题》,1964年,第11期

《墨子(墨翟)》,《哲学百科(五卷本)》,主编 B. Ф. 康斯坦丁诺夫,莫斯科,1964年

1965

《古代中国墨家流派及其学说(早期及晚期,公元前5—3世纪)》,《莫斯科大学副博士论文集》,莫斯科,1965年

《墨子的社会政治思想及其早期墨家学说》,《高等院校哲学科学报告》,1965年,第6期

1966

《圣人与英雄主义：纪念孙中山诞辰100周年》,《苏维埃俄国》,1966年11月12日

1968

《在中国共产党中论地位》,《党内生活》,1968年,第9期

1969

《堪比文学艺术里程碑的〈墨子〉一书》,《古代中国文学》,莫斯科,1969年

翻译：《老子》、《儒学》、《墨子》、《杨朱》、《孟子》、《庄子》、《晚期的墨家弟子》、《荀子》、《韩非子》、《董仲舒》、《王充》、《范缜》、《张载》,《世界哲学选集》(第一卷,第1辑),莫斯科,1969年

翻译：《朱熹》,《世界哲学选集》(第一卷,第2辑),莫斯科,1969年

1971

《毛泽东的哲学观》(译自俄文)1,莫斯科,《进步》出版社,1971年

编选:《中国共产党党史概况(1921—1969)》,俄罗斯科学院远东研究所,1971年

1972

《古代中国哲学》,《古代中国哲学古代中国哲学》(第一卷),莫斯科,1972年

翻译;《墨子》,《古代中国哲学文集》,第175—200页

编选:《中国古代哲学》(第一卷,第2辑),莫斯科,《思想》出版社,1972年

1973

《中国哲学》,《大百科辞典》,莫斯科,1973年,第12卷

翻译:《〈墨子〉一书》,《古代东方的诗歌与散文》,莫斯科,1973年

翻译:《晚期的墨家弟子》,《古代中国哲学文集》,莫斯科,1973年,第二卷

编选:《古代中国哲学文集》(第2卷),莫斯科,《思想》出版社,1973年

1974

《墨子(墨翟)》,《大百科辞典》,莫斯科,1974年,第17卷

1975

《马列主义哲学中的人文问题(历史与现实)》,莫斯科,政治出版社,1975年

编选:《毛泽东:早期在中国印刷出版的讲话(1950—1967)》(译自中文),莫斯科,《进步》出版社,1975年。第1辑,1950年4月至1957年7月;第2辑,1957年7月至1958年12月

撰稿:《前言》,《毛泽东》(第1辑)

1976

《从帝国主义角度上的反苏:论现代反苏怪相种种》,莫斯科,《思想》出版社,1976年

编选:《毛泽东:早期在中国印刷出版的讲话(1950—1967)》(译自中文),莫斯科,《进步》出版社,1976年。第3辑,1959年1月至1961年9月;第4辑,1962年1月至1964年12月;第5辑,1964年至1967年;第6辑,《毛泽东不同时期的讲话与文章》,1977年

评论:《认真研究中共古代哲学》,《远东问题》,1977年,第4期

1980

《社会主义社会发展的辩证法》,莫斯科,《思想》出版社,1980年,276页

编选:《现代中国哲学》,莫斯科,《科学》出版社,1980年,311页

1984

评论:《苏联汉学家的主要论著》(中文评论),《大俄汉辞典》(四卷本,第一卷),莫斯科,1983年

编辑:杨兴顺《中国古代唯物主义思想》,莫斯科,《科学》出版社,1984年

1985

《中国古代哲学家墨翟》,莫斯科,《科学》出版社,1985 年
《日本军国主义被粉碎后中国、朝鲜和越南人民革命胜利的意义》,《远东问题》杂志,1985 年,第 4 期

1986

《墨翟的威望及其学说在中国哲学和社会政治思维的发展》,莫斯科,《科学》出版社,1986 年
《日本军国主义被粉碎后中国、朝鲜和越南人民革命胜利的意义》,《第二次世界大战中日本军国主义的被粉碎》,莫斯科,1986 年
《苏共二十七大与为保障亚太地区和平与安全而斗争》,《今日亚非》杂志,1986 年,第 7 期
《重要时刻:纪念中国共产党八大 30 周年》,《真理报》,1986 年 9 月 18 日,第 4 版
《杰出的民主主义革命家(纪念孙逸仙诞辰 120 周年)》,《真理报》,1986 年 11 月,第 5 版
编辑:《共产国际与中国革命:文件资料》,莫斯科,《科学》出版社,1986 年

1987

《中国的改革经验说明什么》,《苏联科技进步加速和宣传与反宣传问题》,莫斯科,1987 年
《二十七大文件中列宁学说的发展与远东所的学术任务》,《苏共二十七大决定中的列宁理论与苏联中国学的迫切问题》,莫斯科,1987 年
《中共的三中全会及其在中国历史上的意义》,《远东问题》杂志,1987 年,第 1 期
《苏联的和平战略与亚太地区》,《国际关系和保障和平的紧迫问题及其远东的安全(会议论文集)》,莫斯科,1986 年
《现阶段亚太地区安全与和平问题》,《远东问题》杂志,1987 年,第 2 期
《孙逸仙论社会进步》,《远东问题》杂志,1987 年第 2 期
《国际关系的民主是通向亚洲安全与和平的道路》,《远东问题》杂志,1987 年,第 6 期
《苏联的和平与亚太地区战略》,《共产党人》杂志,1987 年第 1 期
《苏联社会活动家在中国》,《社会科学》杂志,1987 年第 6 期
评论:《亚太地区的写作问题》,《国际生活》杂志,1987 年第 8 期
评论:《关于中国杰出革命家的巨著》,《远东问题》杂志,1987 年,第 1 期
《为了苏联—中国协作的长远发展》,《消息报》,1987 年,9 月 25 日
翻译:《源自〈墨子〉》,《自贤书》,莫斯科,1987 年
编选:《王明作品集(1936—1938)》(四卷本,第 4 卷),莫斯科,苏联科学院远东所,1987 年
编选:《中国共产党党史》(两卷本),莫斯科,苏联科学院远东所,第一卷,民主革命时

期的中国共产党(1920—1949);第二卷,中华人民共和国见过后的中国共产党(1949—1987)

编选:《1984年中华人民共和国的政治、经济、思想意识》,莫斯科,《科学》出版社,1987年

编选:《苏共二十七大文件中列宁学说的发展与远东所的学术任务》,莫斯科,1987年

编选:《中国学研究的新阶段》(第一辑),莫斯科,1987年

编选:《孙逸仙研究》,莫斯科,《科学》出版社,1987年

1988

《列强与亚太地区的未来》,《亚太地区的和平与安全》,莫斯科,1988年

《在中国哲学和社会政治发展中墨翟现象及其流派》,《中国研究的新阶段》(第2辑),莫斯科,1988年

《纪念中国共产党八大30周年》,《中国学研究的新阶段》,莫斯科,1988年

《苏联的和平与亚太地区战略》,《国际关系与保障和平的紧迫问题及其远东的安全(会议论文集)》(第1辑),莫斯科,1988年

《亚太地权的和平纲领》,《远东问题》杂志,1988年,第1期

《中国的经济体制改革及其纲领》,《远东问题》杂志,1988年,第4期

《"中共八大和中国社会主义建设"大会的闭幕词》,《远东问题》杂志,1988年,第4期

《协作的潜能》,《远东问题》杂志,1988年,第6期

编选:《中华人民共和国……:政策、经济、文化》,莫斯科,《科学》出版社,1988年编选:《国际关系与保障和平的紧迫问题及其远东安全(会议论文集)》(第2辑),莫斯

科,1988年

编选:《中国研究的新阶段》(第2辑,经济、对外政策、哲学),莫斯科,1988年

编选:《中国研究的新阶段》(历史与历史研究),莫斯科,《科学》出版社,1988年,207页

编选:《彭德怀元帅回忆录》(译自中文),莫斯科,军事出版社,1988年,384页

1989

《哲学博士、苏联科学院远东所主任 M. Л. 季塔连科在全苏汉学家第1届代表大会开幕式上的发言》,《全苏汉学家第1届代表大会资料汇编》,莫斯科,1989年

《变革中的苏联汉学发展问题》,《全苏汉学家第1届代表大会资料汇编》,莫斯科,1989年

《亚太地区国际政策局势的基本参数》,《亚太地区和远东和平、安全与合作问题》,莫斯科,1989年

《关于苏联在亚太地区安全与合作上的建议文件》,《亚太地区和远东和平、安全与合作问题》,莫斯科,1989年

《"中国社会主义初级阶段"圆桌会议发言》,《远东问题》杂志,1989年,第1期
《苏联中国学与变革》,《远东问题》杂志,1989年第2期
《科学交往的裂变》,《远东问题》杂志,1989年第3期
《苏中关系四十年》,《远东问题》杂志,1989年第5期
《中国40年的成就与教训》,《远东问题》杂志,1989年,第6期
《苏中最高级别的会面》,《新时代》杂志,1989年,第22期
主编:《中国哲学史》(译自中文),莫斯科,《进步》出版社,1989年;撰写前言《论中国哲学的历史》
主编:《中华人民共和国1987年:政治、经济、文化》,莫斯科,《科学》出版社,1989年
主编:《李大钊作品选》(译自中文),莫斯科,1989年
主编:《鲁迅选》(译自中文),莫斯科,《文艺》出版社,1989年
主编:《亚太地区和远东和平、安全与合作问题》,莫斯科,1989年;前言
主编:《中国生产力的发展》,莫斯科,《科学》出版社,1989年;序言
主编:《中国四十年》,莫斯科,《科学》出版社,1989年;序言

1990

《中国与社会主义:经验、成就、教训》,《中国与社会主义》(第2辑),莫斯科,1990年
《中国的国民经济改革》,吴敬琏《中国的经济改革》(译自中文),莫斯科,1990年
《亚太地区军政放缓与健康状况特征》,《亚太地区的安全与合作问题》,莫斯科,1990年
《苏中经济改革问题第1次研讨会发言》,《远东问题》杂志,1990年,第3期
《亚太地区的局势与苏韩关系》,《远东问题》杂志,1990年,第4期
《21世纪之交的亚太地区》,《远东问题》杂志,1990年,第6期
《社会,是我们的》,《寻找》杂志,1990年,第9期
《伙伴是什么》,《真理报》,1990年7月17日,第5版
主编:《古代中国哲学》,莫斯科,《科学》出版社,1990年
主编:《中华人民共和国1987年:政治、经济、文化》,莫斯科,《科学》出版社,1990年
主编:《高岗、饶漱石的事件》,苏联科学院远东所,1990年
主编:《亚太地区的和平、安全与合作问题》,莫斯科,1990年

1991

《世界政治趋势及其对亚太地区国际局势的影响》,《俄罗斯科学院远东所情报》(第8辑),莫斯科,1991年
《改革进程中中苏合作的可能与前景》,《中苏经济改革问题科学大会论文汇编》,北京,1991年
《东西文明互补是人类进步的前提》,《远东问题》杂志,1991年,第1期
《远东所20年》,《远东问题》杂志,1991年,第4期

《中国共产党 70 年:经验与教训》,《远东问题》杂志,1991 年,第 5 期
《经济局势的人文问题》,《远东问题》杂志,1991 年,第 6 期
主编:《亚太地区的未来》,《俄罗斯科学院远东所情报》(第 8 辑),莫斯科,1991 年
主编:《中国社会主义建设民族观念的形成》,《俄罗斯科学院远东所情报》(第 10 辑),莫斯科,1991 年
主编:《中华人民共和国 1989 年:政治、经济、文化》,莫斯科,《科学》出版社,1991 年
主编:《1976—1987 年中国共产党思想理论纲领的转变》,《俄罗斯科学院远东所情报》(第 9 辑),莫斯科,1991 年

1992

《俄美学者的会面》,《远东问题》杂志,1992 年,第 6 期
《前言》,洛曼诺夫 A.《追随心灵的超越:冯友兰及其哲学遗产》一书,《远东问题》杂志,1992 年,第 6 期
主编:《中华人民共和国 1989 年:政治、经济、文化》,莫斯科,《科学》出版社,1992 年
主编:《俄罗斯科学院远东所同行作品集(1966—1991)》,莫斯科,1992 年
主编:《中国特色的社会主义:寻觅之路》,莫斯科,1992 年

1993

《苏联解体后远东的俄罗斯》,《〈现代环境下的中俄关系〉会议论文集》,莫斯科,1993 年
《前言》,《"冷战"之后(现代研究)》,莫斯科,1993 年
《俄罗斯的对外政策:远东的风》,《远东问题》杂志,1993 年,第 1 期
《中共 14 大总结:俄罗斯科学院远东所圆桌会议》,《远东问题》杂志,1993 年,第 1 期
《俄罗斯科学院远东所圆桌会议致辞》,《远东问题》杂志,1993 年,第 4 期
《针对日本精神文化国际化的全球意义问题》,《远东问题》杂志,1993 年,第 6 期
《墨翟的道德政治观与现代亚洲国家民主的关系》,《远东问题》杂志,1993 年,第 4 期
主编:《与时间并没有脱节》,莫斯科,《东方文学》出版公司,1993 年
主编:《道家的德行》,莫斯科,1993 年;并为此书撰写《前言》
主编:《〈现代环境下的中俄关系〉会议论文集》,莫斯科,1993 年
主编:《19 世纪至 20 世纪初期中国的种族》,莫斯科,《科学》出版社,1993 年

1994

《俄罗斯的中国学》,《俄罗斯的中国学》,莫斯科,1994 年
《古代中国哲学》,《古代中国哲学》(译自中文),莫斯科,1994 年,第一卷
《东北亚的新局面》,《〈第二届俄中科学大会〉论文集》(第一辑),莫斯科,1994 年
《〈第六届俄朝科学大会〉论文集》,《远东问题》杂志,1994 年,第 2 期
《冷战后的东北亚与俄罗斯的利益》,《远东问题》杂志,1994 年,第 5 期
翻译:《"墨子"》,《古代中国哲学》(第一卷),莫斯科,1994 年

翻译:《墨家的后期》,《古代中国哲学》(第二卷),莫斯科,1994年
编选:《南韩》,莫斯科,1994年,253页;撰写《致读者》
主编:《东北亚安全新模式形成进程中的日本》,莫斯科,1994年
主编:《〈第二届俄中科学大会〉论文集》,莫斯科,1994年,第1辑;第2辑
主编:《中华人民共和国1991年:政治、经济、文化》,莫斯科,《科学》出版社,1994年
主编:《中华人民共和国1992年:政治、经济、文化》,莫斯科,《东方文学》出版公司,1994年
主编:《中国哲学百科辞典》,莫斯科,《思想》出版社,1994年
主编:《俄罗斯中国学(简明手册)》,莫斯科,1994年
《俄罗斯中国学》,《俄罗斯中国学(简明手册)》,莫斯科,1994年
主编:《中国社会政治生活与政治文化中的传统》,莫斯科,《科学》出版社,1994年
《共产国际与中国民族革命运动:论著手稿》(第一卷,1920—1925),莫斯科,1994年,;《前言》;《绪论》

1995

《亚洲新安全谅解观》,《亚太地区某些安全关系的迫切问题》,莫斯科,1995年
《中国哲学与中国文明》,《第一届全俄〈中国哲学与现代文明〉科学讨论会》,莫斯科,1995年
《中国现象》,《1995年鉴(政治、经济、贸易、银行、教育)》,莫斯科,1995年
《中国现象与俄罗斯(前言)》,《中国:中国文明与世界(历史、当代、远景)》(第1辑),莫斯科,1995年
《俄罗斯在远东的民族利益与亚太地区合作前景》,《全球安全问题》,莫斯科,1995年
《社会民族意识的相互作用》,《为了现实、创新和人文(会议论文)》,莫斯科,1995年
《俄罗斯在东北亚的利益与为了俄罗斯的远东与邻国多边合作前景的利用》,《远东问题》杂志,1995年,第3期
《"后"时代中国与俄中关系》,《国际生活》杂志,1995年,第8期
《欧亚主义的亚洲观》,《政治心理学》杂志,1995年,第5期
《俄罗斯在东北亚的利益》,《欧亚社会:经济、政治、安全》,1995年,第4/5期
主编:《中华人民共和国1993—1994年:政治、经济、文化》,莫斯科,《东方文学》出版公司,1995年
主编:《中国哲学与中国文明》,《第一届全俄〈中国哲学与现代文明〉科学讨论会》,莫斯科,1995年
主编:《中国的经济特区》,圣彼得堡,1995年

1996

《社会科学院、莫斯科文化事业俱乐部、"欧亚"国际联盟等联合会议上的发言》,《欧亚联盟》,莫斯科,1996年

《中国文化的持续存在与稳定性(改革与现代化道路上中国发展的条件)》,《21世纪俄中稳固发展的问题与潜能》(第2辑),莫斯科,1996年

《东北亚朝鲜半岛与安全(俄罗斯的观点)》,《朝鲜半岛的现实问题》(第1辑),莫斯科,1996年

《欧亚与文明》,《欧亚规划》,莫斯科,1996年

《谈中国文明的持续生存问题》,《第二届全俄〈中国哲学与现代文明〉科学讨论会》,莫斯科,1996年

《俄罗斯在亚太地区的国家利益》,《远东问题》杂志,1996年,第1期

《在〈寻找唯一中国〉大会上的发言》,《远东问题》杂志,1996年,第2期

《为俄罗斯与远东诸国的睦邻与合作而奋斗》,《远东问题》杂志,1996年,第5期

《俄罗斯在东北亚的利益与邻国的合作》,《俄罗斯人文科学通报》,1996年,第3期

主编:《在军事活动规则化的道路上》,《情报通讯》,莫斯科,1996年

主编:《中国哲学与中国文明》,《第二届全俄〈中国哲学与现代文明〉科学讨论会》,莫斯科,1996年

主编:《远东研究所(手册)》,莫斯科,俄罗斯科学院远东所,1996年

《俄罗斯科学院远东所30年》,同上

主编:《中国政治历史上的伊斯兰》(三辑),莫斯科,1996年;《8世纪至19世纪60年代》(第1辑);《19世纪60年代至20世纪30年代》(第2辑);《19世纪30年代至1949年》(第3辑)

主编:《现代儒学:冯友兰的哲学》,莫斯科,《东方文学》出版公司,1996年

《前言》,同上

主编:江泽民《改革. 发展. 稳定》(译自中文),莫斯科,1996年

主编:《中国:改革的十年》(译自中文),莫斯科,俄罗斯科学院远东所,1996年;第1辑;第2辑

主编:《俄罗斯汉学(简明手册)》,莫斯科,巴黎,1996年

《朝鲜半岛的迫切问题》(第1辑),莫斯科,俄罗斯科学院远东所,1996年

《共产国际与中国民族革命运动:论著手稿》(第二卷,1926—1927),莫斯科,1996年;第1辑;第2辑

《绪论》,同上,第1辑

1997

《21世纪之交的亚太地区》,《朝鲜统一的政治、经济与文化视野》,莫斯科,1997年,第1辑

《前言》,《中国哲学 与现代文明》,莫斯科,1997年

《中国哲学与中国文明的未来》,同上

《中国哲学研究的现代方向》,《第三届全俄〈中国哲学与现代文明〉科学讨论会》,莫斯

科,1997年
《21世纪会晤的新方式》,《远东问题》杂志,1997年,第1期
《事业与邓小平时代》,《远东问题》杂志,1997年第2期
《致辞》,1996年12月俄罗斯科学院远东所举办的《朝鲜统一的政治、经济与文化视野》大会
《21世纪呼吁互利共赢的伙伴》,《远东问题》杂志,1997年,第3期
《中国的改革》,同上
《致辞》(《第三届全俄〈中国哲学与现代文明〉大会》),《远东问题》杂志,1997年,第4期
《致辞》(《第四届俄中〈21世纪俄罗斯与中国关系的前景〉大会》),《远东问题》杂志,1997年,第5期
《中国的改革:对俄罗斯是召唤还是榜样?》,《欧亚:民众、文化、宗教》杂志,1997年,第1/2期
《国外投资者在远东得到了那些支持》,《建设报》,1997年11月14日,第15版
主编:邓小平《中国特色的社会主义建设》(译自中文),莫斯科,1997年
主编:《中华人民共和国1995—1996年:政治、经济、文化》,莫斯科,《东方文学》出版公司,1997年
主编:《中国哲学与现代文明》,《东方文学》出版公司,1997年
主编:《第三届全俄〈中国哲学与现代文明〉大会》,弄思考,1997年

1998

《俄罗斯在亚洲的身份》,俄罗斯科学院远东研究所,莫斯科,1998年
《俄罗斯的远东与东北亚》,莫斯科,1998年
《欧美中国学中的亚洲价值、亚洲危机》,《〈21世纪之交的中国与亚太地区〉国际会议(论文集)》(第1辑),莫斯科,1998年
《亚洲危机与现代中国学》,《第四届全俄〈东亚地区哲学与现代文明〉大会(论文集)》,莫斯科,1998年
《生命的持续与中国文明的稳定》,《东方学与世界文化:纪念С.Л.齐赫文斯基诞辰80周年》(论文集),莫斯科,1998年
《纪念С.Л.齐赫文斯基诞辰80周年》,《著作年表:纪念С.Л.齐赫文斯基诞辰80周年》,莫斯科,1998年
《新欧亚主义:亚洲规划》,《俄罗斯—东方—西方》,莫斯科,1998年
《俄罗斯学者研究中的朝鲜半岛问题》(论文集),《朝鲜半岛与俄罗斯的利益》,莫斯科,1998年
《С.Л.齐赫文斯基诞辰80周年》,《远东问题》杂志,1998年,第5期
《中国的改革》,《观察》,1998年,第1期

《没有俄罗斯的东方是寂寞的》(论著),1998年
《改革应该让每个人都受益》,《真理报》1998年6月9日,第四版
主编:《东方学与世界文化:纪念С.Л.齐赫文斯基诞辰80周年》(论文集),1998年
主编:《20世纪下半叶中国哲学传统的命运》,莫斯科,1998年
编选:《为了人民的名义》,莫斯科,1998年。并撰写本书的《致读者》
主编:《俄罗斯在亚太地区的利益》,莫斯科,1998年
主编:《孔夫子、陆游研究》(译自中文),莫斯科,《东方文学》出版公司,1998年
主编:《"冷战"之后亚太的安全体系》,莫斯科,1998年
主编:《第四届全俄〈东亚地区哲学与现代文明〉大会》(论文集),俄罗斯科学院远东研究所,1998年
主编:《〈中国哲学史〉教学大纲》,莫斯科,1998年
主编辑:《俄罗斯远东与东北亚》,莫斯科,1998年
主编:《共产国际、联共(布)与中国革命(第三~四卷)》(中文版),北京图书馆出版社,1998年;第三卷;第四卷
《前言》,同上书

1999

《中国:文明与改革》,莫斯科,1999年
《有中国特色的社会主义的理论依据》,《现代化与改革途中的中国(1949—1999)》,莫斯科,1999年
《21世纪进程中的中国》,《年度轨迹:政治、经济、贸易、银行、教育》,莫斯科,1999年,1999年辑
《洲际大桥与俄中伙伴关系前景》,《远东问题》,1999年,第1期
《中华人民共和国50周年》,《远东问题》,1999年,第6期
《俄罗斯科学院远东所的基本研究方向》,《近现代史》,1999年,第4期
《新欧亚:亚洲观》,《东方收藏》,1999年,第1/3期
《亚洲的洲际大桥:欧洲与俄中合作前景》,《观察》,1999年,第4期
《21世纪之交的俄中关系:两国战略互助前景》,《21世纪之交的中国、美国、日本与俄罗斯之间的关系》,北京,1999年
翻译《孔夫子(孔子名言与语录)》,圣彼得堡,1999年

2010

主编:《金砖四国:相互关系、路径的先决条件与个方面的评价》,《金砖四国:拉近的先决条件与相互关系前景》,莫斯科,2010年
《共处聚合体的欧亚主义与多角度文化与文明》,《国际文明关系与危机进程》,莫斯科,2010年

《论在国际文明关系中的观点演进》,同上书
《中国传统与现代政策问题》,《第十五届全俄〈东亚地区哲学与现代文明〉大会》(论文集),莫斯科,2010 年
《致辞》,《朝鲜半岛的历史教训》,莫斯科,2010 年
《在东北区域的中俄边境合作上俄罗斯的作用及建立》,《〈21 世纪俄罗斯－中国国际科学实践大会〉论文集》,2010 年
《论俄中关系在现代国际局势特殊状态先的作用与意义》,《远东问题》杂志,2010 年第 1 期
《〈中国精神文化百科辞典〉是献给俄罗斯"中国年"的礼物》,《中国之声》,2010 年,第 3 期
《中国:上升的局势》,《21 世纪俄罗斯与中国》,2010 年 12 月第 1 期
主编:《中国精神文化百科辞典》(第五卷、第六卷),莫斯科,《东方文学》出版社,2006—2010 年
主编:《东正教在中国》,莫斯科,2010 年
主编:《吴氏太极拳》(译自中文),莫斯科,《儒家书院》,2010 年

2011

《典范转移和文化与文明交替繁荣的欧亚主义》(论文),《全球环境内的文化对话》,圣彼得堡,2011 年;第一卷
《中国与东北亚》,《21 世纪初期的中国》,莫斯科,2011 年
《友谊的航线、合作和与发展》,《中华人民共和国 2012—2013 年:政治、经济、文化》,莫斯科,2011 年
《正常关系后与现阶段之前的俄罗斯与中国》,《21 世纪初期的中国》,莫斯科,2011 年
《确定自己道路的人……》,《俄罗斯中国学》,重庆,2011 年
《第八届俄中友好协会总结改选大会上的报告》,《远东问题》杂志,2011 年,第 2 期
《俄中战略伙伴、友谊和与发展的巩固基础》,《远东问题》杂志,2011 年,第 3 期
《俄罗斯与中国:战略伙伴的潜力与发展》,《世界经济与国际关系》杂志,2011 年,第 1 期
《伟大胜利的党与改革:中国共产党建党 90 周年》,《中国》,2011 年,第 7 期
主编:《俄罗斯科学院远东所论文集(2010 年)》,莫斯科,2011 年
主编:《中国精神文化百科》(1—6 卷),莫斯科,《东方文学》出版社,2011 年;第一卷,;第二卷
主编:《中华人民共和国 2010—2011 年:政治、经济、文化》,莫斯科,2011 年
主编:《中国语言文化在俄罗斯的传播》,2011 年
主编:《"陆游"论语》,莫斯科,2011 年

2012

《中国哲学史中国文化的核心与对这个国家研究的主导》,《用俄罗斯有人的眼睛看中国》,莫斯科,2012 年
《亚太地区的政治经济框架内俄罗斯远东的提升与一体化与中国相互关系的作用与地位》,《东北亚的俄中伙伴关系》,莫斯科,2012 年
《亚太地区整治局势的演变与俄罗斯的利益》,《俄罗斯的对外政策》(第一卷),莫斯科,2012 年
《90 年代俄罗斯的中国哲学与宗教研究》,《远东问题》杂志,2012 年,第 6 期
《俄罗斯与中国:为了发展与安全的合作关系》,《经济战略》杂志,2012 年,第 8 期
《2012 年 10 月 3 日在 TACC 社节目里的谈话》,URL:http:www.radiomayak.ru
《习近平会成为中国共产党总书记》,URL:http://russian council.ru
主编:《2011 年俄罗斯科学院远东所论文集》,莫斯科,2012 年
主编:《用俄罗斯友人的眼睛看中国》,莫斯科,2012 年
主编:《中国:人民外交》,莫斯科,2012 年
主编:《诗歌里的中国童话》,莫斯科,俄罗斯科学院远东研究所,2012 年
主编:《古代中国哲学》(5 辑),莫斯科,2012 年;第 1 辑;第 2 辑;第 3 辑;第 4 辑;第 5 辑
主编:《对陆游的评判》,莫斯科,2012 年

2013

《现代的中国与俄罗斯》,圣彼得堡,2013 年
《中共十八大与中国特色社会主义发展理论》,《中华人民共和国 2012—2013 年:政治、经济、文化》,莫斯科,2013 年
《儒家学说与现代中国》,《第十七届全俄"东亚地区哲学与现代文明"大会论文集》,莫斯科,2013 年
《文明对话中的中国学研究》(论文),《文化对话》,圣彼得堡,2013 年
《东亚与亚太地区安全的现实问题》,《现代亚洲与非洲地区安全的迫切问题》,圣彼得堡,2013 年
《第十二届俄罗斯、印度和中国学者三方大会论文》,《远东问题》杂志,2013 年,第 1 期
《论中国社会主义现象》,《远东问题》杂志,2013 年,第 2 期
《21 世纪初期中国哲学与宗教在俄罗斯的研究》,《远东问题》杂志,2013 年,第 6 期
《中国是我们的邻居》,《我们同时代人》杂志,2013 年,第 5 期
《В. В. 普京与东方思想意识取向成长的作用》,URL:www.Ifes-ras.Ru
主编:《中华人民共和国 2012—2013 年:政治、经济、文化》,莫斯科,2013 年
主编:《远东东方学》,莫斯科,俄罗斯科学院远东研究所,2013 年
《张载的〈正蒙〉》(翻译、注释及前言),莫斯科,俄罗斯科学院远东研究所,2013 年

2014

《古代中国的标题与〈书经〉和〈小序〉的翻译》,《中国哲学与文化》,莫斯科,俄罗斯科学院远东研究所,2014年

(陈蕊 李俊升 翻译、整理)
2017年10月12日

编后记

  本文集的编选经过了漫长的历程,从 20 世纪 90 年代后期即开始与作者季塔连科院士多次商讨,几经变动编选的篇目,迄今已历时二十余载。那不仅因为季塔连科院士是位百科全书式的汉学家,学术研究范围宽广,从事学科科学研究的组织领导工作,其本身又理论研究和实践活动兼备。这样三项相加,自然积累下大量成果——著作、论文、会议报告以及为他人书著撰写的序、跋和书评等,从 1964 年至 2014 年五十年间累计共 806 种,数量巨大,从中选择着实破费斟酌。这只是据俄罗斯科学院学者传记资料丛书《米哈伊尔·列昂季耶维奇·季塔连科》卷(茹拉甫列娃、伊帕托娃编,莫斯科,科学出版社,2014 年)的所列书目和编目统计。况且其中有些文章我们缺乏资料。幸亏季塔连科院士生前已经亲自辑齐提供过来,才使文集得以最终编定。

  为方便阅读,编者将这些文章分为两个部分:上篇名为"俄罗斯的欧亚主义",包括欧亚主义的理论和实践等问题;下篇题为"俄中文明对话",包括中国精神文明、中俄文明对话等内容。全书则定名为《汉学传统与东亚文明关系论》。

  全书反映了季塔连科院士对中国政治、思想、古代哲学和传统文化的深入研究、对中国文明的挚爱,以及对中俄友好和两国合作前景的信心。

  文集的主要译者为刘宏教授率大连外国语大学俄语学院教师和研究生群体,全书的审校工作由北京大学李明滨教授承担。这里需要对各位译者分别作简要介绍:

第一译者刘宏教授为大连外国语大学校长,教育学博士,毕业于圣彼得堡国立师范大学,主要研究方向为俄语语言文学、跨文化交际学、国际政治语言学,有论著六十余篇(部),主持多项国家级和省部级科研项目。

第二译者董玲为大连外国语大学俄语学院教师,目前在北京大学攻读博士学位,主要研究方向为俄语语言文学、俄罗斯区域学,主要译著有《托尔斯泰妻妹回忆录》《十九世纪的大旅行家》等书。

其他几位译者帅俊、任珊珊、赵鹏飞、吴扬均为大连外国语大学俄语学院硕士毕业生,目前在高校或企事业单位从事与俄罗斯有关的工作。

附录"季塔连科主要学术著作年表"由陈蕊、李俊升翻译、整理;"一生为中国而战:俄罗斯著名汉学家米·季塔连科访谈录"由张冰、孙大满翻译。

在此,还要感谢《光明日报》驻俄罗斯特派记者杨政为本书征集资料提供的帮助。

编者

2017 年 9 月 10 日